KB075260

이 책에 대한 찬사

Praise for
REIMAGINING
CAPITALISM

이 강력한 책은 자본주의를 다시 생각하고 바꾸어야 한다는 분명한 메시지를 전한다. 빠른 생산성 향상과 더불어 모두에게 번영을 가져다주었던 시장경제는 지난 40여 년에 걸쳐 점차 쇠약해졌다. 힘의 균형은 대기업과 로비에만 유리하게 돌아가고, 기본적인 규제들은 철폐되고 있다. 기업들과 부자들은 삶의 모든 영역에서 자신의 의지를 관철할 수 있는 여지를 넓혀가고 있다. 또한 이는 생산성 저하와 불평등 증가라는 결과로 이어졌다. 리베카 헨더슨은 이러한 시장 체제를 개혁할 수 있고, 기업에 부당한 피해를 주지 않고도 개혁을 완수할 수 있다고 주장한다. 우리는 좀 더 윤리적이고 혁신적인 자본주의를 가질 수 있다. 희망은 있다!

대런 애쓰모글루Daron Acemoglu, 《국가는 왜 실패하는가Why Nations Fail》 공저자

오늘날 여전히 규제 없는 시장과 집산주의라는 매력 없는 두 선택지 중 하나를 고르라는 식의 경제 논의가 불만족스러운 사람이라면 이 책을 읽어야 한다. 헨더슨은 진취적인 사고를 보상하면서 자유 기업의 힘은 존중하는 시스템을 제시한다. 우리에게 수익 극대화보다 더 높은 목적이 있다는 것을 아는 시스템이다. 따뜻한 마음을 가진 현실주의자들을 위한 책이다.

아서 C. 브룩스Arthur C. Brooks, 미국기업연구소 명예소장, 하버드 비즈니스스쿨 선임연구원

기업들은 엄청난 변화의 물살 앞에 놓여 있다. 리베카 헨더슨은 단기적인 주주 가치에서 장기적인 공통의 목적으로 물살이 바뀌는 시점을 기가 막히게 포착했다. 기업이 이 거친 파도를 헤쳐나가는 데 없어서는 안 될 지침서다.

폴 콜리어Paul Collier, 옥스퍼드대학교 교수, 《자본주의의 미래The Future of Capitalism》 저자

COVID-19는 불평등과 기후 변화의 대가와 기업이 그 대가를 치러야 할 의무라는 이 책에 담긴 논의가 가진 시급성을 일깨워주었다. 이제 이러한 논의는 그것을 꺼리던 사람들에게조차 시의적절할 뿐만 아니라 간절해졌다.

캐서린 던Katherine Dunn, 〈포천Fortune〉

기온은 올라가고 신뢰는 떨어지는 시대에 리베카 헨더슨은 성공으로 가는 가장 확실한 길이라고 할 수 있는 목적 지향적 조직을 구축하는 빛나는 지침을 명료하면서도 열정적으로 제시한다.

앤드루 맥아피Andrew McAfee, 《포스트피크More from Less》 저자

우리가 알고 있는 자본주의 덕분에 우리는 지금 여기까지 왔다. 하지만 하나의 사회이자 하나의 종으로서의 인간이 다음 한 걸음을 내딛기 위해서는 지금 우리가 사는 세계에 대해 새로운 시각을 갖고, 새로운 방식으로 영향을 미칠 방법이 필요하다. 리베카 헨더슨의 책은 바로 이 지점에서 우리에게 도움을 준다.

앤시 스트리클러Yancey Strickler, 킥스타터 공동 설립자이자 전 CEO

깊은 휴머니즘, 날카로운 지성, 비즈니스에 대한 완벽한 지식이 결합되어 있으면서 문체마저 아름다운, 혁신적인 책이다. 자본주의는 바뀔 수 없다는 낡은 주장을 엄격하게 해체하면서, 아직 변화의 필요성을 절박하게 느끼지 못하는 사람들에게도 쉽게 다가간다.

린지 레빈Lindsay Levin, 리더스퀘스트와 퓨처스튜워즈의 공동 설립자

리베카 헨더슨은 연구와 개인적인 경험을 날줄과 씨줄로 삼아 명료하면서도 계시적인 전망을 전한다. 기업은 오늘날 가장 어려운 이슈를 주도함으로써 자신은 물론 사회에도 많은 이익을 가져다줄 수 있다. 읽고, 희망을 느껴보라.

주디스 새뮤얼슨Judith Samuelson, 애스펀 연구소 부소장

불타는 세상에서, 현 상황을 유지하는 것은 그다지 올바른 선택이 아니다. 리베카 헨더슨은 기업과 자본주의의 토대를 재구축해야 한다는 지금 우리에게 필요한 주장을 하며, 세계의 커다란 문제들에 대한 해결책으로 많은 생각을 불러일으키는 아이디어들을 제시하고 있다.

위베르 졸리Hubert Joly, 베스트바이 전 CEO

'변화냐 죽음이냐'라는 불가피한 선택지 앞에 놓인 현실에서 누구나 반드시 읽어야 할 책이다. 문제는 어떤 방법으로 변화하느냐이다. 저자는 투자자와 경영자에게 지속 가능하고 포용력 있는 경제 성장을 위한 기반이 될 사고의 실마리와 설득력 있는 예들을 제시한다.

미즈노 히로미치Mizuno Hiromichi, 후생연금펀드 CIO

목적 지향적 기업들이 우리 사회를 위해 어떤 역할을 할 수 있는지, 자본주의와 민주주의가 어떻게 상호작용하여 오늘날 우리를 압박하는 도전들을 해결할 수 있는지 중요한 메시지가 담긴 책이다.

〈스탠퍼드스쿨오브비즈니스Stanford School of Business〉

《자본주의 대전환》은 마치 한 줄기 신선한 공기와 같다. 글은 활력이 넘치고, 평범한 독자들도 쉽게 읽을 수 있으며 흥미로운 사례 연구로 가득하다. 헨더슨은 우리가 인간답게 살 수 있는 미래를 확보하는 데 필요한 사항들은 무엇인지 종합적으로 연구 조사해왔다. 그녀가 창출해야 한다고 촉구하는 경제에 대해서는 모든 사람이 반드시 생각해봐야 한다.

래리 크레이머Larry Kramer, 휼렛 재단 이사장

기업의 지도자에게 이윤을 넘어서는 목적을 가지고, 기업을 선을 위한 힘으로 이용하라는 분명한 요구가 담겼다. 쉽게 읽히는 이 책은 여러 사례를 통해 확신이 필요한 사람에게는 확신을 주고 이미 여정을 출발한 사람에게는 용기를 가져다준다.

밥 채프먼Bob Chapman, 배리웨밀러 CEO

명쾌하고 희망적이다. 이 상세하고 실현 가능한 요구들은 민간 부분이 세계가 봉착한 큰 문제들과 맞서 싸울 의무가 있다는 저자와 의견을 같이하는 정책 입안자들과 경영자들에게 명확한 비전을 안겨준다.

〈퍼블리셔스위클리Publishers Weekly〉

정부와 기업, 개인이 협력하는 새로운 시대를 열어주는 책이다.

〈파이낸셜타임스Financial Times〉

자본주의
대전환

REIMAGINING
CAPITALISM

하버드 ESG 경영수업

자본주의
대전환

리베카 헨더슨 지음 | 임상훈 옮김 | 이관휘 감수

어크로스

짐과 해리에게

자신감 넘치는,
지구를 위한 따뜻한 손 내밂

이관휘
(서울대학교 경영대학 교수)

레이첼 카슨Rachel Carson은 봄이 되었는데도 새소리가 들리지 않는 이유가 궁금했다. 봄이 침묵하는 이유를 무분별한 살충제 사용으로 인한 생태계 파괴에서 찾아낸 그녀는 이 사실들을 준엄하지만 친숙한 언어로 풀어냈다. 환경 문제를 처음으로 대중의 관심 한복판으로 들고 나온, 1962년에 출간되어 이제는 환경 분야의 고전이 된 저서 《침묵의 봄Silent Spring》은 그렇게 세상에 나왔다. 이 책의 성취는 눈부셨다. 환경 문제에 대한 대중의 인식에 지각변동이 일어난 것이다. 사람들은 카슨의 다급한 목소리에 호응해 환경을 지키기 위한 물리적 실체들을 만들어나가기 시작했다.

나오미 클라인Naomi Klein은 사랑스러운 사슴의 눈빛을 지켜내고 싶었다. 클라인은 《쇼크독트린The Shock Doctrine》과 《이것이 모든 것을 바꾼다This Changes Every Thing》 등 저서들을 통해 기후 변화로 인한 생태계 파괴는 더 이상 용인할 수 있는 것이 아님을 분명히 하면서도 이것이 또한 세상을 바꿀 좋은 기회가 될 수 있음을 역설했다. 특히 그녀는 기업에 환경을 파괴한 책임을 적극적으로 추궁하며 주주우선주의 원칙(기업의 주인은 주주들이며 경영의 목적은 주주들의 부의 극대화, 즉 주가 극대화에 있다는 원칙)의 바탕인 시장근본주의가 환경을 생각하는 기후 행동을 봉쇄하거나 봉쇄하고자 노력해왔다는 것을 고발했다. 이러한 관점에 의하면 온난화가 가속화되고 온실가스 배출이 늘어나는 일련의 과정은 결코 우연이 아니며 주주의 부를 위한 배타적인 이윤 추구 행위가 가져온 필연적인 파괴적 행위의 산물이다. 그러니 우리는 탈규제 자본주의를 통해 더욱 심화된 기업들의 성장지상주의에 대항해 싸워야한다. 그녀의 주장의 핵심은 기업에게 주어진 권력을 빼앗아 공동체의 손에 다시 쥐여주는 일에 있다.

기업과 환경을 서로 상충되는 가치로 이해하는 방식은 꽤 일반적으로 퍼져 있다. 기업들은 생존하고 성장하기 위해 무분별하게 원료를 채취함으로써 자연을 파괴했으며 이는 무한 경쟁의 비즈니스 세계에서 주주우선주의 원칙에 부합되는 것으로 용인되어왔던 것이 사실이기 때문이다. 또 기업가들에게는 경영을 통해 주주우선주의를 실현하려는 그들의 노력에 환경이라는 새로운 차원의 규제가 커다란 걸림돌로 작용했을 것이라는 점 또한 이해하기 어렵지 않다.

나무가 좋았던 리베카 핸더슨은 나무를 지키기 위한 그녀의 오랜 노력을 나오미 클라인과는 다른 시점의 진단과 해법으로 이 책에 제시했다. 기업이 지구의 건강을 위해 기능하게 하려면 그동안 비즈니스와 주류 경제학을 지배해왔던 프리드먼 독트린(주주우선주의)을 극복하는 것이 반드시 필요하다는 주장에 핸더슨은 기꺼이 동의한다.

그러나《자본주의 대전환》이라는 다분히 도발적이고 이상적인 제목 아래 펼쳐지는 이 책의 진정한 가치는 환경 이슈와 기업의 성장이 서로 상충하는 것이 아니며, 기업에 책임을 물을 것이 아니라 문제 해결을 위해 기업을 적극적으로 이용해야만 한다는 것, 기업을 통하지 않고는 어떤 이슈도 해결이 불가능하다는 것을 명확히 한 데 있다. "기업의 목적에 대한 우리의 생각, 사회에서 기업이 담당하는 역할, 기업이 정부 및 국가와 맺고 있는 관계를 바꿈으로써 수익성이 높으면서도 공정하고 지속가능한 자본주의를 만들어야 하는 이유와 방법을 15년 동안 탐구한 결실이 바로 이 책이다."(25쪽) 다시 말해 환경과 기업이, 나아가 우리 모두가 윈-윈하는 것은 주주우선주의를 폐기하고 자본주의를 공공의 목적을 추구하는 체제로 전환해야만 가능하다는 것이다.

환경에서 출발하기는 하지만 저자의 관심은 불평등과 공동체의 파괴, 기업의 사회적 책임 등 우리가 살고 있는 사회의 다양한 문제점들로 자연스럽게 이어진다. 저자에 의하면 자신이 제안하는 자본주의의 변화가 현실화되기 위해서는 다음의 다섯 가지가 필요하다. 주주우선주의를 떨어낸 자리에 공유가치 극대화를 기업 목표로 대신 집어넣고, 기업이 그 목적을 달성하기 위해 전력을 다할 수 있도록 목적 지향적 기업으로 변화시키며, 이를 위해 단기적 이익만을 추구하는 투자자들의 행동 또한 좀 더 장기적이고 기업의 사회적 책임에 연대하는 방향으로 바뀌어야 한다고 주장한다. 이 모든 과정들에는 당연히 '협력'이 필수적이며 기업들은 이를 통한 집단적이고도 정치적인 행위로 정부에 영향력을 행사해야 한다는 것이 필요조건들의 내용이다.

요약하자면, 기업을 공공의 목적에 복무하도록 재편성하고 이런 식으로 새롭게 무장한 기업들의 정치적인 영향력을 통해 지구상에 산재한 문제들을 풀어야 한다는 것이다.

2장에서 제시된 이러한 원칙들은 다음 장부터 제시되는 생생한 사례들을 통해 공고하게 다져진다. 이 원칙들은 몽상가가 꾸는 꿈이 아니며, 우리 주위에서 지금까지 없었던 새로운 일도 아니다. 우리는 이미 권력화한 기업에게서 인류에 공헌할 수 있는 선함과 진정성을 찾아내야 한다. 다행스러운 것은 이 책이 알려주듯 그러한 사례들이 크든 작든 이미 차고 넘칠 만큼 많다는 것이다. 풍부하게 제공되는 사례들은 이 원칙들에 대한 깊은 안도감과 신뢰, 결국은 든든한 자신감을 준다. 사례들은 립톤이나 월마트, 나이키 등 우리에게 친숙한 기업들을 널리 포함한다. 미국 기업의 사례들뿐만 아니라 유럽과 아시아, 아프리카 국가들을 포함하고, 시기적으로는 1·2차 세계대전부터 오늘날에 이르기까지 종횡무진이다.

변화를 위해서는 기업의 목표를 분명히 하는 것뿐 아니라 그 진정성 또한 중요하다. 주주의 부를 극대화하기 위해 공적인 목표가 필요한 것이 아니며 그 순서가 바뀌어야 한다고 역설하는 부분은 특히 인상적이다. "그러나 기업의 번창을 위해 진정성을 추구할 수는 없다. 그것은 이미 진정성이라고 할 수 없기 때문이다. 진정성 있는 목적 지향 기업으로의 방향을 재설정하는 것은 결국 목적과 이익 사이의 경계를 탐색하는 것이다. 다시 말해 올바른 일을 하기로 결정한 다음에, 그 일을 가능하게 만드는 비즈니스 모델을 찾으려 노력해야 한다."(145쪽)

주주자본주의 이후의 세계를 단순히 꿈꾸는 수준을 훌쩍 넘어서,

많은 선진국에서 조금씩 그 물리적인 실체를 건설하는 사례들이 더해지고 있는 건 고무적이지만 커다란 부러움이기도 하다. 사실 환경 이슈는 대한민국의 오늘을 살고 있는 우리들 대부분에게는 그다지 시급한 이슈가 아닌 걸로 보인다. 많은 산적한 다른 이슈들에 비추어 볼 때 정의롭긴 하지만 한가한 이슈로까지 보이는 것이다. 게다가 한국에서 환경 이슈는 경제적 측면에서조차 기업 지배구조 이슈에 가려 잘 보이지 않는다. 아직도 대한민국 정도의 선진국이 재벌이라는 기업 지배구조 이슈에 막혀 주주자본주의조차 제대로 해본 적이 없다는 걸 생각해보면 부러움은 더욱 커진다. 천하를 얻고도 건강을 잃으면 아무 소용이 없다는 건 진부한 레토릭이지만, 지구를 병들여가며 이윤 추구에 집중한다는 것도 어불성설이긴 마찬가지다. 다만 내 건강이 아닌 지구의 건강에는 당연히 끼어들수 있는 공공재에 얽힌 이해관계의 문제나 협력에 대한 무임승차의 폐해 등 우리가 고려해야 하는 문제의 층위가 훨씬 복잡하기는 하겠지만 말이다.

환경 이슈를 다루는 목소리들은 대개 몹시 다급하다. 이를테면 클라인은 환경 이슈에 대해 그동안 인류가 너무 오랫동안 무지하고 게을렀던 탓에 이제는 '단계적'으로 이 문제를 해결할 수 없으며 보다 '급진적'인 접근이 불가피하다고 말한다. 기후 문제는 더 이상 놓아둘 수 있는 문제가 아니며 바로 지금 이 자리에서 인류가 시급히 결정하고 행동할 것을 요구한다는 점에서 충분히 이해할 수 있는 다급함이다. 그러나 다급한 이슈임을 분명하게 공감하며 얘기하고 있음에도 불구하고 이 책에서 울리는 리베카 헨더슨의 목소리는 차분하고 낙관적이며 자신감에 차 있다. 무려 '자본주의를 대전환'하는 어마어마한 이슈에 관한 것인데도 그렇다. 저자는 자신감을 갖고, 우리가 이 문제들에 어떻게 대응하고 문제를 해결해나갈 수 있는지 풍부한 실제 사례를 들어가며 조근조근 얘기해준다.

이 책은 다분히 이상적인 면들을 부각시키고 있지만, 어떻게 생각해보면 우리가 매일 맞닥뜨리는 문제들도 사실 그렇게 복잡한 것이 아닐지도 모른다. 레이첼 카슨에게 그것은 새소리였고, 나오미 클라인에게는 큰사슴이었으며, 리베카 헨더슨에게는 나무였다. 당신에게는 당신에게 소중한 어떤 사람이거나 고양이나 강아지일 수도 있을 것이다. 저마다의 동기야 무엇이든 무슨 상관이랴. 너무 자주 잊고 살긴 하지만 우리는 한국인, 일본인, 미국인, 중국인 등등 이전에 지구인이 아니던가. 저자가 책을 통해 따뜻하게 내민 손을 잡으면, 서로의 따뜻한 피들이 출렁이며 교감하게 될 것이다. 그렇게 이 책을 통해 연대와 협력의 가능성을 느낄 수 있길 희망한다. 게다가 우리는 막강한 무기도 갖고 있다. 기업이라는 이름의 강력한 무기 말이다. 이 책을 통해서 리베카 헨더슨으로부터 우리들이 받을 수 있는 가장 큰 선물은 아마도 자신감일 것이다.

2021년 2월,
관악캠퍼스 연구실에서

차례

변화는 이미 시작되었다 | 주주 가치 극대화의 이면 | 시카고학파의 '아름다운 생각' | 주주자본주의가 급부상했던 이유 | 시장 실패 원인 1: 가격에 반영되지 않은 외부 효과 | 원인 2: 평등한 기회의 파괴 | 원인 3: 기업이 만드는 게임의 규칙 | 자유 시장에는 자유 정치가 필요하다 | 파이를 키우고 잘 분배하는 체제로의 전환

공유 가치-기업의 친사회적 목표 | 목적 지향 기업-비전에서 행동으로 | 재무 재설계-투자를 바꾸다 | 협력-공익에는 공동으로 | 시장과 정부의 균형

일러두기

1. 저자의 원주는 번호를 달아 미주로 처리했으며 각주는 모두 옮긴이의 것이다.
2. 인명과 제품명 등의 고유명사는 외래어 표기법을 따르되 널리 사용되는 표현이 있는 경우 그에 따랐다.

서문

비즈니스가
세상을 구할 수 있을까

나는 영국에서 자랐다. 어릴 적 경험으로 인해 나는 앞으로도 영원히 바뀌지 않을 (최소한) 두 가지 특징을 갖게 되었다. 그중 하나가, 나무를 깊이 사랑하는 마음이다. 집안 분위기가 좋지 않았고, 나는 10대의 많은 시간을 커다란 너도밤나무 아래쪽 가지에 누워, 가지 사이로 하늘을 올려다보다가 책을 보는 일을 반복하고는 했다. 나무는 정말 컸다. 나무 바로 옆에 있는 3층짜리 영국식 매너하우스만큼 높았다. 나뭇잎 사이로 녹색, 푸른색, 황금색 햇빛이 쏟아졌다. 공기에서는 막 깎은 잔디, 신선한 햇빛, 200년도 넘은 나무 냄새가 났다. 한없이 마음이 편했고, 누군가가 나를 보살펴주고 있는 듯한 느낌, 그리고 나보다 훨씬 더 큰 어떤 존재와 연결된 듯한 느낌이 들었다.

두 번째 특징은 변화에 대한 전문가적인 강박이다. 대학을 졸업한 후 큰 컨설팅 회사에 입사해서 처음 맡았던 일이 북잉글랜드 공장들을 폐쇄하는 것이었다. 수백 년 전에 설립되었고 한때는 세상을 지배했지만, 지금은 외국 기업과의 경쟁이라는 도전에서 형편없이 패배한 기업들과 일하며 몇 달을 보냈다.

오랜 세월 동안 나는 이 두 가지 특징을 완전히 별개라고 생각하며 살았다. 나는 부정否定이 왜 그리 만연하고 사람들이 변화를 왜 그리 받아들이기 힘들어하는지 이해하려고 노력하면서 경력을 쌓아 올렸다. 나쁘지 않은 삶이었다. 나는 MIT의 석좌교수가 되었고, 테크놀로지 전략과 조직 변화 분야의 전문가로서 변화하려 노력하는 여러 기업과 일했다. 휴가는 산에서 불타오르는 단풍과 바람에 춤추는 사시나무를 구경하며 보냈다.

나에게 일은 일이고 열정은 열정이었다. 일은 수입을 만들어주고, 재미있고, 대개는 대단히 흥미로웠지만 내가 진짜 삶으로 돌아가기 전에 해야 하는 어떤 것이었다. 소파에 누워 아들을 꼭 껴안고 있는 게 나의 진짜 삶이었다. 나무 아래 담요를 펼치고 함께 드러누워 내가 사랑하는 세상을 아들에게 알려주는 게 진짜 삶이었다. 나는 나무는 영원하리라 생각했다. 계속 순환하는 생명의 흐름은 이제껏 수백만 년을 존재해왔던 것처럼 앞으로도 수백만 년은 더 존재할 것이라고 믿었다.

그러던 내게 동생이 기후 변화의 과학적 맥락을 알아야 한다고 당부했다. 동생은 프리랜서 환경 저널리스트로, 존재하지 않을 듯하지만 존재하는 생물에 관한 저서 《상상하기 어려운 존재에 관한 책The Book of Barely Imagined Beings》과 인간이라는 존재의 물리학에 대한 복잡한 명상집 《불가사의에 관한 새로운 지도A New Map of Wonders》를 쓴 캐스퍼 헨더슨Caspar Henderson이다. 지금 생각해보면 동생이 내 일이 끼치는 영향력을 일깨우려고 했던 게 아닌가 싶다. 그랬다면, 동생의 시도는 성공한 셈이다.

알고 보니 나무는 영원하지 않았다. 지금처럼 기후 변화를 내버려 두다가는 여러 결과가 생겨나겠지만, 적어도 한 가지 확실한 사실은 수없이 많은 나무가 죽어가리라는 것이다. 세상에서 가장 오래된 나무 중 하나인 남아프리카의 바오바브나무는 이미 죽어가고 있다. 레바논 백향목도 마찬가지다. 미국 서부 숲들은 자라는 속도보다 사라지는 속도가 더 빠르다. 내 삶의 버팀목이 되어주었던 너무도 안일한 가정假定, 언제나 하늘 높이 치솟아 오르는 나뭇가지를 볼 수 있고 달콤한 잎 내음을 느낄 수 있으리라는 가정은, 변치 않는 현실이 아니라 우리가 싸워야만 지킬 수 있는 것이었다. 그리고 나의 안락한 삶이 사실은 숲을 위험에 처하게 만드는 원인이기도 했다.

나무만의 문제가 아니었다. 기후 변화는 내 아들뿐 아니라 모든 아이의 미래를 위협한다. 만연한 불평등은 물론 혐오, 양극화, 불신이라는 점점 거세지는 파도 역시 마찬가지다. 어떤 대가를 치르더라도 이익을 얻고야 말겠다는 맹목적인 이익 추구가 우리가 사는 행성과 모든 사람의 미래를 위험에 몰아넣고 있다.

나는 일을 그만둘 생각까지 했다. MBA 과정을 가르치고, 학술 논문을 쓰고, 기업이 돈을 더 많이 버는 방법에 대해 자문해주던 나날이 너무도 한가롭게 느껴졌다. 나는 무언가 중요한 일을 하고 싶었다. 하지만 무엇을 할 것인가? 내가 이미 올바른 시간에 올바른 장소에 있다는 사실을 깨닫기까지는 몇 년의 시간이 걸렸다. 나는 기업이 세상을 구할 수 있다는 별난 생각을 하는 사람들과 함께 일하기 시작했다. 그중에는 수십억 달러 규모의 기업을 경영하는 사람도 있지만 대부분은 기업가가 되려는 사람, 컨설턴트, 재무 분석가, 기업의 부문 부사장, 구매 담당자 등 훨씬 더 작은 규모의 회사에 다니거나 더 낮은 직급에 속한 사람들이었다. 그중 작은 러그 회사를 운영하는 한 기업인은 뉴 잉글랜드에서 가장 경기가 침체한 도시들에 숙련 이민자들을 위한 일자리를 제공하려 했다. 몇몇은 태양열이나 풍력 발전 기업을 만들어 기후 위기를 해결해보려 애썼다. 한 사람은 에너지 보존*을 가속하는 데 헌신적인 노력을 기울이고 있었다. 또 한 기업인은 위기 청소년들에게 직업 교육을 제공하고, 그들을 고용하려 했다. 중범죄 전과자를 고용한 사람도 있었다. 어떤 사람은 자신의 기업이 거래하는 전 세계 여러 공장의 노동 관행을 개선하기 위한 노력을 아끼지 않았다. 대다수는 우리 시대의 커다란 문제를 해결하려고 애쓰는 이런 비즈니스 리더들에게 금융자본의 물길을 터주려고 노력했다.

이들 모두는 숙련된 기업인으로, 어느 정도 규모의 영향을 미칠 수 있는 유일한 방법은 그들이 하는 올바른 일이 '그리고/동시에'가 되게끔 하는 것이라는 점을 잘 알고 있었다. 다시 말해 번창하고 수익성이 높은 기업을 만드는 동시에 세상을 바꿀 수 있어야 한다는 것을 말이다. 이들 모두는 열정적으로 목적에 헌신했으며, 개인 기업이 가진 힘을 기후 변화와 같은 문제를 해결하고 좀 더 폭넓은 체계적 변화를 추동하는 강력한 도구로 삼아야 한다고 믿었다.

이들과 함께 일하는 게 좋았다. 지금도 그렇다. 이들은 자신이 하는

---

* energy conservation, 유한한 에너지 자원을 효율적으로 이용하기 위한 행동을 구체화하는 방침.

일과 마음 깊은 곳에 자리 잡은 믿음 사이에 장벽을 두기를 거부하며, 충만하고 통합적인 삶을 살아가려 노력하고 있다. 이들은 내가 아는 어느 목적 지향적 리더가 말하는 소위 '진정 인간적인' 조직을 만들기 위해 고군분투하고 있다. 모든 사람이 존중받고, 돈과 권력만큼이나 공유하는 목적과 공통의 가치에 동기화되는 그런 기업 말이다. 이들은 우리가 모두 의지하는 환경·사회 시스템의 건강에 도움이 되는 기업을 만들려고 노력하고 있다.

그러나 나는 걱정이 많았다. 과연 이러한 경영 방식이 주류가 될 수 있을까? 예외적 개인만이 목적과 수익 모두를 충족시키는 기업을 만들 수 있는 게 아닌가 싶었다. 결국 나는 우리가 직면한 문제를 해결하는 유일한 방법은 게임의 규칙을 바꾸는 것이라고 확신하게 되었다. 모든 기업이 올바른 일을 해야 할 강한 동기를 갖도록 온실가스 및 그 외 여러 오염 배출을 규제하고, 최저임금을 올리고, 교육과 의료에 투자하고, 우리의 민주주의가 진정한 민주주의가 되고 우리의 공적 대화가 상호 존중과 모든 사람의 행복이라는 공감 속에 이루어질 수 있도록 제도를 개선해야 한다.

그런데 몇몇 목적 지향 기업들이 이러한 정책을 마련하기 위한 시스템적 변화를 어떻게 이끌어낼 수 있을까? 지속 가능한 비즈니스를 주제로 한 내 수업을 수강하는 학생들도 비슷한 고민을 공유하고 있었다. 이들의 고민거리는 두 가지였다. 올바른 일을 하면서도 돈을 벌 수 있을까? 그럴 수 있다면 결국 세상이 조금이라도 바뀔까?

여러분이 지금 읽고 있는 책은 이러한 질문에 대한 나의 대답이다. 기업의 목적에 대한 우리의 생각, 사회에서 기업이 담당하는 역할, 기업이 정부 및 국가와 맺고 있는 관계를 바꿈으로써 수익성이 높으면서도 공정하고 지속 가능한 자본주의를 만들어야 하는 이유와 방법을 15년 동안 탐구한 결실이 바로 이 책이다.

자본주의를 바꾸는 일은 대수롭지 않게 쉽사리 할 수 있는 일이 아니다. 직접적인 경험을 통해 어떤 일을 새로운 방식으로 하는 게 얼마나 어려운지 잘 알고 있다. 오랫동안 나는 변화를 위해 몸부림치는 기업들과 일해왔다. 토요타와 경쟁하는 제너럴모터스GM와 일했고, 디지털 사진 시대에 직면해 전통적인 비즈니스 모델이 붕괴되고 있던 코닥과도 일했다. 애플이 시장을 혁신하기 전, 한때 세계 휴대전화 시장의 절반 이상을 장악했던 노키아와도 일한 적이 있다.[1] 세계적인 기업을 혁신하는 것은 힘든 일이다. 세계적인 사회·정치 시스템을 혁신하기란 더욱 힘들 것이다. 하지만 충분히 가능한 일이고, 주위를 둘러보면 벌써 이러한 변화가 일어나고 있음을 알 수 있다.

몇 년 전 일이 기억난다. 핀란드에서 사업 점검을 돕던 때였다. 당시 나의 일정에는 내 인생 처음이자 마지막으로 '오후 5시 사우나'가 잡혀 있었다. 지시를 따라, 옷을 벗고 사우나에 들어가 온몸에 후끈한 열기를 받아들이고 있었다. 나를 초대한 분은 이렇게 말했다. "이제 호수로 뛰어들 시간이에요." 나는 곧이곧대로 쌓인 눈 위를 달려서는 철제 사다리를 조심히 내려가 꽁꽁 언 호수에 파놓은 구멍으로 풍덩 들어갔다. 침묵이 흘렀다. 그녀는 계단까지 걸어와서 내려다보며 말했다. "오늘은 호수에 뛰어들 기분이 아니군요."

나는 이제까지와는 다른 방식으로 일을 해보려는 사람들과 상당히 많은 시간을 보내왔다. 이들은 변화의 필요성을 절감했다. 심지어 일을 진척시킬 방법을 아는 사람도 있었다. 하지만 이들은 주저했다. 너무 바빴기 때문이다. 오늘 당장은 그 일을 하고 싶어 하지 않았다. 때로는 내가 아직도 그 철제 사다리 아래에 있는 듯한 느낌이 든다. 위를 올려다보며 다른 사람도 새롭고, 때로는 불편한 방식으로 행동하는 위험을 무릅써주기를 기다리는 느낌이다. 하지만 아직 희망을 버리지 않았다. 세 가지를 알기 때문이다.

첫 번째, 사람들이 변화를 어떻게 받아들이는지 알고 있다. 현재 상황에 도전하는 것은 힘든 일이다. 보통은 춥고도 외로운 일이다. 오랫동안 기후 변화를 부정해오던 자들이 이제는 우리가 할 수 있는 일은 아무것도 없다는 생각을 부추기고 있다. 놀라운 일도 아니다. 현재의 권력을 장악한 자들이 변화에 대해 보이는 반응은 항상 그런 식이다.

두 번째, 나는 이 일을 할 수 있다고 믿는다. 우리에게는 당면한 문제를 해결할 수 있는 테크놀로지와 자원이 있다. 인간이라는 동물은 무한정 많은 자원을 가지고 있다. 우리가 제도를 다시 만들고, 완전한 순환 경제를 구축하고, 자연 세계에 끼치는 위해를 중단하기로 결정을 내리기만 하면, 우리는 할 수 있다. 2차 세계대전 중 러시아는 1년도 안 되는 기간에 산업 전체를 동쪽으로 옮겨놓았다. 100년 전, 여성과 흑인과 유색 인종이 백인 남자만큼 가치가 있다는 생각은 터무니없는 망상이었다. 우리는 바로 이런 싸움을 하고 있고, 우리가 승리할수 있다.

마지막으로, 우리에게는 비밀병기가 있다고 확신한다. 변화를 불러일으키기 위해서는 올바른 전략을 갖고, 조직 전체를 재설계하는 일이 정말 중요하다. 하지만 이는 필요조건이지 충분조건은 아니다. 변화한 기업들은 그럴 만한 이유가 있었다. 그저 이윤을 극대화하는 것보다는 더 큰 목적을 가진 기업들이 변화에 성공했다. 자신이 하는 일이 한 개인에 국한되지 않는 의미가 있다고 믿는 사람들은 놀라운 일들을 성취할 수 있다. 그리고 이제 우리는 같은 목적을 전 세계적인 규모로 공유할 기회를 맞고 있다.

쉬운 일은 아니다. 때로는 철제 사다리를 내려가 두꺼운 얼음에 난 구멍으로 들어가는 일처럼 여겨진다. 힘든 일이기는 하지만, 신나는 일이기도 하다. 지금까지와 완전히 다른 일을 하다 보면, 정말 내가 살아 있구나 하는 생각도 들 것이다. 친구들이나 동료들과 함께 여러분이 사랑하는 것들을 지키는 싸움을 하다 보면, 풍요와 희망으로 가득 차게 될 것이다. 추위와 맞서 싸우는 것은 그만한 가치가 있다.

나와 함께하자. 함께 세상을 구하자.

REIMAGINING
CAPITALISM

1장

주주자본주의는
이미 시효가 끝났다

사실이 바뀌면, 나는 생각을 바꾼다.
당신은 어떻게 하겠는가?

존 메이너드 케인스

인류의 진정한 문제는 다음과 같다.
우리는 구석기시대에 머물러 있는 감정과,
중세의 제도, 신과 같은 테크놀로지를 갖고 있다.

E. O. 윌슨

자본주의란 무엇인가?

인간의 가장 위대한 발명품 중 하나이자, 세상이 이토록 번창하게 된 가장 큰 원인? 지구라는 행성을 파괴하고, 사회를 불안정하게 만드는 위협? 혹은 대대적인 전환이 필요한 긍정과 부정의 복합체?

이러한 질문에 대해 생각해보기 위해서는 체계적인 사고가 필요하다. 우리 시대의 세 가지 중요한 문제, 매일같이 중요성이 커지고 있는 문제들이 좋은 출발점이 되어줄 것이다. 엄청난 규모의 환경 파괴, 경제적 불평등, 제도의 붕괴가 그것이다.

세상은 불타고 있다. 근대 산업화를 이끈 화석연료는 지구의 기후가 불안정해지고 바다가 산성화되고 해수면이 올라가고 수십만 명에 달하는 사람들이 목숨을 잃는 원인이다.[1] 세계의 표층토는 황폐해져 가고, 민물의 수요는 공급을 훨씬 앞섰다.[2] 기후 변화를 이대로 내버려두다가는 GDP는 상당히 떨어질 것이고, 해안 도시들은 물에 잠기고, 수백만 명의 사람들이 먹을 것을 찾아 이주해야 할 것이다.[3] 곤충 개체 수는 급격하게 감소하고 있는데, 아무도 그 이유를 모르고, 결과

에 대해서도 모른다.[4] 우리는 모두가 의지하는 생태계의 생존 가능성을 파괴할 위험을 안고 있다.[5]

부는 높은 곳으로만 집중되고 있다. 전 세계 가장 부유한 사람 50명이 하위 50%보다 더 많은 돈을 소유하고 있으며, 60억 명이 넘는 사람들이 하루에 16달러도 안 되는 돈으로 산다.[6] 수십억 명의 사람들이 충분한 교육과 병원 치료를 받지 못하고 양질의 일자리를 가질 기회가 적은 상태에서 로봇공학과 인공지능의 발달로 인해 수백만 명이 일자리에서 내쫓길 위험에 처해 있다.[7]

역사적으로 시장의 균형을 유지해주던 제도들, 가족, 지역 공동체, 위대한 신앙의 전통, 정부, 심지어 인간 공동체라는 소속감까지도 붕괴하거나 비난의 대상이 되고 있다. 자녀들이 부모보다 잘살 수 있다는 보장이 없어지면서 반反소수자·반反이민자 정서의 물결이 전 세계 많은 정부를 위협하며 불안정하게 만들고 있다. 모든 곳의 제도가 압박에 시달린다. 독재 포퓰리즘*이라는 새로운 흐름은 권력을 공고히 하기 위해 분노와 소외라는 독극물을 섞어 이용하고 있다.[8]

이러한 문제들이 자본주의와 무슨 상관이냐고 물을 수도 있다. 어쨌든 지난 50년에 걸쳐 인구가 2배로 늘어나는 동안 전 세계 GDP는 5배가 늘어나지 않았는가? 이제 1인당 평균 GDP가 1만 달러를 넘어서면서, 지구상에 사는 모든 사람에게 음식, 주거지, 전기와 교육을 제공하기에 충분할 정도가 되지 않았는가?[9] 그리고 이러한 문제들을 해

---

* authoritarian populism, 인권에 대한 냉소주의, 국가에 대한 적대감, 이민에 대한 반감, 강력한 방위와 외교정책에 대한 열의 등이 포함된 정치 이데올로기.

결하기 위해 기업이 적극적인 역할을 해야 한다고 생각할지라도, 어쨌든 얼핏 봐도 성공 가능성이 없어 보이는 아이디어 아닌가? 많은 중역 회의실이나 MBA 강의실에서 기업의 최우선 과제란 이익의 극대화를 의미한다. 이는 자명한 진실로 간주된다. 많은 관리자가 다른 목표를 주장하는 것은 자신이 위임받은 의무를 배신하는 일일 뿐 아니라 심지어 일자리에서 쫓겨나는 계기가 될 수도 있다고 확신한다. 이들은 기후 변화, 불평등, 제도 붕괴와 같은 문제들을 '외부 효과'로 치부하고 정부나 시민 사회에 맡겨두는 편이 낫겠다고 생각한다. 그 결과 세계의 많은 기업이 공동선을 위해서 아무 일도 하지 않는 편이 자신들의 도덕적 의무라고 믿는 세상이 만들어졌다.

변화는 이미 시작되었다

하지만 이러한 태도는 바뀌고 있고, 그 변화의 속도는 매우 빠르다. 부분적으로는 자신들이 일하고 있는 기업에 지속 가능성과 포용성을 요구하는 밀레니얼 세대의 영향 때문이다. 내가 처음 '자본주의 다시 상상하기'라는 취지의 MBA 과목을 개설했을 때 강의실에는 28명의 학생만이 앉아 있었다. 지금은 하버드 비즈니스스쿨 전체 3분의 1에 조금 모자라는 300명에 달하는 학생이 이 강의를 수강한다. 수천에 달하는 기업이 수익성보다 더 큰 목표에 헌신하고 있으며, 세계 금융 자산의 거의 3분의 1은 지속 가능성이라는 기준에 의해 관리되고 있다. 부의 최정상에 있는 사람들도 상황이 바뀌어야 한다고 주장한다.

예를 들어 2018년 1월 세계에서 가장 큰 금융자산 관리기업인 블랙록 BlackRock의 CEO 래리 핑크Larry Fink는 자신의 포트폴리오에 들어 있는 모든 기업의 CEO에게 편지를 보내 이렇게 말했다. "사회는 공기업·사기업을 막론한 모든 기업에 사회적 목적에 봉사하라고 요구하고 있습니다. 오랜 시간에 걸쳐 번창하기 위해서는 기업이 재무 실적만 챙겨서는 안 됩니다. 기업은 사회에 어떻게 긍정적으로 이바지하고 있는지도 보여주어야 합니다. 주주, 직원, 고객, 사업장이 위치한 지역 사회와 같은 모든 이해관계자에게 골고루 이익을 나누어줄 수 있어야 합니다."[10]

블랙록이 관리하는 자산은 7조 달러에 육박한다. 지구상 모든 주요 상장회사의 최대주주라 할 수 있다. 엑손 주식의 4.6%, 애플의 4.3%, 세계에서 두 번째로 큰 은행인 JP모건체이스 주식은 7% 가깝게 소유하고 있다.[11] "기업은 사회적 목적에 봉사해야 한다"는 핑크의 말은 마르틴 루터가 비텐베르크 교회 문에 95개 조 반박문을 붙여 종교개혁을 촉발했던 사건과 비슷한 효과가 있었다.[12] 그가 편지를 보내고 일주일쯤 후 한 CEO 친구가 내게 연락을 해 그의 말이 진심이라고 생각하느냐고 물었다. 친구는 일종의 쇼크 상태였다. 그는 주주 가치를 극대화하는 데 골몰하며 길고도 성공적인 경력을 쌓아 올린 사람이었다. 그가 보기에 핑크의 제안은 터무니없었다. 무자비한 경쟁이 벌어지는 세상에서 이익이 아닌 다른 데로 눈을 돌린다는 것은 상상조차 하기 힘든 일이었다.

2019년 8월, 미국의 가장 크고 강력한 기업들의 CEO로 구성된 비즈니스 라운드테이블은 기업의 목적을 재정의하는 성명을 발표했다.

그 새로운 목적은 '모든 미국인에게 봉사하는 경제를 증진하는 것'이었다. 181개 기업의 CEO들은 자신들의 기업을 '고객, 직원, 공급업자, 지역 사회, 주주 등 모든 이해관계자의 이익'을 추구하는 방향으로 이끌겠다고 공언했다.[13] 그러나 135개 이상의 공적연금과 기타 펀드를 통해 4조 달러 이상의 통합 자산을 운용하는 미국 기관투자자협의회Council of Institutional Investors는 그리 달가운 반응을 보이지 않았다. 이들은 다음과 같은 성명을 발표했다.

> 기관투자자협의회는 이사회와 경영진이 계속해서 장기적인 주주 가치에 초점을 맞춰야 한다고 믿는다. 장기적인 주주 가치를 실현하기 위해서는 이해관계자를 존중해야 하는 것은 물론 기업 소유주에 대해서도 명확한 책임을 다하는 것이 중요하다. 모든 사람을 책임진다는 것은 사실 그 누구에 대한 책임도 지지 않겠다는 말과 같다. 비즈니스 라운드테이블은 이해관계자 거버넌스에 대한 새로운 공약을 발표했다. 하지만 (1) 주주 권리를 축소하겠다고 하고 (2) 다른 이해관계자 그룹에 대한 책임을 지는 이사회와 경영진을 만드는 새로운 메커니즘은 제시하지 않고 있다.[14]

세계에서 가장 큰 금융자산 관리기업은 "세상은 당신의 리더십을 필요로 한다"라고 말하고, 세계에서 가장 강력한 권한을 가진 CEO들은 '이해관계자들을 위한 경영'을 공약하고 있다. 반면에 나의 (엄청난 성공을 거둔) CEO 친구나 대규모 투자자들을 포함한 기업인들은 이들이 불가능한 요구를 하고 있다고 생각한다. 둘 중 어느 편이 옳을까? 기업은 진실로, 정말 진실로 불타는 세상을 구할 수 있을까?

지난 15년 동안 나는 환경 문제와 사회 문제를 해결하려 애쓰는 기업들과 일했다. 이 기업들은 무엇보다 살아남기 위해 문제 해결에 앞장서고 있었다. 그 경험을 통해 나는 기업이 세상을 바꾸는 데 큰 역할을 할 힘과 의무는 물론, 그런 노력을 해야만 하는 경제적 동기도 있다는 사실을 알게 되었다. 세상은 바뀌고 있다. 세상과 더불어 변화하는 기업은 커다란 수익을 거둘 것이다. 하지만 자본주의를 바꾸지 않는다면, 우리는 지금보다 훨씬 가난해질 것이다.

나는 어느 정도 회의를 품은 상태에서 이 여정을 시작했다. 하지만 지금은 나 자신도 놀라울 정도로 미래를 낙관하고 있다. '우리가 정말 열심히 하면, 그만큼 성공할 수 있다'는 의미로 낙관한다. 우리는 공정하고 지속 가능한 세상을 만들 수 있는 테크놀로지와 자원을 이미 가지고 있다. 사적 영역을 위해서라도 그런 세상을 만들어야 한다. 주요 해안 도시들이 물에 잠기고, 인구 절반이 불완전 고용 상태이거나 최저 생활 임금도 보장받지 못한 채 노동하고, 민주 정부가 자신들의 이익만을 추구하는 포퓰리즘적 과두 지배 세력에 의해 잠식된다면, 돈을 벌기란 점점 힘들어질 것이다. 게다가 이윤 극대화를 넘어 사회 지향적인 목적을 갖고, 우리가 의지하는 자연 생태계 및 사회 시스템의 건강에 책임을 지려는 태도는 기업의 앞날을 위해 훌륭한 자세일뿐더러, 본디 주주 가치론을 받아들이는 계기가 되었던 자유와 번영에 대한 약속이라는 측면에서 볼 때도 도덕적으로 요구되는 태도다.

불과 10년 전만 해도 기업이 세계를 구하는 데 도움이 될 수 있다는 생각은 정신 나간 소리처럼 들렸을 것이다. 하지만 지금은 가능할 뿐아니라 절대적으로 필요한 생각이다. 나는 저 멀리 있는 유토피아에 관해 이야기하는 게 아니다. 지금 당장 자본주의를 바꾸는 일은 가능하고, 그 요소들을 활용하여 커다란 변화를 일으키는 것 역시 가능하다. 그 커다란 변화는 자본주의를 보존하면서도 우리가 사는 세상을 더 나은 세상으로 만들어줄 것이다. 나는 여러분도 이러한 노력에 동참하라고 설득하기 위해 이 책을 썼다.

주주 가치 극대화의 이면

우리가 직면한 문제의 핵심 원인은 '주주 가치' 극대화야말로 기업의 유일한 의무라는 흔들리지 않는 믿음이다. 이 믿음을 보편화하는 데 가장 주도적인 역할을 한 밀턴 프리드먼Milton Friedman은 이렇게 말한 적이 있다. "기업의 유일한 사회적 책임은 자신의 자원을 이용하여 이익을 증대시키는 활동에 임하는 것이다." 여기에서부터 장기적인 이익 또는 공공의 이익에 초점을 맞추는 것은 부도덕하고 어쩌면 불법적일 뿐 아니라, (가장 중요하게는) 결정적으로 실현 불가능하다는 생각이 자연스럽게 이어진다. 자본시장과 상품시장이 무자비하다는 것은 사실이다. 하지만 지금의 시장에서 주주 가치의 극대화에만 관심을 두는 것은 사회와 지구뿐 아니라, 기업 자체의 건강에도 대단히 위험한 발상이다. 튜링제약Turing Pharmaceuticals이 다라프림과 관련하여 보여준 행동은 다른 모든 것을 희생하면서 이윤을 추구하는 태도가 어떤 비용을 치르는지를 잘 보여준다.

2015년 9월 단지 두 제품을 출시한 소규모 스타트업이었던 튜링은 복제약 다라프림의 가격을 13달러 50센트에서 750달러로 인상하겠다고 발표했다. 대략 5000% 인상이었다. 다라프림은 에이즈 합병증을 치료하는 데 널리 사용되고 있었다. 제조단가는 한 정당 1달러 정도였고, 경쟁사도 없었다.[15] 다라프림을 원하는 사람은 튜링에서 약을 살 수밖에 없었다. 이러한 조치는 언론의 폭풍을 불러왔다. 튜링의 CEO 마틴 슈크렐리Martin Shkreli는 언론의 질타를 받고 대중 앞에 섰다. 하지만 전혀 뉘우침이 없었다. 다른 방법은 없었느냐는 질문에 그는 이렇게 대답했다.

> 저는 가격을 더 올릴 수도 있었습니다. 가격을 더 올려 주주들을 위해 더 많은 수익을 낼 수도 있었죠. 그게 저의 가장 중요한 의무입니다. 누구도 말하려 들지 않고, 누구도 자랑스러워하지 않지만, 이것이 바로 자본주의 사회, 자본주의 체제, 자본주의 규칙입니다. 투자자들은 제게 수익 극대화를 원합니다. 최소화하거나, 50%, 70%가 아니라 우리 모두 MBA 수업 시간에 배운 이윤 곡선의 100%를 원합니다.[16]

슈크렐리가 예외적인 사람이라고 믿고 싶다. 그는 별난 사람이었고, 현재 금융사기로 수감 중이다.[17] 하지만 그는 가능한 한 많은 돈을 벌어야만 하는 의무에 담긴 함의를 적나라하게 표현했다. 가격이 터무니없게 오른 복제약이 다라프림만은 아니었다. 2014년 또 다른 제약회사 라넷Lannett은 조현병 치료제이자 세계보건기구에 필수 약품으로 등록된 플루페나진의 가격을 43달러 50센트에서 870달러로 2000% 인상했다.[18] 밸리언트Valeant는 심장병에 가장 많이 사용되는 나

이트로프레스와 이수프렐의 가격을 500% 이상 올렸고, 매출 총이익은 99% 넘게 치솟았다.[19]

당연히 올바르지 않은 행동이다. 경영인이 절망적인 병에 걸린 사람들을 착취해야 하는 도덕적 의무라도 있단 말인가? 옥시콘틴 처방을 적극적으로 촉진하기로 한 퍼듀파마Purdue Pharma의 결정은, 최소한 단기적으로는 많은 수익을 올렸다.*[20] 그렇다고 해서 이 결정이 올바른 결정인가? 퍼듀파마는 훌륭한 기업인가? 기업이 수익을 올릴수록 고객, 직원, 사회 일반에는 부정적인 영향을 미친다는 것이 분명한 상태에서 최대 이익을 추구하는 게 의무인가? 예를 들어 파리기후협약이 서명되던 2015년 12월 이후, 세계의 화석연료 기업들은 온실가스 배출 억제를 반대하는 로비 자금으로 10억 달러 이상을 지출해왔다.[21] 지구온난화를 가속하자는 로비는 단기적으로 주주 가치를 극대화할 수도 있다. 하지만 장기적으로 볼 때, 과연 올바른 생각이라 할 수 있을까?

이윤 극대화에 초점을 맞추다 보면 기업들은 약값을 올리고, 물고기를 남획하고, 기후를 불안정하게 만들고, 교육과 의료에 대한 공적 자금 지원을 포함하여 인건비를 올릴 수 있는 모든 것에 맞서 싸우고, 정치 과정을 자신에게 유리하게 조작할 수밖에 없게 된다.

기업이 항상 이렇게 행동하지는 않았다. 주주 가치에 대한 강박은 실제로 그리 오래되지 않은 것이다. 하버드 비즈니스스쿨의 초대 학장 에드윈 게이Edwin Gay는 '적절하게, 적절한 수익'을 거둘 수 있도록

---

* 애초 중증환자에게 처방되던 이 약품이 쉽게 처방되면서 중독 문제를 일으켰다.

"그래, 세상은 망했단다.
하지만 우리가 주주들을 위해 많은 가치를 만들던 시절은
아주 잠깐이었지만 참 아름다웠단다."

사람들을 가르치는 것이 하버드 비즈니스스쿨의 목표라고 말한 적이 있다. 1981년 비즈니스 라운드테이블은 다음과 같은 성명을 발표했다. "기업과 사회는 공생관계다. 기업의 장기 존속 가능성은 자신이 속한 사회에 얼마나 책임감을 갖느냐에 달려 있다. 한편 사회의 안녕은 이윤을 내면서도 책임을 다하는 기업에 달려 있다."

시카고학파의 '아름다운 생각'

주주 가치 극대화가 경영진의 유일한 의무라는 믿음은 2차 세계대전 이후 프리드먼과 시카고대학 동료들이 주도한 경제적 사유 변화의 산물이다. 이들의 주장은 대체로 대단히 전문적이지만 연구의 기반이 되는 사유는 직관적이다.

첫째, 이들은 자유 시장은 완벽하게 효율적이며, 이러한 특징으로 인해 자유 시장은 경제적 번영을 낳는 눈부신 동인이 된다고 주장한다. 직관적으로 볼 때, 어떤 산업의 모든 기업이 무자비하게 순익에만 초점을 맞춘다면, 경쟁으로 인해 모든 기업은 효율적이고 혁신적일 수밖에 없게 될 것이고, 이와 동시에 어떤 단일 기업이 시장을 지배하는 것은 불가능한 일이 될 것이다. 게다가 완전히 경쟁적인 시장은 가격을 이용해 생산을 소비에 맞추므로, 수백만 개의 기업들이 수십억 명의 취향을 충족시킬 수 있다. 프리드먼은 일상적인 예를 들어 자신의 생각을 생생히 전했다.

이 연필을 보세요. 세상에서 이 연필을 혼자서 만들 수 있는 사람은 하나도 없습니다. 놀라운 얘기라고요? 전혀 그렇지 않습니다. 이 연필 목재는 워싱턴주에서 벌목한 나무입니다. 나무를 자르기 위해서는 톱이 필요했죠. 톱을 만들기 위해서는 강철이 필요했습니다. 강철을 만들기 위해서는 철광이 필요했죠. 이 검은 중심 부분을 우리는 연필심이라 부르지만 사실은 흑연, 압축 흑연이죠. 이건 남미의 광산에서 캔 겁니다. 여기 꼭대기에 빨간 부분, 이건 지우개인데, 작은 고무 조각이죠. 아마 말레이반도에서 왔을 겁니다. 하지만 거기가 고무나무의 원산지는 아니에요! 말레이반도의 어떤 사업가가 영국 정부의 도움을 받아 남미에서 수입한 걸 겁니다. 이 놋쇠 테는 어디서 왔냐고요? 전혀 모르겠습니다. 노란색 도료나 이 검은 선을 그린 도료도, 나무를 붙이는 접착제도 어디서 왔는지 모르겠습니다. 말 그대로 수천 명의 사람이 협력해서 이 연필을 만들었습니다. 언어도 다르고, 종교도 다르고, 혹 만나게 된다면 서로 혐오를 드러낼 수도 있는 사람들이 말이죠![22]

오늘날 프리드먼이 같은 이야기를 하고자 했다면, 아마 휴대전화를 예로 들었을 것이다. 휴대전화를 구성하는 수백 개에 달하는 부품들은 그야말로 전 세계를 거쳐 제조되고 있으니 말이다.[23] 프리드먼이 말하고자 하는 요점은 진정한 경쟁이 이루어지는 시장은 우리가 이제껏 시도해본 그 어떤 것보다도 자원을 훨씬 더 효과적이고 효율적으로 할당한다는 것이다. 실제로 1950~1960년대의 혁신적 연구들에 따르면 자유로운 경쟁, 담합 및 사적 정보의 부재, 외부 효과에 대한 적절한 평가 등 여러 요소가 잘 정의된 조건에서는 주주 이익의 극대화가 공공복리를 극대화했다.[24]

주주의 이익에 초점을 맞추라는 명령을 뒷받침하는 두 번째 근거는 개인적 자유의 규범적 우선성, 즉 개인의 자유가 사회의 가장 일차적인 목표가 되어야 하고, 개인이 자신의 자원과 시간을 어떻게 활용할 것인가를 스스로 결정할 수 있는 능력이 사회의 가장 중요한 목표 중 하나가 되어야 한다는 생각이다. 이러한 생각은 18세기와 19세기 후계몽주의적인 고전적 자유주의 전통에 뿌리를 두고 있다. 밀턴 프리드먼과 프리드리히 하이에크Friedrich Hayek는 이러한 전통에 근거해서 소련의 중앙집권적 통제경제를 조목조목 비판했다.

여기에서 자유는 '침해로부터의 면제' 또는 '~로부터의 자유', 즉 타자의 간섭으로부터 자유로운 의사결정 능력을 의미한다. 프리드먼과 동료들은 자유 시장은 계획경제와는 달리, 사람들이 하고픈 일과 그 일을 하는 방식을 선택할 수 있도록 하고, 자신이 원하는 정치를 선택할 수 있는 자원을 제공한다는 면에서 개인의 자유를 낳는다고 주장했다. 국가 혹은 소수의 과두 집단이 당신이 누구 밑에서 일해야 하는지, 그리고 얼마나 받아야 하는지를 통제하는 사회에서라면 진정 자유롭기란 힘든 일이다.

세 번째, 프리드먼과 동료들에 따르면 경영자는 투자자의 대리인이다. 경영자가 신뢰받는 대리인이 되기 위해서는 나름의 도덕적 약속을 지켜야 한다. 그 도덕적 약속이란 경영자는 신의를 지키고, 투자자들이 맡긴 자금을 오용하지 말아야 한다는 널리 공유되는 생각을 기반으로 한다. 이들의 주장에 따르면 경영자는 대리인이므로, 투자자들이 바라는 대로 기업을 운영할 의무가 있다. 그리고 프리드먼은 투자자들은 대체로 '가능한 한 많은 돈을 벌 것'을 바란다고 가정했다.

주주 가치 극대화를 강력하게 부르짖는 이 세 주장은 이익 극대화야말로 규범적인 약속을 실천하는 방법이라는 경영자들의 믿음을 뒷받침하는 도덕적 힘이 되고 있다. 이러한 관점에서 보자면 주주 수익 극대화를 이루지 못하는 것은 투자자에 대한 책임을 저버리는 행위일 뿐만 아니라, 체제의 효율성을 훼손함으로써 번영을 축소하고, 모든 사람의 경제적·정치적 자유를 줄이는 행위이기도 하다. 수익 극대화가 아닌 다른 모든 것, 예를 들어 뚜렷한 근거도 없이 직원들에게 적정 임금 이상을 지급하거나, 지역의 화력발전소에서 생산하는 전기가 싸고 풍부한데도 불구하고 지붕에 태양 전지판을 설치하는 행동은 사회를 더 가난하고 더 자유롭지 못하게 만들 뿐 아니라, 투자자에 대한 의무를 배신하는 행동이라는 것이다.

주주자본주의가 급부상했던 이유

하지만 이러한 생각은 특정한 시간과 장소, 그리고 특정한 제도적 조건의 산물이다. 지금의 현실에서는 위험할 정도로 그릇된 생각이다. 프리드먼과 동료들이 이러한 생각을 처음 가졌던 것은 2차 세계대전 직후였다. 당시에는 시장 의존 경제가 중앙집중화된 계획경제로 대체될 수도 있다는 심각한 위험이 존재했다. 경제 공황과 전쟁을 이미 극복한 정부는 대중적 인기와 더불어 강력한 힘을 갖고 있었던 반면, 자본주의는 그렇지 못했다. 전쟁보다 먼저 일어났던 대공황의 기억이 아직 사람들의 머릿속에서 사라지지 않고 있었다. 대공황이 한

창일 때 미국의 GDP는 30% 하락했고, 산업 생산은 거의 50% 떨어졌으며, 노동인구의 4분의 1은 일자리를 잃었다.[25] 그렇다 보니 그 후 20년 동안 규제와 구속이 없는 자본주의는 모든 곳에서 의심의 대상이었다. 유럽에서는 물론 아시아에서도 마찬가지였다. 예를 들어 일본 기업계는 직원들의 복지를 강조하며 장기근속을 보장하는 자본주의 모델을 받아들였다. 독일에서는 기업, 은행, 노조가 합심하여 기업과 직원과 사회 사이에 균형 잡힌 안녕을 추구하는 '노동자 경영 참여' 제도가 만들어졌다.

다시 말해 2차 세계대전 이후 대략 30년 동안 선진국에서는 어느 정도 합리적인 시장 경쟁을 보장하고, 공해 등의 외부 효과에 가격을 매기거나 규제하고, (거의) 모든 사람이 시장에 참여할 수 있는 능력을 갖추게 만드는 것이 정부의 역할이라고 믿었다. 게다가 전쟁 경험으로 인해 믿기 힘들 정도로 쉽게 사회적 통합이 성취되었다. 교육과 건강에 투자하고, '올바른 일을 하고', 민주주의를 찬양하는 것이 너무나 당연하게 여겨졌다.

프리드먼의 생각은 1970년대 초반까지는 그다지 주목을 받지 못했다. 하지만 1970년대 초반 1차 석유 파동으로 인해 스태그플레이션과 강도 높은 국제적 경쟁이 10년도 넘게 지속되면서 미국 경제는 심각한 위기에 처했다. 이러한 상황에서는 경영자들에게 그들의 유일한 과제는 주주 이익에 초점을 맞추는 것이라고 지시함으로써 시장을 '자유롭게 만드는' 것이 경제 성장은 물론 개인의 자유를 극대화해주리라 믿는 게 이상하게 여겨지지 않았다.

시카고학파는 경기 부진의 원인에 대해 많은 경영자가 투자자에 대한 의무보다는 자신의 안녕을 우선시하는 탓으로 돌렸다. 이들이 내세운 해결 방안, 경영진의 보수를 주주 가치와 연동시키자는 방안은 투자자들의 열렬한 지지를 받았다. 경영진은 이익을 극대화하는 도덕적 의무를 다하라는 요구를 받았다. 실제로 그 밖의 다른 일들은 대단히 부도덕한 일로 여겨졌다. CEO의 임금은 회사의 주가와 밀접하게 연동되었다. GDP는 하늘 높이 솟구쳤다. 그와 더불어 주주 가치와 CEO의 임금도 하늘 높은 줄 모르고 올라갔다.[26]

하지만…… 한편으로는 이러한 성장의 환경 비용인 수조 톤에 달하는 온실가스, 해양 오염, 광범위한 지구 생태계 파괴 등은 대체로 무시되었다. 중국을 포함한 몇몇 개발도상국이 서구 수준의 소득을 따라잡기 시작하면서 전 세계적 차원에서의 불평등은 완화되었지만, 선진국 내의 소득 불평등은 엄청나게 심화되었다. 특히 미국과 영국에서는 지난 20년 동안 생산성 향상의 결실 대부분이 고스란히 소득 분포 상위 10%의 몫으로 돌아갔다.[27] 반면 소득 분포 가장 아래쪽에 있는 사람들의 실질임금은 계속 정체 상태를 유지하고 있다.[28] 그 결과로 나타난 포퓰리즘적인 분노는 우리 사회와 경제의 생존 가능성마저 위협하고 있다. 도대체 무엇이 잘못된 것일까?

요컨대 시장은 성숙한 관리가 필요하다. 진정으로 자유롭고 공정한 시장만이 번영과 자유를 가져다줄 수 있다. 지난 70여 년 사이에 세상은 옛 모습을 떠올리기도 힘들 정도로 달라졌다. 세계 자본주의가 자유롭고 공정한 시장이라는 교과서적인 모델에서 점점 멀어지면서 이익 극대화에 초점을 맞추라는 명령은 명분을 잃어가고 있다. 자유 시장은 가격이 모든 가용 정보를 반영하고, 진정한 기회의 자유가 있고,

게임의 규칙이 공정한 경쟁을 지지해줄 때만 효과적으로 작동한다. 그러나 오늘날의 세상에서는 가격은 미친 듯이 널뛰고, 기회의 자유는 금수저들에게만 국한된 이야기가 되고 있으며, 기업은 시장을 왜곡하면서 자신들의 이익만을 극대화하는 방향으로 게임의 규칙을 다시 쓰고 있다. 기업이 유해 쓰레기를 강에 버리고, 정치 과정을 통제하고, 가격 담합을 밀어붙인다면, 자유 시장은 부의 총액은 물론 개인의 자유도 확대하지 못할 것이다. 오히려 기업 그 자체가 의지하고 있는 제도를 파괴하는 결과만을 초래하게 될 것이다.

시장 실패 원인 1: 가격에 반영되지 않은 외부 효과

에너지가 싼 이유는 우리가 총비용을 지불하지 않기 때문이다. 미국 소비자들은 화력발전소에서 생산된 전기에 1킬로와트시당 5센트 정도를 낸다. 석탄 연소는 엄청난 양의 이산화탄소를 배출한다(석탄의 본질은 화석화된 탄소다). 이산화탄소는 지구온난화의 주요 원인 중 하나다. 석탄 연소를 통해 전기를 생산할 때 기후에 미치는 피해는 1킬로와트시당 적어도 4센트 정도다.

게다가 석탄 연소로 인한 사망자는 해마다 수천 명에 달하고, 건강에 피해를 입고 있는 사람은 이보다 훨씬 더 많다. 미국에서 석탄의 채굴, 수송, 가공, 연소로 인한 폐·심장 질환 사망자는 매년 2만 4000명에 이른다(비용으로 따지면 매년 1875억 달러 정도다). 게다가 건강 위험도가 높은 광산 지역에서 해마다 1000명 정도가 사망한다(매해 비용은 대략 746억 달러 정도다).[29] 화석연료 연소로 인해 발생하는 전 세계적 의료비 총계는 추산하기도 힘들다. 어떤 유형의 연료인지, 어디에서 어떻게 연소시키는지 등의 광범위한 요소들에 따라 비용이 크게 달라지기 때문이다. 하지만 한 추산에 따르면 이산화탄소 1톤이 배출될 때마다 대략 40달러의 의료비가 소요된다. 이는 곧 1킬로와트시당 4센트의 비용이 드는 것을 뜻한다. 뿐만 아니라 이 분야에서 일하는 내 동료들에 따르면 이 비용은 크게 달라질 수 있고, 훨씬 더 많을 수도 있다고 한다.[30]

어쨌든 앞서 말한 비용들을 더하면 석탄 연소로 얻은 전기의 실제 비용은 1킬로와트시당 5센트가 아니라 13센트에 육박하게 된다. 다시 말해 우리는 실제 석탄 연소 비용의 40% 정도만을 지불하고 있다는 이야기다. 화석연료 에너지는 값싼 에너지처럼 보인다. 하지만 그 이유는 우리가 이웃에게, 그리고 미래에 부과하는 비용을 감안하지 않기 때문이다.

지구상에 있는 모든 화력발전소는 적극적으로 가치를 파괴하고 있다. 이 발전소들이 사회에 부과하는 비용이 이들의 이익은 물론 총수입보다 훨씬 크기 때문이다. 미국의 최대 석탄회사인 피보디에너지 Peabody Energy는 2018년 1억 8670만 톤의 석탄을 실어 날라 56억 달러의 총수입을 거두었다.[31] 1억 8670만 톤의 석탄을 연소한 환경·의료 비용은 총 대략 300억 달러다. 따라서 총수입을 총가치 창출의 척도로 삼더라도, 피보디에너지는 창조하는 가치보다 5배는 더 많은 가치를 파괴하는 셈이다.

차를 운전하든 비행기를 타든 간에, 화석연료를 사용할 때마다 우리는 지속적인 피해를 낳고 있다. 특히 에너지 집약적인 생산을 해야 하는 몇몇 상품의 예를 들자면, 1톤의 강철을 생산하고, 1톤의 시멘트를 만들고, 햄버거 하나를 만들 때마다 가격에 포함되지 않은 심각한 피해가 발생하고 있다. 치즈버거 하나를 만들 때마다 약 1.9리터의 휘발유가 배출하는 만큼의 배기가스를 만들어낸다고 생각하면 된다. 또한 쇠고기 소비가 전 세계 온실가스 배출의 10%를 차지한다(반면, 이로 인해 소비되는 열량은 총 2%에 불과하다).[32]

이러한 비용을 감안하면 거의 모든 기업이 지구에 상당한 피해를 주고 있는 것으로 나타난다. 예를 들어 2018년 세계적인 시멘트 회사 중 하나인 시멕스CEMEX는 생산 공장에서 사용한 전기의 약 4분의 1을 재생에너지로 생산했지만, 그래도 4800만 톤 이상의 이산화탄소를 배출했다.[33] 적어도 40억 달러 정도의 피해를 발생시킨 셈이다.[34] 그해 시멕스의 세전·이자지급전이익은 26억 달러였다.[35] 2019년 회계연도에 영국의 유통업체 막스앤스펜서Marks & Spencer의 이산화탄소 총배출량은 36만 톤 정도였다.[36] 사실 이 기업은 오랫동안 배출량을 줄이려 노력해왔음에도 불구하고 3200만 달러에 달하는 피해를 발생시킨 것이다. 같은 해 세전이익은 6억 7000만 파운드였다.[37]

온실가스 배출에 가격을 부과하지 않아 생기는 왜곡은 엄청나다. 경제 전반에서 그 가격은 제대로 부과되고 있지 않다. 알아야 할 모든 정보가 가격에 담겨 있다는 전제하에 자유 시장이 마법과 같은 역할을 한다면, 이 경우에는 부릴 수 있는 마법이란 거의 없다.

원인 2: 평등한 기회의 파괴

시장은 모든 사람이 제 역할을 할 기회가 주어져야만 진정한 기회의 자유를 제공할 수 있다. 규제받지 않는 시장이 지나치게 많은 사람을 지나치게 뒤떨어진 상태에서 시작하게 만든다면, 시장의 정당성에 가장 중요한 근거가 되는 기회의 자유를 파괴하는 것이다. 50년 전에 비하면 세상은 측정할 수 없을 정도로 부유해졌다. 1950년대에 전 세계 인구 절반은 하루 2달러도 못 미치는 돈으로 살아야 했다. 지금은 13% 정도만이 이 수준에서 살고 있고, 대부분은 쾌적한 생활을 누리고 있다.[38] 하지만 한 나라 안에서의 불평등은 1920년대 이후에는 볼 수 없었던 수준까지 치솟았다. 예를 들어 미국과 영국은 실질소득이 정체된 상태에서 생산성 향상의 혜택은 상위 10%에 집중되어 있다.[39]

미국의 사회 이동성은 캐나다나 북유럽과 비교하면 상당히 낮은 수준이다. 하지만 전반적으로 볼 때 거의 모든 곳에서 사회 이동성은 과거보다 둔화되었다.[40] 경제 호황의 수혜자들은 자신의 성공을 자식에게 물려주는 방법을 찾아내고 있다. 따라서 아이들의 성공이 그들이 태어난 곳의 우편번호와 부모의 소득과 점점 더 관계가 밀접해지고 있다. 2013년 아이비리그 8개 대학교에 소득 하위 20% 출신은 2~4%에 지나지 않았다. 반면 상위 1% 가정에서 태어난 아이들은 전체 학생의 10~19%를 차지했다. 똑같은 미국 최고 대학교에 다니더라도, 소득 상위 5% 가정에서 태어난 학생은 부모 소득이 하위 5%인 학생에 비교하면 소득 상위 1%에 진입할 가능성이 60% 정도 높았다.[41] 건강 역시 점차 우편번호에 의해 규정되고 있다. 하나의 예만 들겠다.

2017년 매사추세츠주 뉴베드퍼드의 가장 가난한 지역에 사는 주민들의 기대수명은 보츠와나나 캄보디아의 수준에 약간 못 미치는 정도로 추정되었다.[42]

원인 3: 기업이 만드는 게임의 규칙

새로 창업한 회사가 성공하기도 매우 어려워졌다. 1997~2012년 사이에, 여러 분야에서 가장 규모가 큰 4개 기업이 각각의 분야에서 차지하는 수익률은 26%에서 32%로 늘었다.[43] 젊은 기업들은 1980년에는 경제의 15%를 차지했지만, 2015년에 그 비중은 8%로 줄어들었다.[44] 이러한 집중화 현상으로 인해 노동자들의 구매력 또한 떨어지고 있다. 보수와 부가혜택 역시 줄어들었다. 반면 기업의 이익과 물가는 상승을 거듭하고 있다.[45]

시장의 주체들이 자신에게 유리하도록 마음대로 규칙을 바꿀 수 없을 때만 시장은 자유롭고 공정할 수 있다. 2014년 2명의 정치학자는 어떤 정책에 대한 대중의 지지와 그 정책이 법률이 될 가능성과의 관계를 연구한 결과를 발표했다. 이들에 따르면 미국 '보통 시민'의 견해는 전혀 중요하지 않았다. 일반 대중에게 90%의 지지를 받는 안건이나 10%의 지지를 받는 안건이나 통과될 확률은 크게 다르지 않았다.[46] 하지만 부자들이 어떤 안건이 법률이 되길 원하면, 그 안건은 법률이 되었다.

돈을 써서 게임의 규칙을 유리하게 바꾸는 것은 돈을 버는 대단히 효과적인 방법이 될 수 있다. 엄청난 비용을 다른 모든 사람에게 전가하면서 말이다. 예를 들어 1997년 월트디즈니는 저작권 보호 기간 연장 법안Copyright Term Extension Act이라는 모호한 이름의 법안을 통과시키기 위해 엄청난 로비를 했다.[47]

창작물의 저작권을 보장하면 창작물을 만든 아티스트와 저자(그리고 영화 제작자)는 자신의 아이디어를 통해서 수익을 거둘 수 있고, 더 많은 창작을 할 수 있는 동기를 부여받는다. 그러나 저작권에는 시효가 있어서 어느 정도 합리적인 기간이 지나면, 다른 사람들이 그 아이디어를 바탕으로 자신의 창작물을 만들 수 있다. 예를 들어 디즈니의 영화 〈백설공주〉는 옛 유럽 민담에 기반을 두고 만들어졌다. 〈미녀와 야수〉도 마찬가지다. 저작권 보호 기간 연장 법안은 저작권을 저자 사후 70년까지 연장했고, 기업의 저작권은 95년으로 늘렸다. 2023년이 되면 가장 사랑받는 (그리고 가장 수익을 많이 올릴 수 있는) 캐릭터들에 대한 저작권이 소멸할 위기에 처했던 디즈니사는 이 법안을 통해 20년이라는 보호 기간을 더 확보할 수 있었다.

디즈니사는 법안 통과 로비에 200만 달러 이상을 썼다.[48] 얼마나 적극적으로 로비를 했는지 사람들이 우스개로 이 법안을 '미키마우스 보호 법안'이라고 부를 정도였다.

법안은 결국 순조롭게 의회를 통과해서 1998년 10월 27일에 서명되었다. 대충 계산해보더라도, 이 법안 덕분에 디즈니사는 무려 16억 달러를 더 확보할 수 있게 되었다. 200만 달러의 투자가 아깝지 않은 수익을 거두는 셈이다.[49] 하지만 이 법안이 공공복리를 증진했다는 근거는 찾아볼 수 없다. 오히려 그 반대일 것이다. 디즈니사는 경쟁사들이 자신의 영화를 베낄 수 있는 시간을 뒤로 미룸으로써 자사의 새로운 작품 창작 동기가 강화된다고 주장했다. 그러나 5명의 노벨상 수상자를 포함한 저명한 경제학자들에 따르면, 이 기간 연장은 혁신 동기에는 아무런 영향을 미치지 못했다.[50] 이들에 따르면 "기존 작품의 보호 기간이 연장된 결과, 비용은 엄청나게 증가했지만, 새로운 작품을 창조하겠다는 동기 개선은 거기에 상당히 미치지 못했다".[51]

쉽게 말하자면, 건강한 가족 이미지에 자부심이 있고, 미국의 모든 가족이 한 번쯤은 꼭 찾아가는 테마파크를 소유한 디즈니사는 기본적으로 투자자들의 배를 불리기 위해 10억 달러 이상의 비용을 미국 가정에 전가하면서, 그에 상응하는 사회적 혜택은 전혀 창출하지 않을 기반을 만든 것이다.

결국은 돈이 문제다. 화석연료 기업들도 유사한 전략을 추구해왔다. 하지만 이들이 세상에 미친 영향은 더욱 심각하다. 2000년부터 2017년 사이에 화석연료 산업은 한마음으로 기후 변화 법안에 반대하는 로비를 펼치며 최소한 30억 달러를 지출했고, 기후 변화를 부정하는 단체와 캠페인을 지원하는 데도 수백만 달러를 썼다.[52]

이 글을 쓰는 지금, 미국의 가장 큰 정유회사 마라톤오일Marathon Oil은 공개적으로 기후 변화의 현실을 인정하고, 자사가 "좀 더 에너지 효율적인 운용을 위해 수십억 달러를 투자했다"라고 주장하고 있다. 그러나 마라톤오일은 트럼프 정부의 자동차 배기가스 배출 규제 철폐 정책을 적극 지지해왔으며, 한번은 투자자와의 전화에서 규제 철폐가 이루어지면 휘발유 판매량이 하루에 35만~40만 배럴 정도 늘어날 수 있다고 말하기도 했다.[53] 이렇게 휘발유 판매가 증가하면 미국을 제외한 세계에도 43억~49억 달러 정도의 비용이 발생하게 된다. 1배럴당 약 56달러의 비용을 들여 업계 판매액을 69억~79억 달러 정도까지 증가시키는 셈이다.[54] 워싱턴주에서 석유 기업들은 미국 역사상 최초로 탄소세를 부과하는 법안의 도입을 막기 위해 탄소세에 찬성하는 쪽보다 2배 더 많은 돈을 지출했다. 영국국영석유회사British Petroleum, BP 만도 이를 위해 무려 1300만 달러를 쏟아부었다.[55]

기업이 돈만 가지고 자신들에게 유리한 게임의 규칙을 만드는 것은 아니다. 그러나 그 밖의 상황은 대단히 전문적이고 제한적이고 재미가 없어서, 언론은 물론 일반 대중도 그다지 관심을 두지 않는다. 예를 들어 회계기준의 변화는 대중이 이해하기도 힘들고, 관심도 없는 분야다. 하지만 이 사소해 보이는 변화가 사실은 2008년 뉴욕 증권 시장이 대폭락한 원인 중 하나였다.[56]

이익 극대화는 시장이 진정 자유롭고 공정할 때만 번영과 자유를 증진한다. 현대 자본주의는 자유와 공정 그 어느 것도 충족시키지 못하고 있다. 만일 엄청난 외부 효과들에 대해 충분히 가격을 부과하지 않고 규제하지 않는다면, 진정한 기회의 자유가 현실이 아니라 꿈에 불과하다면, 기업이 공익을 희생해가며 자신에게 유리하게 게임의 규칙을 마음대로 바꾼다면, 주주 가치 극대화는 결국 파멸만을 낳을 것이다. 이러한 상황에서 기업들은 진정으로 경쟁적이고 적절하게 가격이 부과되는 시장을 뒷받침하는 시스템을 만드는 데 동참해야 할 도덕적 의무를 지고 있다. 또 그렇게 해야 할 강력한 경제적 동기도 있다. 불타는 세상이 모든 기업의 생존 가능성까지 위협하고 있기 때문이다.

자유 시장에는 자유 정치가 필요하다

오랫동안 규제 없는 자유 시장 지지자들은 정부를 공격해왔다. 하지만 강력하고 민주적으로 통제되는 정부에 대한 대안이 자유 시장의 승리는 아니다. 그 대안은 오히려 정실자본주의crony capitalism 혹은 개발경제학자들이 착취extraction라고 부르는 것으로, 부자와 권력자가 힘을 합쳐 자신들의 이익을 위해 국가(그리고 시장)를 운영하는 정치제도다. 착취 엘리트들은 경제활동을 독점하고, 도로·병원·학교와 같은 공공재에는 (투자한다고 할 때도) 의도적으로 과소 투자한다.

트레이드오프는 발생하기 마련이다. 공익을 지나치게 강조하다 보면 활발히 작동하는 시장의 근원이라 할 기업가적 동력을 질식시킬 수도 있다. 경제적 자유를 지나치게 강조하다 보면 사회와 자연의 파괴를 낳을 수 있고, 시장의 균형을 유지하는 제도가 지속적으로 약화할 수 있는 것과 마찬가지다.

러시아의 사례는 이러한 역학관계를 잘 보여준다. 개인적·정치적 자유를 억압하는 공산주의하에서 소련 경제는 서구 경제와 비교하면 훨씬 성장이 더뎠다. 베를린 장벽이 무너지고 소련이 붕괴하면서 러시아는 규제가 전혀 없는 시장을 적극적으로 받아들이기 시작했다. 시카고학파가 제시한 형태 그대로의 시장이었다. 잠깐의 황금기 동안 러시아는 금방이라도 선진 시장경제가 될 것 같았다. 하지만 그 누구도 잠깐 숨을 고르고, 외부 효과를 고려하고, 법의 지배*를 가능케 할

---

* rule of law. 사람에 의한 자의적 지배를 부정하고 법에 따른 지배를 강조하는 원리.

제도를 만들고, 번듯한 교육과 의료 서비스를 제공하고, 기업들이 마음대로 규칙을 정하지 못하게 만들지 않았다. 만면한 미소 뒤에서는 여전히 총을 가진 사람들이 러시아를 지배하고 있었다. 러시아 정부는 경제 대부분을 구성하고 있는 보유자산을 소수의 측근에게 팔아치웠다. 그 결과 정실자본주의 중에서도 대단히 고약한 형태가 등장했다. 미국의 인구는 3억 2700만이고 GDP는 21조 달러인 데 반해,[57] 러시아의 인구는 대략 그 절반이지만 GDP는 1조 6000억 달러에 불과하다.[58] 자유 시장에는 자유 정치가 필요하다. 다시 말해 제 역할을 충실히 수행하는 제도가 있어야 기업에게도 좋다.

주주 가치에 집중하는 것이 기업 경영자의 유일한 의무라는 말은 역사적으로 집중화된 경제권력에 균형을 잡아왔던 제도의 건강성은 외면해도 좋다고 허가해주는 것이나 마찬가지다. 이익을 증대할 수만 있다면, 그들을 규제하는 제도를 무너뜨리는 게 도덕적인 의무라고 말하는 셈이다. 소비자 보호에 반하는 로비를 하고, 기상과학을 왜곡하고, 노조를 파괴하고, 세금과 규제를 철폐하는 노력에 돈을 쏟아붓는 것이 말이다. 기업인들은 포퓰리즘 운동과 동맹을 맺고 정부에 맞서 투쟁을 벌이고, 근본적인 민주주의 가치들까지 거부하는 지경에 이르렀다. 단기적으로 이러한 동맹은 매력적인 수입을 가져다주었다. 그러나 장기적으로는 우리 사회와 경제의 근간을 위협하고 있다. 브렉시트Brexit가 비즈니스에 좋은 영향을 미치지는 않을 것이다. 전 지구적인 무역전쟁 혹은 이민의 종말도 마찬가지다. 문제는 자유 시장이 아니다. 통제받지 않는 자유 시장이 문제다. 다시 말해 정부가 없어도 잘해나갈 수 있다는 생각, 효과적인 정부가 의존하는 사회 전체의 건강을 위한 사회적·도덕적 헌신 같은 것은 없어도 괜찮다는 생각이 문제다.

파이를 키우고 잘 분배하는 체제로의 전환

어떤 일을 해야 하는지는 모두가 이미 알고 있다. UN의 지속가능개발목표Sustainable Development Goals 17가지는 공정하고 지속 가능한 세계를 만들기 위한 일관성 있는 로드맵을 제시한다.[59] 기업계에서도 널리 받아들이고 있는 로드맵이다. 우리는 환경 문제를 다룰 테크놀로지와 두뇌를 가졌고, 불평등을 줄일 수 있는 자원도 있다. 문제는 무엇을 해야 하느냐가 아니다. 어떻게 해야 하느냐다.

기업이 나서야 한다. 기업은 엄청나게 강력한 힘을 갖고 있다. 세상을 바꿔놓을 수 있는 자원과 기술은 물론, 전 세계 어디든 도달할 수 있는 능력을 갖췄다. 경제적으로도 행동해야 할 동기는 충분하다. 지구온난화를 이대로 내버려두다가는 미국 경제 규모는 21세기 말까지 대략 10% 정도 축소되고,[60] 상상하지 못한 고통을 겪게 될 것이다. 데이비드 월리스 웰스David Wallace-Wells는 《2050 거주불능 지구The Uninhabitable Earth》에서 평균 온도 상승이 장기적으로 지구에 어떤 영향을 미치는지에 대해 썼다.

1, 2, 4, 5라는 수치가 작아 보이기 때문에, 우리는 이 차이를 무시해버리는 경향이 있다. 인간의 경험과 기억은 각각의 기온 문턱을 넘는 것이 우리에게 어떤

의미가 있는지 유추해볼 단서를 주지 않는다. 하지만 세계대전이나 암의 재발과 마찬가지로, 단 한 번 문턱을 넘는 것조차 그 결과는 끔찍할 것이다. 평균 온도가 2도 높아지면 빙상이 붕괴하기 시작한다. 4억 명이 넘는 사람들이 물 부족으로 고통을 겪게 될 것이고, 적도권에 위치한 주요 도시들은 사람이 살 수 없는 곳이 될 것이다. 북반구에서도 폭염으로 여름마다 수천 명이 사망할 것이다. 인도에서는 극심한 폭염이 지금보다 32배 더 자주 발생할 것이고, 각각의 폭염은 지금보다 5배는 더 오래 지속되고, 93배 많은 사람이 폭염에 노출될 것이다. 그나마 이게 가장 나은 시나리오다. 평균 기온이 3도 올라가면, 남유럽은 영구적인 가뭄에 시달릴 것이고, 중앙아메리카의 평균 가뭄은 19개월 더 길어질 것이다. 카리브해에서는 21개월 더 길어질 것이다. 해마다 산불로 파괴되는 지역은 2배로 증가할 것이다.

2050년까지 10억 명에 달하는 사람들이 지금 사는 곳을 떠나 다른 곳으로 이주해야 할 것이다.[61] 우리가 살고 싶은 세상은 이런 세상이 아니다. 이런 세상이라면 지금 우리가 가진 경제 체제의 근간도 지탱할 수 없을 것이다. 세계 최대 규모의 헤지펀드사인 브리지워터어소시에이츠Bridgewater Associates의 창업자 레이 달리오Ray Dalio는 다음과 같이 말했다.

대부분의 자본주의자는 경제라는 파이를 분배하는 방법을 모르고, 대부분의 사회주의자는 파이를 키우는 방법을 잘 모르는 듯하다. 하지만 우리는 지금 (a) 다양한 이데올로기적 성향을 지닌 사람들이 협동하여 파이를 잘 키우는 동시에 잘 분배하는 체제를 만들어내든지, (b) 커다란 분쟁과 일종의 변혁으로 거의 모든 사람이 타격을 입고 파이는 줄어들게 하든지 기로에 놓여 있다.

레이의 말처럼 기업이 혼자서 해결할 수 있는 문제는 아니다. 기업은 국가의 도움을 받아야만 기후 변화나 불평등 같은 문제와 맞붙을 수 있다. 그러기 위해서는 우리의 제도를 다시 만들고 시장과 정부 사이의 균형을 회복해야 한다. 기업은 세상을 바꿀 수 있다. 하지만 진정한 발전은 그에 필수적인 건강하고 잘 운영되는 정부, 활력이 넘치는 민주주의, 강력한 시민사회를 만들기 위해 다른 주체들과 협력할 때 가능하다.

자본주의의 대전환을 위해서, 다시 말해 지금의 경제·정치 시스템을 개혁하기 위해서는 다섯 가지 요소가 필요하다. 하나만으로는 그 어떤 것도 충분치 않지만, 서로가 서로를 기반으로 성립되며, 각각이 전체를 강화하는 데 필수적인 역할을 하게 될 것이다. 일단 한 기업의 변화를 살펴보며 그 실제 모습이 어떨지 살펴보기로 하자.

REIMAGINING
CAPITALISM

2장

자본주의 대전환의
다섯 가지 요소

네오: 거기 있는 걸 알아. 이제 너희를 느낄 수 있어. 두려워한다는 걸 알아……. 우리를 두려워하지. 변화를 두려워해. 난 미래는 몰라. 이 모든 것이 어떻게 끝날지 말하려는 게 아니야. 어떻게 시작될지를 말하려는 거야. 이제 전화를 끊고, 사람들에게 너희가 보여주길 원치 않는 것을 보여주려 해. 너희가 없는 세상을, 규칙과 통제가 없고, 국경과 경계도 없는 세상을 보여주려 해. 모든 것이 가능한 세상을. 거기서 우리가 어디로 갈지 알아서 생각해봐.

영화 〈매트릭스〉, 1999

2012년 에리크 오스문센Erik Osmundsen은 노르웨이의 최대 규모 폐기물 처리업체 노르스크엔빈닝Norsk Gjenvinning, NG사의 CEO로 취임했다.[1] 폐기물 산업은 인기 없는 분야였다. 하지만 에리크는 폐기물 산업이야말로 중요한 전환기에 놓여 있다고 믿었다. 역사적으로 볼 때 이 산업은 대체로 쓰레기를 지역 매립지까지 운반하는 일에 지나지 않았다. 에리크는 재활용에 이 산업의 미래가 있다고 믿었고, 재활용이야말로 장차 규모의 경제를 이룩하며 세계 시장을 대상으로 한 첨단 기술 산업이 되리라고 생각했다. 그는 또 폐기물 산업이 전 세계가 마주하고 있는 기후 변화와 자원 부족이라는 커다란 과제를 해결할 실마리를 제공해주리라 믿었다. 그의 말을 들어보자.

이렇게 자문해보았습니다. 다른 어떤 산업이 그렇게 좋은 쪽으로 변화를 만들어낼 수 있을까? 저는 기회를 잡았다고 생각했습니다. 저는 정말 좋은 일을 할 수 있는 잠재력을 폐기물 산업에서 보았습니다. 노르웨이의 폐기물 산업은 노르웨이 이산화탄소를 7% 감소시키고 있습니다. 예전이라면 불가능하다고 생각했던 수치입니다. 그게 가능할까? NG는 노르웨이 폐기물의 25%를 수거하고, 그중 85%를 에너지화하거나 원자재 형태로 산업에 돌려줍니다. 놀라운 일입니다. 저는 폐기물 산업이 두 가지 세계적인 문제를 동시에 해결해줄 순환 경제를 성취하는 열쇠라고 믿습니다. 그중 하나는 전 지구적으로 급증하고 있는 폐기물 문제이고, 또 하나는 전 세계 중산층 소비자들의 증가로 인해 예상되는 천연자원 공급 부족 문제입니다.

에리크는 NG의 임시 CEO로서, CEO 지원자 면접을 하던 중 자신이 직접 CEO에 지원하기로 마음먹었다.

마치 어제 일처럼 기억이 생생합니다. 부활절 전날이었어요. 정말 훌륭한 지원자와 인터뷰 중이었는데, 그분이 제게 묻더군요. "당신도 이 일에 지원하실 겁니까?"라고요. 집에 가서 곰곰이 생각해보았습니다. 이렇게 생각에 빠져본 건 몇십 년 만이었어요. 아내에게 이렇게 말했습니다. "이게 좋은 생각인지는 모르겠고, 이런 일을 이런 규모로는 한 번도 해본 적이 없어요. 하지만 아침에 일어날 때마다 정말 가치 있는 어떤 일을 하고 싶다는 생각이 들고 우리가 세상에 정말로 영향을 미칠 수 있을 것 같아요." 그래서 부활절이 지난 후 저는 [NG의 회장 역할을 하고 있던 사모펀드 파트너] 레위니르 인할Reynir Indhal에게 전화를 걸어, 제 이름을 후보자 명단에 올려줄 수 있냐고 물었죠. 나머지는 아시는 바와 같습니다.

에리크는 쓰레기 트럭을 타고 돌아다니고, 창고에서 많은 시간을 보내며 CEO로서 일을 시작했다. 직원들은 대부분 정직했지만, NG와 폐기물 산업 전체가 비도덕적인 관행에 물들어 있다는 사실이 금방

눈에 들어왔다. NG와 경쟁사들 모두는 쓰레기를 불법으로 폐기하고 있었다. 유해 폐기물에 일반 폐기물 딱지를 붙이거나, 하수구에 몰래 쓰레기를 버리기도 했다. 전자제품은 불법 수출했다. 노르웨이에서 전자제품 폐기물을 가공하는 것보다는 아시아에 불법 수출하는 편이 10배는 싸게 먹혔기 때문이다. 여러 관련 당국은 쓰레기 처리 규제를 제대로 집행하지 않았고, 위반 시 벌금도 가벼웠다. 한 연구에 따르면 노르웨이 쓰레기의 85% 이상이 규제를 위반하고 있었다.

NG 안에서도 몇몇 관리자들이 단기적인 목표를 달성하기 위해 재무 상태를 속이고, 판매하는 재활용 제품의 품질을 엉터리로 설명하는 경우가 있었다. 에리크가 상황 설명을 요구하자 당혹스러운 대답이 돌아왔는데, 대부분 "하지만, 언제나 우리는 이런 식으로 일해왔어요" 정도의 내용이었다. "다른 사람들도 모두 그렇게 한다는 거였죠. 오슬로에 있는 몇몇 멍청한 사람들이나 다른 식으로 일을 할 수도 있다고 생각하지, 자신들은 그래봐야 재무적으로 효과가 없다는 것을 알기 때문에 다른 방식으로는 할 수 없다는 이야기였습니다."

누군가는 이러한 관행을 모른 척하고 넘어갔을 것이다. 하지만 에리크는 이사회에 기업을 정화하는 데 필요한 돈과 시간을 요청했다. 우선 반드시 지켜야 할 규정을 만들어 모든 직원에게 서명하게 만들고, 시행에 옮겼다. 약간의 자진 신고 기간을 둔 후, 곧 무관용 방침으로 전환하여 위반한 사람은 당장 일을 그만두게 했다. 모든 사람이 반길 만한 조치는 아니었다. 시행 첫해에만 일선 관리자 70명 중 30명이 회사를 그만두었다. 고위 간부 절반과 함께였다. 그리고 이들과 더불어 많은 고객도 떠나갔다.

공유가치 – 기업의 친사회적 목표

에리크와 그의 팀은 회사의 새로운 비전을 제시했다. NG를 쓰레기 운반 업체에 그치지 않고, 전 세계적인 산업 재활용 원자재 판매업체, 전 세계 최고의 재활용 기업으로 만들겠다는 비전이었다. 에리크는 이렇게 말한다. "모든 것이 수거됩니다. 모든 것이 재활용됩니다. 모든 것이 자원이 됩니다. 광산에서 파내거나 숲에서 베어내지 않고, 모든 것이 새로운 자원으로 다시 사용됩니다."

그는 자신이 발견한 바를 공개했고 언론의 관심을 NG의 문화를 바꿀 지렛대 중 하나로 삼았다. 나중에 그는 이렇게 설명했다.

> 더러운 빨래를 집 밖에 걸어놓는 것은 동종 업계뿐 아니라 직원들에게도 우리가 진지하다는 것을 보여주는 성명이었습니다. 우리는 말치레로만 끝낼 생각이 없었어요. 기업 연합회에서 하는 연설 같은 게 아니었습니다. 우리는 모든 것을 걸고 전국적인 언론에 상황을 정화하겠다고 말했죠. 진심이었습니다. 첫날부터 우리가 실천에 옮긴 핵심 가치 중 하나가 바로 이 철저한 진실 방침이었습니다.

이러한 진실 방침 덕분에 잠재적인 고객에 다가갈 기회가 생겼다. 그 잠재적인 고객이란 마음의 평화를 얻기 위해서라면 기꺼이 더 많은 돈을 내겠다는 전 세계적인 브랜드를 가진 기업이었다. 에리크가 바라는 만큼 많은 기업은 아니었지만 몇몇 기업이 에리크의 방침에 호응하여, NG와 함께하겠다고 약속했다. 올바른 일이기도 했고, 추문의 가능성을 사전에 차단하는 일이기도 했기 때문이다. 에리크는 회사의 새로운 목적에 부합하는 새로운 기술을 갖춘 새로운 인재를 폐기물 관리 산업에 국한하지 않고 여러 기업에서 찾아 적극적으로 고용하기 시작했다. 그는 코카콜라, 노르스크하이드로*는 물론 노르웨이 최대 식품점 체인 노르게스그루펜NorgesGruppen 등 분야가 완전히 다른 업체에서도 경영진을 충원했다.

비용이 적지 않은 전환이었다. 첫해에는 새로운 규정을 시행한 것만으로도 세전·이자지급전이익의 40%에 달하는 비용이 들었다. 신입 사원들을 적응하게 만드는 데도 몇 년이 걸렸다. 그 사이에 지역의 기업연합체는 동종 업계의 평판을 떨어뜨린다는 빌미로 NG를 퇴출시키겠다고 위협했다. 에리크의 문제 제기로 인해 수익이 줄어든다고 생각했던 조직범죄단체로부터 협박도 받았다.

그러나 에리크의 새로운 전략은 예상치 못했던 기회를 활짝 열어주었다. 비리를 목격하고도 아무것도 할 수 없다는 무력감을 느끼던 경영자들은 회사를 제대로 운영해보자는 도전에 적극적으로 동참했고, 부주의하거나 불법적인 관행을 차단하다 보니 진정한 혁신을 위한 공간이 활짝 열렸다. 빠르지는 않았지만 확실하게, NG는 첨단기술을 이용한 재활용을 받아들이면서 폐기물 산업의 가치사슬을 만들어냈다. NG는 광학 테크놀로지를 이용하여 금속을 분류하는 첨단 기계를 노르웨이에서 처음으로 구매했다. 한쪽으로 차 한 대를 밀어 넣으면 95~96%를 재활용할 수 있는 기계였다. 처음에 이 기계는 연간 12만 톤의 처리 용량을 갖고 있었지만, 1년도 되지 않아 에리크의 팀

---

* Norsk Hydro, 노르웨이 최대 알루미늄 생산업체.

은 이 수치를 거의 2배로 늘렸다. 그러다 보니 더 많은 폐기물을 찾게 되었고, 이로 인해 폐기물 수거 물류에 대해 완전히 새롭게 생각하게 된 것은 물론, 수거 범위가 스칸디나비아 전역으로 확대되었다. 또 고품질 금속 생산에 박차를 가하면서 고객층을 다변화할 수 있었고, 이에 따라 가격도 대폭 올릴 수 있었다. 그 결과 상당한 정도의 규모의 경제가 가능해지면서 비용은 절감하고, 이윤은 증가했으며, 다른 업체보다 훨씬 더 많은 경쟁력을 확보하여 더 많은 판매를 기록할 수 있었다. 2018년 NG는 스칸디나비아에서 가장 규모가 크고 수익을 많이 올리는 폐기물 처리 회사 중 하나가 되었다.

요컨대, 에리크는 폐기물 산업을 지속 가능한 산업으로 전환하려는 비전을 통해 새롭고 파괴적으로 혁신적인 (그러면서 대단한 수익을 내는) 기업을 만들어냈다. 자본주의 대전환에 대해 논의할 때 이익과 목적 사이의 갈등이라는 틀에 갇히는 경우가 많다. NG의 사례는 이러한 논의가 요점을 놓친 것일 수 있다는 사실을 잘 보여준다.

일반적인 형태의 비즈니스는 성공 가능한 선택지가 아니다. 우리의 행성을 (자본주의와 더불어) 존속시키기 위해서는 지금까지와는 다른 운영 방식을 찾아야만 한다. 우리는 환경과 사회자본을 공짜—혹은 내가 관심을 갖지 않아도 될 문제—라고 생각하는 세상에서, 번창하는 사회와 환경적 한계 내에서의 기업 운영이 당연시되는 세상으로 이동해야 한다. 이러한 전환은 대단히 파괴적일 수 있다. 그러나 모든 전환이 그렇듯이, 엄청난 기회의 원천이 될 수도 있다.

모든 사람은 살기 위해 숨을 쉰다. 하지만 삶의 목적이 숨을 쉬는 것은 아니다.[2] 오늘날의 세상에서 자본주의를 바로 세우기 위해서는, 기업의 목적이 돈을 버는 일에만 국한되지 않고 살기 좋은 지구와 건강한 사회라는 맥락에서 번영과 자유를 구축하는 데까지 확장되어야 한다는 생각이 자리 잡아야 한다. 에리크의 경험은 이러한 친사회적 비전이 가진 엄청난 힘을 잘 보여준다. 그의 비전은 '공유가치'*를 만들어내고 이익을 내는 기업으로 거듭나게 했다. 리스크와 비용을 줄이고 수요를 늘리는 동시에 올바른 일을 하는 기업을 만든 것이다.

많은 사람이 믿는 바와는 반대로, 기업이 친사회적 목표를 받아들이는 일은 합법적인 것이다. 세상 어디에도 기업이 투자자 수익을 극대화해야 한다고 법적으로 명시하는 곳은 없다. 예컨대 미국 법에서 장기적인 주주 가치를 파괴할 것이 확실한 사업상의 결정은 불법이 될수 있다. 하지만 기업 매각처럼 엄격하게 정의된 극히 예외적인 상황을 제외하고는, 경영진은 다양한 선택을 할 수 있다.[3] 많은 미국 기업의 본사가 있는 델라웨어주 법에 따르면, 경영진은 회사와 주주 모두에 대해 관심·충성·신의의 의무를 갖는다. 다시 말해 경영진은 장기적인 성공을 위해서라면 때로 단기적으로는 주주 가치를 극대화하지 않는 결정을 내릴 수도 있고, 실제로 내려야 한다는 것이다. 적대적 기업인수에 직면한 미국 경영진이 내리는 결정이 이러한 종류다. 이들은 인수합병이 회사의 장기적 가치를 떨어뜨릴 것으로 보일 때, 현재주가총액보다 훨씬 더 큰 규모의 제안을 거절하기도 한다. 이런 경우에 이들은, '기업의 경영진은 충분한 정보를 확보하고, 취하는 조치가

---

* shared value, 공동체의 경제적·사회적 조건을 향상하면서 기업의 경쟁력도 함께 강화하는 데 주안을 두는 가치.

회사의 최대 이익에 부합한다는 정직한 믿음에 근거하여 결정을 내린다'고 가정하는 경영 판단의 원칙business judgment rule에 의해 보호받는다.

하지만 공유가치를 만드는 것만으로는 자본주의의 대전환을 기대할 수 없다. 다시 말해서 기업이 친사회적 비전을 채택하는 것만으로는 충분하지 않다. 기업을 운영하는 방식도 바뀌어야 한다.

목적 지향 기업 – 비전에서 행동으로

기업을 운영하는 데는 기본적으로 두 가지 방법이 있다. 로로드 기업*은 사람을 그저 기계의 나사로 여기고 사물처럼 관리한다. 반면 하이로드 기업**은 사람을 존중하며, 공유목적에 헌신하는 공동체를 만들기 위해 애쓰는, 자율적이고 권한을 부여받은 공동 주체로 간주한다. 하이로드 기업을 운영하는 데 많은 돈이 들 것 같지만, 반드시 그렇지는 않다. 하이로드 기업이 로로드 기업보다 훨씬 더 혁신적이고 생산적이라는 근거를 풍부하게 찾아볼 수 있다. 자본주의 대전환이라는 측면에서 볼 때, 로로드 기업은 두 가지 이유에서 반드시 하이로드 기업으로 바뀌어야 한다.

---

* low road firm, 주주 가치 극대화를 목표로 하며 비용을 줄일 목적으로 고용 불안정, 비정규직 문제를 낳고, 소속감과 충성심의 부재로 인해 질 좋은 생산품을 만들어내지 못해 소비자들의 불신을 받는 기업.

** high road firm, 기술개발에 투자하고 좋은 생산품을 위해 고용 안정을 추구하며, 공적 이익의 극대화를 목적으로 하는 기업.

첫 번째, 자본주의를 바꾸는 것은 쉬운 일이 아니다. 공유가치를 만들겠다는 결정은 위험할 때가 많다. 공정하고 지속 가능한 경제를 구축하는 일은 파괴적이다. 파괴적 혁신의 동력을 만들어내기란 결코 쉽지 않다. 하지만 NG가 보여주듯이 목적 지향적인 하이로드 기업은 이러한 전환을 이루기 훨씬 더 쉬우며, 우리가 원하는 변화를 추동하는 촉매제가 될 수 있다. 두 번째, 하이로드 기업을 만드는 일 자체가 공정하고 지속 가능한 사회를 만드는 데 필요한 퍼즐 한 조각이다. 모든 하이로드 기업이 높은 임금을 줄 수 있는 것은 아니지만 그중 많은 기업이 그럴 만한 여유가 있고, 높은 임금은 불평등을 줄이는 주요한 원인이다. 게다가 좋은 일자리, 다시 말해 사람들이 존중받고 성장과 더불어 최선의 능력을 다할 수 있도록 독려를 받는 유의미한 일자리는 그 자체로 건강한 사회를 만드는 데 필수적이다.

공유가치를 만들고자 노력하는 목적 지향적인 기업은 세상에 대단히 긍정적인 영향을 미칠 수 있다. 예를 들어 NG는 폐기물 산업 전반을 바꾸는 중요한 역할을 담당한다. 경쟁사들이 새로운 방식으로 행동하는 데서 돈이 생길 수 있다는 사실을 알면, 그들도 변화를 받아들이게 된다. 에너지 효율성 제고는 얼마 전까지만 해도 탁월한 개인이나 생각할 수 있는 영역이었다. 하지만 모든 사람이 그 일이 대단히 높은 수익을 확보해준다는 사실을 알게 되면서, 이제 환경 친화는 빠르게 산업 전반의 기준이 되고 있다.

그러나 더 많은 것을 성취하길 바라는 기업들은 여전히 자본시장의 단기적 성과주의에 매몰되어 있다. 따라서 기업의 행동을 바꾸는 일만큼이나 투자자의 행동을 바꾸는 일이 중요하다.

재무 재설계 – 투자를 바꾸다

전통적인 재무 시스템은 자본주의를 바꾸는 데 가장 큰 걸림돌이다. 투자자들이 수익 극대화에만 관심을 갖고, 단기간에 쉽게 측정 가능한 지표에 초점을 맞추고 있는 한, 기업들은 공유가치를 개발하고 하이로드 노동 관행을 수용하는 데 내재한 위험을 감수하려 들지 않을 것이다. 우리 시대의 커다란 문제를 해결하려 노력하는 것은 합법적일 뿐 아니라 도덕적으로 필요한 행동이다. 하지만 그런 노력을 한다는 이유로 투자자들이 당신을 해고하면, 당신은 그 커다란 문제를 다른 사람에게 맡기고 떠나야 한다. 따라서 자본주의를 바꾸기 위해서는 반드시 재무 시스템부터 바꿔놓아야만 한다.

다행스럽게도 이러한 일은 이미 진행되고 있다. 우리 시대의 커다란 문제들을 해결하는 것이 투자자들의 이익과도 맞닿아 있다면(실제로 그렇다) 그들이 올바른 일을 하려 노력하는 기업을 지지하도록, 올바른 일이 수익도 나는 일임을 증명해주는 측정 기준을 개발해야 한다. 투자자들 역시 공유가치 창출의 장점을 이해할 수 있도록 (그리고 기업에 책임을 물을 수 있도록) 환경 및 사회 문제 해결의 비용과 편익을 보여주는, 감사監査할 수 있고 반복 적용 가능한 측정 기준이 필요하다.

소위 환경·사회·지배구조Environmental, Social, and Governance, ESG 지표는 이러한 도전에 대한 응답이라고 볼 수 있다. 엄밀한 재무회계 시스템을 개발하는 데 100년이 넘게 걸렸다는 사실을 참작하면, ESG 지표는 아직 완성과는 거리가 먼, 현재 진행 중인 작업에 불과하지만, 이미 투자자의 행동을 바꾸고 있다. 2018년 관리되고 있는 총금융자산의

20%에 육박하는 19조 달러 이상이 ESG 기반 정보를 통해 투자되었다.[4]

하지만 아무리 훌륭한 지표라도 우리가 원하는 수준까지 이르지는 못한다. 측정하기 대단히 힘든 항목들도 있고, 어떤 문제는 기업이 해결할 수 있되 투자자 수익을 감소시키기도 한다. 재무 재설계의 두 번째 단계는 소비자와 직원은 물론, 수익 극대화만큼이나 세상을 바꾸는 일에 관심이 있는 소위 임팩트 투자자impact investor 등 대체 자금원을 찾는 일이다. 소비자나 직원이 주주인 기업은 전통적인 기업에 비해 자본 수익을 희생하여 소비자와 직원 복지를 개선하기 어렵지 않다. 이러한 대체 자본이 알맞은 규모로 동원된다면, 재무를 재조정하는 강력한 촉매 효과를 가져올 수도 있다.

투자자 권한 축소도 또 하나의 대안이 될 수 있다. 기업 지배구조를 바꾸거나 누가 기업을 지배하는지를 명시하는 규칙을 바꿈으로써, 경영자를 자본시장의 무자비한 요구로부터 보호하는 것이다. 까다롭지만 흥미진진한 일이다. 많은 기업이 베니핏 기업*과 같은 형태를 광범위하게 받아들이게 되면 매우 유익한 효과를 낳을 수도 있지만, 예기치 못했던 결과가 생겨날 수도 있고, 투자자들의 광범위한 저항에 부딪힐 수도 있다.

이러한 방향의 재무 재설계는 자본주의 대전환을 위한 중요한 단계가 될 것이다. 목적 지향적인 최첨단 기업으로 자본이 흘러가도록 만들고, ESG에 집중하여 모든 기업이 더 높은 수준의 윤리적 행동을 하

---

* benefit corporation, 이윤 창출과 사회적 책임 모두를 적극적으로 추구하는 기업.

도록 강제할 수 있다면, 그것만으로도 커다란 변화를 이룩하게 된다. 하지만 우리가 직면한 많은 문제는 공공재의 문제이며, 혼자 그것을 해결하겠다는 동기를 가진 기업은 없다. 따라서 우리는 협력하는 법을 배워야 한다.

협력 – 공익에는 공동으로

나이키가 공급사슬에서 아동 노동을 금지하는 원칙을 세웠을 때, 처음에는 모든 공급업자에게 윤리적 행동 강령을 부여하고, 정기 감사를 통해 자체적으로 운영을 정화해보려 했다. 하지만 이러한 접근 방식은 몇몇 공장의 관행을 개선하는 데는 성공했지만, 문제를 완전히 해결하지는 못했다. 대규모 공급업체들은 동종 업계의 다른 회사들과도 일하고 있었는데, 나이키의 경쟁사들은 대체로 노동조건 개선에 전혀 관심이 없거나, 개선하는 방법에 대해 의견이 달랐기 때문이다. 또한 아무리 감사를 해봐야 행동을 바꾸기에는 불충분했다. 주요 공급업체들이 감시하기도 힘든 소규모 업체들에 하청을 주고 있었기 때문이다. 나이키는 심각한 문제에 직면했다. 공급사슬의 노동조건이 브랜드 이미지에 타격을 줄 수도 있는데, 이를 해결할 방법이 없었다.[5]

문제를 해결하기 위해 나이키는 공급사슬 전체를 정화하는 데 동참해달라고 동종 업계의 회사들을 설득하기 시작했다. 그리고 다른 업체들과 더불어 지속가능의류연합Sustainable Apparel Coalition 을 결성했다. 공급사슬 위기에 협력적으로 대처하기 위한 조직이었다. 이러한 협력

단체의 개념은 간단하다. 모든 기업이 소임을 다하는 한, 모든 기업이 혜택을 받는다는 것이다. 예를 들어 (초콜릿의 핵심 성분인) 코코아의 주요 구매업자들은 코코아를 안정적으로 확보하기 위해서는 공정하고 지속 가능한 공급사슬을 만들고 그 비용을 나누는 조직을 만들어야 한다고 깨달았다.[6] 광산업에서는 세계에서 가장 규모가 큰 업체들이 UN의 인권지침 원칙 이행에 합의하며 인권 문제를 해결하려 애쓰고 있다.[7]

공익을 위한 협력에는 으레 등장하는 문제가 있다. 모두가 공익을 통해 혜택을 얻을 수는 있지만, 그것을 만들거나 유지하는 고된 일은 다른 사람에게 맡기고 '무임승차'를 하고픈 유혹을 떨치기 어렵다는 점이다. 다행스럽게도 인간은 공익 문제를 해결하는 데는 상당히 능숙하다.

예를 들어 아들이 한창 클 나이 때, 나는 부활절 달걀 찾기 행사를 주최했었다. 처음 몇 년 동안은 모든 사람에게 점심을 제공하려 했다. 하지만 얼마 안 가서 친구들이 각자 음식을 만들어 오기 시작했다. 모임은 점차 포틀럭 파티로 변했다. 정성 들여 만든 라자냐, 맛있는 샐러드, 집에서 구운 근사한 쿠키와 케이크가 있는 점심은 정말 맛있었다.

하지만 포틀럭 파티는 모든 사람이 협력할 때만 가능한 법이다. 정성껏 라자냐를 만드는 일은 공급업자들이 환경을 생각하고 올바른 노동 관행을 따르려고 애쓰는 일과 같다. 오래된 쿠키를 가지고 오는 식으로 언제나 무임승차의 유혹은 있기 마련이다. 모든 사람이 다른 누구도 음식을 만들지 않을 것으로 생각하면, 그 수고를 감수하려는 사람은 한 명도 없을 것이고, 그렇게 되면 근사한 점심도 사라져버릴 것이다. 그러나 모든 사람이 다른 모두를 알고 있고, 모든 사람이 계속 함께하리라 생각하는 환경이라면 이런 일은 좀처럼 일어나지 않는다. 가족, 군대, 모터사이클 동호회, 교회, 스포츠 팬, 대학, 그리고 수없이 많은 클럽에서, 우리는 우리가 속한 집단과 자신을 동일시하며 그 집단의 성공을 위해 모든 것을 아낌없이 퍼붓고는 한다. 실제로 현대 심리학에 따르면 우리는 날 때부터 '이기적'인 만큼이나 '집단적'이다. 인간은 집단으로 진화해왔으며, 수치나 자부심 같은 감정, 의무나 명예 같은 생각으로 인해 팀의 일원이 되는 것을 좋아하고, 게으름을 피우거나 사적인 이익만 취하려는 사람을 나쁘게 본다.

인간의 역사를 이해하는 한 가지 방법은 인간이 계속해서 좀 더 커다란 규모로 협력 능력을 키우는 이야기로 보는 것이다.[8] 우리는 처음에는 가족 안에서 협력을 구축하고, 다음에는 확대가족에서, 그다음에는 마을, 그다음에는 도시와 같은 식으로 계속 협력의 규모를 키워왔다. 성공적인 국가는 '타자'에 대한 경멸과 더불어 조국에 대한 자부심을 갖게 함으로써 모든 이들에게 세금을 내고 정치 과정에 평화롭게 참여하라고 설득한다. 최선의 상태일 때 대기업은 수십만 명의 사람들에게 같은 목적을 위해 노력하자고 설득하는 협력 공동체라고 할 수 있다. 자본주의를 바꾸기 위해서는 점점 커져만 가는 공공재 문제를 해결하는 데 이러한 협력 능력을 동원할 수 있어야 한다.

이러한 종류의 행동을 가리키는 용어로 자율 규제self-regulation라는 말이 있다. 이는 강력한 힘이 될 수 있다. 기업은 자율적으로 서로는 물론, 제3부문, 혹은 정부 파트너들과 협력하여 공통의 문제 해결을 모색하고, 이후 실천 모델이 될 해결 방안 원형prototype을 만들어내기도 한다.

하지만 이는 근본적으로 언제라도 깨질 수 있는 협력이다. 많은 협력에 대한 합의들이 애초의 목표에 도달하지 못한다. 예를 들어 나이키와 섬유 산업의 경우를 보더라도, 소규모 기업이거나 비리를 저질러도 평판에 대한 비용이 그다지 크지 않은 나라의 기업은 '속임수'에 유혹을 받거나, 최저 입찰자를 통한 구매를 하거나, 의심스러운 관행을 묵인하는 경우가 여전히 많았다. 국가의 도움 없이 이러한 협력을 유지하기란 매우 어렵다. 또한 모든 국가들이 이 일을 잘 수행하지 못하고 있다. 따라서 자본주의를 바꾸기 위해서는 민간 영역에서 제도를 재건하고 정부를 바로잡으려고 노력해야 한다.

시장과 정부의 균형

공유가치를 만들고, 협력하고, 재무의 힘을 이용하는 일 모두가 변화를 추동하는 힘이 될 수 있다. 하지만 정부의 힘이 없으면 해결할 수 없는 문제도 수두룩하다.

상당수의 미국 기업이 하이로드 노동 전략을 채택하더라도 그들의 헌신만으로는 불평등이 크게 줄어들지 않는다. 너무나도 많은 기업이 단기적인 동기에서 로로드 전략을 취하고 출혈 경쟁을 하고 있다.[9] 많은 기업이 임금 인상이라는 비용을 감당하기 힘들다고 믿는다. 게다가 세법 변경에서부터 조직적인 노동 대표성의 저하, 거대 기업 지배력의 증대, 현장의 요구에 발맞추지 못하는 교육 시스템의 실패에 이르는 불평등 요인들을 먼저 해결하지 않고는 일률적인 임금 인상이 있더라도 지속적인 효과를 기대하기 어렵다. 이러한 불평등 요인들은 정치적 행동을 통해서만 해결할 수 있다. 또한 우리가 포퓰리즘과 그리드록*을 벗어나야만 정부가 수단을 강구해볼 수 있다.

우리가 직면한 문제들을 풀 유일한 방법은 시장과 포용적인 제도들 사이의 힘의 균형을 맞출 방법을 찾는 것이고, 목적 지향적 기업들은 사회의 건전성을 높임으로서 이를 실현하는 데 중요한 역할을 할 수 있다.

기업은 과거에 포용적인 제도를 만드는 데 중요한 역할을 해왔고, 다시 한번 그 일을 할 수 있다. 예를 들어 17세기 영국에서는 상인과 기업인이 연합하여 국왕을 폐위하고 처음으로 의회 민주주의 규범을 만들었다.[10] 미국 뉴잉글랜드 청교도들은 기업을 위한 헌장을 통해 민주주의 정부를 만들었다.[11]

오늘날의 기업은 마음만 먹으면 정부에 엄청난 영향력을 행사할 수 있는 권력을 가졌다. 예를 들어 2015년 인디애나 주지사는 동성애 차별을 합법화하는 법안에 서명했다. 그러나 오늘날 노동자들은 LGBTQ 차별을 용인하지 않기 때문에, 기업계에서 나온 반응은 빠르고도 적극적이었다. 일주일 만에 이 법안은 철회되었다. 기업은 이처럼 우리의 제도와 사회를 지지하는 데 초점을 맞춰 행동해야 한다.

제도를 재건하기 위해서는 물론 집단행동이 필요하다. 공유가치를 만들어내려 애쓰고, 직원을 존중하며 하이로드 전략을 취하고, 협력

---

* gridlock, 양측의 의견이 팽팽히 맞서 업무 또는 정책이 추진되지 못하는 상황.

하여 행동하는 법을 배우는 기업들이야말로 이러한 문제를 해결하는데 이상적인 주체다. 이들 기업은 이제껏 세상을 바꾸려고 노력하면서, 공익에 헌신적인 정부의 지원을 받아야만 목표를 성취할 수 있다는 사실을 확인해왔다.

　제도를 재건하기 위해서는 새로운 법과 규제 개발이 필요한 만큼 새로운 방식의 행동과 믿음 역시 개발해야 한다.

　자본주의의 기반이 되는 가치들을 재발견하지 않는다면, 그리고 그러한 가치들을 기업의 일상적인 활동에 통합하는 용기와 기술을 갖추지 못한다면, 우리는 자본주의를 바꿀 수 없다. 이러한 사실을 외면한다면 우리가 마주하고 있는 현 상황의 진실을 심각하게 왜곡하는 것이다. 우리는 한시라도 빨리 돈을 벌기 위해 세상과 사회 구조를 파괴하고 있다. 시스템 전체가 우리가 보는 앞에서 붕괴하기 전에 지금이라도 당장 맹목적인 주주 가치의 극대화를 넘어서야만 한다.

　나는 필요한 변화를 위해서라면 개인적 가치를 표현하는 용기 따위는 잠시 접어두고 싶은 유혹을 받곤 한다. 때로 (맵시 있는 검은 재킷, 화려한 스카프, 최대한 높은 힐 등으로) 한껏 치장하고 막강한 권력을 지닌 사람들로 가득 찬 방 앞쪽에 설 때, 그들에게 그저 돈을 더 벌 수 있으니 세상의 문제를 해결하기 위해 노력하라고 말하고 싶은 유혹을 받는다. 내 말은 진실이라는 큰 미덕을 가지고 있고, 사람들도 내 말을 좋아하리라는 것을 안다. 때로 '가치'나 '목적'에 대해 이야기하다 보면, 그들이 나를 비즈니스 세계의 현실적 어려움을 이해하지 못하는 사람으로 치부할까 걱정도 된다. 하지만 무릇 변화란 힘든 법이다. 내

경력의 첫 20년은 코닥이나 노키아 같은 기업을 변화시키려고 설득하며 보냈다. 그러니 당혹스러운 혼란을 피하고, 다가오는 위험을 무시하고, 당장 다음 분기의 결과에나 신경 써야 할 천 가지 이유는 있다는 것도 알고 있다.

모토로라사의 페이징 사업부와 회의 중 나누었던 대화는 절대 잊지 못할 것이다. 플로리다의 무더운 날이었고, 회의실에는 창도 없었다. 나는 스마트폰처럼 생긴 어떤 개발 중인 기기를 손에 들고 있었다. 사람들이 아이폰은 물론 블랙베리에 관해서도 들어보기 3~4년 전이었다. 나는 이 새로운 테크놀로지에 대한 투자가 엄청난 혜택을 가져다줄 것이라고 설득하고 있었다. 부서장은 나를 회의적인 표정으로 쳐다보았다. 지금도 그 눈썹 모양이 기억난다. 그는 말했다.

알겠습니다. 당신은 우리의 기존 제품군과 비교하면 훨씬 더 낮은 이익을 가져다줄 것이 거의 확실한 비즈니스 모델을 이용해서, 존재하게 될 수도 혹은 존재하지 않을 수도 있지만, 어쨌든 기존 시장보다 훨씬 더 규모가 작은 시장에 수백만 달러를 투자해 고객이 원할 수도 있지만 원치 않을 수도 있는 제품을 개발하라고 제안하고 있군요. 우리의 현재 사업은 자원이 절실히 필요한데, 당신은 우리가 이 투자를 하면 심각한 조직적 문제에 부딪치리라고 경고하고 있어요. 왜 우리가 이걸 해야 하는지 다시 한번 말해주시겠습니까?

새로운 작업 방식은 항상 불확실해 보이기 마련이고, 기존의 방식보다 거의 언제나 수익은 적기 마련이다. 하지만 그런 방식을 받아들여야만 풍부한 보상을 얻을 수 있고, 모토로라처럼 새로운 방식을 거부하는 경우에는 파국에 이를 수도 있다. 20년간 연구를 통해 변화가 가능한 기업은 변화해야 할 이유가 있는 기업이라는 사실을 알게 되었다. 목적은 자본주의를 바꾸는 데 필요한 비전과 용기를 제공해주는 연료다.

겁쟁이들은 세상을 바꾸려 노력하는 기업을 운영할 수 없다. 내가 아는 모든 성공한 목적 지향 기업의 리더들은 가차 없이 수익을 추구하면서도 공익을 열정적으로 옹호하는 사람들로, 두 극단을 자유롭게 오간다. 초바니Chobani의 설립자이자 CEO이며 진정한 목적 지향적 리더라고 할 수 있는 함디 울루카야Hamdi Ulukaya는 사실상 두 인물이라고 해도 좋을 사람이다. 그는 한편으로는 열성적인 사업가이자, 다른 한편으로는 인정 많은 인도주의자다. 사람들이 묻자, 그는 이렇게 말했다. "저는 목자이자 전사입니다. 저는 둘 사이를 왔다 갔다 합니다. 유목민인 셈이죠."

수년간 파울 폴만Paul Pollman의 전략 점검을 도와준 일이 있다. 당시 파울은 유니레버의 CEO였고, 회사 고위 임원들에게 기업이 세계의 문제를 해결하는 데 헌신하는 것이 올바른 일일 뿐 아니라, 업계의 최고가 될 수 있는 가장 좋은 길이라고 설득하는 중이었다. 그는 유니레버가 세상을 좀 더 살기 좋은 장소로 만들 방법에 대해 열정적으로 논의하다가도, 너무도 자연스럽게 한 부서장과 이번 분기에 판매 목표를 달성하지 못한 이유와 거기에 대해 어떤 조처를 해야 하는지를 냉정하게 교차 점검하기도 했다. 둘 사이의 전환에는 한순간의 망설임도 없었다.

전통적인 기업보다는 헌신적으로 올바른 일을 하는 기업을 운영하는 것이 더 힘들다. 뛰어난 경영자인 동시에 앞날을 내다보는 리더가 되어야 하기 때문이다. 냉정하게 수치를 들여다보면서, 동시에 넓은 세상을 향해 열려 있어야 한다. 하지만 이는 분명히 가능하면서, 훨씬 더 재미있는 일이기도 하다. 힘디나 파울과 같은 리더들은 자본주의를 바꾸고 있다. 이들은 투자자를 위한 가치를 만드는 동시에 이들이 살고 의지하는 세상에 대한 관심을 놓지 않고 있다. 공정하고 지속 가능한 세상을 만들기는 쉽지 않다. 하지만 내가 보기에 다른 어떤 현실적인 대안이 없다. 그러니 우리는 그런 세상을 만드는 방법을 찾아내야만 한다.

나와 함께 일하는 한 CEO는 최근에 2명의 대규모 투자자와 다음과 같은 대화를 나누었다고 한다.

저는 그들에게 우리 영업이익이 얼마나 올랐는지, 성장을 위한 투자는 얼마나 결실을 보았는지 등 늘 하던 이야기를 들려주었어요. 그들은 늘 듣던 질문을 하더군요. 그런 다음 저는 기후 변화가 사실이라고 생각하느냐, 사실이라면 각국의 정부들이 그 문제를 해결할 수 있다고 믿느냐고 물었죠. 대답은 네, 그리고 아니요, 였어요. 정부는 기후 변화를 해결할 수 없다는 거죠. 한참 침묵이 흘렀습니다. 아이가 있냐고 물어보았어요. 그렇다고 하더군요. 저는 이렇게 말했어요. "정부가 해결할 수 없다면, 누가 해결할 수 있을까요?" 또다시 침묵이 이어졌습니다. 그러고 나서야 진정한 대화를 시작할 수 있었어요.

세상에서 가장 중요한 대화에 참여하게 된 것을 환영하는 바이다.

REIMAGINING
CAPITALISM

3장

그들은 어떻게
변화에 성공했을까

립톤, 월마트, CLP 그리고 나이키

돈은 사랑과 같다.
천천히 고통스럽게 그것을 나누지 못하는 사람을 죽이며,
다른 인간에게 그것을 주는 사람들을 활기차게 만든다.

칼릴 지브란, 〈어제와 오늘, 12〉, 《칼릴 지브란의 삶에 대한 소책자》

돈은 불과 같다.
대단히 훌륭한 하인이지만, 형편없는 주인이다.

P. T. 바넘, 《부의 황금률》

공유가치를 만들고 사람을 잘 대우하며 환경 피해를 줄이는 기업의 실례가 있는가? 물론이다.

오늘날 사회와 환경 문제를 염두에 두면서도 수십억 달러를 버는 기업만도 수천에 달한다. 미국에서 태양열 발전은 현재 840억 달러 규모에 달하는 산업이며 석탄, 원자력, 풍력 발전을 합친 것보다 더 많은 노동력을 고용하고 있다.[1] 풍력은 미국 전기 공급의 7%를 차지한다.[2] 인도는 최근 태양에너지 가격이 폭락하면서 14기에 달하는 화력 발전소 건설 계획을 취소했다.[3] 전기자동차 판매는 기하급수적으로 늘고 있으며 2018년 한 해만 해도 200만 대가 팔렸다.[4] 식물성 육류 시장은 향후 10년 이내에 1400억 달러 규모의 산업이 될 것으로 보인다.[5]

하지만 자본주의를 바꾸기 위해서는 이런 장밋빛 사업뿐만 아니라 모든 사업을 바꿔야 한다. 모든 곳에 있는 기업들이 변화 없이는 밀레니얼 세대들이 각 기업을 위해 일하지 않을 것이라고 주장하고 있다. 하지만 실제로 환경친화적인 비즈니스 모델이 있는가?

NG가 멋진 이야기를 들려주었으나, 그 기업은 원래부터 폐기물 산업에 속하지 않았나? 그 업계에서는 재활용이라는 좀 더 나은 일을 통해 돈을 번다는 게 그다지 놀라운 일이 아닐 수 있다. 게다가 에리크 오스문센은 CEO로서 자신의 의제를 밀어붙일 만한 권한을 갖고 있었다. 경쟁으로 매일 압력에 시달리고, 동료나 상사의 회의적인 눈빛을 의식해야 하는 일반 노동자가 자본주의를 바꿀 방법을 진정 찾아낼 수 있을까? 예를 들어 티백을 파는 사람이라도 말이다. 대답은 대체로 '그렇다'이다. 그리고 이를 위해서는 연대, 용기, 조직에 대한 지식이 필요하다.

립톤의 반직관적 제안

미힐 레인서Michiel Leijnse는 2006년 여름 립톤Lipton 티 브랜드 개발 관리자로 유니레버에 합류했다. 이전에 재직했던 곳은 아이스크림 회사 벤앤제리스Ben & Jerry's였다. 벤앤제리스는 강력한 브랜드와 최고급 제품을 가지고 그에 걸맞은 환경친화적인 공급사슬과 가격을 부과하는 작은 기업이다. 하지만 세계 최대의 차 브랜드인 립톤은 그와는 전혀 달랐다.[6]

차는 우리가 물 다음으로 가장 즐기는 음료다. 세계 인구의 절반 정도는 매일 차를 마신다. 2018년 사람들은 2730억 리터, 다시 말해 1조 잔 정도의 차를 마셨다.[7] 유니레버는 해마다 60억 달러에 조금 못 미치는 정도의 차를 파는데, 대부분은 티백 형태로 팔린다.[8] 티백 사업은 경쟁이 극심하다. 일단 티백은 싸다. 예를 들어 이 글을 쓰는 지금 월마트에서는 립톤 티백 100개 묶음을 3달러 48센트에 팔고 있다. 하나에 3.5센트밖에 안 된다. 게다가 소비자들은 티백 브랜드 사이에서 질이나 맛의 차이를 크게 느끼지 못한다.[9] 미힐이 브랜드 개발 관리자가 되었을 때 업계 전체는 죽음의 소용돌이에 휩싸인 듯 보였다. 제품의 차이가 거의 없는 상태에서 만성적인 과잉공급으로 인해 유명 브랜드들은 가격을 내릴 수밖에 없었고, 그러자 다른 기업들도 가격을 더 내려야 한다는 압박에 시달렸다. 2006년 차 가격은 1980년대 중반 정점을 찍었던 가격의 절반에도 못 미치는 수준이었다. 이런 상태에서는 무엇을 해야 할까?

미힐은 업계 동료들과의 긴밀한 연구 끝에 놀라울 정도로 반反직관적인 제안을 내놓았다. 유니레버가 공개적으로 100% 지속 가능한 방식으로 재배된 차만을 구매하겠다고 약속해야 한다는 것이었다. 이는 엄청난 일이다. 무엇보다 50만이 넘는 소작농을 양성해야 한다. 게다가 농가에 지급할 차 가격도 상당히 올라갈 수밖에 없다. 달리 말하면 미힐은 경쟁이 치열한 산업에서 가격 전쟁 와중에 비용을 인상하자고 제안한 것이다. 이를 그저 교과서적 움직임이 아니었다고 표현하는 것만으로는 충분하지 않다. 만일 그때 미힐이 내 사무실에 찾아와서 조언을 청했다면, 아마 쉬면서 일단 기분을 가라앉히라고 말했을지도 모른다. 하지만 미힐과 동료들은 다섯 달에 걸쳐 상관들과 일대일 대화를 나누면서 자신들이 제정신이라는 사실을 납득시켰다.

이들의 생각은 어떤 것이었을까?

올바른 것이 이롭다는 증거

미힐과 동료들은 몇 가지 주장을 했다. 첫 번째 주장은 공급 확보에 관한 것이었다. 차 재배는 지저분한 사업이 될 수 있다. 몇몇 소작농이 차를 생산하기 위해서 열대 숲을 경작 가능한 토지로 전환하기도 한다. 그러다 보면 생물 다양성이 훼손되고, 토양의 질이 나빠질 수밖에 없다.[10] 차를 말리는 데 필요한 장작을 공급하기 위해 벌목하다 보면 국부적인 삼림 파괴가 생겨날 수 있고, 삼림 벌채가 원인이 되어 토양의 수분이 급감하는 문제가 일어날 수 있다. 그러나 농민이 지속 가능하지 않은 농경을 하게 되는 주된 이유는 농지를 늘려서라기보다는 수확량을 늘리는 데 초점을 맞추기 때문이다. 재래식 차 생산은 살충제, 농약, 비료의 대규모 사용을 수반하기 마련이다. 이것들은 모두 토양의 질을 떨어뜨리고 토양 침식을 가속화한다. 수년간에 걸친 범용화*의 결과로 나타난 가격 하락 추세는 농민에게, 그리고 농민들이 소득을 지키려고 애쓰면서 환경에도 많은 압박을 가하고 있다. 차 재배업자들은 질은 떨어지고 침식이 진행되는 땅에서 생산을 유지하기 위해 더 많은 화학물질을 사용하는데, 이는 토양 침식과 악화를 더더욱 부채질하고 있다. 차 생산은 특히 지구온난화에 취약하다. 기온 상승, 가뭄, 홍수로 인해 갈수록 차 재배는 어렵고 비용이 많이 드는 일이 되어간다.[11]

미힐 팀은 현재의 관행이 공급사슬 전체의 생존 가능성마저 위험에

---

* commoditization, 제품 균질화로 기업 간의 차이가 명료하지 않게 되는 현상.

빠뜨리고 있다고 진단했다. 미힐은 "이 산업을 바꾸기 위해 무언가를 하지 않는다면, 어느 순간에는 우리가 원하는 정도의 차의 품질과 양을 얻을 수 없게 될 것입니다"라고 말했다. 전 세계 차의 상당 부분을 구매하는 유니레버로서는 사업에 중대한 위기가 닥친 셈이었다. 초콜릿의 핵심 성분인 코코아를 예로 들어보자면, 기후 변화의 영향과 더불어 지속 가능하지 않은 재배 관행으로 인해 공급이 수요보다 상당히 부족한 상태에 이르고 말았다. 그 결과 코코아의 가격 변동성은 더욱 커지고 있다.[12]

두 번째 주장은 유니레버 차 브랜드를 보호할 필요성에 관한 것이었다. 재래식 차 농장의 노동조건은 엄혹할 수 있다. 차 수확은 노동집약적인 일이기 때문이다. 10~12일마다 노동자들은 차나무 꼭대기 쪽에 난 잎을 2~3개씩 따야 한다. 하지만 그들이 받는 임금은 하루당 1달러에 못 미치는 경우도 많다. 따라서 많은 사람이 불충분한 주거와 위생으로 고통을 겪고, 의료 시설에는 거의 접근하지 못하거나 아예 접근할 수도 없고, 아이들의 교육도 마찬가지다. 방글라데시와 인도에서 차 노동자들은 일상적으로 극심한 영양실조에 시달리며, 가장 가난한 노동자 집단에 속해 있다.[13] 미힐 팀은 공급사슬에서 더 나은 작업 방식을 개발하지 않는다면, 유니레버도 비난받을 위험에 처해 있다고 주장했다. 그리고 지금과 같은 대중매체 시대에 이러한 비난은 엄청난 비용을 초래할 수 있다고 덧붙였다.

더 나아가 미힐 팀은 차 공급업자들이 좀 더 지속 가능한 작업 방식을 수용하도록 설득할 수 있다고 주장했다. 미힐의 동료들은 케리초Kericho의 예를 들었다. 케리초는 2만 1000에이커에 달하는 케냐의 아름다운 차 농장으로 수년간 유니레버의 소유지였다. 이 농장은 다른 농장에 비해 훨씬 더 지속 가능한 생산을 하고 있었다. 예를 들어 가지치기한 차나무 가지를 따로 폐기하거나 땔감 혹은 소의 먹이로 사용하기보다는, 밭에서 썩도록 내버려두었다. 토양을 비옥하게 만들고, 수분 보유력을 극대화하는 실천이었다. 농장은 비료 사용을 세심하게 관리했다. 현장에 있는 수력발전소를 통해 케냐의 전기 공급사슬에 비해 3분의 1의 비용으로 안정적인 전기를 공급했고, 농장 바깥쪽에 조성한 성장이 빠른 유칼립투스 숲에서 나무를 채취해 차를 말렸다. 케리초의 기후가 좋기도 했지만, 많은 해충 천적들이 서식하는 주변 토지를 적절히 관리함으로써 농약 및 살충제를 최소한으로 억제했다.

동시에 케리초의 수확은 세계에서 가장 많은 축에 속했다. 1헥타르당 차 생산은 3.5~4톤에 달하여, 재래식 차 농장들보다 거의 2배를 수확했다. 이에 따라 케리초는 1만 6000명 이상의 직원들에게 지역 농민들의 최소 임금보다 2.5배 이상의 임금을 지급할 수 있었다. 게다가 직원들은 무료로 회사 주택과 의료 시설을 이용했고, 자녀들은 회사 소유의 학교에서 교육을 받았다.[14] 유니레버가 공급업자들을 훈련하고 차를 지속 가능한 방식으로 재배했다는 것을 인증받는 비용을 충당할 방법만 마련할 수 있다면, 다른 공급업자들도 기꺼이 태세를 전환할 수 있을 것처럼 보였다. 이를 위해 유니레버가 지불해야 할 추가금은 현재 차 구입 비용의 5퍼센트였다.

미힐과 동료들이 제시한 세 번째이자 가장 중요한 주장은 지속 가능성을 받아들여야 유니레버 차에 대한 소비자들의 수요가 늘어나리라는 것이었다. 이들이 유니레버의 차를 마시는 고객들에게 더 많은 돈을 내라고 설득할 방법이 있다고 생각한 것은 아니었다. 소비자들의 말은 언제나 그럴듯하다. 예를 들어 최근 전 세계를 대상으로 한 연구조사에서 응답자 약 4분의 3은 환경에 미치는 영향을 줄일 수 있다면 기꺼이 소비 습관을 바꾸겠다고 말했다.[15] 거의 절반 정도는 기꺼이 인기 브랜드 제품을 버리고 환경친화적 제품을 선택하겠다고 단언했다.[16] 라틴아메리카, 아프리카, 중동에서 응답자의 거의 90%가 기업이 환경 문제를 당장 심각하게 받아들여야 한다고 주장했다.[17] 하지만 소비자 대부분은 지속 가능한 제품을 구매하느라 더 많은 돈을 내려 하지는 않는다. 중년의 중간 계급 여성들은 어떤 특정한 환경에서는 더 많은 돈을 내고 지속 가능한 제품을 사기도 한다. 어떤 사람들은 최고급 커피나 초콜릿을 사면서 기꺼이 더 많은 돈을 낸다. 그러나 대다수 사람에게 제품의 지속 가능성이란 (최소한 지금은) '없어서는 안 되는' 것이라기보다는 '있으면 좋은' 것이다.[18]

가장 중요한 원자재 비용의 5% 인상은, 가격 전쟁 와중에서는 엄청난 돈이다. 특히 가격을 올릴 수 없다고 생각하면 더욱 그렇게 느껴질 것이다. 하지만 벤앤제리스에서 이미 세계 최초로 공정무역 아이스크림을 출시한 경험이 있었던 미힐은 환경과 노동 관행에 대한 우려가 구매 행동에 어떤 영향을 미치는지 잘 파악하고 있었다. 그는 최소한 립톤 소비자 중 일부는 자신과 같은 우려를 하고, 그래서 기꺼이 지속 가능한 브랜드를 선택해주기를 바랐다.

이제 여러분도 아마 미힐과 그의 팀이 고위 경영진을 설득하는 데 왜 6개월이나 걸렸는지 짐작할 수 있을 것이다. 어쨌든 그들은 성공했다. 몇 년 후 진행된 인터뷰들을 통해 나는 미힐 팀이 자신들이 주장한 세 가지 비즈니스 모델 중 최소한 하나는 승산이 있다고 논리적으로 설득하던 당시에 이 일이 올바른 일이라고 굳게 믿고 있었음을 느낄 수 있었다. 유니레버는 오랫동안 가치 중심 기업이었고, 목적과 설득력 있는 경제적 고려의 결합이야말로 이 일을 성사시킨 가장 중요한 요인이었다.

지속 가능해진 티백

어쨌든 세 주장 모두에 어느 정도의 진실이 있었던 것으로 판명되었다. 케냐와 탄자니아에 있는 유니레버 농장은 지속 가능한 차를 재배하는 농장으로 최초로 인증받았다. 그다음 미힐 팀은 아프리카, 아르헨티나, 인도네시아의 대규모 공급업자들을 대상으로 우선순위 목록을 만들었다. 이들 지역의 많은 농장은 이미 전문적으로 관리되고 있었고, 이용 가능한 도구를 사용해 기존 관행을 개선하고 있다는 것을 인증받은 상태였다.[19] 다음 단계는 유니레버에 차를 공급하는 50만에 달하는 케냐 소작농에 대한 인증이었다. 케냐 차 개발기구Kenyan Tea Development Agency, 네덜란드 지속 가능한 무역Dutch Sustainable Trade Initiative과 더불어 유니레버는 '교육자 양성' 프로그램을 설계하여, 지속 가능한 농경 관행을 케냐 전역에 급속도로 확산했다. 차 농장마다 30~40명의 선도先導 농부를 선출하여 약 3일간 교육을 했다. 각 선도 농부는 농장의 현장 학교에서 300명 정도에 달하는 다른 농부들을 가르쳤다. 지속 가능한 농경 관행을 직접 시연하는 데 초점을 맞춘 교육이었다. 대부분의 새로운 방법에는 큰 변화나 많은 투자가 필요하지 않았다. 예를 들어 가지치기한 나무를 땔감으로 쓰지 않고 (토양의 질을 개선하기 위해) 밭에 내버려두게 만들려면, 농부들에게 땔감용 나무를 따로 심으라고 설득하면 된다. 나무 씨앗은 매우 저렴한 데다 유니레버가 보조금을 지급했다. 그리고 농부들에게 유기 폐기물을 소각하는 대신 퇴비를 만들고, 폐기물과 물을 좀 더 잘 사용하도록 독려했다.

돈이 제법 드는 변화도 있었다. 예컨대 인증 기준에는 (허가된) 농약 살포 때 개인 보호 장비를 착용할 의무도 포함되었다. 장비 비용은 무려 30달러로, 소작농 한 달 수입의 절반 정도에 달했다.[20] 이러한 상황에서 인증을 담당하는 비정부기구인 열대우림동맹Rainforest Alliance이 루트캐피털*이나 국제금융공사**와 협력하여 장비 구매를 보조해주었고, 몇몇 지역에서는 소작농들이 돈을 모아 장비를 사서 공유하기도 했다.[21] 한 연구에 따르면 총순투자액은 첫해 농장의 총현금소득의 1%에도 미치지 않았다.[22]

많은 농장이 지속 가능한 농경을 실천한 뒤 수확량이 5~15% 늘어났다. 차의 품질 개선, 운영비 절감, 높은 가격 실현은 덤이었다. 평균 수입은 대략 10~15% 늘어났다.[23] 하지만 케리초 농장 관리자 리처드 페어번Richard Fairburn에 따르면 농부들이 얻은 가장 큰 혜택은 눈에 보이지 않는 것이었다. "케냐 소작농들의 궁극적인 관심은 건강한 농지를

---

* Root Capital, 세계의 가난한 농경 지역에서 활동하고 있는 비영리기구.
** International Finance Corporation, 개발도상국과 저개발국에 투자하는 UN 산하 금융기관.

후손에게 물려주는 것이었습니다. 이들에게 '지속 가능성'이란 바로 그런 것이지요."

그렇다면 미힐 팀이 유니레버에 약속했던 편익은 어떻게 되었을까?

2010년까지 모든 립톤 옐로라벨과 PG팁스 티백은 서유럽, 오스트레일리아, 일본에서 인증을 받았고, 2015년에 이르자 립톤 티백의 모든 차(유니레버 차의 3분의 1 정도)가 열대우림동맹 인증을 받은 농장에서 생산되었다. 미힐과 유니레버의 노력은 수십만 명에 달하는 차 노동자의 삶을 바꾸어놓았고, 공급사슬의 건강과 복원력은 상당히 좋아졌다. 그러나 예측했던 대로 유니레버의 비용은 상당히 증가했다. 차의 공급은 여전히 원활했고, 유니레버에서 나쁜 평판으로 인해 타격을 입은 브랜드는 없었지만, 비즈니스 사례로서 리스크 회피의 문제점 중 하나는 그 측정이 상당히 힘들다는 점이다.[24] 미힐은 수요 증가를 증명해야 했다.

시장 점유율이 말해주는 것

하지만 모든 시장의 현장에 있는 동료들이 스스로 앞장서 이 프로젝트의 장점을 알리는 마케팅 노력을 하지 않는 한, 미힐의 노력만으로는 아무것도 이룰 수 없었다. 게다가 현장 동료 모두가 그 시도에 대해 확신을 갖고 있는 것도 아니었다. 당시 유니레버의 마케팅은 대단히 탈중심화되어 있어서, 각 나라의 마케팅 팀이 개별적으로 지속 가능성이 립톤의 정체성을 구축하는 데 얼마나 많은 비중을 차지할지,

혹은 과연 그게 립톤의 정체성이 될 수 있는지 판단했다. 캠페인 첫해, 최소 하나의 주요 지역(미국)이 지속 가능성을 마케팅 캠페인 주제로 사용하는 것을 반대했다. 프랑스는 이러한 캠페인이 효과가 있을지에 대해 상당히 회의적인 반응을 보이다가, 압력을 받은 후에야 실천에 옮겼다. 하지만 지속 가능성을 주제로 한 마케팅 아이디어를 적극적으로 수용했던 지역 시장에서 유니레버의 시장 점유율은 상당한 상승세를 보였다. 예를 들어 영국 시장은 유니레버 차 판매의 10% 정도를 차지하고 있었고, 유니레버의 PG팁스와 경쟁사인 테틀리티Tetley Tea가 시장을 지배하고 있었다. 각각이 대략 시장의 4분의 1 정도씩 점유했다.[25]

PG팁스는 대중적인 노동자 계급용 브랜드로, 색다른 영국식 유머를 통해 광고 캠페인을 전개하고 있었다.[26] 영국 마케팅 팀은 지속 가능성 기획을 브랜드를 혁신할 기회로 받아들이고, 1년간 1000만 파운드의 마케팅 예산 전체를 새로운 홍보에 쏟아부었다. 문제는 브랜드의 핵심 명제를 유지하면서 소비자들이 공감할 만한 메시지를 찾아내는 것이었다. 캠페인을 담당했던 한 직원은 이렇게 설명했다. "정말 힘든 일이었습니다. 주 소비자층에게 어렵고 복잡한 주제를 설교한다는 느낌을 주지 않으면서 설명해야 했죠. 브랜드와 잘 어울리는 말로 말입니다." 그래서 선택된 메시지는 "당신 몫의 일을 하세요. 주전자만 올리면 됩니다"였다. 소비자들에게 PG팁스를 마심으로써 할 수 있는 긍정적인 조치를 강조하는 메시지였다. 이 캠페인은 이전 광고에서도 등장한 몽키라는 이름의 말하는 원숭이와 앨Al이라는 노동자 계급 남성을 통해, 기존 브랜드 캠페인의 가볍고 경쾌한 분위기를 유지하려 노력했다. 예를 들어 한 광고에서는 몽키가 부엌에서 슬라이드 쇼를 보여주며, 앨에게 지속 가능성이 어떤 의미인지, 올바른 일을 한다는 게 얼마나 쉬운 일인지 설명한다.

이 캠페인 이전에 PG팁스와 테틀리는 영국 시장에서 1위를 놓고 치열한 전투를 벌였다. 캠페인 이후 PG팁스의 시장 점유율은 1.8포인트 상승했지만, 테틀리는 거의 변화가 없었다. PG팁스의 재구매율은 44%에서 49%로 증가했고, 판매는 6% 증가했다. 조사에 따르면 캠페인 시작 후 PG팁스가 윤리적 브랜드라는 인식이 꾸준히 상승했다.

오스트레일리아에서 립톤 브랜드는 총 3억 4500만 오스트레일리아달러에 달하는 전체 시장 규모의 약 4분의 1을 차지했다.[27] 오스트레일리아 팀은 "세계 최초 열대우림동맹 인증 차 립톤과 함께 더 나은 선택을 하세요"라는 광고 캠페인에 140만 오스트레일리아달러를 들였다. 판매는 11% 증가했고, 립톤의 시장 점유율은 24.2%에서 25.8%로 상승했다.[28] 유니레버가 대략 12%를 점유하고 있던 이탈리아에서 선택된 메시지는 "당신의 작은 잔이 커다란 차이를 만들 수도 있습니다"였고, 판매는 10.5% 증가했다.

차처럼 경쟁이 심한 소비재 산업에서 이 정도면 엄청난 수치다. 어림잡아도 유니레버는 처음 몇 년 사이에 투자에 대한 손익분기점을 찍은 동시에 브랜드를 대폭 강화할 수 있었다. 2010년 파울 폴만 신임 CEO가 기업 목표를 '지속 가능한 삶을 위한 계획'이라고 설정한 데에는 이러한 경험들이 바탕이 되었다. 이는 소비자들의 건강과 복지를 증진하고, 환경에 미치는 영향을 줄이며, 2020년까지 농업 원자재의 100%를 지속 가능한 재료로 충당하겠다는 야심 찬 계획이었다.

이 목표를 위해서는 50개의 다양한 작물을 800만 톤 가까이 공급하고 있는 공급사슬을 크게 변화시켜야 했다. 파울은 이 공급사슬의 변화가 경쟁력 우위의 원천이 될 수 있다고 생각했는데, 그 믿음은 적어도 부분적으로는 차에서 얻은 경험에서 나온 것이었다. 미힐 팀은 지속 가능성에 대한 헌신이 수익을 낼 수 있다는 것을 입증해 보였다. 달리 말하자면 유니레버는 10억 달러 규모의 공유가치를 창출했다.

공유가치가 한계 수요를 바꾼다

미힐의 성공은 공유가치를 창출하는 네 가지 길 중 두 가지를 잘 보여준다. 리스크를 줄이고 수요를 늘리는 방법이다. 변화의 추진력이 될 수 있는 리스크 개선에 대해서는 조금 후에 설명하려 한다. 지속 가능성을 통해 한계 수요를 늘리는 방법이 점점 더 많이 활용되고 있다. 소비자들은 보통 지속 가능성을 생각하는 제품이라고 해서 기꺼이 더 많은 돈을 지불하지는 않는다. 하지만 그 제품이 마침 좋아하는 제품이고, 품질·가격·기능성까지 마음에 든다면, 당연히 많은 소비자들이 지속 가능한 제품으로 옮겨갈 것이다. 2019년 6월 유니레버는 '지속 가능한 삶'을 지향하는 브랜드들이 나머지 제품군과 비교해볼 때 69% 빠르게 성장하고 있고, 기업 성장의 75%를 담당하고 있다고 발표했다.[29]

미힐의 성공은 자본주의를 바꾸는 일이 CEO를 위한 게임만은 아니라는 점도 분명히 보여주었다. 미힐은 립톤에서 동맹군을 찾아냈다. 특히 아프리카와 인도 현장에서 오랜 시간을 보내고 차 사업의 운영 방식을 바꾸는 데 헌신적인 공급사슬 관리자들이 기꺼이 그의 편이 되어주었다. 미힐은 그들과 머리를 맞대고 산업 전체를 전환할 도화선이 될 수 있는 기업을 만들고 운영하는 방법을 찾아냈다.

공유가치를 수용해 리스크를 개선하고 수요를 늘리는 것은 경제적 수익을 창출하는 강력한 방법이다. 허리케인 카트리나 이후 월마트가 보여준 문화 변화는 지속 가능성을 수용해야 하는 또 다른 중요한 이유를 제시해주고 있다.[30] 바로 그 변화에 엄청난 돈이 숨어 있다는 것이다. 자신이 환경에 남겨놓은 발자국을 지우는 것도 비용을 절감하는 훌륭한 방법이 될 수 있다.

내부자의 월마트 vs 외부자의 월마트

리 스콧Lee Scott의 배경만으로는 그가 나중에 열정적인 환경운동가가 되리라고 짐작하기 힘들 것이다. 스콧은 캔자스주 백스터스프링스에서 자랐다. 아버지는 필립스66 주유소를 운영했고, 어머니는 초등학교 음악 교사였다. 고등학교를 졸업한 스콧은 타이어 금형을 만드는 지역 회사에 취업했다. 스물한 살 무렵에는 비좁은 트레일러에서 아내와 아들과 같이 살면서 대학 등록금을 내기 위해 야간 근무조로 일했다.[31]

7년 후 그는 아칸소주 스프링데일에서 옐로프레이트라는 트럭 운송 회사의 터미널 매니저로 일하고 있었다. 이곳에서 수금 업무를 하다가 10년 후 월마트의 두 번째 CEO가 된 데이비드 글래스David Glass를 만났다. 글래스는 스콧이 내민 청구서에 문제가 있다고 생각해 지급을 거절했지만, 그의 성실함과 추진력에 깊은 인상을 받고 일자리를 제안했다. 스콧은 거절했다. 나중에 그는 이렇게 혼잣말을 했다고 알려졌다. "미국에서 가장 빠르게 성장하는 트럭 운송 회사를 떠나 겨우 7000달러 청구서도 지급하지 못하는 회사로 옮기지는 않을 거야!" 하지만 2년 후 글래스는 그를 설득하는 데 성공했다. 스콧은 물류 부팀장으로 월마트에 입사했고, 20년 후에 월마트의 세 번째 CEO로 취임했다.[32]

월마트로서는 힘든 시기였다. 스콧 자신도 언론의 집중포화를 맞고 있었다. 전통적인 지표들로 보자면 월마트는 성공한 기업이었다. 여러모로 자유 시장 자본주의를 대표하는 최고 기업처럼 보였다. 월마트는 '아웃사이더들'이 기업을 크게 키울 수 있다는 것을 보여주는 대표적인 사례였다. 월마트는 미국 시골 구석구석까지 소매 서비스를 제공하는 일이 수익성 있는 사업이 될 수 있다는 극히 가능성이 낮은 아이디어에 따라 아칸소 지역에 설립되었다. 30년에 걸쳐 월마트는 물류, 구매, 유통 기술을 개발하며 소매업을 완전히 뜯어고쳤고, 그 결과 전 세계에서 가장 큰 기업 중 하나로 성장했다. 스콧이 CEO로 취임하던 2000년에 월마트의 수익은 약 1800억 달러에 달했고, 110만 명 이상의 직원을 고용하고 있었다.[33]

밖에서는 월마트의 놀라운 수익에 초점을 맞췄지만, 스콧과 같은 내부자들은 월마트가 사람들의 삶에 미친 영향에서 더 많은 만족감을 느꼈다. 월마트에서 일한다면, "돈을 절약하고, 더 나은 삶을 살기"

란 공허한 말이 아니라, 회사의 가장 중요한 목적을 표현하는 설득력 있는 공언이었다. 한 독자적인 연구에 따르면 1985년부터 2004년까지 월마트 덕분에 미국은 가구당 평균 2329달러, 개인으로 환산하면 1인당 895달러를 절약했다.[34] 게다가 월마트 경영진의 75%는 평사원으로 입사해 승진을 거듭하며 임원이 된 사람들이었다. 월마트야말로 경제 주류에서 배제될 수도 있었던 사람들의 경제적 성장을 돕는 강력한 엔진이라고 스콧과 동료들은 믿어 의심치 않았다.

그러나 월마트를 비판하는 사람들은 전혀 다른 관점을 가지고 있었다. 2000년대가 시작되자 월마트는 사방에서 쏟아지는 공세에 시달렸다.[35] 무엇보다도 월마트가 가격 경쟁력이 없는 소규모 개인 소매점을 도심에서 몰아낸다는 비난을 받았다. 노조는 월마트의 반노조 활동이 도가 지나치며, 월마트의 임금과 고용 관행으로 인해 많은 노동자가 음식, 임대료, 의료비를 보충하기 위해 정부 보조 프로그램에 의존할 수밖에 없다고 주장했다. 성차별로 고발당했고, 불법체류 노동자들을 고용한 혐의로 조사를 받기도 했다. 아동 노동 금지법을 위반하고, 아동 노동을 통해 만들어진 제품을 구매한다는 비난도 받았다. 월마트의 경쟁업체들이나 공급업자들도 비슷한 비난을 받았지만, 언론의 관심은 월마트에 집중되었다. 한 컨설팅 기업에 따르면 월마트 고객의 54%는 월마트가 '지나치게 공격적'으로 행동하고 있다고 믿었고, 82%는 월마트에 '다른 업체의 롤모델'이 될 것을 주문했다. '부정적 기사를 들어본 적이 있기' 때문에 2~8%가 더는 월마트를 이용하지 않는다는 결과는 아마도 가장 처참한 소식이었으리라. 나의 경우를 들자면, 아들에게 월마트가 내가 아는 기업 중 가장 지속 가능성을 염두에 두고 있는 기업이라고 말했을 때, 아들은 의심스러워하는 눈으로 나를 바라보았다. 그러곤 이렇게 말했다. "엄마 말이니까 믿을게요. 하지만 아무도 믿지 않을걸요."

나중에 스콧은 이 거센 비판들을 돌이켜보며, '블루스테이트 엘리트'*, 다시 말해 월마트에서 쇼핑하지 않고 월마트가 고객들의 돈을 얼마나 절약해주는지 잘 모르는 사람들이 이런 부정적인 피드백을 하는 것이라고 믿었기 때문에 이를 인정하는 게 더뎠다고 말했다. 월마트의 첫 지속 가능성 책임자였던 앤디 루빈Andy Ruben은 월마트 내부는 "고개를 들 때마다 적군의 총격이 빗발치는, 일종의 벙커와도 같았다. 벙커 내부에서 나는 열정을 가지고 각자에게 맡겨진 일이 무엇이든 간에 크고 중요한 목적을 추구하는 사람들을 보았다. 하지만 내가 보는 회사와 벤턴빌 밖에서 보는 회사 사이의 간극은 너무나도 컸다"라고 말했다(월마트 본사는 아칸소주 벤턴빌에 있다).[36] 월마트와 긴밀한 관계를 유지하며 일한 경험이 있는 한 전문가는 이렇게 회상했다. "당시 그들은 벤턴빌에 거의 고립되어 있다시피 했어요. 그러니 사람들이 왜 월마트를 그렇게 싫어하는지 이해하지 못했죠. '우리는 올바른 일을 하고 있어. 고객들에게 매일 가장 싼 값으로 물건을 제공하지. 우리는 열심히 일해. 우리는 정직해.' 늘 이렇게 되풀이하는 식이었어요."

2004년 9월에 스콧은 이틀에 걸쳐 '월마트 세계의 상태'와 더불어, 월마트를 비판하는 사람들에게 어떻게 대응해야 할지에 초점을 맞춘 사외 회의를 열었다. 12월에 있었던 다음 회의에 참석한 사람들은 월

* blue-state elite, 민주당 지지 성향이 강한 주의 엘리트 계층.

마트가 '기업의 책임에 대한 분명한 입장'을 가져야 할 때라는 데 뜻을 같이했다. 그로부터 8개월이 지난 후 허리케인 카트리나가 걸프 코스트를 강타했다. 스콧으로서는 새로운 전략을 강력하게 펼쳐나갈 기회였다.

공급사슬 괴물에서 뉴올리언스 영웅으로

카트리나는 미국 역사상 최악의 재난 중 하나였다. 뉴올리언스와 주변 지역이 모두 물에 잠기며 사망자는 1000명, 이재민은 100만 명을 넘었고 1350억 달러로 추산되는 피해가 발생했다.[37] 이 지역 월마트 상점들은 본사의 지시를 기다리지 않고 곧바로 생존자를 위한 구호 노력을 펼치기 시작했다. 음식과 옷을 나누어주고, 구조 요원에게 잠자리를 제공했다. 미시시피주 웨이블랜드의 한 지점 관리자는 "불도저로 상점까지 길을 내고는 상점을 밀어버리고, 물에 젖지 않은 물건을 일일이 찾아 분류해 신발, 양말, 음식, 물 등을 이웃들에게 나누어주었다". 고위 직원들과의 전화 회의에서 스콧은 분기 예산은 신경 쓰지 말고 위기 대응에 적극적으로 나서라고 독려했다. 월마트 본사도 뒤질세라 지원에 나섰다. 원래 약속했던 금액의 10배가 넘는 2000만 달러를 기부하고, 구호 물품을 가득 실은 트럭 100대와 10만 인분에 달하는 음식을 보냈다.[38]

위기 초반 정부가 주도한 구호 노력이 대체로 실패한 상태였기에 월마트의 신속한 대응은 언론의 찬사를 받았다. 〈워싱턴포스트〉는 '허리케인 이재민 구호의 최전선에 선 월마트'라는 제목의 기사에서 "동종 업체들이 두려워했던 정교한 공급사슬이 이제는 물에 잠긴 걸프 코스트가 필요로 하는 바로 그것으로 판명되었다"라고 썼다. 루이지애나 주 제퍼슨 행정 자치구의 자치구청장 에런 브루사드Aaron Broussard는 일요일 오전 전국으로 방송되는 텔레비전 뉴스 프로그램 〈미트 더 프레스Meet the Press〉에 출연해, "미국 정부가 월마트와 같은 대응을 보였다면, 아예 이런 위기에 처하지도 않았을 것"이라고까지 말했다.

다음 달 모든 월마트 공급업체, 전 세계 모든 지점과 사무실과 유통센터에 방송된 연설에서 스콧은 허리케인에 대처한 월마트의 경험을 언급하며, 지속 가능성에 관한 주요 공약을 발표했다. 그는 세 가지 주요 목표를 소개했다. 100% 재생에너지를 이용하고, 폐기물을 0으로 줄이며, '자원과 환경을 지속 가능하게 만드는 제품을 판매'한다는 내용이었다. 그 외에 7년간 온실가스 배출량을 20% 감축하고, 월마트 운송 수단의 효율성을 배가하겠다는 약속도 있었다. 스콧은 또 의료, 임금, 지역 사회, 다양성과 관련해서도 적극적인 조처를 하겠다고 약속했다.

스콧이 이러한 목표를 설정한 것은 2005년이었다. 당시 지속 가능성이란 여전히 파타고니아Patagonia나 벤앤제리스와 같은 소수의 기업만 관심을 갖는 틈새 이슈에 지나지 않았다. 그런 의미에서 당시 월마트의 공약은 혁명적이었다. 유니레버도 2010년에야 '지속 가능한 삶을 위한 계획'을 발표했음을 떠올려보라. 월마트가 바라던 대로 스콧의 공약은 대중의 인식에 즉각 영향을 미쳤다. 2008년 보고서에 따르면 2007년 월마트는 27개 소매업체 중 윤리적 평판에서 꼴찌를 기록

했지만, 2008년에는 (막스앤스펜서와 홈디포Home Depot 다음으로) 3위를 차지했다.[39]

전략적 비전이 낳은 뜻밖의 성과

그런데 예기치 못한 일이 일어났다. 월마트는 에너지 절약이 엄청난 수익을 안겨준다는 사실을 발견했다. 월마트는 2017년에 운송 수단의 효율성을 2배로 끌어올리겠다는 목표를 달성했는데, 그 결과 연간 10억 달러 이상 운송비가 줄어들었다. 순이익의 4%에 해당하는 금액이었다. 월마트가 직접 상세한 수치를 발표하지는 않지만, 우리는 월마트가 2007년과 2009년에 에너지 효율성을 높이고 온실가스 배출을 감축하는 데 대략 5억 달러를 지출했다는 사실을 알고 있다. 월마트가 계속해서 이 정도의 지출을 유지했고 이러한 지출로 발생한 편익이 운송 효율성 증가뿐이라고 가정한다면, 대충 계산해보더라도 적어도 13% 정도의 수익률을 올린 셈이다. 많은 소매기업이 5~6%의 수익을 내기 위해 발버둥 치고 있는 상황에서 말이다. 같은 기간 월마트 지점들의 에너지 효율도 12% 증가했다. 어림잡아도 연간 2억 5000만 달러를 절감한 셈이다.

놀랄 만한 일이 아니라고 주장할 수도 있다. 수년 동안 많은 기술자와 컨설턴트가 에너지 절약을 통해 돈을 벌 수 있다고 말해왔다. 예를 들어 2007년 세계 유수의 컨설팅 기업 중 하나는 당시 수익성이 높던 에너지 절약 조치를 채택하기만 해도 전 세계적으로 에너지 사용을

25% 줄일 수 있다는 연구 결과를 발표했다.[40] 낡은 건물의 냉난방에 사용되는 에너지의 30~40%가 낭비되고 있다는 점을 감안하면 냉난방 시스템의 미세 조정에 드는 비용은 대개 1년 안에 회수가 가능하다.[41] 세계 최대 사모펀드사 중 하나인 KKR은 에너지 비용에서 12억 달러를 절감했다고 주장하며, 이제는 투자하는 모든 기업에 에너지와 물에 대한 감사監査를 받으라고 요구한다. 그러한 감사를 통해 많은 수익을 거둘 수 있기 때문이다.[42] 오늘날 에너지 절감을 통해 기업이 비용을 절약할 수 있도록 컨설팅해주는 최소 10억 달러 규모의 사업체도 있을 정도다.[43]

그러나 전략적 비전이 없었더라면 이러한 종류의 절약은 발견하지도 못했을 것이다. 쉬운 일은 아니다. 립톤에서는 지속 가능한 비즈니스 모델을 만들기 위해서 소비자 행동의 근본적인 변화를 상상해야 했다. 월마트의 혁신은 기업 운영에서 일상적인 세부 사항들에 집중하는 것, 다시 말해서 완전히 다른 관점을 가짐으로써 가능했다. 월마트의 공약은 립톤과 마찬가지로 큰 변화를 만들어냈다.

CLP가 주목한 기후 리스크

공유가치 추구가 경제적으로 도움이 된다는 측면에서 리스크 개선 개념을 다시 한번 말해보고자 한다. 유니레버의 사례에서 리스크 개선이 중요할 수 있다는 사실을 보았지만, 이를 수치화하기는 힘들다. 리스크가 일반적일 때, 예를 들어 주택 화재나 자동차 사고처럼 그 가능성을 예측할 수 있을 만큼 데이터가 축적된 경우라면 특정 리스크의 비용을 상당히 정확하게 수치화할 수 있다. 보험산업은 이러한 계산이라는 토대 위에 세워졌다. 하지만 리스크가 완전히 새로운 것일 때는, 리스크를 피하기 위해 얼마나 많은 돈을 써야 하는지를 측정하기가 어렵다.

아마도 많은 기업이, 분명 어떤 일이 일어나고 있음에도 불구하고, 기후 위기를 외면하는 것도 바로 이 때문일 것이다. 예컨대 1980년대 이후, 기상 관련 보험 손실 규모는 대략 연간 550억 달러로, 5배 증가했다. 비보험 손실은 그 2배 정도에 육박한다.[44] 최근의 한 연구에 따르면 보험업계는 기상이변으로 인한 잠재적 손실에 대해 여전히 50%까지 과소평가하고 있다고 한다.[45] 마이애미의 해수면은 지난 30년간 15센티미터 정도 상승했다. 현재의 추산으로는 2035년까지 15센티미터 더 상승할 것이다. 이 30센티미터 해수면 상승과 더불어 대조大潮나 허리케인이 발생한다면 해안에 있는 자산에는 치명타가 될 수 있다.[46] 누구나 쉽게 입수할 수 있는 정보들이다. 하지만 적어도 하나의 주요 은행은 부동산 가치를 계산하는 데 이러한 가능성을 고려하지 않은 채, 서슴없이 플로리다 해안 부동산을 담보로 대출을 내주고 있다.

2019년 4월 마크 카니Mark Carney 영국은행 총재와 프랑수아 빌루아드 갈로François Villeroy de Galhau 프랑스은행 총재는 공동성명을 통해 지난 30년간 기상이변으로 인한 보험 손실이 5배나 증가했다고 지적했다. 이들은 금융 시장이 기후 민스키 모멘트Minsky moment라는 리스크에 직면했다고 주장하며, 기후 변화에 대응하지 못하는 기업과 산업은 사라질 수도 있다고 경고했다.[47] 민스키 모멘트는 2008년 금융 위기 이

전 은행들이 보여준 탐욕을 분석했던 경제학자 하이먼 민스키Hyman Minsky의 연구에서 따온 것으로, 금융 시스템이 무너지며 금융 위기가 시작되는 시점을 가리킨다.

2019년 10월 제롬 파월Jerome Powell 연방준비제도이사회 의장은 브라이언 샤츠Brian Schatz 상원의원에게 보내는 서한에서 기후 변화는 '중앙은행이 응당 관심을 가져야 할 문제'가 되고 있다고 썼다. 같은 달에 샌프란시스코 연방준비은행은 기후 변화가 금융 시스템에 미치는 리스크를 연구한 18개의 논문을 묶어 발표했다.[48]

개별 기업은 이러한 종류의 리스크에 대해 어떻게 생각하고, 어떻게 대처 방안을 마련할 수 있을까? 한 가지 전략은 지속 가능성에 대한 투자를 미지의 영역으로 뛰어드는 것이 아니라 전략적인 헤지*로 보고 접근하는 것이다. 아시아 최대 투자자 소유 전력회사 중 하나인 CLP의 사례를 보기로 하자.

2004년, CLP는 2010년까지 전력의 5%는 재생에너지를 통해 생산할 것이라고 발표했다. 2007년에는 이 공약을 강화해, 2020년까지 전력 생산 포트폴리오의 20%는 무탄소가 될 것이라고 약속했다. 어느 아시아 전력회사가 제시한 것보다도 야심 찬 목표였다. 그리고 여러 전통적 기준에 따르면 성취 불가능한 목표이기도 했다.[49]

CLP 발전소 대부분은 석탄 화력발전소였다. 아시아에서는 드문 일이 아니다. 석탄은 구하기 쉽고 비교적 저렴해서 전력 생산 연료로 흔히 선택된다. 2007년 석탄 화력발전은 태양열, 풍력, 원자력 발전보다

---

* hedge, 모험에 따르는 리스크를 막아보는 것.

훨씬 저렴했다. CLP에 따르면 태양열과 풍력 발전 비용이 상당히 떨어진 2013년에도 풍력은 석탄보다 비용이 30% 더 들었고, 태양에너지는 3배 더 많이 들었다.

그렇다면 CLP는 도대체 무슨 생각으로 이렇게 성취 불가능해 보이는 목표를 발표했을까?

CLP는 석탄 화력발전에 지나치게 의존할 경우 발생할 수 있는 리스크에 초점을 맞추었을 것이다. 석탄을 고집하다 보면 심각한 정치적 리스크가 생길 수 있다. 발전소는 옮길 수 없고 오래가고 매우 비싸다. 일반적으로 발전소를 짓는 데 3~5년이 걸리고, 전력은 25~60년 정도 생산한다. 발전소는 이전할 수 없고 보통은 한 지역의 유일한 에너지 공급원이기 때문에, 발전소의 성공 여부는 지역 사회와 좋은 관계를 유지하는 데 달려 있다. 이를 가리켜 보통 '운영 허가'*라고 부른다. CLP는 어느 단계에 이르면 공해나 홍수 같은 피해가 발생하는 경우, 지역 사회에서 화력발전소를 비난하기 시작할 가능성이 있다고 믿었고, 그렇게 되면 운영 허가에 심각한 위기가 찾아올 수 있다고 생각했다. 또한 탄소 가격제나 세금을 통한 석탄 가격 인상, 발전소 폐쇄 조치 등을 통해 정부가 석탄 화력발전소를 제약할 가능성도 염려했다.

석탄을 고집하는 것은 기술적인 리스크도 낳는다. CLP는 태양열과 풍력 발전 비용이 급속히 떨어질 가능성이 높다고 생각했다. 대부분의 새로운 테크놀로지는 처음 등장했을 때는 비싸기 마련이다. 예를

---

* license to operate, 기업 운영에 대한 사회적 허가라고 하기도 한다.

들어 최초의 휴대전화는 1983년 기준으로 무려 3995달러였다(오늘날의 가치로 환산하면 1만 달러가 조금 넘는다).[50] 대부분의 테크놀로지는 소위 '학습 곡선'을 따른다. 수요가 증가하면서 기업은 연구·개발 투자를 늘린다. 더 많은 테크놀로지가 제품에 투입되면서 더 훌륭한 제품이 생산된다. 2007년 당시 태양열과 풍력은 석탄보다 훨씬 비쌌지만, 조만간 값이 내려갈 개연성은 충분했다.

"나는 2050년에도 우리 기업이 살아 있기를 바랍니다"

CLP가 두 가지 리스크의 개연성에 대해 어느 정도까지 정확하게 추정했는지는 모른다. 그러나 2008년 내가 공익기업 임원들에게 어느 정도의 확률을 예상하느냐고 물었을 때, 놀라울 정도로 일관성 있는 추정치를 얻을 수 있었다. 임원 대부분은 앞으로 20년 이내에 재생에너지가 화석연료와 가격 경쟁력을 가질 가능성은 30% 정도이고, 대중의 압력으로 인해 정부가 탄소 가격제나 탄소 배출에 대한 세금을 부과할 가능성 역시 30% 정도라고 대답했다. 우리는 이 두 가지 불확실성을 다음과 같이 도식화해보았다.

도표의 오른쪽 위는 '통상 사업'으로 정의된다. 탄소 규제가 없고 재생에너지는 화석연료에 비해 비싼 상태를 유지하는 세계다. 때로 나는 이를 기업들이 '바라 마지않는' 미래라고 부른다. 많은 기업이 이것이 우리가 마주하게 될 미래이길 바라며 시간을 허비하고 있기 때문이다. 임원들은 2030년의 세상이 지금 우리가 사는 세상과 아주 흡사

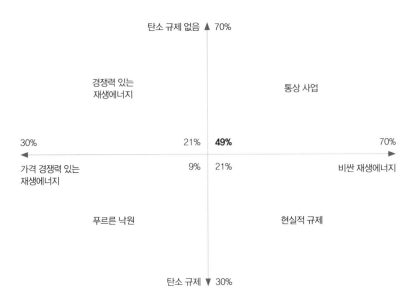

탄소 규제 없음 ▲ 70%

경쟁력 있는
재생에너지

통상 사업

30%   21%   **49%**   70%
◄   ►
가격 경쟁력 있는   9%   21%   비싼 재생에너지
재생에너지

푸르른 낙원

현실적 규제

탄소 규제 ▼ 30%

표 1. 공익기업 리더들은 2030년에도 지금과 같은 형태로 사업을 해나갈 수 있을 가능성을 49%로
예상했다.

할 가능성은 약 49%라고 보았다. 왼쪽 아래는 '푸르른 낙원'으로 정의
된다. 탄소 가격제가 부과되고, 재생에너지가 석탄보다 저렴한 세상
이다. 2008년만 해도 많은 임원이 이런 미래가 올 가능성은 겨우 9%
라고 생각했다. 다른 두 미래의 가능성, '화석연료와 경쟁하는 재생에
너지'와 '현실적 규제'의 가능성은 각각 21% 정도였다.

여기서 흥미로운 점이 두 가지 있다. 첫째, 이 도표에 따르면 미래가
현재와 같을 가능성은 50%에 못 미친다. 둘째, 그 자리에 있었던 모든
사람이 항상 이 문제에 관심을 기울여왔다는 점이다. 그들은 대체로
처음에는 푸르른 낙원이 임박했다고 확신하는 선지자들을 조롱하는
태도를 보이다가 나중에는 어떻게 하면 리스크를 피할 수 있을까 고

민하는 방향으로 관심사가 옮겨갔다. CLP 고위 임원들은 미래가 지금과 같을 가능성은 매우 낮다고 생각했다. 2013년 CLP의 CEO 앤드루 브랜들러Andrew Brandler는 이렇게 말했다.

> 저희는 탄소를 모든 기업의 장기적인 위협으로 간주하고 있습니다. 2050년에도 탄소 집약적 기업을 운영하고 있다면 심각한 문제에 봉착할 것입니다. 그때가 되면 그런 기업은 이미 사라졌으리라 생각합니다. 저희 기업은 설립된 지 100년도 넘었습니다. 저는 2050년에도 저희 기업이 살아 있기를 바랍니다. 하지만 기업을 살려보겠다고 2049년이 되어서야 행동을 취하는 것은 너무 늦을 겁니다. 이 길을 따라가되, 세상이 움직이는 것보다 앞서 움직여야 합니다.

CLP의 전략을 이해하기 위한 핵심이 이 말 속에 들어 있다. 리스크를 뒤집으면 기회가 된다. (CLP가 믿고 있는 바대로) 아시아의 전력이 화석연료에서 친환경연료로 대체되고 있다면, 다른 경쟁사보다 먼저 무탄소에너지로 전환하는 것이 잠재적으로 대단히 매력적인 사업 기회가 될 수 있다. 15년이 지난 지금, 이들의 공약은 선견지명을 보여준 사례로 판명되었다. 예를 들어 2010년에서 2018년 사이에 태양열과 풍력 발전 전기의 전 세계 가중 평균 비용은 각각 35%, 77% 하락했다.[51] 설치 비용은 22%, 90% 떨어졌다.[52]

몇몇 지역에서는 태양열과 풍력이 이미 석탄보다 값이 싸다. 물론 태양열과 풍력은 해가 비치고 바람이 불어야만 이용할 수 있다는 점에서 아직은 '간헐적' 에너지원이다. 따라서 현재 규모의 화석연료를 대체하기 위해서는 저장 비용이 더 많이 절감되어야 한다. 하지만 그 비용이 절감되는 속도는 숨이 막힐 정도로 놀라워서, 재생에너지 분야를 연구하는 내 동료들은 2030년까지 재생에너지가 비용 경쟁력을 가질 가능성이 상당히 높다고 보고 있다.[53]

재생에너지는 2018년 말까지 중국 전체 발전 용량의 38%를 차지했다.[54] 현재의 추산에 따르면 2030년까지 중국의 전력망 중 60%가 재생에너지를 이용하게 될 것이다.[55] 인도의 경우 2050년까지 재생에너지가 67%를 차지하게 될 것이다.[56] 앞으로 20년 이내에 아시아 태평양 지역에 6조 달러에 달하는 에너지 투자가 이루어지면 중국의 발전 용량은 미국과 유럽의 발전 용량을 합친 것보다도 더 커질 것이고, 인도의 발전 용량은 미국이나 유럽보다 더 커질 것이다.[57] 무탄소전력은 엄청난 시장 기회이고, 이 분야에 초기 투자한 덕분에 CLP는 경쟁에서 유리한 위치를 확보했다. CLP의 효과적인 리스크 대처는 엄청난 기회를 안겨주었다.

그런데도 왜 공유가치는 아직 주류가 되지 못했는가

립톤, 월마트, CLP는 공유가치를 만들어야 하는 경제적 동기를 분명히 제시하고 있다. 환경 피해를 줄이고 사람들을 잘 대우하는 일은 평판 리스크를 낮춘다. 공급사슬의 장기적인 생존 가능성도 보장한다. 소비자가 공유가치를 지닌 기업의 제품과 서비스를 선호하게 될 수 있다. 비용도 절감할 수 있다. 특히 CLP와 같이 다른 경쟁사보다 먼저 세상이 어떻게 변하게 될지 예측할 수 있을 정도로 세련된 기업이라면, 완전히 새로운 사업을 창출할 수도 있다.

로빈 체이스Robin Chase는 지금으로부터 20년 전에 차량 공유 서비스
업체 집카Zipcar를 설립했다. 공유경제라는 말을 들어본 사람도 많지
않았던 때였다. 그녀는 장차 경제가 어떻게 바뀔지 큰 그림을 그리며
그 그림 속의 중요한 요소 중 하나로 집카를 생각했다. 한 인터뷰에서
그녀는 이렇게 말했다.

> 협동경제collaborative economy는 공유경제sharing economy보다 큰 개념입니다. 공유경
> 제라는 말을 들으면 자산에 대한 경제라는 생각이 듭니다. 반면에 협동경제는
> 모든 것을 포함하죠. 우리가 경질자산*뿐 아니라 사람, 네트워크, 경험 등에도
> 실시간으로 접근할 수 있게 되면, 개인적인 삶의 방식 자체가 완전히 바뀌리라
> 는 것은 굳이 생각해보지 않더라도 자명합니다. 어떤 것도 쌓아둘 필요가 없어
> 지겠죠.
>
> 어떤 물건을 소유하는 일에 대해서 걱정하지 않아도 될 것입니다. 이제는 올
> 바른 시간에 올바른 사람을 찾아낼 수 있다는 사실에 의지하게 될 것입니다. 그
> 러면 사람들이 살아가는 방식은 극적으로 바뀔 겁니다. 주문형 차량뿐 아니라
> 주문형 삶이 되는 거죠. 훨씬 더 충만한 삶이 될 겁니다.[58]

집카는 세계 최대 차량 공유 기업으로 성장했고, 2013년 렌터카 업
체인 에이비스Avis에 5억 달러에 인수되었다.[59] 지금은 9개국 500개 도
시에 100만 명이 넘는 회원을 두고 있다. 집카를 떠난 후 체이스는 비

---

* hard asset, 토지, 건물, 장비, 현금 등 내재가치가 있는 물건.

슷한 목적을 가진 3개의 벤처기업을 설립하거나, 설립을 도왔다. 개인 간 차량 공유 서비스인 버즈카Buzzcar, 카풀 중개업체 고로코GoLoco, 자동차와 트럭을 이용해 도시를 공공 와이파이로 뒤덮는 베니엄Veniam 이라는 회사다.

학생들을 가르칠 때마다, 기업이 올바른 일을 하며 돈을 벌 수 있느냐는 질문을 받는다. 학생들은 "테슬라는 알아요. 하지만 다른 예도 있나요?"라고 묻는다. 나는 그런 기업이 수백 개는 된다고 말하고, 적절한 키워드를 활용해서 하버드 비즈니스스쿨 웹사이트에서 사례를 검색해보라고 한다. 하지만 공유가치가 주류가 되지 못한 것은 사실이다. 왜 그럴까? 직원을 잘 대우해주고 주변 환경을 생각하는 것이 강력한 수입원이 될 수 있음에도 불구하고 왜 그렇게 많은 기업인이 주저하는 것일까?

이 수수께끼를 이해하기 위해서는 공유가치 수용 자체가 무엇보다 커다란 혁신이라는 점, 더 정확히 말하자면 아키텍처 혁신architectural innovation이라는 점을 깨달아야 한다. 아키텍처 혁신은 시스템의 구성 요소는 바꾸지 않은 채 구성 요소 사이의 관계, 다시 말해 시스템의 아키텍처를 바꾸는 혁신을 말한다. 대부분의 조직 내 대부분의 사람은 자신이 속한 시스템의 구성 요소 사이의 관계보다는 구성 요소에만 관심을 두기 때문에 아키텍처 혁신을 찾아내기도 힘들고, 이 혁신에 어떻게 대처해야 하는지도 모른다. 아키텍처 지식, 다시 말해 구성 요소가 어떻게 서로 조화를 이루는가에 대한 지식은 조직의 구조, 인센티브, 정보 처리 능력에 내재해 있어 사실상 눈에 띄지 않기 때문에 그것을 바꾸기란 매우 힘들다.

혁신에 관한 대화는 기존 산업에 지각 변동을 일으킬 새롭고 근사한 테크놀로지의 잠재력에 초점을 맞추고 진행되는 경향이 있다. 예를 들어 우리는 인공지능이 어떻게 세상을 바꾸어놓을 수 있을까, 혹은 수조에서 자라는 조류藻類가 석유를 대체할 수 있을까 등을 생각한다. 반면 미힐, 스콧, 앤드루, 로빈은 아키텍처 혁신의 선구자였다. 이들은 기업의 구조와 목적에 대해 새롭게 사고한 사람들이다. 원료에 더 비싼 값을 치러야 립톤을 성장시킬 수 있다는 아이디어는 진정 혁명적인 사고의 전환으로, 전체 가치사슬을 완전히 새롭게 상상하게 했다. 월마트는 비용 절감으로 유명한 기업이었다. 그러나 환경보호라는 막연하게만 여겨졌던 생각이 수십억 달러의 비용 절감이라는 기회로 이어질 줄 누가 상상이나 했겠는가? CLP는 이용 가능한 대안들에 훨씬 더 비용이 많이 들고, 아직 해결되지 않은 기술적 문제들이 산재한 상태에서도 기업 전체를 바꾸겠다는 공약을 제시했다. 로빈은 경제의 목적을 완전히 다른 관점에서 보게 되면서 아예 새로운 사업을 만들 수 있었다. 이렇듯 공유가치를 만드는 데는 상상력이 필요하다. 낡은 방식으로 일하는 데 익숙한 사람이라면 자본주의를 바꿔보겠다는 대담한 상상이 가져다주는 이점을 파악하기란 힘든 법이다.

완벽한 나이키에 없던 단 한 가지

지난 50년간 가장 성공한 기업가 중 한 명인 나이키의 창업자 필 나이트Phil Knight의 사례를 살펴보기로 하자. 필은 신발과 의류 사업을 완전히 바꾸어놓은 사람이다. 하지만 그는 공급사슬에 존재하는 아동노동이 나이키사의 가장 소중한 자산인 나이키라는 브랜드에 미칠 수 있는 영향을 계속 무시했었다. 진정 위험한 일이었다. 나이키는 공유가치를 받아들인 훌륭한 기업인 동시에, 이를 완전히 무시한 기업이기도 했다.

대체 필은 무슨 생각이었을까?

필은 세 가지 핵심적인 통찰을 통해 나이키의 성장을 견인했다. 첫 번째, 해외의 저렴한 곳에 생산을 하청해서 비용을 절약하는 방법을 생각했다. 1970년대에 이러한 생각은 혁명적이었다. 두 번째, 지속적인 혁신이야말로 성공의 비결이라고 생각했다. 나이키는 출발할 때부터 연구 분야에 투자를 아끼지 않았다. 세 번째는 나이키의 성공에 가장 크게 이바지한 것으로, 마케팅의 힘을 생각했다. 그 누구보다도 상징symbol이 가진 힘과 스포츠의 매력을 잘 이해하고 있던 필은 나이키의 생산 전략에서 절약한 돈을 모두 마케팅 예산에 쏟아부었다. 한 저널리스트의 말을 들어보자.

나이키가 문화적 아이콘이 된 것은 필이 미국 대중문화의 시대정신을 포착하고 스포츠와 결합했기 때문이다. 그는 사회의 영웅 숭배, 신분 상징에 대한 강박, 특이하고 반항적인 인물에 대한 선호를 이용하는 방법을 찾아냈다. 나이키의 매력적인 마케팅은 카리스마 있는 운동선수나 이미지에 초점을 맞추며 신발에 대해서는 언급하거나 보여주지도 않는다. 나이키의 스우시swoosh 로고는 어디에서나 찾아볼 수 있고, 나이키라는 이름은 완전히 생략되고는 한다.[60]

세 가지 아이디어가 조합되어 마치 다이너마이트와 같은 효과를 냈다. 1992년 나이키의 판매는 34억 달러까지 치솟았다. 하지만 필은 만족하지 못했다. 아무리 설명해도 투자자들은 필의 비전을 이해하지 못하는 듯했다.

예를 들어 1992년 연간 보고서에서 필은 나이키가 판매총액 34억 달러에 이르는 세계 최대 운동화 기업이라는 사실을 언급했다. 그는 나이키가 "지난 20년간 운동화 부문에서 모든 주요한 발전을 이루었고, 처음으로 1년간 세계 판매액이 10억 달러를 돌파했다"고 밝혔다. 그러면서도 "아주 짧은 두 번 정도의 시기를 빼면 나이키는 S&P 500 지수의 주가수익비율로 봤을 때 상당히 저평가받고 있으며 여전히 '운동화 회사'라는 낡은 이름으로 일축되고, 의류회사 범주에 묶여 있다"고 지적했다.[61]

기업의 주가수익비율은 주식의 시장가치를 세후 수익으로 나눈 값이다. 일반적으로 투자자들이 믿고 투자하는 기업은 주가수익비율이 높다. 예를 들어 1990년대 후반과 2000년대 초반에 의료, IT, 이동통신 기업들은 다른 기업들보다 훨씬 더 높은 주가수익비율을 기록했다. 아마존의 주가수익비율은 56 이하로 떨어진 적이 단 한 번도 없고 지금은 100을 넘지만, 나이키의 주가수익비율은 2010년까지 단 한 번도 20을 돌파하지 못했다.[62] 요컨대, 필은 투자자들이 나이키사가 얼마나 빠르게 성장할지 파악하지 못하고, 그 결과 회사를 저평가하고 있다고 보았다.[63] 필은 그 후 5년 동안 연간 보고서에서 매번 이 이야기를 되풀이했다.

1993년에는 이렇게 썼다. "나이키는 계속해서 저평가되고 있는 글로벌 파워 브랜드입니다. 운동화와 옷, 특히 운동화는 생필품이 아닙니다. 마라톤, 아니, 그냥 1마일이라도 월마트에서 19달러 95센트에 파는 운동화를 신고 한번 달려보세요. 그러면 더 이야기할 필요가 없을 겁니다."

1994년에는 이렇게 썼다. "7년 만에 처음으로 전년대비 판매가 감소했지만, 투자자본수익률은 18%를 기록했습니다. 18%의 수익률을 '나쁘다'고 여기는 회사라면 시장 평균 주가수익비율이 20일 때 그 비율이 15보다는 더 높아야 하지 않겠습니까?"

1995년에는 '업계 역사상 최고의 해'였다고 한 다음 이렇게 썼다. "지금과 같은 호황기에도 이 글을 쓰다 보니 화도 나면서 한편으로는 우울해집니다. 회사 이름을 명기하지 않고 이 기록을 투자 분석가들에게 보여준다면 아마도 주가수익비율이 당연히 높아야 한다고 말할 것입니다. 실제로도 그런 실험을 해보았습니다. 회사 이름을 밝히고 나자 분석가들 모두가 주가수익비율을 평가절하하더군요. 정말 우스운 일이었습니다."

1996년 나이키의 주가수익비율은 상승했지만, 필은 여전히 만족하지 못했다. "업계에서 통상 이용하는 측정 기준으로 볼 때 1996 회계연도는 환상적이었습니다. 우리는 판매와 수익에서 역사상 최고의 기록을 세웠습니다. 월스트리트는 이제야 우리의 주가수익비율을 올리는 게 적절하다고 평가했습니다. 핵심적인 문제는 바로 이것이었습니다. 아무리 강력한 브랜드를 가지고 있더라도 패션을 주력으로 하는 회사가 그만한 주가수익비율을 가질 자격이 있는가? 사실 해답은 중요하지 않습니다. 문제 자체가 잘못이기 때문이죠."

요컨대 1990년대 초 내내 필은 선견지명을 가진 성공적인 기업가들을 괴롭히는 문제와 씨름했다. 그가 가진 비전의 힘이 투자자들에게 잘 전달되지 못했던 듯싶다. 지금의 지식을 바탕으로 그의 보고서를 읽다 보면 그가 얼마나 선견지명이 있는 사람이었는지를 쉽게 파악할 수 있다.[64] 그는 스포츠를 통해 전 세계적인 브랜드를 만들어내는 방법에 관해 이야기를 펼쳐나간다. 자신이 전 세계를 염두에 두고 미래를 위해 어떻게 투자를 하고 있는지, 나이키의 혁신과 홍보와 해외 기반시설 구축에 대한 투자가 어떻게 막대한 배당금을 가져다줄지 쉬지 않고 계속해서 설명한다. 그러나 아무리 무능한 경제 분석가라도 나이키 현상에 눈을 뜨기 시작했던 1996년까지도 나이키의 주가수익비율은 S&P 평균보다 높지 않았다. 그의 좌절이 놀랍지 않다.

하지만 경제 분석가들의 안목을 탓하던 필 자신도 정작 자신의 기업을 뿌리째 흔들어놓을 수 있는 위험을 눈치채지 못하고 있었다.

4만 4492년을 일해야 벌 수 있는 돈

1992년 〈하퍼스매거진〉은 나이키 신발을 제조하는 성화라는 기업에서 일하는 사디사라는 한 젊은 인도네시아 여성의 월급명세서를 공개했다. 인도네시아에서 4년여를 보낸 노동운동가 제프리 밸린저Jeffrey Ballinger가 쓴 이 기사에 따르면 사디사는 1.03달러 정도의 일당을 받았다. 시간당 14센트에도 못 미치는 임금이었다. 밸린저는 80달러짜리 나이키 신발에 들어가는 인건비는 대략 12센트 정도라고 말하며, 다음과 같은 질문으로 글을 맺었다.

> 경제 세계화와 '자유 시장'을 부르짖는 사람들은 전 세계적인 고용 창출이 개발
> 도상국들의 자유 무역을 증진한다고 주장한다. 하지만 먹을 것을 사는 데도 충
> 분치 못한 돈을 버는 인도네시아 사람들이 얼마나 많은 서구 상품을 구매할 수
> 있을까? 마이클 조던이 우아하게 공중을 가로지르는 나이키의 텔레비전 광고
> 에서는 그 해답을 찾을 수 없다. 조던은 다년간 광고 계약으로 2000만 달러를
> 받았다고 한다. 그 돈은 사디사가 4만 4492년을 일해야 만질 수 있는 돈이다.[65]

1993년 CBS는 인도네시아 나이키 공급업체들의 열악한 노동조건
을 상세하게 보도하는 방송을 내보냈고, 1994년에는 〈롤링스톤〉, 〈뉴
욕타임스〉, 〈포린어페어스〉, 〈이코노미스트〉 등이 앞다투어 비판적
인 기사를 쏟아냈다. 1996년 〈라이프〉는 파키스탄과 인도의 아동 노
동 실태를 폭로하는 충격적인 기사를 실었다. 기자는 파키스탄에 수
출용 축구공 공장을 세우려는 미국인으로 위장했다고 한다. 그에 따
르면 아이들은 마치 노예처럼 일했다. 부모들이 받아 간 선불금을 갚
을 능력이 없었기 때문에 떠날 수도 없었다. 한 작업 반장은 기자에게
"필요하시면 공을 바느질할 아이 100명을 데려올 수도 있습니다"라
고 하며 "물론 아이들의 선불금은 내셔야 합니다"라고 덧붙였다고 한
다. 아이들은 눈이 멀었고, 영양은 부족했으며, 부모를 찾는다는 이유
로 두들겨 맞았다. 그리고 무엇보다 돈도 거의 받지 못했다. 기사를 쓴
시드니 샌버그Sydney Schanberg에 따르면 아이들은 보통 하루에 60센트를
받았다고 한다. 기사의 위쪽에는 나이키 축구공을 꿰매는 12세 소년

의 사진이 실렸다. 그 사진이 뜻하는 바는 분명했다. '나이키가 아이들을 노예로 고용하고 있다.'

유명한 만평 〈둔스베리Doonsbury〉는 일주일을 할애해 나이키의 노동 문제를 다뤘다. 많은 대학의 학생들이 나이키 제품 불매운동을 촉구하는 시위를 벌였다. 당시 대규모 소매점 체인 확장에 나섰던 나이키는 "새로운 나이키타운 매장이 열릴 때마다 비난을 퍼붓는 사람들, 피켓을 흔드는 사람들, 경찰 바리케이드 등으로 혼란스러운 항의 시위를 마주해야 했다". 마이클 조던과 제리 라이스를 포함한 광고 모델들역시 공개적으로 격렬한 비난을 받았다.

이러한 소동이 일어나는 와중에도 나이키는 공급사슬에서 일어난 일은 책임질 수 없다는 태도로 일관했다. 나이키는 가학적 행동을 금지하는 행동 강령을 채택하고 있으며, 공급업자들은 그들이 통제할수 없는 독자적인 하청업자라는 식이었다. 나이키의 아시아 담당 부사장 닐 로리젠Neal Lauridsen은 이렇게 말했다. "우리는 제품 생산에 대해서는 아무것도 모릅니다. 우리는 마케팅과 디자인을 담당하지요."[66] 나이키 자카르타 본부장 존 우드먼John Woodman은 이렇게 설명했다. "그들은 우리의 하도급업자들입니다. [노동 위반 혐의를] 수사하는 것은 우리의 권한이 아닙니다." 그러고는 덧붙였다. "여기서 우리는 우리가 아니었다면 일할 수 없었을 수천 명의 사람에게 일자리를 주고 있습니다."[67]

1994년 전까지는 필이 주주들에게 보낸 서한에 노동 문제가 언급된 적이 없었다. 1994년 필은 스포츠 칼럼니스트 조지 벡시George Vecsey가 〈뉴욕타임스〉에 기고한 기사에 이의를 제기하며 "나이키에 대한 비

방만 가득한 두 단짜리 기사로, 끔찍한 일"이라고 투덜댔다. 1995년
에도 공급사슬에 대한 언급은 전혀 없었다. 1996년에는 다음과 같이
이야기했다.

> 업계에서 통상 이용하는 측정 기준으로 볼 때 1996 회계연도는 환상적이었습
> 니다. 하지만 그 환상적인 해가 끝나자마자 우리는 해외에서 일어난 일에 대한
> 언론의 비난으로 타격을 받았습니다. 저는 딜레마에 봉착했습니다. 이 자리를
> 빌려 우리를 비난하는 사람들의 오해를 바로잡을 것이냐, 아니면 주주들을 위
> 해 좀 더 큰 그림을 그려줄 것이냐 하는 딜레마입니다. 저는 후자를 선택했습니
> 다.[68]

1997년에 공개된 마이클 무어Michael Moore 감독의 다큐멘터리 〈더 빅
원The Big One〉에는 필 나이트가 다음과 같이 말하는 모습이 담겼다.

> 무어:　열두 살 아이가 [인도네시아] 공장에서 일해도 되나요?
> 나이트: 공장에서 일하는 아이들은 열두 살이 아닙니다. 최저 연령은 14세예요.
> 무어:　그러면 열네 살은 괜찮습니까? 아무런 가책이 없나요?
> 나이트: 없습니다.

필의 연간 보고서에는 여전히 공급사슬의 노동 문제에 관한 언급이
전혀 없었다.

그러자 이익이 곤두박질치기 시작했다. 나이키는 매우 빠른 성장세
를 보여왔다. 1997년 수익은 전해보다 42% 상승했고, 순이익은 44%

늘어났다. 하지만 1998년이 되자 수요는 얼어붙었다. 나이키에 비판적이었던 사람들은 노동 관행에 대한 대중의 분노가 일부 원인임을 시사했다. 1997년 한 해만도 '나이키'와 더불어 '스웨트숍'*, '착취', '아동 노동'이라는 단어가 제목에 들어가는 기사가 거의 300개에 달했다.[69]

1998년 5월 내셔널프레스클럽 연설에서 필은 태도를 바꾸어 "나이키 제품은 노예 임금과 강요된 잔업, 가혹 행위와 동의어가 되었습니다"라고 인정했다.[70] 그는 기업의 사회적 책임을 담당하는 부서를 만들겠다고 선언했고, 공장의 노동조건을 개선하는 새로운 조처를 하겠다고 공언했다. 여기에는 최저임금 인상, 독립적인 감시자, 환경·의료·안전 규칙의 강화, 나이키 공급사슬의 노동조건에 관한 독자적인 연구 지원 등이 포함되었다. 이제 나이키는 의류 공급사슬을 지속 가능하게 만드는 데 앞장서고 있으며, 여러 독자적인 기관들이 발표하는 순위에서도 전 세계에서 가장 지속 가능한 신발 및 의류 기업으로 자리매김하고 있다.[71]

퍼즐 조각이 아닌 퍼즐 조립 방식의 변화

나이키의 사례는 왜 그토록 많은 기업이 공유가치로 전환하기가 어려운지를 잘 보여준다. 남들은 보지 못한 미래를 내다볼 정도로 뛰어

---

* sweatshop, 노동력 착취 현장.

난 선견지명을 자랑하던 필 같은 기업인조차 공급사슬의 문제가 브랜드에 제기하는 위협을 이해하기까지는 무려 5년이라는 시간이 걸렸다. 바로 그 기간 내내 그는 투자자들에게 나이키의 성공 비결을 이해하지 못하고 있다고 질책했다. 아이러니하게도 공급사슬의 노동조건에 주의를 기울여야만 하는 방식으로 세상이 바뀌고 있다는 것을 이해하지 못했던 필은, 스포츠가 신발과 의류 산업을 완전히 새롭게 구축하는 방식을 이해하지 못했던 나이키의 투자자들과 정확히 같은 오류에 빠져 있었다.

예기치 못한 방식으로 세상이 바뀔 때는, 가장 선견지명이 뛰어난 기업인조차 자기 주변에 어떤 일이 일어나고 있는지 이해하지 못한다. 투자자들이 나이키의 잠재력을 보지 못하고, 필과 동료들이 공급사슬 문제에 안이하게 대처했던 이유는, 이 변화 모두가 아키텍처 혁신이었기 때문이다. 퍼즐 조각의 조립 방식 자체가 달라졌던 것이다.

(퍼즐의 한 조각을 개선하는) 점진적 혁신조차도 생각보다 달성하기 힘들다. 하지만 점진적 혁신은 해야만 하는 일이라는 사실을 어렵지 않게 알아볼 수 있고, 현 상황을 위협하지도 않는다. 필이 이끌던 나이키는 점진적 혁신에는 대단한 재능을 보이며, 해마다 개선된 러닝화를 내놓았다.

'급진적' 혹은 '파괴적disruptive' 혁신은 대단히 많은 주목을 받는다. 이러한 혁신은 이전의 방식을 완전히 낡은 것으로 만들어버린다. 디지털 사진이나 환자의 면역 체계를 자극하여 암과 싸우도록 만드는 신약을 생각해보라. 이 급진적 혁신은 성공적인 기업에는 상당한 도전일 수 있지만, 어쨌든 그 혁신의 영역은 처음부터 분명하게 보인다. 디지털 사진으로 인해 코닥이 파산했다고 해서, 코닥이 디지털 사진이 제기하는 위협을 간과한 것은 아니었다. 실제로 코닥은 처음부터 디지털 사진에 막대한 투자를 아끼지 않았고, 그 분야에서 많은 획기적인 발견도 했다.

문제는 아키텍처 혁신이었고, 이로 인해 코닥은 도산했다. 디지털 사진으로의 전환은 제품 아키텍처를 바꾸어놓았다. 카메라는 이제 무겁게 들고 다녀야 하는 독립적인 기계가 아니라 전화기의 일부가 되었다. 사진이 공유되고, 인쇄되고, 사용되는 방식 모두가 바뀌었다. 코닥으로서는 적응이 거의 불가능한 혁신이었다. 급진적인 혁신은 어렵긴 하지만 예측할 수 있다. 제약회사들은 신약 개발에 유전학 이해가 필수가 될 것이라는 사실을 예측했고, 유전학 연구에 상당한 투자를 해왔다. 아키텍처 혁신은 다르다. 보통은 퍼즐의 한 작은 조각에 상대적으로 조그마한 변화가 일어난 것처럼 보이지만 사실은 퍼즐을 맞추는 방식 자체가 완전히 새로워진다.

영국군은 보지 못한 아키텍처 혁신의 힘

〈파이낸셜타임스〉의 칼럼니스트 팀 하포드Tim Harford는 탱크 발명 당시 영국이 보인 반응을 예로 들면서 성공적인 기업이 어떻게 아키텍처 혁신의 힘을 간과하게 되는지를 보여준다.[72] 탱크는 1차 세계대전이 벌어지기 2년 전인 1912년에 E. L. 더몰E. L. de Mole이 발명했다. 이 오스트레일리아 사람은 자신의 설계도를 가지고 영국 육군성을 찾아갔다.

1차 세계대전이 끝난 1918년에 영국은 세계 최고의 탱크들을 보유하고 있었던 반면 독일에는 단 한 대의 탱크도 없었다. 연합군은 독일의 탱크 생산을 금했다. 그러나 1930년대 독일은 탱크 생산에서 다른 나라들을 훌쩍 앞서 나갔고, 2차 세계대전이 시작된 1939년에는 영국보다 2배 많은 탱크를 생산하는 것은 물론, 훨씬 더 효과적으로 운용하고 있었다.

여기서도 문제는 아키텍처 혁신이었다. 영국 육군은 탱크를 어디에 배치해야 할지 갈피를 못 잡았다. 탱크는 기병과 보병 양 갈래에 나누어 배치되었다. 기병의 핵심은 신속한 기동력이다. 탱크는 신속한 기동력이 있다. 탱크는 특별한 종류의 말이라 할 수 있으니 기병에 배치되어야 하지 않을까? 보병은 움직이지 않는 상태에서 막강한 화력을 쏟아부을 수 있어야 한다. 탱크는 격퇴하기 힘들며 강력하다. 그렇다면 탱크는 막강한 총기를 가진 강력한 보병이 아닌가? 물론 탱크를 주력으로 하는 완전히 새로운 부대를 만들 수도 있다. 하지만 누가 그러한 부대를 만들어보겠다고 나서겠는가? 누가 기꺼이 돈을 내놓겠는가?

탱크는 그저 더 빠른 말도 더 강력한 보병도 아니었다. 두 특성(혹은 그 이상)을 모두 가졌으며, 완전히 다른 전쟁을 수행할 잠재력도 가지고 있었다. 풀러J. F. C. Fuller라는 영국 육군 장교는 1차 세계대전이 채 끝나기 전에 이미 탱크의 잠재력을 파악했다. 1917년 그는 상관에게 상세한 계획을 제시하며, 공군의 지원과 함께 탱크를 이용하면 독일 참호를 우회해 후방에 있는 본부를 공격해서 당장 전쟁을 끝낼 수 있다고 주장했다. 풀러의 전기작가는 이 아이디어를 '군사軍史상 가장 유명한 실행되지 않은 계획'이라고 불렀다. 그러나 사실 1940년에 이 계획은 실행에 옮겨진 바 있다. 영국군이 아닌 독일군이 실행한 이 계획의 이름은 바로 '전격전blitzkrieg'이었다.

영국은 탱크 통제권을 기병에게 맡겼다. 하지만 기병은 이 새로운 무기보다는 여전히 말에 관심이 많았다. 말은 기병대의 삶에서 핵심적인 요소로서, 그들의 자부심이자 기쁨이자 존재 이유였다. 영국 육군 원수 아치볼드 몽고메리-매싱버드Archibald Montgomery-Massingberd 경은 나치의 무장 위협에 대한 대응책으로 기병대 장교 모두에게 말을 한 마리씩 더 지급하고, 말 사료 지출을 10배로 늘렸다. 탱크를 중심으로 군대를 재편한 독일에 비해 영국은 준비도 거의 되지 않은 상태에서 2차 세계대전에 돌입했다.

아키텍처 혁신은 알아보기도 힘들고, 반응하기도 대단히 힘든 경우가 많다. 거의 모든 조직, 거의 모든 사람이 자신에게 할당된 퍼즐 조각에만 주의를 기울이며 대부분의 시간을 보내기 때문이다. 예를 들어 여러분이 자동차 도어 핸들을 만드는 엔지니어라면, 아마 대부분의 시간을 도어 핸들을 디자인하며 보낼 것이다. 관련 콘퍼런스에 참석해 최근의 추세를 살펴보기도 한다. 자동차 산업 전체가 어떻게 변하게 될지 생각하는 데에는 많은 시간을 쓰지 않는다. 하지만 살아남기 위해서는 세상이 작동하는 방식에 관한 정신적 모델을 개발해야 한다. 무엇을 주목해야 하고 무엇을 무시해도 되는지 구별할 수 있도록 말이다.

큰 그림을 그리는 대가로 돈을 받는 CEO라면 이러한 함정에 빠지지 않을 것이라고 생각할 수도 있다. 그러나 나이키의 예에서 보았듯이 CEO라고 해서 다르지 않다. 실제로 필 나이트는 미래에 대한 비전을 투자자들에게 전달하는 데 (그리고 물론 수십억 달러 규모의 세계적인 기업을 세우는 데) 워낙 많은 시간과 에너지를 쏟다 보니, 공급사슬에서 벌어지는 심각한 사태에 신경 쓸 여유가 없었다. 필과 동료들은 자기 회사의 경계 밖에서 일어난 일들에 대해서는 책임이 없다고 확신한 나머지 처음 제기되었던 비판을 제대로 이해하지 못했다. 이들은 직원들에 대한 책임은 기업의 경계를 넘어서는 적용되지 않는다고 '알고 있었다'. 이것이 세상이 돌아가는 방식이었고, 그들이 아는 거의 모든 기업인이 공유하던 가정이자 기정사실이었다. 아이러니하게도 필은 스포츠 산업의 토대가 되는 근본적인 가정이 바뀌고 있다는 사실을 이해하지 못한다고 투자자들을 책망했지만, 그 역시 브랜드와 공급사슬 관계에 대한 오래된 가정이 바뀌고 있고 그의 공급사슬에서 벌어진 아동 노동 착취가 브랜드에 심각한 타격을 줄 수 있다는 사실을 이해하지 못했다. 더는 무시할 수 없는 문제라는 강력한 신호를 받고 나서야 필은 대단한 에너지와 능력을 보여주며 이 문제에 대처해 나갔다.

기회는 아주 가까이에 있다

공유가치를 만들 수 있는 엄청난 기회가 우리 앞에 놓여 있다. 공유가치를 통해 개별 기업은 비용을 절감하고 브랜드를 보호하며 공급사슬의 장기적 생존 가능성을 보장하고, 제품 수요를 늘리고, 완전히 새로운 기업을 만듦으로써 환경·사회 문제를 해결하는 동시에 사업을 번창시킬 수 있다.

그러나 이러한 기회를 알아차리기는 쉽지 않다. 공정하고 지속 가능한 사회를 만드는 것은 증기에서 전기로 이동하거나, 인터넷이나 인공지능 활용법을 배우는 것처럼 파괴적일 수 있다. 현재의 시스템에서 잘 운영되는 기업들은 변화해야 할 필요가 없고, 변화해야 할 필요가 있다고 하더라도 변화한 기업의 사례가 없고, 변화한 기업의 사례가 있다고 하더라도 당장 시작하기에는 지금 너무 바쁘다고 주장할 것이다. 변화란 이런 식으로 받아들여지기 마련이다.

나는 MIT에서 이스트먼 코닥의 이름을 단 교수직을 맡았고 어느 정도 시간을 들여 디지털 사진의 위협에 직면해 씨름하고 있던 코닥과 머리를 맞댔다. 코닥의 기술적 전환에는 그다지 문제가 없었다. 최초의 디지털카메라는 코닥의 한 엔지니어가 발명했고, 회사는 디지털 사진에 대한 많은 특허를 가지고 있었으며, 대규모 디지털카메라 사업을 구축한 상태였다. 하지만 코닥은 돈을 벌 수 있는 비즈니스 모델을 개발하지 못했다. 소비자들은 디지털 사진을 인화하려 들지 않았다. 코닥은 카메라가 휴대전화의 필수적인 부분이 되리라고는 예상하지 못했다. 2012년에 코닥은 파산했다. 아키텍처 혁신의 심각한 피해자였다.

20년도 넘게 나는 이러한 변화를 연구해왔다. 연구를 통해 세 가지를 배웠다. 첫째, 아키텍처 혁신을 알아차리고 반응하기란 힘들지만, 그렇다고 해서 불가능하지는 않다는 사실이다. 필 나이트는 어려움을 겪었다. 아마도 그가 엄청난 성공을 거두고 있었다는 바로 그 사실 때문이었을 것이다. 하지만 립톤, 월마트, CLP는 공유가치를 개발하며 경쟁력 우위를 확보할 수 있었다. 둘째, 이러한 종류의 이행을 기회로 활용하는 기업, 다시 말해 경쟁사보다 먼저 투자하고 시장에 접근하는 완전히 새로운 방식을 만드는 데 필요한 기술과 사람에 투자하는 용기를 가진 기업은 엄청난 수익을 거둘 잠재력을 확보하게 된다.

셋째, 기업의 목적이 변화의 핵심이다. 수익 극대화를 넘어 명확하게 정의된 목적을 가진 기업, 기업의 목적이 주주를 부자로 만들어주는 게 아니라 공익을 위한 훌륭한 제품을 만드는 것이라는 점을 명확하게 이해하는 기업이야말로 변화를 헤쳐나갈 용기와 능력을 갖춘 기업이다.

따라서 기업의 목적 재정의야말로 자본주의 재구상에 필수적인 일이다. 이것의 정확한 의미와 구체적인 실천 형태에 대해서는 다음 장에서 알아보기로 하자.

4장

우리 기업의 목적은
무엇입니까

탐욕이 좋다는 사람도 있다.
그러나 결국 너그러움이 더 낫다는 것은 누누이 입증된 사실이다.

파울 폴만, 유니레버 전 CEO[1]

〰✺〰

2015년 1월 12일, 플로리다 잭슨빌의 한 호텔 대연회장에서 에트나Aetna CEO 마크 버톨리니Mark Bertolini는 4월부터 시간당 16달러의 최저임금을 지급하겠다고 발표했다.[2] 세계 최대 건강보험 기업 중 하나인 에트나의 발표는 신문 1면을 장식했다. 6000명에 달하는 직원들(에트나의 국내 노동력 12퍼센트를 차지했다)의 임금이 평균 11% 오르는 셈이었다. 33%까지 오르는 사람도 있었다.[3] 마크는 또 직원 대다수가 에트나에서 가장 많은 혜택을 제공하는 건강보험을 가장 싼 가격으로 가입할 수 있게 될 것이라고 발표했다. 그 결과 몇몇 직원들의 가처분소득이 45% 이상 증가할 것으로 예측되었다. 연회장은 환호로 떠나갈 듯했다. 나중에 마크는 말했다. "직원들이 좋아할 줄은 알았지만 그렇게 감정을 있는 그대로 드러낼 줄은 몰랐죠. 사람들은 엉엉 울면서 '하느님, 제 기도를 들어주셔서 감사합니다'라고 하더군요. 일선 관리자들은 그야말로 감격한 표정을 짓고 있었습니다."

비용이 많이 드는 조치였다. 인건비가 무려 연간 2000만 달러 늘어나게 되므로 달가워하지 않는 고위 경영진도 있었다. 에트나의 최저

임금 노동자 중 80%는 여성이었다. 대부분은 싱글맘으로 푸드스탬프*와 메디케이드** 둘 중 하나를, 혹은 둘 모두를 받아야 했다. 마크의 시간당 16달러 지급 계획은 완강한 저항에 부딪쳤다. 주주 가치 극대화라는 고전적인 틀에서 벗어나지 못하는 사람들의 반대가 심했다. 마크의 말을 들어보자. "시세보다 높은 임금을 지급하는 것이라고 말하더군요. 특히 평균 이하의 임금을 지급하는 주에서 반대가 많았죠. 재무 상태가 나빠질 거다, 주주에게 봉사해야 한다, 월스트리트를 만족시켜야 한다, 뭐 그런 반대였습니다."

마크는 대체 무슨 생각이었을까?

집단적 자각의 중요성

그가 에트나를 희생시켜가며 자신의 윤리의식을 만족시키려 했다고 해석할 수도 있다. 마크는 실제로 임금 인상 결정에 대해 개인적이고, 대단히 도덕적인 결정이라는 프레임 속에서 대답한 적이 있다. 그는 소셜 미디어를 적극적으로 이용하면서 직원들의 곤란한 처지를 알고 경악했다고 이야기했다. "보험 혜택을 받을 수 없어요. 의료보험료가 너무 비싸요' 같은 말을 더 빈번히 보고 듣게 되었죠." 〈뉴요커〉와의 대담에서 마크는 〈포천〉 50대 기업에 다닌다는 직원들이 먹고

---

*   food stamp, 저소득층에 식품 구입 바우처나 카드를 매달 제공하는 식비 지원 제도.
** Medicaid, 저소득층 의료 보장 제도.

사는 일에서조차 어려움을 겪는 상황은 옳지 않다고 말했다. 그리고 에트나의 경영진들에게 토마 피케티Thomas Picketty의《21세기 자본Capital in the Twenty-First Century》을 나누어준 사실을 언급하며, 이번 결정은 불평등에 대한 광범위한 논의라는 맥락에서 비롯되었다고 설명했다. "기업은 그저 돈만 버는 기계가 아닙니다. 사회 질서를 위해서 기꺼이 해야 하는 투자도 있습니다. 분명히 도덕적인 요소도 있겠죠. 아시겠지만, 재무제표로는 헤아릴 수 없는 쟁점도 많습니다. 이러한 상황은 옳지 않다고 생각합니다."[4]

그러나 이는 이야기의 일부에 지나지 않는다. 앞으로 설명할 개인적이고도 전문적인 이유로, 마크는 막후에서 에트나의 비즈니스 모델을 근본적으로 바꿈으로써 공유가치를 만들어보려는 담대한 전략을 펼치고 있었다. 그 전략이란 공유목적을 만들고, 그럼으로써 자신의 비전을 성취하는 데 필요한 헌신과 창의성과 신뢰를 구축하는 것이었다. 모든 직원에게 최저 생활 임금을 지급하는 것은 이 전략의 핵심 요소였다.

진정한 목적이 널리 받아들여지는 것은, 다시 말해 단순한 돈벌이를 넘어 마음 깊이 간직한 공통 가치에 뿌리를 두고 기업의 전략과 조직에 내재하는 기업의 목표에 대해 분명하고 집단적으로 자각하는 것은, 자본주의를 바꾸기 위해 꼭 필요한 단계다. 이는 세 가지 큰 영향을 미친다. 첫째, 깊게 각인된 진정한 목적이 있다면 공유가치를 만드는 데 어떤 아키텍처 혁신이 필요한지 쉽게 파악할 수 있다. 둘째, 리스크를 감수하고 아키텍처 혁신을 실천에 옮기는 데 필요한 용기를 낼 수 있다. 셋째, 진정한 목적 지향 기업을 만드는 행위 그 자체가 공유가치를 만드는 행위다. 그런 기업을 만들기 위해서는 불평등을 해소하고 공정한 사회를 만드는 데 필요한 일자리부터 만들어야 하기 때문이다.

에트나를 바꾼 두 가지 사건

마크의 사례는 미국 의료체계가 곤경에 처해 있다는 사실에서 출발한다. 미국의 의료비는 (GDP 비율로 측정했을 때) 다른 선진국에 비해 2배는 더 많으면서도, 결과는 그다지 신통치 않다.[5] 예를 들어 세계보건기구가 조사한 '전반적인 의료체계 현황'에서 미국은 191개 국가 중 37위에 해당한다. 오스트레일리아, 캐나다, 프랑스, 독일, 네덜란드, 뉴질랜드, 노르웨이, 스웨덴, 스위스, 영국, 미국 11개국의 의료체계를 평가한 또 다른 연구에서는 미국이 최악임을 시사했다.[6]

에트나의 기존 사업은 점점 더 심한 압박을 받고 있었다. 건강보험은 미국에서 좋은 평가를 받지 못하는 산업 중 하나로, 순수추천고객지수net promoter score로 보자면 항공사나 케이블 TV 기업보다도 아래다.[7] 게다가 규모의 경제가 가속화됨에 따라 보험업계에 지속적인 합병이 일어나고 있었고, 에트나는 업계에서 양강 구도를 이루는 유나이티드헬스United Health와 앤섬Anthem에 한참 못 미치는 3위였다.[8] 마크는 새로운 전략이 필요했다. 목적에 대한 깊이 있는 인식이 그의 선택을 이끌어주었다.

40대에 일어난 인생을 뒤흔든 두 사건이 마크의 사명감에 불을 지폈다. 2001년 열여섯 살이던 아들 에릭이 말기 암 진단을 받았다. 나중에 마크는 말했다. "아들에게 겨우 여섯 달밖에 남지 않았고, 이 암을 이긴 사람은 한 명도 없다는 말을 들었습니다."⁹ 마크는 일을 그만두었다. 그를 지켜보았던 사람의 말에 따르면 "아예 병실에서 살다시피 했다. 더 많은 정보를 달라고 의료진을 괴롭히고, 채 승인도 나지 않은 약을 구하느라 정신없이 뛰어다녔다". 또 다른 사람에 따르면 마크는 "수련의들의 성서라고 할 만한 《해리슨 내과학Harrison's Principles of Internal Medicine》을 다운로드하고, 의사들과 치열하게 논쟁했다. 의사들은 마크가 병원에서 진단한 아들의 희박한 생존 가능성을 부정하고 있다고 생각했다". 한번은 에릭이 미국에서 유일하게 승인을 받은 지방 보충제에 알레르기 반응을 보이며 아사 직전까지 간 적이 있었다. 마크는 의사를 설득해 오스트리아에서 어류를 주원료로 만든 보충제를 찾아내게 했고, 규제 면제를 신청하고, 제조사의 회장을 설득해 바로 비행기를 타고 미국까지 그 물건을 가져오도록 만들었다. 마크의 아들은 이제껏 감마델타 T세포 림프종이라는 희귀 암에서 살아남은 유일한 사람이다.¹⁰

이 사건을 계기로 마크는 미국 의학계에 대한 나름의 시각과 이를 어떻게 고쳐야 하는지에 대한 견해를 갖게 되었다. "첫째, 그들은 제 아들을 4번 방의 림프종으로만 보았습니다. 제게는 태어날 때부터 모든 것을 속속들이 다 알고 있는 아들인데요. 그들이 보기에 아들은 사람이 아니라 그저 질병에 지나지 않았던 거죠. 그 경험을 통해 저는 의료체계에는 인간미가 없다는 사실을 깨닫게 되었습니다." 그리고 마크는 이렇게 말했다. "우리는 인간적으로 연결되어 있습니다. 우리는 인간 사이의 연결 관계를 지지합니다."

의료체계가 환자를 온전한 인간으로 대우하기보다는 개별 절차와 돈에만 신경을 쓰고 있다는 생각은 2004년에 다시금 강화되었다. 에트나에 합류한 지 1년도 안 되었을 무렵, 마크는 스키를 타던 중 목뼈 5개가 부러지고 영구적인 팔 손상을 입을 정도로 큰 사고를 당했다. 의료기관은 진통제를 처방했다. 그의 말을 들어보자.

> 회복 중에 저는 한꺼번에 일곱 종류의 마약성 약물을 복용했습니다. 몇 종류의 펜타닐 패치, 비코딘, 옥시콘틴, 뉴론틴, 케프라였죠. 아무 데도 가지 않는 날에는 술도 맘껏 마셨습니다. 엉망진창이었죠. 어떤 사람이 두개천골요법*을 추천하기에 이렇게 말했죠. "대체 그건 뭐요?" 하지만 네 번 정도 치료를 받자 상태가 호전되었습니다. 5개월에서 6개월 정도 지나자 모든 약물을 끊을 수 있었습니다. 대신 두개천골요법에 중독됐죠. 그때 두개천골요법 치료사가 이렇게 말하더군요. "요가를 해보세요." 저는 말했죠. "그건 여자들이나 하는 거죠." 하지만 일단은 해봤고, 다음 날은 움직일 수도 없었습니다. 저는 혼자 중얼거렸습니다. "세상에. 이건 놀랍군. 대단한 운동이야." 그러고는 매일 요가를 시작했습니다. 훨씬 몸이 좋아지는 걸 느꼈거든요. 열심히 두 달 정도 하고 나자, 요가는 단순한 운동이 아니라는 생각이 들었어요. 그때부터 《우파니샤드》, 《바가바드기타》를 읽고, 수행하고, 기도문도 배우고, 산스크리트어도 공부했죠. 정말 놀라웠습니다.[11]

---

* Craniosacral therapy, 손으로 두개골의 움직임을 조정하는 치료.

이런 일을 겪은 그는 에트나의 전략을 급격하게 수정하기 시작했다. 그는 에트나가 훨씬 더 개인적이며 인간관계를 소중히 하는 기업이 되어, 회원들의 건강 관리 방식을 바꿔주기를 바랐다.

건강할 확률을 높이는 보험사

그는 두 가지 계획을 세웠다. 우선 빅데이터와 행동경제학에 기반을 둔 디지털 플랫폼을 만들었다. 이 플랫폼은 회원들이 에트나와 상호작용하는 방식(당시 소비자들의 불만이 많았던 지점)을 단순화할 뿐 아니라, 회원들이 실시간으로 건강을 챙길 수 있도록 지원하는 다양한 애플리케이션을 제공한다. 예를 들어 미국에서는 20~30%의 약 처방이 실제로 조제되지는 않으며, 만성질환에 처방된 약의 대략 절반은 복용되지 않는다.[12] 이로 인해 연간 12만 5000명 정도가 사망하고,[13] 의료 비용은 해마다 1000억~2890억 달러씩 늘어나고 있다.[14] 마크의 팀에 속한 한 고위 임원은 에트나의 플랫폼이 이러한 문제를 해결할 수 있다고 설명했다.

단순하게는 독촉 프로그램을 만들어 처음 여섯 번의 처방 동안 회원들을 쫓아다닐 수 있습니다. 우리는 회원들이 처방을 따르도록 동기를 부여하고 싶습니다. 우리는 아이디어를 재빨리 테스트해보는 많은 실험을 할 수 있고, 어느 것이 효과적인지 알 수 있습니다. 이 독촉 프로그램을 통해 회원에게 먼저 동기를 부여하는 게 좋을까요, 아니면 여섯 번째 처방을 조제할 때까지 기다려야 할까요? 요컨대 우리는 알맞은 시간에 알맞은 사람에게 알맞게 동기를 부여하고 싶습니다. 회원들이 바라는 방식으로요. 예를 들어 회원이 동의해준 수준과 누가 우리의 파트너가 될지에 따라 다르긴 하겠지만 어떤 회원이 파트너 편의점이나 소매점을 지나고 있다면, 독감 주사를 맞으러 가라는 메시지를 애플워치에 보내는 겁니다. 그 메시지대로 하면, 여러 형태의 보상을 주고요.[15]

두 번째 계획은 중증 회원들과 대면해서 일할 사람들을 현장에 투입하는 것이었다. 예를 들어 첫 번째 파일럿 프로그램에서 에트나는 플로리다의 8개 지역에 각기 전문성을 가진 사람들로 팀을 구성해 투입했다. 각 팀에는 간호사, 약사, 정신건강 전문가, 사회복지사, 영양사, 공중보건 교육사가 포함되었다. 모든 회원은 현장 의료 관리자를 배정받았다. 이들의 업무는 회원들과 접촉해 회원들의 건강상 목적이 무엇인지 파악하고 팀의 자원을 동원해 그 목적에 도달하게끔 도와주는 것이었다. 플로리다 지사장 크리스토퍼 시아노Christopher Ciano는 이렇게 설명했다.

에트나 커뮤니티 케어 프로그램은 전체론적으로 접근해 개별 회원들의 니즈와 목표를 진심으로 이해하려 합니다. 그런 다음에 니즈를 충족시킬 수 있도록 개인에 맞춘 종합 계획을 설계합니다. 과거에는 회원의 목적보다는 질병 상태를 중심으로 프로그램이 설계되었습니다. 울혈성 심부전을 예로 들어보죠. 예전에 저희는 회원의 개인적 욕구에 맞춘 결과를 설정하지 않았습니다. 어떤 회원은 일반적인 건강 수치를 목표로 설정하기보다는, 그저 밖에 나가 손주들과 놀 수 있기만을 바랄 수도 있습니다. 우리의 새로운 접근 방식은 각 회원이 무엇을 원하는지에 초점을 맞추고, 회원이 이러한 목표를 성취할 수 있도록 도와주려 합니다. 그러기 위해서는 회원이 살고, 일하고, 노는 곳에서 같이 살고 상호작용해야 합니다. 전화나 메일을 통해 접촉하는 것은 낡은 방식입니다.[16]

마크는 이 새로운 전략을 '소비자 영역에서의 의료 혁명'이라고 불렀다. 그 핵심에는 전형적인 공유가치적인 논지가 자리 잡고 있었다. 에트나가 회원들과 파트너 관계를 맺고 건강을 개선할 수 있다면, 회원들은 건강해지고 에트나는 비용을 줄여, 결국 번창하고 수익을 많이 내는 (대단히 차별화되는) 기업이 될 것이라는 믿음 말이다. 이러한 전략을 실천하기 위해 마크가 고용한 게리 러브먼Gary Loveman은 다음과 같이 말했다.

> 의료 서비스는 너무 복잡해서 이해하기 어렵고 찾아가기 두렵다고들 생각합니다. 하지만 저는 좀 더 단순하게 생각하고 있습니다. 많은 미국인이 아프지 않아도 되는데 아프고, 의료비가 지나치게 많이 들다 보니 그들의 삶이 난관에 부닥치게 된다는 것이죠. 당뇨와 신부전증 초기를 겪고 있는 두 60세 남성의 예를 들어보죠. 한 명은 의료진의 충고를 잘 따르며 생산적이고 행복하게 살아갑니다. 평균을 약간 상회하는 의료비만 부담할 뿐이죠. 반면 다른 한 명은 의료진의 충고를 따르지 않아 매우 위험하고, 건강하지 못하고, 큰 비용을 부담하며 살아갑니다. 병원은 물론 응급실도 자주 찾아야 하기 때문이죠. 이 두 번째 남성을 첫 번째 남성처럼 만드는 게 제 꿈입니다. 이 일을 할 수 있다면, 많은 사람이 더 건강하고 돈도 절약할 수 있을 겁니다.[17]

이렇게 보면 마크의 전략은 수익성이 좋아 보인다. 그것이 바로 공유가치의 본질이다. 문제를 해결하는 동시에 강력한 비즈니스 사례를 구축하는 것이 그 핵심이다. 목적이냐 아니면 이익이냐의 문제가 아니다. 더 큰 목적이 제시해주는 폭넓은 관점으로 기회를 찾아내고, 기업이 그러한 목적을 실천할 수 있도록 목적을 기업에 깊게 심어두는 것이 중요하다.

최저임금 인상이라는 전략

그러나 마크의 전략은 위험했다. 그 전략은 담대한 아키텍처 혁신을 필요로 했기 때문이다. 그는 고객과 어떻게 상호작용하고 어떻게 가치를 창출할 것인가를 완전히 새롭게 생각해야 했다. 영국 육군이 탱크에 보였던 반응을 떠올려보면, 규모가 크고 이미 자리를 잡았고 상당한 성공을 거두고 있는 기업에서 아키텍처 혁신이 얼마나 실천하기 힘든 일인지 짐작할 수 있을 것이다. 100년도 넘게 에트나는 보험을 판매하고 관리하며, 환자를 대변하기보다는 비용을 조절하며 돈을 벌어왔다. 그런데 마크의 전략은 고위 경영진부터 전화 상담원에 이르는 모든 직원에게 이제까지와는 완전히 다른 기술을 개발하고 완전히 다른 방식으로 행동하라고 요구하고 있었다.

이러한 변화를 이룰 수 있는 원동력은 사람들 마음 깊은 곳에서 공유되는 목적이다. 그 목적이 기업의 모든 구성원을 하나의 뜻으로 모이게 한다. 모든 사람에게 개인적인 목표보다는 기업 전체의 목표를 향해 일해야 할 동기를 부여한다. 무엇보다도 낡은 기업이 새로운 일을 할 수 있도록 창의성과 신뢰와 대단한 기쁨을 제공해준다.

사람들은 돈, 지위, 권력을 위해 열심히 일한다. 이를 외재적 동기라고 한다. 그러나 이러한 핵심 니즈가 충족된 사람에게는 노동 그 자체가 불러일으키는 흥미와 기쁨(이를 내재적 동기라고 할 수 있다)이 훨씬 더 강력하다.

공유된 목적은 자신이 하는 일이 의미가 있다고 느끼게 한다. 이것이야말로 내재적 동기의 핵심 중 하나이며, 더욱 창의적인 일을 할 수 있게 만들어준다. 공유목적은 강한 정체성도 만든다. 이는 내재적 동기의 또 다른 원천이자, 기업 내 신뢰를 구축하는 강력한 원천이기도 하다. 목적에 진정성이 있을수록, 다시 말해 목적이 마음 깊은 곳에 간직한 가치에 맞춰 삶을 살아가는 능력을 지지해줄수록, 긍정적인 감정을 많이 불러일으킨다. 이 긍정적인 감정은 또한 새로운 인간관계를 구축하고, 새로운 기술을 배우고, 어려운 시간을 견뎌내고, 도전 혹은 위협에 저항하는 능력과 강한 상관관계가 있다. 따라서 목적 지향 기업의 직원들은 전통적 기업의 직원에 비해 훨씬 더 생산적이고 행복하며 창의적인 경향을 보인다.[18]

진정성 있는 목적은 팀워크도 강화한다. 기업의 목적과 자신을 동일시하는 직원들은 같은 목표를 공유한다. 이들은 다른 사람들에 비해 훨씬 더 '친사회적' 경향을 보인다. 다른 사람을 신뢰하며 더불어 하는 일을 즐긴다. 같은 목표를 공유하고, 진정성이 있고, 친사회적이고, 내재적으로 동기를 부여받는 개인들로 구성된 팀은 더 쉽게 소통하고, 역할 분담이 원활하고, 서로를 신뢰하고, '심리적 안정감'을 느낀다. 이 모든 속성은 리스크를 감수하고 서로에게 배우는 능력을 함양해 높은 실적을 보장한다. 따라서 목적 지향 기업은 새로운 가능성에 열린 태도를 보이며, 그것을 기회로 삼는 데 필요한 아키텍처 혁신을 감당할 만한 여유가 있다.

마크 자신의 강력한 목적의식은 새로운 전략 설계에 필요한 시야와 열정을 가져다주었다. 그러나 그 전략을 실천에 옮기는 데 필요한 창의성, 신뢰, 헌신을 불러일으키기 위해서는 우선 기업을 목적 지향적으로 구축해야 했다. 직원들 대다수가 자발적으로 새로운 목적에 헌신하며, 그들이 고위 경영진 역시 진정 이러한 목적을 가졌다고 확신할 수 있도록 해야 했다.

마크는 이 일에 뛰어들었다. 처음 한 일은 개인적인 이야기를 자주 진정성 있게 전달하는 것이었다. 그는 본사의 벽을 회사의 새로운 가치를 제시하는 발랄한 포스터로 도배했다. 하지만 말은 쉬운 법이다. 수천 명에게 진심을 담아서 가장 중요한 목표는 이익이 아니라 세상을 바꾸는 것이라고 설득하기 위해서는 그저 옳은 일이라는 이유만으로 올바른 일을 할 때가 있다는 사실을 분명히 보여주어야 했다. 적어도 가끔은 이익보다는 목적을 우선시할 때가 있다는 것을 말이다.

마크가 최저임금을 인상하기로 한 결정도 이런 맥락에서 보아야 한다. 직원들이 회원들의 건강에 적극적인 관심을 기울이기 위해서는 먼저 자신의 건강부터 챙겨야 한다고 생각한 마크는 요가와 명상 강좌를 열었다. 결국에는 2000명 이상의 직원을 고용하고 있는 지부 모든 곳에 급성 질환 관리 센터, 헬스장, 마음챙김 센터, 약국이 설치되었다. 물론 반발도 있었다. 그는 이렇게 회상했다.

제 계획에 반발한 사람들도 있었습니다. CFO도 그중 한 사람이었습니다. 그는 이렇게 말하더군요. "우리는 이익을 추구하는 기업입니다. 동정이나 협력이 중요한 게 아닙니다." 저는 말했죠. "글쎄요. 저는 그게 중요하다고 믿습니다. 제가 대표니까, 제 계획대로 하렵니다."[19]

그리고 그는 최저임금을 인상했다. 그는 임금 인상의 경제적 근거를 세심하게 제시했다. 임금이 인상되는 직원 중 많은 수가 고객 서비스 분야에서 일한다는 사실에 주목해, 일에 애착을 느끼는 직원들이 고객들과 더 나은 관계를 구축할 수 있다고 주장했다. "다음 끼니에 무엇을 먹어야 할지 걱정하는 직원이라면 고객들과 진심으로 소통하기 어려울 겁니다"라고 그는 말했다.[20] 하지만 임금을 올린 것은 그 이유에서만은 아니었다. 무엇보다도 그 일이 올바른 일이라고 믿어 의심치 않았기 때문이었다.

여기서 역설을 찾아볼 수 있다. 자신의 결정에 따른 비판을 기꺼이 감수하겠다는 마크의 태도가 진정성을 보여주는 신호가 되었다. 그리고 그 신호는 조직 전체에 목적의 힘을 불어넣는 중요한 계기가 되었다. 이 역설에 주목해보자. 진정성 있는 목적의 추구는 강력한 비즈니스 전략이 될 수 있다. 그러나 기업의 번창을 위해 진정성을 추구할 수는 없다. 그것은 이미 진정성이라고 할 수 없기 때문이다. 진정성 있는 목적 지향 기업으로의 방향을 재설정하는 것은 결국 목적과 이익 사이의 경계를 탐색하는 것이다. 다시 말해 올바른 일을 하기로 결정한 다음에, 그 일을 가능하게 만드는 비즈니스 모델을 찾으려 노력해야 한다.

목적 지향 기업의 두 가지 특징

마크는 에트나를 뜯어고치는 중요한 진전을 이루었지만, 목적 지향 기업으로서의 에트나의 운명은 이제 CVS의 손에 달려 있다. 대형 약국 체인인 CVS는 2018년에 에트나를 인수했다. 에트나의 새로운 전략이 소매 약국을 지역 건강 관리를 책임지는 핵심 장소로 만들어보려는 CVS의 구상에 도움이 되길 기대하기 때문이기도 했고, 아마도 CVS 자체도 목적 지향 기업을 시도하고 있기 때문이기도 했을 것이다.[21] 어쨌든 마크의 사례는 미국 의료 전반에 걸쳐 새로운 공유가치를 창출하는 아키텍처 혁신의 씨앗을 뿌리는 목적의 힘을 보여주었고, 더불어 진정한 목적 지향 기업을 구축하는 그 자체가 공유가치를 창출하는 전략이 될 수도 있다는 사실을 입증했다.

효과적인 목적 지향 기업은 두 가지 특징을 가진다. 첫 번째는 자신의 사명을 분명히 이해하고 있다는 점이다. 목적 지향 기업의 리더들은 살아남기 위해서 반드시 이윤을 창출해야 한다는 사실을 잘 안다. 하지만 돈이 주된 목표는 아니다. 몇몇 목적 지향 기업은 고객의 삶을 개선하기 위해서 존재한다. 몇몇은 일자리를 만드는 데 초점을 맞춘다. 또 어떤 기업들은 환경이나 사회 문제를 해결하길 원한다. 이렇듯 각각 목적은 다를 수 있지만, 이들 모두는 단기적인 주주 가치 극대화보다는 자신들에게 주어진 과제를 우선시한다는 공통점이 있다.

두 번째 특징은 직원들을 완전한 인격체로 대우하는 기업을 만들겠다는 다짐이다. 모든 직원은 자율성과 가치를 인정받는다. 이러한 하이로드 혹은 고몰입 기업에서는 권한이 광범위하게 위임되고, 현장에 있는 사람들이 결정을 내리고 실적을 개선할 수 있도록 업무가 설계된다. 직원들은 일상적으로 자극을 받고 개인적으로 성장할 수 있는 기회를 부여받는다. 임금도 후하지만, 금전적인 보상이나 계약 해지와 같은 위협보다는 내재적 동기에 더 많이 의존한다. 관리자들과 직원들이 서로 신뢰하고 존중하며 위계질서는 중요하지 않다.

이러한 업무 성격 변화와 사명감이 결합할 때, 목적 지향 기업이 무자비한 경쟁 세계에서 살아남게 하고 자본주의를 바꾸는 데 필요한 혁신을 추진하는 창의성, 헌신, 원초적 에너지가 만들어질 수 있다. 경영 방식은 바꾸지 않고 사명감만 충만한 리더들은 그 사명을 실천에 옮기는 데 어려움을 겪기 마련이다. 업무의 성격이나 기업의 목적은 그대로인데 그저 임금만 인상했다가는 임금을 맞춰주는 데에도 끙끙댈 것이다. 요컨대 진정성 있는 목적 지향적 하이로드 기업을 만드는 일은 정의로운 사회로 나아가는 중요한 한 걸음이다.

현재의 추세를 보면 고소득층에서는 좋은 일자리가 늘고 있지만, 전통적으로 중간 계급으로 가는 통로를 제공하던 제조업, 초급 사무직, 기술직 등의 일자리는 사라지고 있다. 새로운 일자리는 임시직이거나, 건강 관리와 노인 돌봄 같은 분야에 한정되어 있다. 강력한 노조가 있는 직장이 아니라면 이러한 일자리는 그리 안정적이라고 할 수 없다. 임금은 박하고, 어떠한 부가혜택도 없으며, 변덕스럽고 독단적으로 일정을 강요하기도 한다. 좋은 일자리는 행복의 기반이다. 먹을 것, 잠잘 곳, 안전과 같은 기본적인 욕구가 충족되지 않고서는 좋은 삶을 살 수조차 없겠지만, 좋은 일자리가 있어야만 사회적 지위와 동료를 얻고, 사회 속에서 자신의 존재 가치를 느끼며 행복한 삶을 영위할

수 있다.[22]

내가 지나치게 목적에 취해 한담이나 늘어놓는 것으로 들리는가? 이 장의 나머지 부분에서 나는 정말 맨정신이고 진지하다는 것을 여러분에게 이해시키려고 한다. 목적 지향 기업들이 잔인한 경쟁 조건에서 무사히 살아남을 뿐 아니라, 전통적인 기업들보다 훨씬 경쟁력이 있다는 수많은 근거를 찾아볼 수 있다.[23] 일단 효과적인 목적이 실제로 어떤 모습인지를 제시하고, 왜 그리고 어떻게 목적 지향이 실행 가능한 전략이 될 수 있는지 설명하려고 한다. 그다음으로는 왜 이러한 전략이 훌륭한 경영 방식임에도 불구하고 전 세계적으로 채택되고 있지 않은가라는 중요한 질문에 답할 것이다. 그리고 마지막으로 목적에 헌신하겠다고 공약하는 기업들이 점점 늘고 있는 이유를 살펴보겠다.

목적은 어떻게 전략이 되는가

미국에서 가장 오랜 역사를 자랑하는 밀가루 회사인 킹아서플라워King Arthur Flour는 사명감과 업무 성격이 결합할 때 아키텍처 혁신을 불러일으키고 좋은 일자리를 많이 만들어낼 수 있다는 사실을 분명하게 보여준다.[24] 킹아서의 대표상품인 5파운드 무표백 다용도 밀가루는 그다지 매력적인 제품은 아니었고, 시장 점유율도 계속해서 떨어지고 있었다. 집에서 빵을 만드는 사람들이 줄어든 데다, 그 사람들마저 브랜드를 별로 따지지 않고 온라인으로 밀가루를 주문했다. 하지만 킹아서는 지금 번창하고 있으며 고객들의 사랑을 받고 있다. 회사 페이스북은 100만이 넘는 '좋아요'를 기록하고 있고, 인스타그램의 팔로워는 37만 5000명에 달한다[25] ('요리와 베이킹' 분야에서 킹아서는 약 1억 4000만 달러 매출을 올리고 있다. 이에 비해, 현재 시장점유율이 가장 높은 제너럴밀스General Mills는 39억 달러에 달하는 매출을 올리고 있지만, 페이스북의 '좋아요'는 약 8만 5000개, 인스타그램 팔로워는 3000명 정도다[26]). 킹아서의 판매는 매년 7퍼센트 남짓 증가하고 있다. 200년이나 된 생필품 산업에서 전대미문의 증가율이다.

킹아서플라워의 목적은 '베이킹을 통한 공동체 형성'이다.[27] 3명의 공동 CEO는 홈베이킹이 세상을 변화시킬 수 있는 이유와 방식에 대해 분명히 깨닫고 있다. 최고브랜드책임자Chief Brand Officer, CBO이자 공동 CEO 중 한 명인 캐런 콜버그Karen Colberg는 내게 이렇게 말했다.

> 베이킹은 특별한 방식으로 사람들을 편안하게 만들어줍니다. 10대 아이 셋을 키우는 엄마로서 이런 방식으로 가족과 접촉하고 같이 시간을 보내는 게 즐겁습니다. 저희는 사람들에게 함께 모여 무언가를 할 능력을 제공하고 싶습니다.

CFO이자 공동 CEO인 랠프 칼턴Ralph Carlton은 이렇게 말했다.

> 베이킹은 단순히 음식이 아니라 사람들에게 선물을 주는 행위입니다. 갓 구운 빵 냄새는 사람들에게 서로 감정적으로 이어져 있다는 느낌을 주죠. 베이킹은 사람들을 한데 모으는 특이한 경험입니다. 그래서 저희는 빵 굽기를 중심으로 모든 일을 해야겠다고 생각하게 되었습니다.

인적 자원 담당 부사장이자, 공동 CEO인 수잰 맥다월Suzanne McDowell
은 다음과 같이 덧붙였다.

> 베이킹은 누구나 할 수 있잖아요. 거기서 출발해 베이킹이 어떻게 평등한 장을
> 만들어줄 수 있는지 생각해봅시다. 얼마나 똑똑한지, 얼마나 돈이 많은지는 물
> 론, 우리를 갈라놓는 그 어떤 것도 중요하지 않아요. 모두가 함께 빵을 구울 수
> 있죠. 나이와는 아무 상관 없이 같이 빵을 굽고 삶을 살아가는 기술을 배우며
> 시간을 보내는 것은 사람들을 하나로 묶어주는 놀라운 경험입니다. 가족과도,
> 동료와도, 이웃과도 함께 빵을 구울 수 있죠. 베이킹은 공동체를 일굴 놀라운
> 기회입니다. 우리는 공동체를 만들어야 해요. 지금 우리가 사는 세상에서 공동
> 체는 정말 중요합니다. 언제나 그래왔고요. 앞으로도 그럴 겁니다.

에트나와 마찬가지로 이렇게 목적을 열정적으로 수용하면서 킹아
서는 아키텍처 혁신 전략을 발견할 수 있었다. 킹아서는 이제 스스로
를 단지 흰 밀가루를 파는 기업으로 여기지 않는다. 킹아서는 경험을
판매하는 기업이다. 고객 하나하나가 훌륭한 베이커가 될 수 있도록
도와주는 기업이다. 랠프의 말을 들어보자.

> 베이킹의 골칫거리이면서도 훌륭한 점 하나는 빵을 잘 굽기 위해서는 지식이
> 필요하다는 사실입니다. 어떤 영감이 필요할 때도 있죠. 레시피나 배움 없이 베
> 이킹을 잘하는 사람은 극히 드뭅니다. 베이킹은 대충해서 되는 일이 아니에요.
> 요리와는 다르죠. 요리야 그냥 부엌에 가서 뭘 하더라도 그럭저럭 괜찮은 것이
> 나오잖아요. 하지만 베이킹에서 그랬다가는 빵을 망치기 마련이죠. [그래서] 저

희는 온라인을 통해 정보를 제공하기로 했습니다. 처음에는 작게 시작했지만, 이제는 전국에서 빵을 굽겠다는 모든 사람에게 지식과 영감을 제공하는 가장 중요한 일이 되었습니다.

그것이 저희 전략의 핵심입니다. 저희는 미래의 베이커들이 제품을 선택할 때 자신들이 가장 많은 것을 배웠고, 따라서 가장 신뢰할 수 있는 기업의 제품을 선택해주리라는 데 큰 기대를 걸고 있습니다. 아무리 큰 소리로 킹아서 밀가루를 사라고 해봐야 성취할 수 없는 목표입니다. 저희가 근사한 레시피를 가지고 있고 사람들이 높이 사는 기술을 가르치고 있기 때문에, [그리고] 킹아서야말로 정말 사람들을 생각하고 베이킹을 좋아하고 품질을 중시하는 기업이기 때문에 가능한 일입니다.

킹아서의 직원들은 모두가 재무상태표를 읽는다

이러한 전략은 급여를 넘어 이 전략 자체를 일하는 이유로 삼아 적극적으로 참여하고 권한을 위임받은 인력이 있어야만 실현 가능하다. 지금은 관광 명소가 된[28] 킹아서플라워 버몬트 본사의 소매점에서는 방문객들이 베이킹 시범을 구경하고, (당연히 킹아서 제품으로 만든) 빵을 시식할 수 있다. 또 여기엔 베이킹 학교가 있어서 빵을 굽는 데 관심이 많은 수백 명의 사람이 킹아서 베이킹 달인들의 수업을 들으러 온다. 이 회사는 온라인으로 레시피와 베이킹 강의를 제공하고 있으며, 고객들이 수천 시간의 베이킹 경험을 가진 직원들에게 베이킹에 대해 뭐든 물어볼 수 있는 핫라인도 운영한다.[29] 직원 모두가 베이킹에 열성적인 관심을 갖고 있으며, 회사가 성공하는 데 필요한 노력을 아끼지 않는다. 최신 재무 결과는 모든 직원이 공유하며, 모두가 손익계산서와 재무상태표를 읽을 수 있도록 교육받는다. 회사는 고용인 모두에 대단한 관심을 가지고 있으며, 이들의 대우에 대해서도 그만큼 관심이 많다. 캐런의 설명을 들어보자.

> 채용 과정에서도 우리 회사의 문화를 볼 수 있습니다. 사람들에게 킹아서에서 일하고 싶으냐고 물으면서, 저희는 참여적인 기업이라고 이야기합니다. 협력적 기업이라고 이야기합니다. 왜 그럴까요? 저는 직원들이 자신을 책임지고, 팀에 대해서도 책임을 느끼며, 자신이 하는 일을 명확하게 이해하길 바랍니다. 또 자신이 하는 일과 다른 사람들이 하는 일에 마음 편하게 의문을 제기할 수 있기를 바랍니다. 그리고 저희에게 질문을 던지며 다음과 같은 문제들에 대해 생산적인 대화를 나눌 수 있기를 바랍니다. 우리 회사는 어디로 가고 있는가? 왜 당신은 그런 결정을 내렸는가? 이것에 대해서는 생각해보았는가?

랠프는 자기 생각을 덧붙였다.

> 저희는 사람들이 스스로 내켜서 올바른 일을 하는 문화를 갖고 있습니다. 캐런이 자주 드는 예가 있습니다. 추수감사절에서 신년 초까지 성수기 동안 저희는 수많은 소포를 물류센터에서 발송합니다. 제품을 상자에 넣고 포장하는 일에 도움이 필요하다는 소문이 회사 내에 퍼집니다. 그러면 사람들이 아래층으로 내려와 일손을 거듭니다. 누가 시켜서가 아닙니다.

수잰은 긍정적인 작업 환경에 대해서도 언급했다.

> 직원들은 헌신적입니다. 제품에 자부심이 있죠. 모든 직원이 그렇습니다. 그래서
> 당신 일은 당신 일이고 나와는 상관없는 일이라고 생각하지 않습니다. 나는 나
> 의 일을 하련다. 너에게는 아무 영향도 없다는 식으로는요. 사실 내가 하는 일은
> 모든 사람에게 많은 영향을 미치기 마련입니다. 재미있는 일입니다. 저희는 축
> 하를 좋아합니다. 베이킹을 사랑합니다. 매일 회사에 나가는 일이 즐겁습니다.

킹아서가 경쟁에서 성공을 거둘 수 있었던 것은 노동자들에게 기꺼
이 권한을 위임하는 문화와 밀접하게 연관되어 있다. 이러한 권한 위
임으로 즐거운 작업 환경이 만들어졌을 뿐 아니라, 직원들은 업계 평
균보다 더 많은 임금을 받고 노후자금도 마련할 기회를 얻을 수 있었
다(킹아서는 완전한 종업원 소유 기업이다. 여기에는 중요한 의미가 있으므로
다음 장에서 거론하겠다).

킹아서와 같이 비교적 작은 기업에서라면 같은 목적의식을 갖게 하
는 일이 그다지 어렵지 않게 보일 수도 있다. 규모가 훨씬 큰 기업에서
도 가능할까? 물론이다.

토요타라는 강력한 사례

토요타는 수십만 명을 고용하고 있는 10억 달러 규모의 기업에서
도 창의성과 헌신을 불러일으킬 수 있음을 보여주는 사례다.

토요타는 목적 지향성이 강한 기업이다. 2차 세계대전을 겪으며 일본의 경제는 물론 대부분의 사회 기반시설과 주택들이 파괴되었다. 1950년 일본은 노르웨이와 핀란드보다 인구는 20배 정도 많았지만, GDP는 절반에 불과했다.[30] 이러한 상황에서 당시 성공적인 일본 기업의 리더들이 그랬듯이 토요타의 리더도 두 가지 목표를 설정했다. 하나는 일자리를 창출하는 것이고, 다른 하나는 천연자원이 거의 없는 일본에 세계적으로 경쟁 가능한 기업을 만드는 것이었다. 토요타는 1937년에 설립되었고, 1950년 심각한 노동쟁의로 인해 파산 직전까지 갔다. 절박하게 현금이 필요하고 파산 위기에서 위태롭게 줄타기하던 상태에서, 토요타는 공동체에 대한 깊은 헌신을 통해 미국 경쟁사들보다 훨씬 더 생산적인 작업 방식으로 전환하고, 동시에 지속적으로 좋은 일자리를 창출하는 계기를 마련할 수 있었다.[31]

1957년 토요타가 미국에 처음 지사를 열었을 때, 미국에서 판매되는 차 두 대 중 한 대는 GM의 차였다. 미국 소비자들을 완전히 장악하고 있다고 확신한 GM 경영진은 일본 수입차들을 노골적으로 무시하는 반응을 보였다. 그러나 1980년대가 되기도 전에 미국 소비자들은 일본 차와 사랑에 빠졌다. 사람들은 미국 차는 소음과 진동이 심하고 일본 차보다 신뢰가 가지 않는다고 불평했다. 토요타가 미국 차와 거의 같은 가격이지만 훨씬 더 좋은 차를 만들 수 있었던 비결은 자동차를 설계하고 생산하는 시스템과 시스템 내 핵심 업무자들 사이의 관계를 완전히 바꾸었다는 것이었다. 즉 자동차가 설계되고 만들어지는 구조를 완전히 바꾸었다.

당시 거의 모든 미국 기업들이 그랬듯이 GM의 작업도 엄격하게 기능에 따라 위계적으로 조직되어 있었다. 조립 라인 설계와 개선은 철저하게 감독자와 제조 기술자의 몫이었고, 차량 품질은 조립 라인에서 나오는 차량들을 검수하는 품질 담당 부서의 책임이었다. GM 관리자들은 블루칼라 노동자는 생산 과정 개선에 이바지할 바가 없다고 믿었다. 블루칼라 노동자들은 나사를 조이는 등의 똑같은 일을 하루에 8~10시간씩 60초마다 반복해야 했다. 그들에게는 그 일 외의 그 어떤 것도 요구되지 않았고, 권장되지도 않았다. 현장 노동자와 지역 경영진의 관계는 적대적이었다. 한 노동자는 인터뷰에서 1990년대 초반의 현장 분위기를 다음과 같이 전했다.

> 예전에 우리는 고용 안정을 위해 다양한 방식으로 애썼습니다. "천천히 해. 그렇게 빨리 일하지 마." "옆 사람에게 일을 가르쳐주지 마. 윗사람이 둘 중 한 명에게 일을 몰아줄 거야." "가끔은 일부러 기계를 망가뜨려. 수리공이 고치는 동안 앉아서 커피라도 마시게. 망가진 기계 때문에 밀린 생산을 맞추려 사람을 더 고용하게 될 수도 있어. 그러면 고참이라도 되겠지."
>
> 경영진도 비슷하게 응수했어요. "두들겨 패. 저 멍청한 놈들은 자신들이 무슨 일을 하고 있는지도 몰라." 경영진은 마음껏 괴롭힐 수 있고, 그러면서도 자신들이 원하는 방식으로 일하는 직원들을 좋아했죠. 메시지는 간단했습니다. "내가 시키는 대로 일하지 않으면 당신을 해고하고, 다른 사람을 고용할 것이다. 그 일을 원하는 사람이 저 밖에 10명은 줄지어 있다."

GM은 공급업체들과도 비슷한 관계를 유지했다. 공급업체를 언제든지 바꿀 수 있다고 생각하고, 서로 치열한 경쟁을 시키면서 비용을 후려쳤다.

그러나 토요타의 업무 구조는 완전히 달랐다. 토요타 생산 라인 업무는 GM보다 훨씬 더 정교하게 정의되었다. 예를 들어 작업장에서 어느 쪽 손으로 볼트를 주워야 하는지를 알려주는 지침까지 있을 정도다. 그러나 토요타 직원들은 훨씬 더 폭넓은 일에 대한 책임을 졌다.[32] 모든 노동자는 광범위한 교차 훈련*을 받고, 한 라인에서 6~8개의 일을 처리할 수 있어야 했다. 또 차량의 품질과 생산 공정의 지속적인 개선도 이들의 몫이었다. 작업 중에 문제가 발생하거나 부품에 결함이 발견되면 작업장마다 설치된 안돈코드Andon Cord를 당겨 즉시 도움을 요청할 수 있었다. 그래도 문제가 해결되지 않았다면 안돈코드를 다시 한번 당겨 전체 생산 라인을 멈춰 세워야 했다. 노동자들은 생산 라인의 속도나 효율성을 향상시킬 수 있도록 공정을 개선할 방법을 찾아내는 데 적극적인 역할을 했다. 이러한 과정의 일부로 노동자들은 통계적 공정 관리와 실험설계에 대한 교육을 받기도 했다.

토요타에도 감독자와 제조 기술자는 있었다. 하지만 이들의 업무는 현장 노동자들에게 도움을 주는 것이라고 명시되었다. 이 모든 것이 지속적인 공정 개선에 도움이 되었다. 그리고 그 개선 책임자들은 바로 현장 노동자였다. 토요타는 대단히 평등주의적인 문화를 갖고 있었고, '사람에 대한 존중'은 핵심 가치 중 하나였다.

토요타는 공급업체들과의 관계에서도 존중과 폭넓은 권한 위임의 태도를 견지했다. 공급업체를 '파트너'로 대우했고, 더 좋은 자동차를

---

* cross training, 하나의 직무 이상을 충족시키기 위한 교육 훈련.

만들 수 있도록 때로 독점 정보도 넘겨주며 긴밀히 협력했다. 토요타는 심지어 화이트칼라 업무의 성격까지 바꾸었다. 마케팅 부서와 엔지니어링 부서는 적이 아니라 동맹군이었다. 재무 부서는 순이익을 위해서만 복무하는 무자비한 경찰 역할을 담당하기보다는 지속적인 개선 과정을 지원하도록 장려되었다. 직원들은 자신의 이익이 아니라 회사의 목적에 봉사하는 사람으로 자신을 바라보도록 독려받았다.

이러한 전략은 큰 성공을 거두었다. 1980년대 후반 1만 4000달러짜리 자동차를 개발하는 데 170만 엔지니어링 시간*이 걸렸다. 미국 경쟁사들은 거의 2배의 시간이 필요했다. 생산 라인에서도 GM은 자동차 한 대를 조립하는 데 토요타보다 2배는 더 많은 시간이 필요했다.[33] 1990년까지 토요타의 시장가치는 GM의 2배로 치솟았고, 2008년까지 토요타는 세계 최대 자동차 생산업체였다.[34]

왜 경영자들은 변화를 주저하는가

다른 식으로 이야기해보자. 토요타는 미국 경쟁사들과 비교하면 그 절반의 인력과 시간과 비용으로 새로운 차를 개발하고 있었다. 미국 기업이 이러한 결과를 받아들이는 데만도 거의 20년이라는 시간이 필요했다. 토요타의 성공은 이미 널리 알려졌는데도 말이다. 토요타를 다룬 책은 적어도 300종이 넘고, 학술 논문은 3000편이 훌쩍 넘는다.

---

* engineering hour, 제품 설계와 생산 준비에 필요한 시간.

게다가 토요타가 독특한 기업도 아니다. 보통 가장 생산적인 기업은 가장 생산성이 낮은 기업에 비해 평균 2배 이상 생산성이 높다.[35] 전 세계 수천 개 기업에서 수집한 자료를 바탕으로 한 최근 연구에 따르면 이러한 차이는 기업 경영 방식에서 기인한다. '고몰입' 업무 실천은 다양한 산업에서 생산성을 높인다.[36]

목적 지향적 경영이 가능할뿐더러 경쟁력 우위를 보장하는 강력한 원천이라면, 왜 모두가 이런 방식으로 경영하지 않을까? 왜 그토록 많은 기업이 이 아이디어를 실천에 옮기기를 주저할까?

갤럽 조사에 따르면 미국 노동자 34%가 자신의 회사에 '상당한 애착'을 느끼는데, 이는 갤럽 역사상 최고치다. '상당한 불만'을 가진 비율은 13%로 떨어져 최저치를 기록했다. 그러나 절반 이상의 노동자가 여전히 '애착이 없는' 상태다. 대체로 회사에 만족하지만, 인지적·감정적으로는 연결되어 있지 않은 것이다. 이들은 회사에서 최소한의 일만 하고, 금전적으로 조금이라도 더 나은 제안이 오면 떠나버릴 가능성이 높다.[37]

목적 지향적 경영이 보편적이지 않거나 최소한 흔하지 않은 이유는, 그 자체가 경영자가 자신과 직원과 조직에 대해 완전히 새로운 방식으로 접근해야 하는 최고의 아키텍처 혁신이기 때문이다. 불행히도 많은 경영자가 100년도 넘은 (직원들과 경영 방식에 대한 관점을 포함한) 낡은 세계관에 갇혀 있다. 자본주의를 바꾸려면, 이러한 세계관이 어디에서 왔는지, 그리고 이 세계관을 어떻게 바꿔야 하는지를 짚고 넘어가야 한다.

100년을 지배해온 노동자에 대한 불신

영국 빅토리아 시대 자본가들은 노동자가 이기적이고 게으르며, 대체로 돈에 의해 움직이는 존재라고 보았다. 따라서 이들을 세심하게 통제해야 한다고 생각했다. 기업은 위계질서에 따라 운영되었고, 경영진과 직원은 엄격하게 구분되었으며, 노동과 자본은 어차피 갈등 관계가 될 수밖에 없다는 획일적인 가정이 존재했다. 당대의 기업인들은 성공적인 기업을 만들기 위해서는 노동력을 엄격하게 감독하고 가능한 한 낮은 임금을 주어야 한다고 여겼다. 미국 기업가들은 노조를 파괴하려 했고, 사병을 조직해 파업 노동자들과 싸우고 그들을 살해하기도 했다. 심지어 반독점법을 내세워 노조를 처벌해야 한다고 연방 대법원을 압박하기까지 했다.

대다수 노동자는 근본적으로 멍청한 기계에 불과하므로 관리자가 숙련된 기술과 전문 지식을 통해 이들을 잘 이용해야 한다는 견해는 '과학적 경영scientific management'이 개발되며 더더욱 강화되었다. 과학적 경영이라는 관점은 앞선 자본가들의 신념을 뒷받침해주었고, 20세기 대부분에 걸쳐 GM을 위시한 대기업 대부분이 적극적으로 받아들였다.

과학적 경영을 주창한 사람은 프레더릭 테일러Frederick Taylor다(그래서 이 경영 기법을 '테일러리즘'이라고 부르기도 한다). 테일러는 미국 명문가 출신으로, 메이플라워호를 타고 미국으로 건너온 필그림의 후손이었다. 그는 미국 최고의 기숙학교인 필립스엑서터 아카데미를 졸업하고, 하버드대학교 입학 시험을 통과했다. 하지만 (아마도 시력이 급격히 나빠진 바람에) 4년간 현장 수습 기계공으로 일하기로 한다. 1878년에는 미드베일 철강회사Midvale Steel Works에 기계공으로 입사해 고속 승진을 거듭하여 책임 엔지니어가 되었다.

많은 경험을 통해 테일러는 공장 직원 대다수가 의도적으로 천천히 일을 한다고 확신하게 되었다. 그리고 우리가 지금 '생산성'이라고 부르는 것에 대해 체계적으로 연구하기 시작했다. 테일러는 공장에서 일어나는 모든 행위를 세분화하고, 각 구성 요소들의 생산성을 높이고, 노동자들에게 경영진이 만들어놓은 절차를 정확히 따르도록 강제한다면 생산량을 획기적으로 늘릴 수 있다는 것을 발견했다. 사람을 로봇처럼 일하게 하고 그에 대해 금전적인 보상을 지급하겠다는 생각이었다. 그와 관련하여 유명한 이야기가 있는데, 베들레헴 철강회사Bethlehem Steel에서 있었던 선철銑鐵 적재 실험이다. 이 실험은 슈미트라는 노동자를 관찰하는 것으로 시작되었다. 테일러는 다음과 같은 이야기를 들려준다.[38]

당시 우리의 일은 슈미트에게 하루에 선철 47톤을 처리하도록 하면서, 그 노동을 기쁜 일로 만들어야 하는 것으로 수렴되었다. 우리는 다음과 같이 처리했다. 일단 슈미트라는 노동자를 불러 이렇게 이야기했다.

"슈미트 씨, 당신은 높은 임금을 받을 만한 사람인가요? 저는 당신이 높은 임금을 받을 만한 사람인지 아니면 여기 싸구려 일꾼들과 다름없는지 알고 싶어요. 하루에 1달러 85센트를 받고 싶은지, 싸구려 일꾼들처럼 1달러 15센트로 만족할지 말이에요."

"제가 하루에 1달러 85센트를요? 그게 많이 받는 건가요? 음, 네, 저는 그럴 만한 사람이에요."

"자, 비싼 임금을 받으려면 여기 이 사람이 내일 아침부터 밤까지 시키는 대로 하세요. 선철을 옮기라고 하면 옮기고, 앉아 쉬라고 하면 앉아 쉬는 거예요. 온종일 계속 그렇게 하는 거예요. 그리고, 절대 말대꾸하지 마세요. 비싼 임금을 받는 사람들은 지시받은 대로만 하고, 말대꾸는 하지 않아요. 아시겠어요? 여기 이 사람이 걸으라고 하면 걷고, 앉으라고 하면 앉고, 말대꾸는 안 하는 거예요. 자, 내일 아침 여기로 일하러 오세요. 그러면 밤이 되기 전에 당신이 비싼 임금을 받을 만한 사람인지 아닌지 알 수 있겠죠."

그런 다음 테일러는 슈미트가 어떻게 인간 로봇이 되었는지를 설명해나간다. 슈미트는 일하라고 명령받으면 일하고, 쉬라고 하면 쉬었다. 테일러는 이러한 통제로 슈미트의 생산성을 무려 60% 끌어올렸다고 말한다. 이 주장은 물론 어느 정도 과장이 있을 것이다.[39] 하지만 테일러의 기법을 사용해 다양한 환경에서 생산성을 극적으로 향상시킬 수 있다는 많은 증거가 있다. 지금도 테일러의 접근 방식을 옹호하는 사람들은 관리자에게 모든 전문적인 기술을 위임하고 노동자를 마치 기계처럼 다루는 것이 물론 단점도 있겠지만, 생산성을 극적으로 끌어올릴 수 있다면 그 정도의 비용은 치를 만한 가치가 있다고 주장한다. 테일러리즘은 널리 통용될 수 있는 지혜로 받아들여졌다. 테일러의 《과학적 관리의 원칙The Principles of Scientific Management》은 20세기 초반 경영학 분야의 베스트셀러였다. 테일러의 생각이 널리 퍼져나가면서 목적 수용을 통해 상당한 정도로 실적을 개선할 수 있다는 근거들은 대체로 무시되고 말았다. 심지어 이 근거를 인정하더라도, 기업들은 새로운 작업 방식을 좀처럼 구현하지 못했다. 그 한 예로 토요타의 성공에 GM이 어떤 반응을 보였는지 살펴보기로 하자.

GM의 가짜 모방

1980년대 초반 마침내 GM의 리더들은 토요타 공장에서 '뭔가 다른' 일이 벌어지고 있다고 확신하게 되었다. 하지만 처음에는 토요타의 본질적인 장점이 직원들과의 관계라는 사실을 믿을 수도 없었고, 믿지 않으려 들었다. 이들은 스탬핑다이*를 빠르게 바꿀 수 있도록 고안된 고정장치 같은 도구나 무재고 생산 방식 같은 생산 공정에서 눈에 보이는 변화에만 주목했을 뿐, 그러한 변화를 가능하게 한 경영 실천은 외면했다. 예를 들어 1980년대 GM의 한 컨설턴트는 다음과 같이 기록했다.

> GM의 관리자 한 명은 부사장으로부터 GM 공장을 누미NUMMI[토요타가 GM으로부터 인수해 완전히 바꾸어놓은 공장]와 똑같은 모습으로 만들라는 지시를 받았다. 부사장은 말했다. "자네가 거기 카메라를 들고 가서 구석구석 사진을 찍게. 그리고 그 사진들을 가지고 우리 공장을 똑같이 만들게. 우리가 왜 누미와 다른지, 왜 우리 차의 품질이 나쁜지, 왜 생산성이 그만큼 높지 않은지에 대한 변명은 듣지 않겠네. 우리는 모든 걸 똑같이 만들 테니까." 관리자는 말도 안 된다고 생각

---

* stamping die, 형단조에 사용하는 금형.

했다. 직원들의 동기화는 베낄 수 없다. 우호적인 노사 관계는 베낄 수 없다. 베낄 수 있는 종류의 것이 아니다. 사진으로 찍을 수도 없다.[40]

GM은 잘 정의된 규칙, 예를 들어 마감일 준수 여부와 같이 식별 가능한 지표를 바탕으로 개인의 실적을 평가했다. 반면 토요타는 팀 전체의 실적을 기반으로 개인의 실적을 평가했다.[41] 토요타의 목표는 조직의 여러 수준에서 활발한 토론을 거쳐 결정되었다. 하향식 지휘 통제 방식으로 운영되는 GM으로서는 전혀 이해할 수 없는 방식이었다.

당장의 분기에만 집중하고, 목표 판매량을 달성하고, 기존 시스템을 미세 조정하며 평생 일해온 관리자들은 직원 관리의 기본 원칙을 다시 생각해본 적이 없었다. 공급업체와 블루칼라 노동자들을 다그치며 관리해온 사람들은 이들이 지속적인 개선의 원천이라는 발상은 하지 못했고, 따라서 이들을 존중하고 신뢰하며 잘 대우할 수도 없었다.

무엇보다 성과가 높은 작업 관행을 성공적으로 도입하려면 신뢰를 구축해야 하지만, GM의 역사는 이 기업이 이런 쪽으로는 형편없었다는 사실을 말해준다. GM은 수치를 바탕으로 관리하며, 양적인 실적을 기준으로 직원들을 승진시켰다. 그러나 높은 성과를 내는 기업의 특징은 그 어떤 수치로도 나타낼 수 없다. 고위 경영진이 장기적인 관계를 약속하고 신뢰를 구축하겠다고 발표할 수는 있지만, 지역적 수준에서 유사한 공약과 장려책이 뒤따르지 않으면 지역 관리자들의 행동을 변화시킬 수 없다.

어떻게 신뢰를 구축하고 가치를 창출해낼 수 있는지 보여주는 특별한 예로 노드스트롬Nordstrom사의 직원 안내서를 들 수 있다. 단 한 장짜

리 이 안내서에는 다음과 같은 짧은 글이 쓰여 있었다.[42]

노드스트롬에 오신 것을 환영합니다.

우리 회사와 함께해주셔서 기쁩니다. 우리의 가장 중요한 목표는 최고의 고객 서비스 제공입니다. 개인적으로도 전문적으로도 목표를 높게 설정하세요. 우리는 여러분이 그 목표를 성취할 수 있다고 확신합니다.

노드스트롬 규칙 1.
어떤 상황에서도 올바른 판단력을 발휘하세요.
그 밖의 규칙은 없습니다.

부서장, 지점장 누구에게든 아무 때나 어떤 질문도 편하게 하십시오.

노드스트롬은 진심이었다. 직원들이 '올바른 판단력을 발휘하며' 노드스트롬은 소매업 분야에서 인상적인 기록을 세웠다. 유명한 사례가 많다. 한 영업 사원은 스노타이어 반품을 받았다(노드스트롬은 스노타이어를 팔지 않는다). 한 직원은 차를 몰고 몇 시간을 달려가, 가족 행사에 참석하는 고객에게 옷을 전달했다. 또 다른 직원은 회사 주차장에 발이 묶인 고객의 자동차 타이어를 손수 교체해주었다. 이러한 일화들이 알려지면서 노드스트롬은 고객 서비스가 훌륭하다는 평판을 얻었고, 경쟁사들의 부러움을 사는 동시에 높은 고객 충성도를 얻었다.[43]

그러나 관리자들은 '올바른 판단력 발휘'가 효과가 있다는 사실이 오랜 역사를 통해 증명되어야 비로소 직원들이 '올바른 판단력을 발휘'할 것이라 믿을 것이며, 직원들은 자기 주도적 행동이 회사로부터 보상받을 수 있다는 사실이 오랜 역사를 통해 증명되어야만 그런 행동에 수반되는 리스크를 감수하려 들 것이다. 진정한 신뢰는 오랜 시간을 통해서만 형성될 수 있다. 또한 진정성 있는 의지를 보여주기 위해서라면 어떤 관계에서든 단기적 희생을 기꺼이 감수하는 기업만이 신뢰를 쌓을 수 있다.

단기적 수익과 수치적 목표에 초점을 맞췄던 GM으로서는 이러한 종류의 신뢰를 쌓는 데 어려움을 겪을 수밖에 없었다. 예컨대 1984년 GM은 공동 문제 해결*을 지원할 수 있도록 노조 계약을 수정하는 데 관심이 있다고 발표했다. 그런데 실상은 새로운 계약을 통해 인원을 감축할 것이라는 취지의 내부 메모가 유출되었다. 1980년대 내내 노조 지도부는 GM이 토요타의 실천을 모방하려는 것에 대해 생산을 가속하고 노동자들을 더 착취하기 위해서라고 확신했다. GM은 노동자들과 신뢰를 구축하는 데 커다란 문제에 봉착했다. 언제라도 당신을 희생시켜 돈을 벌겠다는 것을 공공연한 목표로 내세우는 기업을 신뢰하기란 힘든 법이다.

GM이 유달리 형편없는 경영의 사례라고 믿고 싶은 마음도 든다. 그러나 고성과를 낼 수 있는 인적 자원 관리법을 도입하려는 여러 기업에서 유사한 문제가 발생했다. 노동자는 멍청하므로 관리자가 모든

---

* joint problem solving. 어느 한쪽이 이기고 다른 한쪽이 지는 협상이 아니라 함께 갈등의 원인을 분석하고 해결점을 찾으려는 협상 태도.

것을 통제해야 한다는 식의 안이한 생각에서 벗어나려 노력하는 관리자는 많지 않다. 이들은 모든 직원이 존중받고 권한이 널리 분산되는 작업 방식을 구축하는 데 감정적·정신적 노력을 쏟고 싶어 하지 않는다. 그런 마음을 먹더라도 신뢰를 구축하는 데 중요한 장기적인 투자를 하려 들지 않는다.

150여 년 동안 반복적으로 목격해온 일이 있다. 목적 지향적인 기업이 등장해, 목적 지향적 경영이 가진 힘을 증명한다. 그리고 곧 무시당한다. 그러나 이러한 기업들이 있었기에 지금의 기초가 다져진 것이다. 그 경험들은 오늘날에도 유의미하게 남아 있다.

목적 지향 기업의 등장 – 캐드버리가의 형제들

1861년 조지 캐드버리George Cadbury와 리처드 캐드버리Richard Cadbury는 아버지로부터 망해가는 차와 커피 회사를 물려받았다. 이들은 이 이른 시기에 목적 지향 기업을 만들어 영국에서 가장 성공한 기업 중 하나로 성장시켰다.[44] 인간의 평등을 강조하는 종교를 믿고 있었던 것이 성공에 이바지한 바도 적지 않았을 것이다. 강한 종교적·정치적 확신은 목적을 가지고 경영하는 데 필요한 용기와 비전을 주곤 한다.

캐드버리 형제는 영국 버밍엄에서 태어났다. 이들의 집안은 할아버지대부터 퀘이커교도, 혹은 퀘이커교도들이 자칭하듯 친우회Society of Friends 회원이었다. 친우회 회원들은 하느님은 모든 사람에게 직접 현현하신다는 '내면의 빛'을 믿었고, 노예제 폐지와 형법 개혁, 보편 교육 캠페인에 앞장섰다. 하나의 공동체로서 이들은 이익에 대해 의심의 눈길을 보내며, 기업의 역할은 지역 사회에 봉사하는 것이라고 믿었고, 노사 갈등은 공개적인 대화와 선의를 통해 해결해야 한다고 생각했다.

캐드버리 형제가 물려받았을 때, 회사는 상황이 좋지 않았다. 20명이었던 직원이 11명으로 줄었는데도 적자가 나고 있었다. 형제는 어머니에게 물려받은 8000파운드를 투자했다(오늘날의 가치로 환산하면 대략 70만 파운드* 정도의 돈이다).[45] 그리고 회사를 흑자로 돌리기 위해 열심히 일했다. 1864년 드디어 약간의 수익을 냈고, 그 후 수십 년에 걸쳐 영국 최고의 기업 중 하나로 성장했다.

이들의 목적은 명확했다. 최고 품질의 코코아와 초콜릿을 판매하는 것이었다. 당시 시장에서 판매되는 코코아와 초콜릿 제품들은 대체로 묽은 죽 같았다. 조지 캐드버리에 따르면 "성분 중 5분의 1 정도만 코코아이고, 나머지는 감자 전분, 사고 야자나무 전분, 밀가루, 당밀이었다". 1866년에 캐드버리가 출시한 코코아 에센스는 대성공을 거두었다. 의사가 등장해 "완벽하게 순수하고, 따라서 최고입니다"라고 말하는 광고 덕분이기도 했다. 1905년에 출시된 '캐드버리 목장 우유'는 분유가 아닌 신선한 우유라는 것을 명시함으로써 순수함을 다시금 강조했다. 가장 좋은 재료를 사용하겠다는 약속은 다음 세기에도 지켜졌다. 높은 성과를 내는 목적 지향 기업들이 모두 그렇듯이, 이들은 기업의 사회적 목적을 분명히 자각하고 있었고, 동시에 직원들을 대우

---

* 한화로 약 10억 원.

하는 태도가 근본적으로 다른 기업들과 달랐다.

1878년 캐드버리 형제는 버밍엄에서 6.5킬로미터 정도 떨어진 외곽 지역에 큰 공장을 지었다. 프랑스 초콜릿을 연상시키려는 의도로 '본빌Bournville'이라고 이름 지은 공장은 날로 번창했다. 1895년 캐드버리 형제는 120에이커를 추가로 매입해 나무와 꽃과 정원으로 가득한 직원 주택 단지를 짓기 시작했다. 조지는 퀘이커 성인 학교 운동Quaker Adult School Movement에 열성적으로 참여해, 버밍엄 최악의 슬럼가에서 몇 년 동안 가르쳤다. 이 경험을 통해 그는 가난한 사람들의 생활조건을 개선하는 것이 교육 제공만큼이나 중요하다는 사실을 깨달았다. 나중에 그는 이렇게 말했다. "제가 버밍엄 성인반 사람들을 만나지 못했다면, 그리고 그 가난한 사람들을 찾아가 뒷골목에서 제대로 된 삶을 살아가는 게 얼마나 힘든 일인지 깨닫지 못했더라면, 아마 본빌 마을은 만들 생각도 못했을 겁니다." (이렇게 열악한 환경에서 사는 사람들과의 개인적 접촉 경험은 목적 지향적 리더에 관한 이야기에서 반복적으로 등장한다. 직접적인 체험은 흔히 다른 방식의 리더십을 추구할 동기를 제공한다.)

캐드버리 형제는 처음부터 테일러 경영 기법에 대한 거부감을 숨기지 않았다. 형제 중 하나는 1914년 신문에 실린 '과학적 경영에 반대하는 주장'이라는 글에서 이렇게 말했다. "생산성이라는 측면에서도, 과학적 경영을 부르짖는 사람들이 주장하는 결과밖에 볼 수 없다. 그로 인해 발생하는 인적 비용이라는 문제는 해결되지 않은 채 남아 있다." 조지 캐드버리는 퀘이커 사용자 회의Conference of Quaker Employers에서 이렇게 말했다. "직원들은 자존감을 온전히 유지할 수 있어야 하며, 고용주와 동료 노동자의 관계는 신사와 시민의 관계여야 한다."

캐드버리 형제는 직원을 가족으로 대했고, 격식을 차리지 않고 직원들과 더불어 육체노동을 마다하지 않는 것으로 유명했다. 처음부터 이들은 교육에 투자를 아끼지 않았다. 모든 직원은 기초 학문 교육을 받아야 했고, 그다음에는 원하는 바에 따라 상업 교육 혹은 기술 교육을 받을 수 있었다. 캐드버리 형제는 스포츠와 체육 교육을 위한 시설을 제공했다. 병가 중 급여 제도와 연금기금도 도입했다. 크리스마스, 새해 첫날, 여름철마다 파티도 열었다. 공장 운영에 노동자를 참여시키는 실험도 했다. 기업의 경영은 공식적으로 (가족으로 구성된) 이사회에서 맡았지만, 일상적으로는 여러 위원회가 담당했고, 그중에는 노동위원회도 포함되었다. 노동위원회에는 직원과 현장 감독이 참여했고 공장 환경, 품질 관리, 직원 복지를 책임졌다. 1902년 캐드버리사는 직선제로 선출된 직원 대표를 초청해 공장 경영 개선 방안에 대한 의견을 듣는 제도를 도입했다. 1919년에는 노동자 협의체에 보고하는 직장위원회와 그룹위원회를 조직하여 3계층 구조를 만들며 본격적인 산업 민주화를 실험하기 시작했다.

1930년대에 이미 캐드버리는 영국에서 24번째로 큰 제조업체였고, 오늘날까지도 세계적인 지위를 유지하고 있는 여러 브랜드를 만들었다(캐드버리의 프루트앤드너트바는 내 어린 시절 주식에 가까웠다. 지금도 영국에 갈 때마다 하나씩 오물오물 먹는 게 커다란 즐거움이다). 캐드버리는 목적 지향적 리더들에게 지금까지도 영감을 주고 있다. 그러나 당시에 캐드버리의 실천은 새로운 경영 방식이라기보다는 기업 소유주가 믿는 퀘이커 교리에서 비롯된 특이한 행동 정도로 받아들여졌다.

테일러 노선을 이탈한 헤이그무어 광산

좀 더 나은 경영 방식이 있을 거라는 생각은 계속해서 등장했다. 1940년대에 영국 학자 에릭 트리스트Eric Trist는 케임브리지 동쪽으로 80킬로미터 떨어진 곳에 있는 헤이그무어Haighmoor 광산을 방문했다. 영국 탄광 대부분은 이미 테일러의 노선에 따라 조직되어 있었다. 하지만 헤이그무어 광산에서는 그런 방법으로 일하지 않았다. 광부들은 자체로 팀을 조직하고, 모든 광부가 6개까지 다른 일을 처리하게끔 하는 시스템을 개발했다.

헤이그무어는 다른 모든 광산에 비해 월등히 안전하고 생산성이 높았다. 그러나 트리스트가 헤이그무어의 기법을 다른 광산에도 적용해보자는 아이디어를 제시했을 때, 애초에 트리스트에게 헤이그무어 연구를 의뢰했던 정부 기관은 단칼에 거부했다. 정부 기관은 그런 제안이 불안만 초래할 것이라고 우려해, 보고서에 '헤이그무어'라는 이름도 넣지 말라고 지시했다. 그때나 지금이나 노동자들에게 권한을 주면 노동자들은 거만해지고 노사 간 마찰이 발생할 수 있다는 우려가 하이로드 경영을 거부하는 이유로 제시된다. 물론 경험은 그와 정반대를 가리키지만 말이다.

그 후 트리스트는 한 노르웨이 집단과 협력을 시작했다. 이 집단은 소규모 자체 관리 팀들을 만들어 히틀러에 맞서 싸웠고, 트리스트는 이들과 함께 노르웨이 산업 전반에 걸쳐 팀을 조직했다. 트리스트는 이 접근 방식이 실적을 극적으로 개선할 수 있다고 믿었다. 몇몇 기업이 그의 아이디어에 관심을 표했지만, 얼마 가지 않아 관리자 대부분은 '마치 트리스트가 자신들을 죽이려 하는 것을 막 알아낸 것처럼' 질겁하며 물러섰다. 일면 사실이기도 했다. 몇 년 후 트리스트는 이렇게 말했다. "그들의 의견은 손톱만큼도 옳지 않았습니다. 모든 권력을 다 틀어쥐고 모든 걸 마음대로 하면서 권력을 나누려 들지 않았죠."[46] GM의 사례에서 살펴본 것처럼, 이러한 태도는 변화를 가로막는 커다란 장애물이다. 목적 지향적 리더로 성공하기 위해서는 권한 이양부터 배워야 한다. 자기 회사에서 일하는 사람들이 적어도 자신만큼의 창의성과 추진력이 있다고 진심으로 믿을 수 있어야 한다.

P&G가 보여준 가능성과 한계

트리스트의 생각은 더글러스 맥그레거Douglas McGregor MIT 슬론스쿨 교수의 연구를 통해 되살아났다. 1960년에 출간된 《기업의 인간적 측면The Human Side of Enterprise》에서 맥그레거는 현대 동기 이론motivational theory의 많은 부분을 예견하는 인간 동기화에 관한 두 이론을 제시했다. 우선 'X이론'은 사람이 근본적으로 이기적이고 게으른 존재이며, 자기 자신을 위해서만, 그리고 돈이나 지위나 권력 같은 외적 보상을 위해서만 일한다고 보았다. 두 번째 'Y이론'은 사람이 외적 보상만큼이나 혹은 그보다 더 강하게 내적 보상에 의해 동기화된다고 가정했다. 여기서 내적 보상은 자기 통제력이나 자율성을 가지는 기쁨, 다른 사람과 관계를 맺는 기회, 의미와 목적을 추구하는 욕망 같은 것을 의미한다. Y이론은 많은 현대 연구들보다 앞서서 사람들이 이기적인 만큼

'이집단적groupish'이라고 가정한다. 근본적으로 인간은 집단의 일원이 되고 싶어 하고, 어떤 상황에서는 협력적이고 더 나아가 이타적으로 행동한다고 보는 것이다. 맥그레거의 책은 Y이론을 선호하는 것으로 해석되기도 했다. 하지만 맥그레거는 Y이론이 옳다기보다는 두 이론 모두 유용한 모델이며, 다만 X이론에만 의지하다 보면 지나친 단순화로 인해 인간에게 동기를 부여하는 많은 강력한 원천을 고려하지 않는 위험에 빠질 수 있다는 취지였다고 말했다.

맥그레거의 아이디어를 실천에 옮긴 첫 번째 집단은 조지아주 오거스타에서 프록터앤드갬블Procter & Gamble, P&G 세탁 세제를 만들고 있던 관리자들이었다.[47] P&G는 초기에 과학적 경영 원칙을 열정적으로 받아들였지만, 1960년대 초 오거스타에 공장을 짓던 관리자들은 과학적 경영 원칙의 한계를 목격하며 점점 더 실망했다. 모든 것이 엄격하게 측정되고, 모든 것이 명기되고, 모든 것이 복잡한 규칙과 절차에 갇혀 있었다. 이들은 무언가 새로운 것을 해보자고 작정했다.

제일 먼저 한 일이 맥그레거를 초대하는 일이었다. P&G 관리자들은 맥그레거의 '쉽게 말하고, 거칠다고 느껴질 정도로 솔직하고, 대단히 참여적인 경영 스타일'과 그가 소개한 트리스트의 방법이 마음에 들었다. 그래서 그 방법을 실천에 옮겨보기로 했다. 이들은 오거스타 공장을 여러 팀으로 구성된 '기술자'들에게 완전히 맡겼다. 각각의 팀은 광범위한 기술을 개발하고 공장의 지속적 발전에 적극적으로 이바지할 것을 요구받았다. 공장에는 업무 분류도 없었고 생산 할당량도 없었다. 직원들은 일주일에 4시간은 교육에, 추가로 2시간은 함께 문제들을 해결하는 데 할애했다. 요컨대 이 공장은 토요타가 미국에서 파장을 일으키기 이전에 이미 토요타의 생산 체계와 놀랍도록 유사한 체계를 만들어놓은 것이다. 오거스타 체계는 대단히 성공적인 것으로 판명되어 1967년에 이르러서는 모든 P&G 신설 공장에 도입되었다.

처음부터 새로운 경영 기법을 적용하도록 설계된 최초의 공장은 오하이오주 리마에 세워졌다. 트리스트뿐 아니라 티베트와 수피교의 신비주의, 러시아의 영적 스승 게오르기 구르지예프Georgii Gurdzhiev의 책까지 섭렵한 파격적인 공장 관리자 찰리 크론Charlie Krone의 지휘 아래 리마 공장은 '학습을 체현'하고 감정적·심리적 요소들을 업무 설계에 통합하고자 했다. 직원들의 개인적 니즈는 기업의 니즈 못지않게 중요한 것으로 받아들여졌다. 공장에는 최소한의 위계질서만 있었다. 어떤 문제에 대해 씨름해봐야겠다 싶으면, 동료들을 설득해 팀을 꾸렸다. 팀의 일정은 팀이 알아서 관리하고, 관리자는 코치나 조력자의 역할을 했다. 이러한 체계 역시 큰 성공을 거두었다. 생산비를 기존 공장과 비교해 절반으로 낮추었다고 알려졌지만 그보다도 더 떨어졌을 것으로 보인다. 공장 관리자들은 아무도 실제 수치를 믿지 않으리라 생각했던 것 같다.

그러나 다른 사람들에게 자신들이 앞장서 만든 기법을 도입하라고 설득에 나섰던 리마 관리자들은 그리 달가운 반응을 끌어내지 못했다. 고위 경영진은 처음에는 당혹해하다가, 이내 어떤 일을 새로운 방식으로 해본 사람들의 '정신 나간 소리'에 위협을 느꼈다. 결국, 새 리더들은 깊은 좌절감을 느꼈고 급기야 입장을 번복해 고위 경영진에게 자신들의 주장은 믿을 만하지 않다고 표명하는 지경에 이르렀다. 크론은 아웃사이더가 되어, 〈포천〉 500대 기업에 들어가지 못하는 기업

들에서 새로운 기법을 확산시키는 소수의 사람을 키워내는 경영 전문
가로 일했다.

그렇다고 직원들에게 권한을 위임하고, 신뢰와 존중으로 대우하
며, 공동의 목표와 목적을 기업의 추진력으로 삼으면 엄청난 실적 향
상을 이룰 수 있다는 생각이 사라지지는 않았다. 트리스트는 업무 과
정에서 인간관계의 중요성을 강조하는 연구자들과 함께 타비스톡연
구소Tavistock Institute를 설립했다. 더글러스 맥그레거의 연구는 조직 문화
분야에서 세계 최고의 전문가가 된 MIT 동료 교수 에드거 샤인Edger
Schein에게 많은 영향을 미쳤다. 하버드대학교의 마이클 비어Michael Beer
와 같은 학자들은 목적 지향적 리더십과 직원 존중을 실천해 높은 실
적을 거둔 기업들에 관한 연구를 그치지 않았다.

목적 지향 기업은 더 이상 유별난 선택이 아니다

수십 년 동안 목적 지향 기업은 이상치outlier였고, 규칙보다는 예외
에 가까웠으나 지난 10년 동안 세상은 극적으로 바뀌었다. 목적이 실
적을 끌어올릴 수 있다는 생각은 점점 더 당연하게 받아들여지고 있
다. 한 설문 조사에 따르면 CEO 5명 중 4명은 "기업의 미래 성장과 성
공은 이익과 목적 사이에 균형을 잡는 가치 지향적 사명감에 달려 있
다"는 데 동의하고, "직원들의 개인적 목적의식에 권한을 위임하고,
직원들에게 목적 지향적 업무를 할 기회를 부여하는 것이 기업과 직
원 모두에게 바람직한 윈-윈이 될 수 있다"라고 생각한다.[48]

이러한 변화가 일어난 데는 여러 이유가 있다. 평판 관리와 편의성이 중요한 역할을 했음이 틀림없다. 기업들은 자신들이 뭔가 하고 있다는 것을 보여주어야 할 필요성을 갈수록 더 많이 느끼고, 공유목적이 변화와 성장을 추진하는 도구라는 사실을 이미 깨달은 기업도 많다.

토요타가 성공한 근본적인 비결에 대한 이해 역시 깊어졌다. 많은 기업이 처음에는 GM과 마찬가지로 토요타의 놀라운 실적이 고성과 작업 시스템을 도입했기 때문이라고 생각했다. 예를 들어 팀워크를 도입했다든지 점진적 혁신에 집중하는 것 등이 관심의 대상이었다. 이러한 시스템을 가능하게 만든 조직 문화나 가치에는 관심이 없었다. 하지만 기업들이 이러한 관행을 도입해보려 하면서, 상황은 바뀌기 시작했다. 토요타가 자신들의 기법을 다른 기업에 널리 알리기 위해 고용했던 한 컨설턴트의 말을 들어보자. "문화가 핵심입니다. 언제나 문화가 중요했습니다. 하지만 기업들이 이 사실을 완전히 받아들이는 데는 오랜 시간이 걸립니다."[49] 사우스웨스트 항공이나 홀푸드와 같은 직원 중심 기업들의 성공 역시 많은 주목을 받았다.

최근의 변화를 낳은 또 다른 원인으로는 진정성 있는 목적과 고성과 작업 시스템의 수용이 고수익으로 귀결될 수 있음을 증명하는 새로운 연구들을 꼽을 수 있다. 예컨대 MIT 연구원 제이넵 톤Zeynep Ton은 《좋은 일자리의 힘The Good Jobs Strategy》에서 지속적인 학습과 직원 주도권을 지원하도록 회사를 재설계한 코스트코나 메르카도나Mercadona 같은 소매업체들이 경쟁사들보다 높은 실적을 거두었고, 직원들에게는 업계 평균보다 상당히 높은 급여를 지급할 수 있었다고 썼다. 다른 연구자들 역시 다년간에 걸쳐 축적한 자료와 세밀한 목적 측정 방법을 이용해, 높은 수준의 직원 만족도와 더불어 전략과 밀접하게 연관된 목적이 총주주수익을 개선한다는 것을 증명해주었다.[50]

세상은 목적의 필요성이 점점 명확해지는 방향으로 바뀌고 있다. 사람들의 기대치도 바뀌고 있다. 현재 세계 인구의 73%는 기업이 우리 시대의 커다란 문제들을 해결해주길 기대한다.[51] 밀레니얼 세대와 이후 세대는 의미와 목적의식을 중요시하는 일자리를 적극적으로 찾고 있다. 동시에 기업과 일반 대중의 신뢰 격차는 점점 더 벌어지고 있다. 3분의 1 정도의 직원들은 고용주를 신뢰하지 않는다. 82% 정도의 엘리트는 기업을 신뢰하지만, 기업을 신뢰하는 일반 대중은 72%에 불과하다.[52]

좀 더 심오한 일도 벌어지고 있다. 우리가 직면한 문제들이 점차 심각해짐에 따라 많은 기업 지도자는 도덕적으로 행동해야 할 의무를 자각하고 있다. 나는 수백 명의 기업 리더와 공유가치 창출에 관해 이야기를 나누었다. 그들 모두는 비즈니스 사례로서 공유가치에 대해 열변을 토했다. 하지만 복도에서 마주치거나, 맥주를 기울이며 둘만 있는 자리에서는 거의 모든 사람이 설득력 있는 목적이 자신을 행동하게 만든다고 이야기했다. 기후 변화가 뜻하는 생존 위험이나 공동체 재건과 의료개혁의 필요성, 바다 살리기의 시급성 등이 그들을 행동하도록 만든다고 했다. 어떤 사람들은 리더들의 이러한 이중적 태도를 위선이라고 말한다. 하지만 나는 이러한 태도야말로 자본주의를 바꾸는 데 없어서는 안 되는 태도라고 믿는다. 우리 시대의 커다란 문제들을 해결하기 위해서 기업의 리더들은 이익을 내면서도 유의미한 행동에 나서야 한다는 것을 자각해야 한다. 공유가치를 창출하는 새로운 비즈니스 모델을 발견하기 위해서, 그러한 모델을 실천에 옮기기 위해서, 건강한 사회를 만드는 데 필요한 좋은 일자리와 일터를 창출하기 위해서 목적 지향 리더십은 없어서는 안 될 요소다.

많은 기업이 목적을 사업에 통합하는 데 어려움을 겪고 있다. 많은 기업에서 목적은 아직도 명확하게 정의되지 않고, 전략과 연결되지 않고, 직원들이 이해하지 못하고 있다.[53] 이러한 단절의 이유는 부분적으로는 하나의 세계관으로서 테일러리즘을 포기하지 않으려는 고집 때문일 수도 있고, 직장에서 감정적이거나 감상적인 모습을 보이지 않으려는 태도 때문일 수도 있다. 하지만 또 다른 좀 더 구조적인 장애물이 있다. 그것은 지금 당장의 이익에만 관심을 갖는 단기성과주의와 세계 투자자들의 무지다. 투자자들이 꾸준하게 증가하는 분기별 수익에만 관심을 쏟고 목적의 가치에 대해서는 이해하지 못하거나 측정하지 못할 때, 목적 지향 기업이 되기 위한 장기적 투자를 하기란 대단히 어려운 일이다.

그러한 이유로 자본주의를 바꾸기 위한 세 번째 단계는 자본시장 재설계다.

REIMAGINING
CAPITALISM

5장

ESG 지표부터 임팩트 투자까지,
재무를 재설계하는 길

돈을 앞세우면, 모든 길이 열린다.

셰익스피어, 《윈저의 즐거운 아낙네들》

이익을 내면서도 커다란 문제들에 맞서 상당한 진전을 거두는 기업을 만들 기회가 실재한다면, 그리고 가치에 기반을 둔 목적 지향 기업으로 전환하는 것이 이러한 기회를 만드는 지름길이라면, 왜 더 많은 기업이 목적과 공유가치의 조합을 적극적으로 받아들이지 않는 것일까? 세계적 기업의 85%가 그들만의 목적이 있다고 공언하고, 또 많은 기업이 사회적 가치를 창출하기 위해 자신들이 할 수 있는 일을 모색하기 시작한 상황에서도, 이러한 접근 방식이 일상이 되기까지는 아직 멀었다고밖에 할 수 없다. 어째서일까?

단지 단기성과주의의 문제일까

내가 아는 비즈니스 리더들은 이 질문에 어렵지 않게 대답한다. 이들에 따르면 기업이 사회적·환경적 실적을 개선하려고 해도 단기 이익에 대한 압박에 제약을 받는다고 한다. "투자자들은 단기 실적에 강박을 갖고 있어요. 장기 투자로 인해 분기별 목표치를 달성하지 못한다면 반발을 피할 수 없고, 따라서 장기 투자도 불가능해지죠." 저명한 경영 전문가 피터 드러커는 다음과 같은 인상 깊은 말을 남겼다. "미국 경영진과 일해본 사람이라면 누구나—연금기금 관리자가 요구하는 대로 다음 분기에 더 높은 수익률을 내야 하는 필요성과 기업 사냥꾼에 대한 공황에 가까운 두려움으로 인해—최고경영진이 막대한 비용이 드는 실수라는 것을 알면서도 결정을 내려야 하는 상황으로 끊임없이 내몰린다는 것을 증언할 수 있다."[1]

내가 만난 CEO 모두가 드러커와 같은 의견이었다. 기업들은 목표 수치를 달성하기 위해 수익성 있는 투자 기회를 으레 미루거나 포기한다. 한 설문 조사에 따르면 CFO 중 80% 정도는 수익 목표 달성을 위해서라면 연구개발비를 줄일 것이라고 말했고, 55%를 웃도는 수가 가치를 (약간) 희생시키더라도 수익 목표 달성을 위해서라면 새로운 프로젝트를 보류할 것이라고 말했다. 다른 조사에서 59%의 경영진이 순현재가치가 높은 프로젝트라고 해도 그로 인해 수익이 약간이라도 줄어든다면 그 프로젝트를 미룰 것이라고 응답했다.[2]

자산 소유자들은 장기 성장에 집중할 수 있지만, 자산 관리자는 그렇지 못하다는 것을 보여주는 근거도 있다. 자산 소유자 대부분은 자신의 자산을 직접 관리하지 않는다. 예를 들어 2016년 기관투자자들은 주요 공기업 지분의 63%를 보유했다.[3] 연금 수급자 대부분의 퇴직 자산은 연금기금이 관리하며, 이 기금은 전문 자산 관리자가 맡아 대리 투자한다. 개별 투자자 대부분은 뮤추얼펀드나 인덱스펀드에 투자한다. 이 펀드들은 투자 지분을 가진 전문 자산 관리자들이 맡는다. 이는 자산 소유자들의 관심이 자산을 실제로 관리하는 사람의 행동에 반드시 반영되지는 않을 수 있음을 의미한다. 자산 소유자는 장기적인 성과를 바랄 수도 있지만, 투자 관리자는 (특히 그들의 보수나 포트폴리오 규모가 즉각적인 수익을 제공할 수 있는 능력에 좌우되는 경우라면) 단기적인 수익을 선호할 수 있다.[4]

2015년 10월 더그 맥밀런Doug McMillon 월마트 CEO가 그해 매출이 늘어나지 않을 것이고, 주당 수익률은 6~12% 감소할 것이라고 선언하자, 월마트 주가는 거의 10% 폭락하며 시가총액 200억 달러 정도가 증발했다.[5] 맥밀런은 수익 감소가 20억 달러 규모의 전자상거래 분야 투자와 시간급 직원들에게 30억 달러 정도를 더 지급하는 데서 비롯되었다고 설명했다. 두 가지 모두 사업의 건전성을 위해 필요하다고 믿었던 조치였지만 월스트리트는 여기에 감화되지 않았다. 월마트 주식은 여전히 월턴가에서 반 이상을 소유하고 있고, 가문은 그의 결정을 강력하게 지지했으므로 더그는 자리를 지킬 수 있었다. 그러나 많은 CEO는 유사한 상황에서 더그와 같은 행운을 기대할 수 없다고 생각한다.

많은 기업 리더는 내게 진심으로 공유가치를 받아들이기를 주저하는 이유에 대해, 투자자를 만족시키고 주주행동주의*라는 위협을 피하려면 진정한 목적이 요구하는 장기 프로젝트에 투자하는 것이 사실상 불가능하기 때문이라고 말한다. 이들은 자본주의를 바꾸려면 무엇보다도 먼저 투자자들에게서 벗어날 수 있어야 한다고 제안한다.[6] 이

---

* shareholder activism, 주주가 경영의 지배구조에 개입하며 이익을 추구하는 행위.

들은 기업이 여러 이해관계자에게 책임이 있다고 명시하게끔 법을 바꾸는 것에서부터, 장기간 주식을 보유한 경우에만 투자자들이 자신이 가진 주식만큼의 권리를 행사할 수 있게 하는 등 다양한 방법을 제시하고 있으며, 자본주의를 바꾸기 위해서 투자자들의 권한을 축소해야 한다는 데 모두 동의한다.

나 역시 이러한 주장에 공감한다. 내년 영업이익에 해가 될 것이라는 이유로 훌륭한 프로젝트가 연기되는 사례도 여럿 보았다. 하지만 이런 식의 논의가 제시하는 것보다 실제 문제와 해결 방안은 훨씬 더 복잡하다.

단기성과주의를 원인으로 보는 주장에는 최소한 두 가지 문제가 있다. 첫 번째, 투자자들이 수익을 내지 못하는 기업을 응징하는 것은 사실이지만, 이 분야의 많은 연구는 투자자들이 기업을 응징하려 드는 이유는 형편없는 경영 때문에 수익을 내지 못했다고 믿기 때문이지, 장기적인 투자를 지지하지 않아서가 아님을 시사한다.[7] 실제로 여러 회계 문헌을 연구한 결과 중 하나에 따르면, 수익을 내지 못한 기업은 수익 목표를 달성한 기업에 비해 장기적으로도 실적이 좋지 않았다.[8] 월마트 주가 하락에 대해서도 목표를 달성할 수 없다는 발표가 투자자들에게 회사나 더그의 리더십에 문제가 있을 수 있다는 걱정을 하게 했기 때문이라는 해석도 가능하다.

두 번째, 어떤 상황에서는 투자자들이 몇 년간 수익을 내지 못할 회사에도 기꺼이 투자한다는 사실을 우리 모두가 알고 있다. C형 간염 치료제를 최초로 개발한 바이오테크 기업 길리어드Gilead는 기업공개 후 첫 9년에 걸쳐 3억 4300만 달러의 손실을 보았다.[9] 그러나 기업공개 첫해 시장가치는 3억 5000만 달러로 평가되었고, 9년이 지나자 거의 40억 달러의 가치가 있다고 평가되었다.[10] 아마존은 나스닥에 상장된 지 5년이 되는 해에 30억 달러에 조금 못 미치는 누적 순손실을 기록했다. 하지만 그해에 투자자들은 아마존이 70억 달러 이상의 가치가 있다고 평가했다. 14년 만에 흑자로 전환했을 때, 아마존은 6억 달러의 이익을 기록했지만 3180억 달러의 가치를 가진 것으로 평가되었다.[11] 누가 보더라도 많은 투자자가 아마존 투자가 성과를 거두기까지 몇 년을 참을성 있게 기다렸다. 실제로 투자자들은 우버, 리프트, 에어비앤비 등 다양한 플랫폼 기업에 수십억 달러를 쏟아부었다. 그중 많은 수가 아직도 수익을 내지 못하고 있는데도 말이다.

이처럼 투자자들 모두가 단기적 이익에만 관심을 갖는 것은 아니다. 투자자들이 자신이 하게 될 투자의 성격을 이해하면, 그들 중 일부는 기꺼이 투자를 한다. 예컨대 투자자들이 생명공학의 언어를 배우는 데는 오랜 시간이 걸렸다. 하지만 지금은 기초 연구에 투자하는 것이 나중에 수십억 달러의 이익을 낼 수도 있는 이유를 아는 애널리스트만도 수백 명이다. 투자자들에게 플랫폼의 힘을 설득하기까지는 1994년부터 2000년까지의 닷컴 버블과 페이스북과 구글의 성공이 필요했다. 이제 플랫폼에 충성도 높은 대규모 고객 기반 확보를 위한 투자가 막대한 이익을 가져다줄 수 있다는 것은 누구나 아는 상식이 되었다. 최근 위워크WeWork가 기업공개에 실패한 원인 중 하나로 회사 자신은 플랫폼 기업이라고 선전했지만, 투자자 대부분은 그렇게 생각하지 않았다는 점을 들기도 한다.

이러한 관점에서 보자면, 공유가치를 창출하고 목적 지향 기업을 세우면서 수익을 올리는 것이 가능한 만큼, 투자자들이 목적 지향 기업에 투자하기를 꺼리는 이유를 단기성과주의 때문이라고만은 할 수 없다. 최소한 부분적으로는 정보가 부족한 탓이다. 더그의 발표가 나오자마자 월마트 주가가 폭락한 이유는 투자자들이 더그의 투자가 어떤 영향을 미칠지 측정할 방법이 없었고, 그 결과 장기 수익률이 높아질 가능성이 크지 않다고 믿었기 때문일 것이다. 결국 자본주의를 바꾸려면 회계부터 바꿔야 한다.

재무제표가 말해주지 않는 것들

내가 회계사들이 문명을 구하는 열쇠를 쥐고 있다는 생각을 받아들이기까지는 오랜 시간이 걸렸다. 제이컵 솔Jacob Soll이 복식 부기 발명이 어떻게 근대국가 창조에 이바지했는지 차근차근 설명한 훌륭한 책 《회계는 어떻게 역사를 지배해왔는가The Reckoning: Financial Accountability and the Rise and Fall of Nations》를 읽고 난 후에도 마음속으로는 회계를 무미건조한 일로 여기며 별 관심이 없었다.

그러다 이상한 사실을 발견했다. 나는 엄청난 양의 이산화탄소를 배출하더라도 기업에는 별다른 비용이 들지 않는다는 사실에 근거해서 경제 전체가 운영되는 상황에 대해서 그다지 걱정하지 않는 사업가들을 여럿 안다. 지역 공동화 현상이나 최저임금 지급, 세금 감면 추진에 대해서도 마찬가지다. 하지만 내가 아는 회계사들은 모두 걱정이 많았다. 그들은 심각하게 걱정하고 있었다. 우리는 측정 가능한 것은 관리할 수 있다는 것을 안다. 하지만 회계사들은 회계 규정의 작은 변화조차도 심오한 방식으로 행동을 바꿀 수 있다는 사실을 확인하며 직업적인 삶 전체를 보내는 사람들이다. 그들은 기업의 실적에 영향을 끼치지만 명시적이지는 않은 세상의 요소들을 우리가 측정하지 못하고 있다는 사실을 안다.

'평판'을 예로 들어보자. 우리는 평판이 큰 경제적 영향을 미친다는 사실을 안다. 평판은 쌓는 데는 오랜 시간이 걸리지만, 순식간에 무너질 수 있다는 사실도 안다. 기업 문화도 마찬가지다. 하지만 재무보고서에는 둘 중 어느 것도 언급되지 않고, 측정할 방법도 없다. 투자자들이 재무제표 분석을 통해 결정을 내릴 때, 사실은 보고 듣지 못하는 엄청나게 많은 양의 정보가 있다. 또한 보지 못하는 것은 존재하지 않거나 중요하지 않다고 생각하고픈 유혹에 빠지기 쉽다.

현대 회계는 현대 자본시장을 위한 기반을 제공한다. 어느 기업이 투자자의 이익을 우선시한다는 확신이 없는 상태에서 그 기업에게 자신의 돈을 전부 맡겨버리는 사람은 없을 것이다. 그리고 투자 기업의 건전성을 보여주는 정확한 수치가 없는 상태에서는 그러한 확신은 힘든 일이다. 우리는 재무상태표 같은 것을 너무도 당연하게 생각하는 경향이 있지만, 사실 현대의 재무보고서는 정확히 어떤 수치를 기업이 보고해야 하는지, 이 수치가 정확한지 확인하는 책임을 누가 져야 하는지 등등을 놓고 100년에 걸쳐 진행된 치열한 논쟁의 결과물이다. 대공황이라는 참사로 인해 금융 투명성에 대한 요구가 대두되고, 증권거래위원회Securities and Exchange Commission가 설립되기 전까지,[12] 미국 기업들은 재무 정보를 가급적 드러내지 않으려 했다. 예를 들어 1919년

P&G 연례 보고서 전문을 살펴보기로 하자.[13]

P&G

오하이오주 신시내티, 1919년 8월 15일

P&G 주주님께

1919년 6월 30일에 종료된 회계연도에 우리 회사 및 구성 회사들의 총사업규모는 1억 9339만 2044.02달러였습니다.

모든 준비금과 감가상각, 손실, 세금(연방 및 주 소득세 및 전쟁세 포함), 광고 및 출시 홍보 비용을 공제한 순이익은 732만 5531.85달러였습니다.

우리는 신시내티 본사를 방문해 직접 정보를 신청하시는 인가받은 주주들에게 더 많은 정보를 기꺼이 제공하겠습니다.

P&G 사장

윌리엄 쿠퍼 프록터

근배

여러분이 1919년도의 P&G 주주라면 기업의 연간 사업 규모와 순이익보다 더 많은 정보를 알고 싶다면 오하이오주 신시내티로 가서 직접 문의해야 했다. 이러한 번잡함으로 인해 기업의 가치를 평가하는 것 자체가 매우 힘들었고, 따라서 어떤 단일 기업에 투자하려는 투자자들의 수는 극히 제한적일 수밖에 없었다. 이와는 대조적으로 현대의 재무 회계는 수천 킬로미터 떨어진 곳에 사는 투자자들이 성과와 연계된 표준적 감사 기준을 이용해 한 회사를 다른 회사와 쉽게 비교할 수 있도록 만들어준다. 이를 통해 누구나 쉽게 투자할 수 있게 됨으로써 운영이 건전한 기업들은 자본 조성 가능성을 높일 수 있었다.

새로운 고객 니즈를 발견하고 리스크를 줄이고 고몰입 기업을 만드는 데 성공 여부가 달린 비즈니스 모델에 투자하도록 투자자들을 설득하기 위해서는, 먼저 이제껏 재무 회계에는 포함되지 않았던 기업의 전략 및 운영이라는 측면에 대해 신뢰할 수 있고 표준화된 측정지표를 개발해야 한다. 리스크를 예로 들어보자. 우리는 기후 변화가 어떤 기업에는 심각한 리스크를 제기하고 있다는 사실을 안다. 하지만 구체적으로 어떤 기업인가? 소비자와 정부가 환경 및 사회 문제들에 눈을 뜨게 되면서, 온실가스를 대기 중에 방출하며 기업을 유지하거나 노동을 착취하는 환경에서 만들어진 제품을 파는 기업들은 리스크를 겪고 있다. 하지만 통상적인 재무보고서로는 그들이 얼마나 많은 온실가스를 방출하는지, 혹은 그 기업의 하청업자들이 인권을 짓밟히고 있지는 않은지를 파악할 수 없다.

혹은 문화를 예로 들어보자. 기업 문화가 장기적인 장점을 가져다주는 중요한 원천이 될 수 있으며, 직원을 잘 대우하는 것이 기업의 생산성에 큰 도움이 된다는 것을 아는 사람은 많다. 하지만 재무제표를 들여다보며 그 기업이 직원을 잘 대우하고 있는지, 혹은 건강한 기업 문화를 가졌는지 파악하기는 힘들다. 재무제표는 기업이 이제껏 얼마나 잘해왔는지를 말해줄 뿐, 현재 올바른 투자를 하고 있는지도 알려주지 않는다. 재무제표에만 의지한다면, 수많은 정보를 놓칠 수 있다.

보지도 못하고 측정할 수도 없는 것이라면 그것의 존재 여부는 물론, 그것이 중요한지 중요하지 않은지도 판별하기 힘들다.

ESG 지표의 탄생

환경Environmental, 사회Social, 지배구조Governance의 첫 글자를 딴 ESG 측정지표는 이러한 문제에 대한 하나의 해결책으로 등장했다.[14] 이 지표의 탄생은 1980년대로 거슬러 올라간다. 1980년대에는 대형 참사가 많이 일어났다. 1984년 인도 보팔에서 유독 가스 누출로 최소한 1만 5000명이 사망하고, 그보다 훨씬 많은 사람이 다쳤다. 1989년 알래스카에서는 엑손발데스의 기름 유출이 있었고, 여러 비정부기구는 기업 운영이 환경과 사회에 미치는 영향에 대해 더 많은 정보를 공개하라고 요구했다.[15] 이에 부응하여 몇몇 기업이 기업의 사회적 책임 보고서를 내놓기 시작했다. 이 초기 보고서에는 극히 제한적인 정보만이 담겼다. 예를 들어 석유 기업 쉘의 1998년 보고서는 회사의 '경영 원칙' 전반에 대해 장황하게 늘어놓았다.

1997년 환경책임경제연합Coalition for Environmentally Responsible Economies, CERES 은 지속 가능성 보고서를 표준화하기 위한 조직인 글로벌 리포팅 구상Global Reporting Initiative, GRI 을 만들었다.[16] GRI는 2000년에 처음으로 가이드라인을 발표했고, 2019년 세계 250대 기업의 80% 이상이 이 조직에서 마련한 기준을 이용해 자신들의 지속 가능성 성과를 보고했으며, GRI 데이터베이스에는 3만 2000건 이상의 보고서가 저장되어 있다.[17] 하지만 GRI 데이터는 투자자들이 제한적으로만 이용할 수 있다. 자료의 주요 목적이 비정부기구와 정부가 기업에 책임을 묻는 데 도움을 주는 것이며 산업, 규모, 국적, 소유 구조와 상관없이 모든 회사가 같은 정보를 보고하기 때문이다.

투자자 중에 ESG 지표 개선이 더 나은 수익을 창출할 수 있다고 생각하는 사람이 늘어나다 보니, 기업들과 비영리단체들에서 투자자 친화적인 측정지표를 개발하려는 노력이 폭발적으로 증가하고 있다. 이들은 GRI 데이터뿐만 아니라 기업에 보내는 설문 조사, 연간 보고서 및 다양한 공적 데이터를 활용한다. 내가 아는 스타트업 두 곳만 해도 인공지능을 이용한 웹스크래핑*을 통해 사회와 환경 성과에 관한 정보를 구축하는 중이다.

이런 자료들은 선택적으로만 노출되고, 비교하기도 힘들고, 수준도 천차만별이지만 이미 전 세계 투자 관행을 바꾸고 있다.[18] 현재 전문적으로 관리되는 모든 자산의 40% 이상(47조 달러 정도)이 사회적 책임 기준을 이용해 투자되고 있다.[19] 그 자산 중 절반에 약간 못 미치는 정도는 소위 '배제형 펀드exclusionary funds'에, 다시 말해 총기류 생산 기업이나 담배 회사 등을 배제하는 펀드에 투자되고 있다.[20] 약 10%는 기업 행동을 직접 바꾸려는 투자자들이 적극적으로 개입해 관리된다. 나머지는 'ESG 통합'을 이용하며 2018년에는 19조 달러가 이런 방식으로 투자되었다. 총관리자산의 20%에 달하는 수치다.

---

* web scraping, 웹페이지에 나타나는 데이터 중에서 필요한 데이터만을 추출하도록 만들어진 프로그램.

ESG 지표에 입각한 성과가 재무 성과와 어느 정도 상관관계를 보이는지를 조사한 연구만도 수백 건에 이른다. 결론은 선택한 지표와 연구 방법에 따라 크게 달랐지만, 전반적으로 볼 때 조악한 지표로도 현재까지 ESG 성과가 재무적 성공에 악영향을 끼치지 않는 것으로 나타났다.[21] 일단은 예비 결과이지만, 최소한 옳은 일을 하려고 노력하는 기업들이 경쟁업체보다 실적이 낮지 않다는 것을 제시한다는 점에서 대단히 고무적이라고 할 수 있다.

좀 더 최근의 연구에 따르면 다른 경쟁사보다 앞서 나가기 위해서는 ESG 지표 중 중요한 하위 요소들, 즉 비재무적 성과이지만 수익성에 큰 영향을 미치는 것들에 초점을 맞춰야 한다[22](정보에 입각한 투자자의 판단에 영향을 미칠 수 있는 사건이나 사실을 말한다[23]). 기업의 경제적 성과에 긴요한 자료들과 측정지표를 활용한 최근의 한 연구는 이러한 하위 요소와 기업의 수익성이 실제로 상관관계를 보인다는 설득력 있는 근거를 찾아냈다.[24] 그러나 이러한 측정지표를 개발하는 일은 쉽지 않다. 예를 들어 진 로저스Jean Rogers와 동료들은 거의 10년을 쏟아붓고 나서야 비로소 하나를 제시할 수 있었다.

SASB 보고서, 실질적 지표를 향한 한 걸음

환경공학 박사 학위를 받은 후 진은 슈퍼펀드 지역들*을 정화하는

---

* 미국의 종합적 환경 대응·보상·책임법에 의해 장기적인 정화 작업이 요구되었던 지역들.

기업에 입사했다.[25] 하지만 그 일이 마음에 들지 않았다. 나중에 그녀는 이렇게 말했다. "그 일이 싫었던 이유는…… 그저 난장판을 치울 뿐이었기 때문입니다. 사람들이 일을 이 지경으로 만들어놓고도, 진짜 문제는 해결하지 못한 채 사후 '해결안'으로 만족하는 것이 끔찍했어요." 그녀는 대형 회계 기업으로 이직했다. 거기에서 기업이 환경 문제를 해결할 수 있는 방법에 시야가 트였고, 그 후 세계적인 전문 서비스 기업 아럽Arup으로 옮겼다. 얼마 지나지 않아 그녀는 미국 경영 컨설팅 업무를 총괄하는 책임자가 되었다.

진은 기존의 보고 기준에 불만이 쌓이기 시작했다. 그녀는 나중에 이렇게 말했다. "저는 많은 기업과 일하며 지속 가능성에 대한 보고서를 개발했습니다. 하지만 그것들을 경영 도구로는 사용하지 않더군요. 회사가 보고서를 개발하는 이유는 그저 그 일을 하고 있다는 생색을 내기 위해서였고, 홍보에나 써먹자는 거였죠. 산업 간에는 물론 동종 업계 기업들 간에도 비교가 불가능했습니다." 측정지표를 가지고 있는 산업마저 드문 상황이었다. "GRI는 대부분의 보고서에서 일반적인 지표에 의지합니다. 그들은 요청받은 5개 산업에 대해서만 산업별 측정지표를 정의하고 있었습니다. 저는 특정 산업마다 기업의 활동에 따라 지속 가능성 기준이 달라야 한다고 생각했기 때문에, 보고서는 특정 산업에 기반을 두어야 한다고 말했고, 다른 사람들도 동의했습니다. 하지만 제가 대화 중 이런 말을 꺼내자, 이렇게들 말하더군요. '그래요. 하지만 너무 힘든 일이에요. 산업도 너무 많고 지표도 너무 많아요.'"

2011년에 진은 지속 가능성과 보고서가 교차하는 지점에서 일하는 많은 개척자와 함께 지속 가능 회계기준 위원회Sustainable Accounting Standards Board(SASB, '사스비'라고 읽는다)를 설립했다.[26] 진은 모든 투자자가 티커 심벌*을 입력하면 재무 자료만큼이나 쉽게 모든 회사의 유용한 ESG 자료를 이용할 수 있는 세상을 만들고자 했다. 그녀는 산업마다 별개의 기준을 개발하려 했다. 그러면 기업들은 자신들에게 중요한 문제에 대해서만 보고서를 작성하면 된다. 자료는 쉽게 감사할 수 있고, 다른 기업과의 비교도 어렵지 않을 것이다.[27] 중요성에 초점을 맞추는 것은 기업은 모든 중요한 정보에 대해 보고할 법적 의무가 있으므로 이러한 지표들에 대해서도 정확하게 보고해야 할 의무가 있다고 주장할 근거가 되어준다. 또 이 지표가 기업의 실적과 상관관계를 보일 가능성이 더 커지고, 이에 따라 투자자에게 더 유용하게 이용될 수 있을 것이다. 진은 일단 이러한 측정지표가 정의되고 널리 수용되면, 공유 가치를 창출하기 위해 고안한 전략적 계획의 가치에 대해서 여러 기업이 더 효과적으로 의사소통할 수 있게 되리라고 생각했다. 더불어 투자자들은 ESG와 재무 성과 사이의 관계를 좀 더 정확하게 파악할 수 있게 됨에 따라, 자신들이 투자한 기업을 압박해 기업 전략을 개선하는 효과를 낼 수 있으리라고 믿었다.

진과 동료들은 우선 산업별로 '중요성 지도materiality map'를 만들기 시작했다. 수십만 건의 자료를 살피며 각 산업의 성과에 영향을 미치는 문제들을 이해하고, 유용하고 비용 효율적이고 기업 간 비교를 가능하게 하고 감사 가능한 예비 측정지표를 개발했다. 그런 다음에는 투

---

* ticker symbol, 상장 회사를 나타내는 상징 문자.

자자, 기업, 그 외 이해관계자들을 모아 산업별 실무 집단을 꾸려, 기준에 대한 초안을 작성했다. 각 초안은 SASB 회원이 함께 검토한 뒤 90일 동안 공개해 대중의 평가를 받았다. 2018년 이 단체는 77개 산업에 대한 기준을 발표했다.

앞서 말했듯이 예비 분석에 따르면, 이 새로운 기준은 장기적 재무 성과와 긍정적 상관관계를 갖고 있다.[28] 이 새로운 기준은 장기적인 지평을 가진 기업들의 투자 유치에 상당한 도움이 되었다. 일례로 소피아 멘델슨Sophia Mendelsohn과 제트블루JetBlue의 사례를 살펴보기로 하자.

제트블루의 데이터 전략

소피아는 2011년 지속 가능성 부서 총괄자로 제트블루에 입사했다.[29] 그전에는 다국적 가구 제조업체 하워스Harworth의 지속 가능성 책임자로 일했고, 상하이 제인구달 연구소에서 중국 전역의 사무실과 학교를 위한 환경 프로그램을 개발한 경력이 있다.[30] 그녀가 입사했을 때, 제트블루는 1년에 깡통 1억 개를 버리고 있었다. 첫 임무가 바로 재활용 프로그램과 관련된 것이었다. 그녀는 그 밖의 다른 무엇을 할 수 있을까 생각했다.

그녀는 먼저 가능한 한 많은 곳에서 공유가치를 창출하는 일에 초점을 맞추기로 했다. 2013년에는 (여러 목표 중에서도) 식수 사용량을 줄이기 위한 자원 효율성 프로그램을 시작했다. 제트블루 항공기 대부분은 물탱크가 거의 가득 차 있는 상태로 착륙했다. 소피아는 물탱크를 4분의 3만 채우도록 하는 방침에 앞장섰다. 이 방침을 통해 1년에 대략 2700톤의 이산화탄소를 줄였고, 약 100만 달러의 연료 절감 효과가 있었다.[31]

2017년 소피아와 그녀의 팀은 제트블루의 뉴욕 JFK 공항 지상 서비스 장비를 전기차로 교체하는 다기능 프로젝트를 주도했다. 이 프로젝트는 10년에 걸쳐 운영비 300만 달러 절감 효과를 낼 것으로 예상되었고, 75만 달러에 달하는 순현재가치를 가지고 있었다. 이 프로젝트는 동종 업계에 많은 관심을 불러일으켰다. 한 공항 당국은 제트블루의 프로젝트를 지상 서비스 장비 전기화의 가장 훌륭한 예로 인용하고 있다. 2년 후 소피아는 최소 10년간 연간 약 1만 2000리터 규모의 재생 혼합 제트 연료를 표준 제트 연료와 같은 가격으로 구매하기로 하는 구속력 있는 계약을 체결했다. 항공 역사상 가장 큰 규모의 재생 제트 연료 구매 계약이었다. 제트 연료는 제트블루 비용에서 임금 다음으로 가장 큰 부분을 차지했고, 수익에도 큰 영향을 미치고 있었기 때문에, 이 계약은 엄청난 화제를 불러일으켰다.[32]

소피아는 제트블루의 투자 관리 부서 동료들과 대화를 나누며 회계에 관심을 키워갔다.[33] 제트블루는 고객 서비스에 대한 열정적인 헌신을 강조하며 미국에서 가장 수익성이 높은 항공사 중 하나로 성장한 상태였다. 여기서 헌신이란 장기적인 투자를 의미했다. (다중 채널 텔레비전 도입처럼) 고객 경험을 당장 개선하는 기술적 투자뿐 아니라, 승무원들과 강력한 관계를 구축하는 동시에, 고객의 지속 가능성에 대한 관심이 항공사에 대한 인식에 미치는 영향을 파악하는 데에도 투자했다. 하지만 제트블루의 투자자들을 포함한 많은 항공 투자자들은 대체로 단기 지향적이었다. 투자 관리 부서에 있던 소피아의 동료들은 제트블루가 기업 전략에 대해 대중과 소통하는 방법을 찾을 수만 있다면 장기적이고 성장 지향적인 투자자들을 끌어모을 수 있으리라고 믿었다. 그렇게만 된다면 장기 투자를 통해 제트블루는 한층 더 성장할 수 있을 터였다.

이에 소피아는 제트블루가 SASB 보고서를 처음으로 발표하는 항공업체가 되어야 한다고 주장했다. SASB의 항공 지표에는 노사 관계와 지속 가능성 항목도 있었는데, 제트블루는 이 부분에서 경쟁사들보다 상당히 앞서 있었으므로, SASB 보고서 발표는 기업의 장기적이고 성장 지향적인 전망을 대중에게 알리는 강력한 방법이 되리라고 믿었다.

이러한 결정에 대해 나중에 그녀는 이렇게 이야기했다.

> 궁극적인 목표는 주가를 끌어올리고, 투자기반을 다양화하고, 변동성을 줄이는 것이었습니다. 한마디로 주주들이 우리 주식의 가치를 장기적으로 믿어주길 바랐죠. 투자자들은 기업의 소유자입니다. 당연히 원하는 정보를 얻을 수 있어야 합니다. 특히 산업을 압박하는 주요 환경 및 사회적인 메가트렌드를 보여주는 정보는 꼭 필요합니다. 지속 가능성 보고서는 이제 스토리텔링이 아니라 모델 지향 데이터 공유로 바뀌고 있습니다.

이러한 보고 전략은 투자자들의 폭발적인 관심을 불러일으켰다. 한 주요 투자자는 무려 2시간에 걸쳐 쉴 새 없이 소피아에게 질문을 퍼부었다. 2017년 자금 회전율은 2015년 30%에서 39%로 증가하며 업계 최고 수준을 기록했다. 2년이 지나자 지속 가능성과 비즈니스 사이를 자연스럽게 오가며 질문을 던지는 투자자들이 늘어났다. 소피아는 또 보고서 종합 과정이 기업 내부를 강력하게 결집하는 효과가 있다는 사실을 발견했다. 지속 가능성이 제트블루의 재무 성과에 중요한 영향을 미친다는 점을 (모든 사람이 이해하고) 받아들이면서, 기후변화와 같은 문제에 대해 기업 전체가 몰입해서 해결해야 하는 문제로 이야기하게 되었다.[34]

이렇듯 잘 설계되고, 주목할 만하고, 감사를 할 수 있고, 복제 가능한 ESG 측정지표들은 장기적인 안목을 가지고 공유가치 창출을 더 많은 이익을 확보할 수 있는 길이라고 생각하는 투자자들과 목적 지향 기업을 연결하는 데 중요한 역할을 할 수 있다. 또 자산 소유자의 장기적·사회적·경제적 성과에 관한 관심에 대해 그 자산을 관리하는 전문가들과 훨씬 쉽게 의사소통하게 해줌으로써, 단기적 전망을 가진 전문가에 의해 관리됨으로써 발생하는 대리인 문제*를 자산 소유자들이 해결하는 데도 도움이 될 수 있다. 예를 들어 일본의 후생연금펀드Government Pension Investment Fund 사례를 살펴보기로 하자.

후생연금펀드는 왜 ESG에 주목했을까

미즈노 히로미치는 2014년 가을 최고투자책임자CIO로 후생연금편

---

* agency problem, 대리인이 위탁자의 이익에 반하는 행동을 할 가능성이 늘 있다는 문제.

드에 합류했다.[35] 그는 상당한 임금 삭감을 감수하면서, 런던의 유명 사모펀드를 떠나 도쿄 시내의 평범한 건물 한 층에서 80명의 직원을 감독하는 일을 택했다. 당시 이 특이한 결정에 주목했던 언론은 있었지만, 세계 최대 규모의 자금원 중 하나가 자산 관리자들과 함께 환경, 사회, 지배구조 문제를 다루는 데 혁명을 일으키리라 예측했던 기사는 단 하나도 없었다.

후생연금펀드는 세계에서 가장 규모가 큰 연금기금으로, 자산만 162조 엔에 달한다. 2013년 이전에는 포트폴리오 대부분을 일본 국채에 투자했지만, 2014년부터 포트폴리오를 다변화해 (상장 법인 주식인) 보통주에도 상당한 투자를 하며 수익을 획기적으로 끌어올리려고 했다. 미즈노는 난관에 봉착했다.

후생연금펀드의 실적을 늘리는 방법으로는 두 가지가 있었다. 하나는 경쟁사보다 우위에 설 가능성이 큰 기업에만 투자하는 것이다. 직관적으로 납득이 되고, 때로는 엄청난 결과를 가져다주는 방법이다. 예를 들어 피터 린치Peter Lynch가 1977년 마젤란 뮤추얼펀드의 경영권을 인수했을 때, 그가 관리할 돈은 1800만 달러에 불과했다. 린치는 개별 기업을 깊이 이해하고, 성공이 확실해 보이는 기업에 투자하는 것이 성공 비결이라고 믿었다.[36] 그는 엄청난 성공을 거두었다. 1977년에서 1990년 사이에 마젤란은 연평균 29% 이상의 수익률을 올렸고, 덕분에 세계 최고의 실적을 자랑하는 뮤추얼펀드로 우뚝 섰다.[37] 1990년에는 관리 자금이 140억 달러를 넘어섰다.[38]

그러나 미즈노가 보기에 린치의 성공담은 매력적이기는 하지만 예외에 지나지 않았다. (린치처럼 성과가 높은 기업에만 투자하는) '능동적'

투자자들은 정해진 주식만을 사서 오랫동안 보유하는 '수동적' 투자자들과 비교해볼 때 평균적으로 수익률이 낮다는 것은 이미 통계가 입증해주고 있다.[39] 게다가 후생연금펀드는 한정된 기업들에만 투자하기에는 너무나 규모가 크다. 후생연금펀드는 일본 주식시장의 7%, 세계 주식시장의 1%를 소유하고 있으며 채권 시장에도 막대한 자금을 투자하고 있다. 다시 말해 후생연금펀드는 투자금이 너무 많다 보니 사실상 모든 기업의 주식을 소유할 수밖에 없는 '보편적 투자자'이다.[40] 실제로 후생연금펀드의 일본 주식 포트폴리오 90%, 해외 포트폴리오 86%는 특정 등급의 모든 주식을 보유하며 전체 시장의 성과를 추적하도록 설계된 패시브 펀드passive fund에 투자하고 있다.

미즈노는 경제 전체의 체질 개선을 통해 후생연금펀드 실적을 높여보기로 했다. 그는 일본 (그리고 실상 전 세계) 기업들에게 ESG를 이용하라고 설득했다. 그의 말을 들어보자.

> 개인 기업은 언제나 경쟁 모델을 기반으로 합니다. 하지만 후생연금펀드는 공적 자산을 소유하고 있습니다. 따라서 이겨야 할 경쟁사도 없고, 시장을 이겨야 할 이유도 없습니다. 후생연금펀드는 초장기 투자자입니다. 저희는 보편적 소유주universial owner의 교과서적인 정의에 가깝습니다. ESG가 초과 수익 달성을 위한 긍정적 속성이 될 수 없다고 하는 사람들이 있습니다. 하지만 저희는 초과 수익을 내는 데 관심이 없습니다. 저희는 시스템 전체를 튼튼하게 만드는 데 관심이 있습니다.

기업을 환경, 사회, 지배구조 문제에 집중하게 하는 것이 일본 경제 전체의 성과를 향상시키리라고 믿는 데는 몇 가지 이유가 있었다. 우선 ESG의 G에 주목하여, 기업의 지배구조 개선이 어떤 결과를 낳을지 살펴보기로 하자. 일본 기업이 지난 20년간 외국 경쟁사들보다 수익이 현저히 낮았던 이유 중 하나가 글로벌 스탠더드에 비추어볼 때 기업 이사진이 상대적으로 취약하기 때문이라는 데 많은 사람이 동의하고 있다. 일본에서 관리자들의 자리는 대체로 안정되어 있어서, 실적 저조로 인한 퇴출이나 새로운 기회를 모색해야 하는 압력이 크지 않다. 2017년에 일본 주요 기업 중 이사 3분의 1 이상이 사외이사인 기업은 27%에 불과했고, 그나마도 상당수는 변호사나 학계 인사로, 경영 경험이 거의 없는 사람들이었다. 따라서 후생연금펀드의 첫 번째 과제는 투자자들에게 더 많은 권한을 부여할 수 있도록 자산 관리자들로 하여금 지배구조를 개선하라고 기업을 설득하게끔 하는 것이었다. 기업이 사업에 대해 더 많은 정보를 공개하고, 투자자들과 장기적 전략에 관해 이야기하고, 투자자들이 지배구조를 염두에 두고 주주 권리를 행사하도록 만들고자 했다.

ESG의 S에 방점을 찍고 사회적 문제에 초점을 맞추는 것도 일본 경제에 큰 도움이 될 것으로 보였다. 일본은 1970년 중반 대체 출산율, 즉 총인구를 유지하는 데 필요한 출산율 아래로 떨어졌고, 노동 연령 인구는 지구상의 어떤 나라보다 빠르게 감소하고 있다.[41] 일본의 폐쇄적인 이민 정책을 고려해보면 여성들을 설득해 노동 인구로 남아 있도록 하는 것이 장기적인 경제 성장을 위해 무엇보다 중요하다. 그러나 이를 위해서는 깊게 뿌리박힌 구조적 문제를 해결해야 한다. 많은 일본 기업들이 투트랙 고용 시스템을 가지고 있다. 신규 직원들은 관리 부문과 일반 사무 부문으로 분류된다. 관리 부문에 들어가야 정규직 일자리를 거쳐 경영자로 승진하는 것도 꿈꿔볼 수 있다. 그러나 여성들은 일반 사무 부문에 고용되는 비율이 압도적으로 많다. 또 일본인들은 여성이 육아에 일차적 책임을 져야 한다고 생각한다. 고용주대부분은 직원들이 긴긴 시간 동안 일해주기를 기대하므로 아이를 돌보는 일과 직장을 병행하는 것은 매우 어려운 일이다. 세계경제포럼의 2017년 세계 성 격차 지수에서 일본은 144개국 중 114위였다.[42]

미즈노는 또 일본의 (ESG에서 'E'에 해당하는) 환경 문제 해결 노력이 수혜자들의 장기적 안녕을 보장하는 데 매우 중요하다고 믿었다. 기후 변화를 이대로 내버려둔다면 일본의 식량 공급은 불안정해지고, 이미 자연재해가 빈번하게 발생하는 열도에서 그 빈도가 더욱 증가할 것이다. 미즈노는 이렇게 말했다. "지금으로부터 30년 후까지 연금을 낸다고 합시다. 하지만 수혜자들의 손주들이 밖에서 뛰놀지 못한다면, 그게 무슨 소용이 있겠습니까?"

"시장을 이기는 것이 아닌 개선하는 것이 목표"

ESG에 초점을 맞추겠다고 말하는 것은 어렵지 않다. 하지만 그 결정을 실천에 옮기는 일은 쉽지 않다. 독립적인 행정 법인으로서 후생연금펀드는 주식 직접 거래나 기업과의 직접 대화가 금지되어 있다. 이는 민간 분야에 대한 정부의 영향력을 최소화하려는 조치다. 모든 투자는 독자적인 자산 관리자에게 아웃소싱되었다.[43] 따라서 미즈노는 후생연금펀드의 자산 관리자 34곳 모두에게 그들이 투자하는 모든 회사와 ESG 문제에 대해 체계적인 대화를 나누고, 대리 선거마다 투표하고, 그 투표 결과를 후생연금펀드에 보고하라고 지시했다. 예를 들어 자산 관리자는 특정 이사회의 임명 및 경영 구조 위원회에 독립적인 의장이 없다고 지적하고, 그것이 언제 수정될지를 묻고, 수정되지 않는다면 경영진에 반대표를 던지겠다고 경고할 수 있다. 후생연금펀드는 각 자산 관리자와 1년에 두 차례 이상 일대일로 만나 기업들과 어떤 식으로 관계를 맺고 있는지 개략적으로 설명하고, 대리 투표 내용을 전하게끔 했다.

(일본식으로 말하자면) 지옥문이 열렸다는 말조차 절제된 표현이라고 할 만했다. 상황을 지켜본 한 사람은 미즈노가 후생연금펀드의 수동적 관리자들에게 '수동적으로 능동적passively active'이 되라고 요구한 것은 '자산 관리 역사상 가장 논란이 된 선언'이라고 했다. 거의 모든 자산 관리자들이 (조용하고 정중하게) 저항했다. 자신들은 ESG를 보고 현명한 판단을 내리기에는 전문적인 지식이 없다는 것이었다. 적극적으로 나서서 자신들의 전문 지식은 알파*를 증가시키는 것인데, ESG에 집중하는 것이 무슨 도움이 되느냐며 반대하는 관리자도 있었다. 투자가치의 0.1퍼센트도 안 되는 보수를 받고 있기 때문에, 필요한 능력을 개발할 경제적 여유가 없다고 말하는 관리자도 있었다.[44]

미즈노는 (마찬가지로 조용하고 정중하게) 대답했다. 자신의 의도는 보수삭감이 아니며, 더 나은 성과와 더 증대된 전문성에 더 많은 보상

---

* alpha, 리스크와 시장 조정을 거친 상대 수익.

을 해주고 싶다고 했다. 그리고 (대단히 정중하게) 그 어느 곳도 반드시 후생연금펀드를 위해 일해야 할 필요는 없다고 밝혔다. 그런 다음 후생연금펀드가 자산 관리자를 평가하고, 선정하고, 보수를 지급하는 방식을 바꾸어버렸다. 알파를 창출하고 장기 투자에 집중하는 데 분명한 보상을 하도록 설계된 새로운 보수 체계에 기꺼이 동의하는 능동적 자산 관리자와는 다년 계약을 맺었고, 수동적 관리자에게는 보수를 지급하는 대가로 '새로운 비즈니스 모델'을 제시하라고 요구했다. 2년이 지난 뒤에도 수동적 관리자 중 그 누구도 구체적인 제안을 하지 않자, 미즈노는 선정 기준에서 스튜어드십코드* 가중치를 30%로 늘리고, 새로운 기대치를 충족 못 하는 자산 관리자는 투자 기금이 줄어들거나, 최악의 경우 후생연금펀드와 일하지 못하게 될 수 있다고 경고했다. 그는 보수 체계를 바꿔야 한다는 제안도 재차 강조했다.

투자 컨설턴트들은 새로운 계약에 대해 불평하며, 자산 관리자와 다년 계약을 맺는 것은 언제든지 관리자를 바꿀 수 있는 옵션 가치를 훼손하는 것이므로 후생연금펀드의 신탁 의무 위반이라고 지적했다. 미즈노는 오히려 장기 계약에 서명하지 않는 것이 신탁 의무 위반이라고 응수했다. "그들은 제 신탁 의무를 제대로 이해하지 못했습니다. 제 신탁 의무는 세대를 넘어서는 것입니다."

미즈노는 후생연금펀드의 규모와 인지도를 이용해 일본 기업계 전체에 ESG 문제를 환기시켰다. 그는 ESG 주제에 기반을 둔 5개의 주식 지표를 개발해 후생연금펀드가 주식에 투자하는 자금의 4%, 대략

---

* stewardship code, 기관투자자의 의결권 행사 지침.

3조 5000억 엔을 투자했다.[45] 또 각각의 지표를 만드는 데 이용한 방법을 완전히 공개했다. 일반적인 관행은 아니었다. 미즈노는 이렇게 말한다.

> 전통적으로 생각하고 시장을 이기는 것이 제 업무라고 정의했다면, 우리는 [지표] 판매자들에게 방법론을 공개하라고 요구하지 않았을 것입니다. 하지만 우리는 공개를 주문했습니다. 시장을 이기는 게 아니라 시장 전체를 개선하고 싶었기 때문입니다. 이 지표들에 선정되지 않은 기업들은 선정 기준에 접근할 수 있으므로, 어떻게 하면 자사의 ESG 등급을 개선할까 연구해볼 수 있습니다. 우리는 지표 판매자에게 회사들과 거래하고, 진행 상황을 보고하라고 요구합니다. 판매자들은 지표가 도입된 후 일본으로부터 문의가 쏟아졌다고 말했습니다.

미즈노는 공유가치를 창출할 수 있는 잠재력과 사회적·경제적 문제들에 대한 투자가 얼마나 중요한지에 대한 일본인 투자자와 기업의 생각을 완전히 바꾸어놓았다. 2015년부터 2018년까지 불과 3년 사이에 언론에서 ESG를 언급한 횟수는 8배 이상 증가했다.[46] 대기업의 80%와 중간 규모 기업의 60%는 ESG 지표에 집중하면서 기업 내 ESG에 대한 인식이 높아졌고, 실질적인 변화가 생겼다고 말했다.[47] 일본 투자자의 거의 절반 정도는 ESG를 고려해 투자를 결정한다고 한다. 지난 2년간 지속 가능한 투자를 한 일본 금융자산 비율은 3%에서 거의 20%까지 증가했다.[48]

아직 가야 할 길은 멀지만, 미즈노의 성공은 대단히 고무적이다. 긴요하고, 복제 가능하고, 비교 가능한 ESG 지표를 널리 이용하게 만든 것이 게임체인저*였다. ESG 지표는 (제트블루의 사례에서처럼) 투자자들이 기업의 사회 및 환경 성과에 대한 투자와 그 기업의 수익 간의 관계는 물론 (후생연금펀드의 사례에서처럼) 포트폴리오 전반의 수익과의 관계도 쉽게 이해할 수 있게 해준다. 그러나 현재로서는 ESG 지표를 도입하는 것만으로 단기성과주의라는 문제를 충분히 해결할 수 없다. 많은 ESG 지표들은 구축하기도 힘들고, 여러 업체를 비교하거나 감사하기는 더더욱 힘들다. 세심하게 마련된 지표들조차 성과를 촉진하는 데 유용한 비재무적 요소를 모두 포착하기에는 충분치 않을 수 있다.

재무제표에 일상적으로 통합될 수 있는, 널리 채택될 수 있고 표준화된 측정지표를 개발하는 데는 상당한 시간이 걸릴 것이다. 세상에서 가장 훌륭한 ESG 지표가 있다고 해도 목적 지향 기업의 성공을 이끄는 몇몇 눈에 보이지 않는 투자의 가치를 제대로 전달하기가 힘들 수도 있다. SASB의 사례가 보여주듯 이 분야에는 지금도 많은 연구가 활발히 진행되고 있어서, 앞으로 상황은 충분히 바뀔 수 있다. 그러니 일단은 기다리는 동안, 자본의 장기적 집중을 위한 다른 해결책들을 살펴보기로 하자.

첫째는 공적 자본시장에서 벗어나는 방법이 있다. 예를 들어 가족기업은 원론적으로는 장기적인 가치 창출에 초점을 맞추기에 대단히 유리한 위치에 있다. 타타Tata나 마스Mars 같은 가족기업은 세계에서 가장 목적 지향적인 기업이라 할 수 있다. 그러나 가족기업의 실적은 변동성이 심해서, 개발경제학자들은 아직 널리 신뢰받는 공공 자본시

---

* game changer, 현 상황에 엄청난 변화를 가져올 정도의 혁신적 아이디어.

장을 개발하지 못한 국가들에서 경제 성장을 저해하는 요소 중 하나가 가족기업에 대한 의존이라고 보고 있다.[49]

사모펀드 역시 세상이 어떻게 돌아가는지 잘 파악하고 있는 장기 자본이 될 수 있다. 하지만 사모펀드를 보는 시각도 엇갈린다. 사모펀드는 공적 자본시장보다 더 높은 실적을 기록하는 것으로 보이지만, 내가 아는 한 사모펀드가 공적 자본시장보다 더 장기적인 관점을 가지고 있다고 믿을 만한 근거는 없다.[50]

목적 지향적이고 회사의 목표와 장기적인 의지를 공유하는 투자자들에게서 답을 찾을 수도 있다. 나쁜 소식은 이러한 투자자가 흔하지 않다는 점이다. 좋은 소식은 상황이 바뀌고 있고, 이들이 투자하는 기업들이 전통적인 경쟁사들에 잘 대항하는 것 이상을 보여주고 있다는 점이다.

목적을 공유하는 '임팩트 투자자'

유니레버나 킹아서플라워 등의 목적 지향 기업과 같은 개념을 투자자에게서 찾는다면 임팩트 투자자impact investor들이 이에 해당한다. 어느 정도 수익을 원하긴 하지만, 이들의 목표는 이익 극대화보다는 세상을 바꾸는 것이다. 임팩트 투자자는 빌&멀린다 게이츠 재단이나 오미디아 네트워크*와 같은 단체일 수도 있고 부유한 개인이나 가문,

---

* Omidyar Network, 이베이 창립자 오미디아가 설립한 자선 투자 전문 기관.

사모펀드 기업, 심지어 몇몇 기관투자자일 수도 있다. NG를 매입한 사모펀드 파트너였고, 기업을 바꾸어보려는 에리크 오스문센의 노력을 든든하게 뒷받침했던 지지자 중 하나였던 레위니르 인할은 현재 숨마 사모펀드Summa Equity를 이끌고 있다. 이 사모펀드 웹사이트에서는 "우리는 전 지구적 문제를 해결하기 위해 투자한다"라는 자부심 가득한 선언을 볼 수 있다.

트리오도스 은행Triodos Bank은 특히 이러한 기관들이 어떤 힘을 행사할 수 있는지와 더불어, 그러한 기관을 만드는 데 어떤 노력이 필요한지를 잘 보여준다.[51] 네덜란드에 본사를 둔 이 은행은 네 사람으로 이루어진 스터디 그룹에서 시작되었다. 이들은 돈을 좀 더 분별력 있게 관리하는 방법을 연구했다. 스터디 그룹 참여자들은 독일의 철학자이자 과학자였던 루돌프 슈타이너Rudolf Steiner가 개발한 정신-철학 체계에 관심을 가졌다. 슈타이너는 사회가 세 영역으로 이루어져 있다고 생각했다. 경제 영역, (정치와 법이 포함된) 권리 영역, 그리고 문화-정신 영역이었다. 그는 이 세 영역의 균형이 잘 잡혀야 건강한 사회라고 보았다. 트리오도스 은행 설립자들은 기업가들이 혁신성을 높일 수 있도록 자극함으로써 사회 변화를 촉진하는 것을 목적으로 삼았다. 이 은행은 1980년에 설립되었다. 창업 자본금은 54만 유로였고, 네덜란드 중앙은행으로부터 은행 허가를 받았다.[52] 이 은행은 고객 소유 기업이다. 이러한 소유 구조는 단기 수익 극대화보다는 건강한 사회를 만들겠다는 목표를 확실하게 추구하려는 전략의 일환이었다. 현재 이 은행은 150억 유로 규모의 자산을 관리하며 2억 6600만 유로의 수익을 올리고 있다.[53]

트리오도스는 '세 갈래 길'이라는 뜻으로, 슈타이너가 말한 세 가지 사회 영역의 건강한 개발을 지지하겠다는 신념이 깃들어 있다. 트리오도스 은행 투자 관리 부서에서 예술과 문화 분야를 총괄하는 에릭 홀테르휘어스Eric Holterhues는 은행의 사명 중심의 목적에 대해 다음과 같이 설명했다.

사회를 위해 세 가지를 중요시해야 합니다. 일단 지구를 보존하기. 우리가 환경 문제라면 모든 일에 적극적인 것은 그 때문입니다. 그리고 지구상에서 사람들이 서로를 대하는 방식. 우리가 공정무역이나 마이크로파이낸스*에 적극적인 이유입니다. 마지막으로 모든 개인의 발전. 우리가 문화에 적극적인 이유입니다. 이 세 가지로 인해 저희는 세상의 어떤 은행과도 다릅니다. "우리는 은행입니다. 어떤 부분에서 돈을 벌 수 있을지 알아보기로 하죠", 이런 말은 하지 않습니다. 대신 이렇게 말하죠. "이 지구(환경), 우리(사회), 나(문화)라는 세 부분이 우리의 출발점입니다. 은행으로서 어떻게 여기에 이바지할 수 있을까요?"

CEO 페터르 블롬Peter Blom은 은행의 비전에 대해 다음과 같이 말했다.

10년 후 일어날 일에 영향을 줄 수 있기를 바라고 있다면, 그것만으로도 이미 여느 은행과는 다른 점입니다. 다른 은행도 미래에 대해서 생각하겠죠. 하지만 "우리가 지금 하고 있는 일을 앞으로 어떻게 더 잘할 수 있을까?" 정도일 겁니

---

* microfinance, 사회 취약 계층에게 소액대출, 보험, 예·송금 등 다양한 금융 서비스를 제공하는 사업.

다. 우리처럼 "어디에 영향을 미쳐 무엇을 바꾸고 싶은가?"가 아니라요.

그건 매우 중요한 생각이고 이를 위해서는 사회의 큰 트렌드를 알아야 합니다. 우리는 어디로 가고 있는가? 인류는 어디로 가고 있는가? 인간에게 필요한 것은 무엇인가? 그러면 10~50년 후의 미래에서 지금을 돌이키며 무슨 일이 일어났는지 보고 싶어집니다. 그게 미래로부터 배우는 접근 방식입니다. 미래에서 우리가 지금 있는 곳으로 되돌아오는 거죠. 그렇게 해보지 않으면 똑같은 일을 반복하기 쉽습니다. 시대정신을 이해해야 합니다. 그 시대의 정신은 사람들의 장기적 발전, 기업가와 기업을 운영하는 방식의 장기적 발전과 밀접하게 연결되어 있습니다.

이러한 종류의 목표를 포착할 수 있는 방법을 찾기란 쉽지 않다. 트리오도스 은행은 아무리 정교한 ESG 지표라도 무조건 의지할 수는 없다는, ESG 지표의 한계를 보여주는 좋은 예다. 예를 들어 대출 결정에는 개인과 집단의 정교한 판단 과정이 필요하다. 대출 담당자는 신청받은 대출 내용이 은행의 사명과 일치하는지를 검토해야 하고, 제대로 된 리스크 프로파일을 제시해야 한다. 트리오도스 은행에서 자주 쓰는 말을 빌리자면 "만일 한 아이가 5유로를 빌리러 왔다면 먼저 '왜 그 돈이 필요하니?'라고 물어야 한다". CFO 피에르 아에비Pierre Aeby 는 이렇게 설명했다. "대출에 투자할 때는 먼저 그 대출이 무엇을 위한 것인지 살펴봅니다. 채무자의 사명은 무엇일까? 채무자는 사회에 어떤 가치를 더하려 하는가? 그것이 우리의 가치와 어울리는가? 그다음에야 은행가로서 엄격하게 따져봅니다. 상환 능력은 있는가? 무엇을 하는 사람인가? 담보는 무엇인가? 그리고 나서 적정한 이율을 결정합니다."

네덜란드 기업 대출을 담당하는 다니엘 포벌Daniël Povel은 이렇게 말한다. "예를 들어 마약 중독에서 벗어난 사람을 고용해 유기농/바이오다이내믹 농법으로 농사지으며, 그림을 그리고 조각을 하는 아트센터를 운영하는 사람이 지붕에 태양 전지판을 설치하기 위해 대출을 원한다면, 대출은 매우 쉬울 겁니다. 정말 쉽죠. 누구나 승인하라고 할 겁니다." 그러나 모든 일이 이렇게 명확하지는 않다. 은행은 회색 지대에 빠진 이러한 '난제'들을 동료들과 대화를 나누며 개인의 판단과 분별력을 이용해서 해결해야 한다고 보았다. 다니엘은 매주 월요일 아침마다 열리는 회의에서 논의되던 '난제'가 어떤 것이었는지 예를 들어주었다.

한 신발 공장이 대출을 요청했습니다. 최소한 유럽에서는 아주 유명한 공장이었습니다. 그들은 에너지 효율을 끌어올려 에너지 비용을 절감하려 했습니다. 대출을 원한 이유는 공장에서 나오는 가죽 바이오 폐기물로 에너지를 만들어보기 위해서였습니다. 쇠가죽을 벗길 때 나오는 지방이 많고 미끌미끌한 물질로요. 이들은 이 물질을 태워 열과 전기를 생산하면 에너지 소비를 30~35% 줄일 수 있다고 했습니다. 상당한 양이죠. 이들은 다른 환경 문제에서도 선도적인 기업이었습니다. 예를 들어 많은 화학물질이 신발 생산에 사용되는데, 오염된 물을 정화해 거의 마실 수 있는 수준까지 만들었습니다.

회의에서 이 회사의 사례를 제시한 동료가 제게 물었습니다. "대출을 해줘야 할까요?" 그러자 누군가가 물었습니다. "이 신발 가죽에 사용된 소들 말이에요. 그 소들이 밖에 돌아다닐 수 있었나요?" 그러자 동료가 대답했습니다. "철조망

자국이 난 신발을 누가 원하겠어요? 물론 소들은 돌아다니지 않았습니다. 안에 갇혀 있었죠." 트리오도스 은행은 동물을 과밀한 공간에 가두어 기르며, 움직이거나 밖으로 나갈 수 없게 하는 집약적 축산을 지지하지 않습니다. 따라서 어떻게 해야 할지 난제로 남았습니다.[54]

요컨대 트리오도스 은행은 양적 기준보다는 가이드라인에 의지한다. 직원들은 어떤 프로젝트를 생각할 때 머리뿐만 아니라 심장은 물론 배짱까지 이용하라는 요구를 받는다. 블룸은 이렇게 말했다. "저희는 의도적으로 '기준criteria'이라는 말을 쓰지 않습니다. 대신 '가이드라인'이라는 말을 씁니다. 이 말은 논의와 대화의 여지를 만들어줍니다. 추상적인 '기준'보다 좀 더 상황을 참작하게 하고, 좀 더 현실적이고, 훨씬 더 많은 설명의 여지를 줍니다."

트리오도스 은행은 5~7%의 수익을 내고 있다. 세계적인 대형 은행들이 경기가 좋을 때 벌어들이는 수익에 비교하면 자랑할 만한 수준은 아니지만,[55] 그 은행들이 최악의 시기에 벌어들인 돈보다는 상당히 높은 수준이다. 무엇보다도 트리오도스 은행은 세상을 바꾸는 데 성공해왔다. 유럽 최초의 그린펀드인 생태토지펀드Biogrond Beleggingsfonds를 조성해 지속 가능한 환경을 위한 프로젝트 기금을 마련했다. 얼마 지나지 않아 윈드펀드Wind Fund도 만들었다. 당시 풍력 에너지 테크놀로지는 초기 단계였다. 하지만 은행은 덴마크, 독일, 네덜란드의 유망한 풍력 터빈 제조업체와 네덜란드의 소규모 엔지니어링 기업이 잠재적인 파트너가 될 수 있다고 보았다. 이 펀드는 처음부터 수익을 냈다. 게다가 다른 은행들도 유사한 상품들을 제공하기 시작하면서 산업 전반에 큰 영향을 미쳤다. 블룸은 시스템 수준에서 개입하는 이러한 접근 방식에 대해 다음과 같이 요약했다.

> 전략적 관점을 갖는 거죠. 어떤 부문을 잘 알면 이게 빠졌다, 건전하려면 이러한 요소가 필요하다는 식으로 말할 수 있고 물론 고객의 수요도 찾을 수 있습니다. 자 그럼 우리와 함께 다음 단계로 나아갈 기업가를 어떻게 찾아야 할까요? 우리는 선순환을 만들려고 합니다. 우리의 대출이 시범사업 역할을 하고, 파급 효과가 발생해 다른 사람들도 같은 공간으로 들어와주기를 바랍니다. 우리는 신뢰를 구축하려 합니다. 우리는 은행 자체만을 위한 최고의 거래를 추구하는 전형적인 은행이 되지 않으려고 노력합니다. 고객이 우리를 찾는 이유는 우리가 허브 역할을 하기 때문입니다. 우리는 협동경제를 위해 완전히 새로운 기술들을 마련하고 있습니다.

요컨대 트리오도스 은행은 넓은 공동체에 초점을 맞추어 시스템 전체를 변화시킬 일종의 아키텍처 혁신을 촉진하는, 전형적인 목적 지향 기업이다. 정말 중요한 질문은 이런 종류의 투자자, 즉 최대 수익을 쥐어짜는 것보다는 지구의 안녕을 더 가치 있게 생각하는 투자자들이 비주류에 불과한지, 아니면 미래의 물결인지 하는 것이다. 아직 우리는 정답을 모른다. 하지만 나는 희망적이다. 앞으로 25년이 지나면 약 68조 달러의 주인이 바뀔 것이다. 베이비붐 세대의 부 중 많은 부분이 부모 세대보다는 훨씬 임팩트 투자에 관심이 많은 젊은 세대로 넘어가게 된다.[56]

가장 헌신적인 투자자는 가장 가까이에 있다

장기적으로 헌신적인 투자자를 확보하는 또 다른 방법은 고객이나 직원으로부터 자본을 조달하는 것이다. 트리오도스 은행이 성공할 수 있었던 비결 역시 은행이 고객의 소유이기 때문이라고도 볼 수 있다. 은행의 사명과 가치를 공유하고, 은행의 장기적인 성공을 바라 마지 않기 때문에 기꺼이 주인이 되기로 한 고객들이 소유주였기 때문에 그들은 성공할 수 있었다. 킹아서플라워의 CEO들은 회사가 전적으로 직원 소유이기 때문에, 기업의 사명에 대한 어느 정도의 참여와 헌신이 보장된다고 믿고 있다.

고객 소유 기업은 상당히 널리 퍼져 있다. 농촌전기협동조합은 미국에 전기를 공급하는 데 결정적인 역할을 했고, 지금도 미국 인구의 10% 이상에 전력을 공급한다.[57] 소수의 대량 구매자들에게 휘둘리던 농부들은 랜드오레이크스Land O'Lakes나 데어리파머스오브아메리카Dairy Farmers of America 같은 농부 소유 협동조합을 만들어 대응해왔다.[58] 이러한 조합은 개별 농가의 힘을 모아 시장 가격을 확실히 보장해주고, 판매를 위한 마케팅 캠페인을 지원하기도 한다. 현재 미국에는 약 4000개의 고객 소유 농협이 있으며, 약 1200억 달러의 수익을 올리고 있다.[59]

보험산업 초기에는 고객 소유의 뮤추얼 보험사가 많았다. 투자자 소유의 보험사들은 처음부터 높은 보험료를 부과하려 했지만, 고객 소유 보험사들은 리스크 감소 행동에 대해 보상하는 방침을 이용했다.[60] 미국에는 지금도 대략 2만 개 정도의 뮤추얼 보험사가 있다. 신용조합은 투자자 수익률을 극대화해야 한다는 압박 없이, 회원들에게 최상의 서비스를 제공하기 위해 설립된 고객 소유 협동조합이다. 현재 미국에는 5만 개 정도의 신용조합이 있다. 신용조합과 뮤추얼 보험사를 합쳐서 대략 1800억 달러의 수익을 내고 있으며, 35만 명 이상을 고용하고 있다.[61]

물론 전 세계 최대 규모의 농작물 구매자나 세계 최대 은행의 기준에서 보자면 적은 숫자다. 예를 들어 4000개에 달하는 농협을 모두 합쳐도 세계에서 가장 규모가 큰 농작물 교역 기업 둘을 합친 수익에도 미치지 못한다.[62] 미국의 양대 은행은 5만 개의 신용조합을 모두 합친 것보다 더 많은 수익을 올리고 있다.[63] 하지만 이러한 조합의 존재는 고객 소유권이 자본주의를 바꾸는 데 결정적인 역할을 할 수 있음을 시사한다.

종업원 소유제는 비교적 흔하다. 실제로 종업원들이 회사 경영을 통제하는 경우는 거의 없지만 말이다. 2013년 미국 고용주의 38%는 이익 공유를 제안했다.[64] 종업원의 20%는 자기 회사의 주식을 보유하고 있다고 보고했다.[65] 대략 5%의 종업원들은 종업원 스톡옵션 제도에 참여하고, 15%는 종업원에게 자기 회사의 주식을 구매할 수 있게 해주는 종업원 주식 구입 제도에 참여했다. 보통은 관리자나 영업 사원이 이러한 제도를 이용했지만, 어떤 직원이라도 참여할 수 있고 실제로 참여하기도 했다.[66] 이러한 기업 중에는 종업원이 회사 지분의 절반 이상을 소유한 기업도 있다. 예를 들어 렌터카 업체 에이비스는 1996년 외부 투자자들에게 매각되기 전까지 종업원 소유 회사였다. 1994년 유나이티드 항공사의 종업원들은 종업원 스톡옵션 제도에 동의해 급여를 양보하는 대가로 회사 주식의 55%를 얻었다. 2000년에 유나이티드 항공사는 전 세계에서 가장 규모가 큰 종업원 소유 기업이 되었다.

종업원 관리employee control는 종업원 소유제보다 드물지만, 특히 불평등 문제에 대한 해결책으로서 점점 더 많은 관심을 받고 있다. 몬드라곤Mondragon의 미국 대표 마이클 펙Michael Peck은 몬드라곤을 모델로 한 협동조합 구성을 지원하는 비영리단체 원워커원보트1worker1vote의 전무이사다. 이 단체는 전국 10개 도시에서 업무를 지원하며, 미국철강노조, 미국협동조합은행, 미국지속가능경영위원회 등의 단체와 제휴하고 있다.[67] 영국 프레스턴에서는 지방 의회가 도시 활성화를 위한 조치로서 노동자 소유 협동조합을 적극적으로 실험하고 있다.[68]

미국에서는 퍼블릭스Publix 슈퍼마켓 체인이 가장 큰 종업원 관리 기업이다. 퍼블릭스는 미국 남동부 전역에 1000개 이상의 지점을 갖고 있으며 20만 명 이상의 직원을 고용하고 있다.[69] 영국에서 가장 큰 종업원 관리 기업은 존루이스파트너십John Lewis Partnership으로, 영국 전역에 걸쳐 40여 개 백화점과 300여 개의 식료품점을 운영한다. 2017년에는 100억 파운드를 웃도는 수익을 거두었다. 존루이스파트너십은 공개 기업으로 8만 3000명이 넘는 (회사에서는 파트너로 통하는) 직원들에게 주식을 신탁하고 있다. 3년마다 투표로 선출되는 파트너십 협의회와, 파트너십 협의회에서 선출되고 이사회 역할을 하는 파트너십 이사회, 그리고 파트너십 이사회에서 선출된 회장이 회사를 운영한다.[70]

스페인 바스크 지역에 기반을 둔 몬드라곤은 세계에서 가장 큰 종업원 소유 기업이다.[71] 2018년에는 120억 유로 매출을 기록했으며 8만

명 이상을 고용하고 있다.[72] 협동조합으로서, 노동자-소유자가 1인
1표를 근간으로 회사 경영에 참여하며, 소유권은 양도할 수 없다. 노
동자가 은퇴하거나 퇴사할 때는 지분을 파는 것이 아니라, 소유 지분
에 대한 대가로 지원금이나 연금을 받는다. 몬드라곤은 100개가 넘는
노동자 협동조합의 지주회사다. 이들은 수십 개 산업에서 경쟁하고
있다. 중공업(자동차 부품, 가전제품, 산업 기계), 경공업(운동 장비, 가구),
건설 및 건축자재, 반도체, IT 제품, 비즈니스 서비스(인적 자원 관리, 컨
설팅, 법률), 교육, 은행, 농업 분야 등이다. 몬드라곤은 교육에 많은 투
자를 하고 있다(몬드라곤대학은 4000명 정도의 학생이 다니는 비영리 협동
조합이다). 자사 소유 은행과 컨설팅 기업도 있다. 직원 모두가 이 협동
조합들이 성공하고, 그로 인해 새로운 협동조합이 만들어질 수 있도
록 헌신하고 있다. 2013년 몬드라곤은 〈파이낸셜타임스〉의 '눈에 띄
는 기업상Boldness in Business'을 수상했다. "협력, 협동, 연대 등이 이루어지
는 '인도적인 직장'이라는 새로운 형태의 비즈니스 모델을 제시했다"
는 평이었다.[73]

충분히 예상할 수 있듯이 종업원 소유 기업은 이익보다는 고용을
우선시하고, 직원에게 현행 임금보다 더 많은 임금을 지급하려는 경
향이 있다.[74] 한 연구에 따르면 2009~2010년에 일반 기업의 직원 해
고율이 12%였던 데 비해 종업원 소유 기업에서는 3%만이 해고되었
고, 확정기여형 퇴직연금* 계좌를 비교하면 일반 기업보다 2배 더 많

---

* defined contribution, 회사가 매달 일정 금액을 적립하고, 노동자가 직접 적립금을 운용하는 퇴
  직연금 제도.

은 돈이 들어 있고, 전반적인 자산도 20% 더 많았다.[75] 몬드라곤의 한 고위 경영자는 "스페인 바스크 지역이 하나의 국가였다면, 세계에서 소득 불평등이 두 번째로 낮은 나라일 것"이라고 주장하며 자신의 기업이 불평등을 줄이는 데 중요한 역할을 하고 있다고 말했다. 종업원 소유 기업은 빠르게 성장하고 '일하기 좋은 기업' 순위에도 빈번히 이름이 오른다.

종업원 소유권이 의사결정 참여와 연결되고 고용 보장과 동반될 때, 노동자들의 충성도와 동기화는 증가하고, 이직률은 낮아지고, 높은 수준의 혁신과 생산성이 촉진된다.[76] 예를 들어 킹아서플라워는 종업원 소유 기업이기 때문에 적극적으로 회사의 일에 참여하는 노동력을 만들고 유지하는 데 필요한 투자가 훨씬 쉽다. 직업교육, 상당한 임금, 복리후생 제공은 물론이고 정보를 널리 공유하고 기업 문화를 유지하고 전 직원의 적극적인 참여를 이끌어내는 데 필요한 시간과 에너지도 투자할 수 있다.

고객 소유권과 종업원 소유권 모두는 이렇게 재무 재설계로 나아갈 수 있는 경로를 제시한다. 우리의 경제 안에서 이러한 기업들이 차지하는 몫을 늘리고 부각시키는 것은 자본주의를 바꾸는 데 있어서 매우 중요한 부분이 될 것이다. 그렇기에 공정하고 지속 가능한 세상을 만드는 데 관심이 있는 사람들에게는 법률 및 규제를 손질해 직원 혹은 고객 소유 기업을 쉽게 만들 수 있도록 평평한 운동장을 만드는 것이 중요한 정책 목표가 된다. 하지만 현재로서는 당장의 해결책이라기보다는 미래를 위한 유망한 모델, 목적 지향적인 밀레니얼 세대에게 유망한 프로젝트라고 할 수 있다.

아마도 이러한 이유로 이 분야에서 일하는 많은 사람이 투자자들을 장기적 전망에 집중하게 만드는 유일한 방법은 게임의 규칙을 바꾸어 기업에 대한 투자자의 권한을 줄이는 길밖에 없다고 생각하는 듯하다.

투자자 권한 축소라는 양날의 검

내가 존경하는 사람들은 공정하고 지속 가능한 세상을 만들기 위해서는 주주우선주의라는 개념을 완전히 거부해야 한다고 믿는다.[77] 이들은 지속 가능한 자본주의를 구축하는 유일한 방법은 기업에 대한 견해를 완전히 바꾸는 길밖에 없다고 생각한다. 경영자나 이사진이 투자자뿐만 아니라 직원, 공급업자, 고객, 공동체 등 '이해관계자' 모두에게 충성하는 기업을 만들어야 한다. 그러기 위해서는 기업을 통제하는 법과 규범이 바뀌어야 한다.[78]

나 역시 투자자의 권한을 줄여야 한다는 생각에 깊이 공감한다. 그러나 이러한 방향으로 나아가는 길은 생각보다 복잡하고 그 이득도 한눈에 들어오지 않는다.

예를 들어 나는 베니핏 기업이라고 불리는 법인을 좋아한다.[79] 투자자에게 상당한 수익을 제공하려 노력하는 동시에 공익을 창출하는 데도 공개적으로 헌신하는 기업들이다. 이들은 이 일을 어떻게 해나갈 생각인지 전략을 발표해야 한다.[80] 이사회는 사적 가치뿐 아니라 공적 가치도 창출하는 결정을 내려야 할 책임을 지고 있다. 베니핏 기업은 또 자신들이 창출하기로 약속한 공익에 대한 진척 상황을 상세히 기록한 감사 가능한 보고서를 해마다 제출해야 한다. 미국 36개 주에 베니핏 기업이 있다.[81] 델라웨어주에만 최소 3500개가 넘는 베니핏 기업이 있고, 킥스타터, 파타고니아, 다논, 아일린피셔, 세븐스제너레이션 등이 그 예다.[82]

세상을 좀 더 살기 좋은 곳으로 만들고자 하는 베니핏 기업에는 눈에 띄는 구체적인 장점이 많다. 일단 이사나 경영자가 주주 가치를 극대화해야 할 법적 책임이 없다는 것을 분명히 한다. 실제로 이사들은 모든 결정에서 공익을 우선 고려해야 한다. 더 중요한 것으로, 이사들이 기업을 매각해야 할 때, 현재의 주주들에게 가장 많은 현금을 안겨줄 곳이 아니라 모든 이해관계자들에게 최고의 가치를 창출해줄 곳을 선택할 수 있다. 이는 대단히 중요한 점이다. 보통의 미국 이사진은 가장 높은 가격을 제시하는 구매자에게 기업을 팔아야 할 법적 책임이 있다.[83] 이사진이 가장 높은 가격을 부르는 응찰자에게 기업을 팔아야만 하는 리스크가 항상 존재한다는 사실은 '고몰입 기업'을 구축하는 데 필요한 (신뢰를 쌓고, 직원을 잘 대우하는 등) 장기적인 투자를 어렵게 만든다. 금융 시장의 변덕에 좌지우지되는 기업은 신뢰할 수 없는 파트너이며, 이런 기업에서는 목적 지향 기업을 만드는 데 필요한 장기적이고 신뢰에 기반을 둔 관계를 구축하기가 어렵다.[84]

그렇다면 모든 기업을 베니핏 기업으로 만드는 것이 자본주의를 바꾸는 비결일까? 물론 아니다. 투자자 권한 축소는 양날의 검이다. 기업의 투자자, 이사진, 경영진이 진심으로 올바른 일을 하겠다고 결심한다면 (그리고 전념을 다한다면) 베니핏 기업을 만드는 것은 엄청난 의미가 있을 것이다. 기업 경영자는 투자자들을 설득하기 위해 공유가치 창출에 대한 불완전한 지표에 의지해야 할 필요가 없을 것이고, 공적 가치 창출이 이익도 증가시키는 만큼 투자자들은 더욱 부자가 될 수 있을 것이다. 싫어할 구석이 어디에 있겠는가?

하지만 두 가지 문제가 있다. 첫 번째는 이 모델이 기업의 사명감을 공유하거나 이런 방식의 경영이 수익을 증가시킬 수 있는 길이라고 믿는 투자자들을 끌어들이는 기업의 능력에 지나치게 의존한다는 점이다. 그러다 보니 오히려 베니핏 기업의 모든 권력을 투자자들이 갖고 있는 셈이 되기도 한다. 그들만이 이사진을 선출할 수 있고, 그들만이 사명감을 고수하라는 소송을 할 수 있다.[85] 최악의 경우에는 무자비한 투자자들이 새로운 이사진을 선출해, 공익을 창출한다는 말치레만 하면서 그냥 일반적인 기업으로 만들어버릴 수도 있다.

두 번째 문제는 안타깝게도 경영진과 이사진을 늘 신뢰할 수는 없다는 사실이다. ESG 지표가 불완전해 기업의 공익 창출 여부를 투자자들이 확실히 판단할 수 없는 상황에서, 경영진과 이사진은 베니핏 기업 구조를 이용해 편하게 살아보려는 유혹에 빠질 수 있다. 물론 투자자들이 언제나 소송할 준비가 되어 있고, 회사의 지표가 충분히 세세한 부분까지 포함하고 실적과 밀접하게 연결되어 있다면, 일어날 수 없는 일이다. 그러나 이러한 전략에도 좋은 측정지표는 물론, 투자자와 경영진 사이의 긴밀한 관계가 수반되어야 한다.

예를 들어 2차 세계대전 후 일본이 다시 일어선 '기적'은 종신 고용, 공급업체와의 긴밀한 관계, 장기적이고 지속적인 투자, 고객에 대한 강박에 가까운 서비스 덕분에 가능했다.[86] 기업과 투자자의 긴밀한 관계가 이러한 접근 방식을 보완해주었다. 일본 기업들은 역사적으로 은행에서 자금 대부분을 조성해왔고, 이사진은 기업 내부자들로만 구성되었으며, 의장은 CEO의 몫이었다. 많은 기업이 상장회사였지만, 광범위한 주식 교차 보유를 통해 인수·합병의 위험으로부터 보호받았다.[87] 실제로 일본 경영인들은 투자자의 반발이라는 위협 없이, 원하는 일은 다 할 수 있었다.[88]

이러한 접근 방식은 놀라울 정도로 효과적으로 보였다. 1960년에서 1995년 사이에 일본은 토요타와 같은 목적 지향적이고 고객에게 강박적으로 충성하는 기업들을 세우고, 타의 추종을 불허하는 혁신적이고 저렴한 제품으로 세계를 정복했다. GDP도 놀라운 속도로 성장했다. 1960년 일본의 GDP는 영국의 60%에 지나지 않았지만, 1995년에는 영국의 4배가 되었다.[89]

하지만 1995년부터 일본 경제의 성장 곡선은 주춤대기 시작했다. 1995년에서 2017년 사이 영국의 경제 규모는 2배 정도 늘었다. 같은 기간 동안 일본 경제는 거의 성장하지 않았다.[90] 여전히 일본은 세계에서 네 번째 경제 대국으로, 대략 영국과 프랑스를 합쳐놓은 정도지만, 일본의 생산성 성장률은 미국과 유럽에 비해 절반 정도에 불과하다. 경제는 20년간 사실상 정체 상태다. 이 기간을 가리켜 '잃어버린 10년' 혹은 '잃어버린 20년'이라고 부르기도 한다.[91]

경기 침체의 원인을 놓고 지금도 열띤 토론이 벌어지고 있다. 점점 두드러지는 인구 위기, 과보호받는 경제 일부분에서 지나치게 용인되어온 비효율성에서부터, 엄청난 자산 거품과 더불어 그 거품을 일으키고도 아무런 책임을 지지 않은 은행까지 여러 설명이 제시되었다.

일본을 오랫동안 관찰해온 사람들은 일본 기업의 지배구조에도 그 원인이 있다고 본다. 1960년대, 1970년대, 1980년대에 장기적 전망에 초점을 맞추고 엄청난 성공을 가능케 했던 특징이 이제는 커다란 부채로 전락해버렸다는 것이다. 기업들은 여전히 경영인들의 엄격한 통제를 받고 있어서, 실적이 저조한 사업들을 퇴출시키거나 새로운 기회를 모색하는 일이 상대적으로 더디다.[92]

관리자들에게 기업 통제권을 부여하는 것은 분산값이 큰 도박과 같다. 관리자들이 유능하고 신뢰할 만하다면, 위대한 기업을 만들 수 있는 힘든 결정을 내리는 자유를 만끽하게 될 것이다. 1950~1960년대 미국에서처럼, 혹은 독일과 네덜란드 같은 나라에서 흔히 그렇듯이 기업이 효과적으로 책임을 묻는 기관들과 네트워크를 잘 형성하고 있다면, 이해관계자 지향적 지배구조 시스템은 대단히 효율적일 수도 있다. 그러나 만일 이러한 기관이 근본적으로 바뀌게 되면, 투자자를 두려워하지 말라고 배웠던 관리자들은 변화에 확고하게 반대할지도 모른다.

이는 일본의 문제만이 아니다. 지난 15년 동안, 성공한 실리콘밸리 기업 중 많은 수가 상장을 하며 복수 의결권주, 즉 복수 의결권 행사가 가능한 주식을 발행해 창업주에게 독점적 지배권을 보장했다. 예를 들어 페이스북은 상장하면서 두 종류의 주식을 발행했다. A클래스 주식은 일반 투자자들에게 1주 1의결권을 부여하는 보통주였다. 그러나 마크 저커버그를 위시한 창립자들은 1주당 10의결권을 갖는 B클래스 주식을 받았다. 다시 말해 아무리 페이스북의 실적이 저조하더라도 저커버그를 끌어내리기란 불가능하다.[93]

많은 창업주들이 주주의 압력으로부터 자신을 지키기 위해서 이러한 구조가 필요하다고 주장한다. 스냅챗Snapchat이 의결권 대부분을 창업주 손에 맡기고 의결권이 없는 주식을 발행한 것에 대해 한 평론가는 "주주들이 기업에 비용 절감과 단기 수익 증대를 압박하다 보면 창업자가 주도하는 테크놀로지 기업의 주요 가치 창출 혁신에 중요한 장기 투자를 방해할 수도 있다"라고 주장했다. 그는 "위대한 혁신가는 평범한 사람들이 보지 못하는 것을 본다. 그러므로 그들의 생각이 대중적인 지혜와 어긋날 때가 많다"라고 말했다.[94]

그러나 '위대한 혁신가'란 한때 위대한 창립자였을지 모르지만 이제는 더 하는 일도 없고, 회사가 새로운 방향으로 나아가야 한다는 사실마저 부정할 때도 있다. 나의 요점은 규칙을 바꾸는 게 좋지 않을 수 있다는 말이 아니다. 내가 책임자라면 가장 비싼 값에 회사를 매각해야 한다는 위협에서 벗어날 수 있도록 모든 상장기업의 지배구조를 바꾸게 할 것이다. 그러나 규칙 변경이 단기성과주의라는 문제를 저절로 해결하거나 아무런 비용도 들이지 않고 해결하는 방법은 아니다.

기업이 바뀌면 투자가 바뀌고 투자가 바뀌면 기업이 바뀐다

넓게 보아 재무를 재설계하는 세 가지 길이 있다. 하나는 회계를 바꾸어 기업이 재무 자료에 더해 ESG 자료까지 일상적으로 제출하게 만드는 것이다. 표준화되고 쉽게 비교할 수 있고 감사 가능한 ESG 지표가 널리 채택된다면 성공적인 목적 지향 기업을 만들고 공유가치를 창출하는 데 필요한 장기 투자자들을 끌어모으는 일이 좀 더 수월해질 것이다. 올바른 ESG 지표가 있다면 올바른 일을 하는 게 어떻게 재무적 수익을 낳을 수 있는지 더 쉽게 풍부한 언어로 이야기할 수 있게 될 것이다. 그렇게 되면 시간의 지평도 훨씬 길어지고, 관리자와 투자자 모두 올바른 일을 하는 것과 그 일을 잘하는 것 사이의 역학을 이해하기 쉬워질 것이다. 언제 인적 자본에 투자해야 하는가? 최첨단 환경 전략은 언제 취해야 하는가? 공급사슬은 언제 정화해야 하는가? 이러한 질문의 해답이 드러나면서 뒤처진 기업들은 선구적인 기업을 따라잡아야 한다는 압박감을 느끼게 될 것이다. 지금과는 다른 세상이 될 것이다. 투자자들이 기업에 에너지 보존에 투자하라고 요구하는 세상, 노동자들이 더 나은 임금을 받고, 더 나은 대우를 받는 세상이 될 것이다.

두 번째 방법은 임팩트 투자자, 혹은 직원이나 고객의 펀딩에 의지하는 것이다. 많은 장점이 있는 해결 방안이지만, 필요한 규모까지 확장하는 일은 만만치 않다.

세 번째 방안은 기업을 지배하는 규칙을 바꿔 관리자들을 투자자들의 압력으로부터 보호하는 것이다. 언뜻 매력적이기는 하나, 상당히 조심해서 이용해야 하는 방법이다. 또 세상의 기존 투자자들 대부분이 전력을 다해 저항할 것이라는 잠재적인 문제도 있다.

재무 재설계는 큰 변화를 만들 수 있고 많은 기업이 큰 문제를 해결하려 노력하는 데 많은 도움을 줄 수 있다. 그렇다면 여기에 대한 투자가 세상의 커다란 질서를 바꿀 수 있을까? 물론 상황에 따라 다르지만 개별 기업 활동이 큰 문제들에 상당한 영향을 미칠 수 있는 몇 가지 방식이 있다. 대기업은 자체 행동을 통해서도 커다란 영향을 미친다. 월마트 공급업자는 거의 3000곳에 달하고, 이 공급업자들과 일하는 업체 또한 수천 곳이 넘는다.[95] 나이키와 유니레버 역시 수천 곳의 공급업자, 수백만 명의 소비자와 접촉하고 있다. 이들은 직원을 더 잘 대우해주고, 더 나은 환경적 실천을 함으로써 수백만 명의 사람들에게 영향을 미칠 수 있다. 규모가 작은 기업 역시 사람들의 삶을 바꿀 수 있다.

공유가치 추구는 다른 기업들에 영향을 미치면서 큰 변화를 만들어낼 수 있다. 때로는 특정한 투자가 상업적으로 훌륭한 결실을 거두었다는 사실을 입증하기만 해도 그 업계 전체가 똑같은 관행을 받아들인다. 립톤이 지속 가능한 방식으로 재배한 차를 구매하는 데 겨우 5% 비용을 더 지출했는데 소비자들이 이 문제에 지대한 관심을 가지면서 립톤의 시장 점유율이 향상되자, 주요 경쟁사들 역시 지속 가능성을 염두에 두기 시작했다. 월마트가 에너지 절약과 폐기물 감소에 엄청난 투자를 하면서, 다른 기업들 역시 이런 투자가 풍요로운 수익을 낳을 수 있다는 사실을 깨달았다.

성공적인 목적 지향 기업은 소비자의 행동에도 영향을 미친다. 예를 들어 20년 전만 하더라도 소비자 대부분은 '지속 가능한'이라는 말을 '괜찮을 정도인'이라는 의미로 파악했다. 다시 말해 지속 가능한 제품은 비싸거나 품질이 좋지 않은 물건이라는 뜻이었다. 하지만 품질이 좋은 제품이 지속 가능성이라는 인증서를 뽐내며 시장에 등장하자 이러한 인식은 꾸준히 바뀌어왔다. 소비자들은 지속 가능하면서도 훌롱한 제품이 가능하다는 사실을 믿게 되었고, 따라서 더 많은 제품에 같은 요구를 할 수 있다고 생각하게 되었다. 나이키의 사례에서 볼 수 있었던 것처럼, 오랜 세월 동안 그 누구도 기업이 하청회사의 잘못된 행동에 책임을 져야 한다고 생각하지 않았다. 그러나 일단 이러한 생각이 바뀌자, 기대치를 높여야 한다는 압력이 꾸준히 증가했고, 지금은 거의 모든 주요 기업이 공급사슬의 노동조건에 대해 최소한 립서비스 정도는 하고 있다.

개별 기업은 테크놀로지 전선을 움직일 수도 있다. 이러한 현상은 업계에 진출하는 모든 기업이 비용 절감에 이바지하고 있는 재생에너지 분야에서 이미 잘 드러나고 있다. 예를 들어 2015년에서 2018년 사이에 테슬라는 1기가와트시 규모의 에너지 저장 기술을 도입했다. 이러한 테슬라의 노력이 더해져 2010년 이래 배터리 가격은 최소한 73% 떨어졌다.[96] 자인이리게이션Jain Irrigation과 존디어John Deere 같은 기업이 도입한 새로운 농경 기술은 빠르게 산업 표준으로 자리 잡으며, 물과 비료의 효율적인 이용 등을 통해 비용 효율을 높이고 있다.[97] 테크놀로지 진보를 통해서만 혁신이 이루어지는 것은 아니다. 예를 들어 솔라시티Solar City는 태양 전지판 자금을 조달하는 새로운 모델 역할을 하며 태양 전지판 수요를 크게 늘렸고, 산업 전반에 그 아이디어를 확산하는 계기가 되었다.[98]

이렇듯 기업은 규모의 변화를 주도할 수 있는 잠재력을 지닌 여러 강화 과정을 시작할 수 있다. 풀어서 말하자면, 새로운 비즈니스 모델을 제시함으로써 (그리고 그 과정에서 잠재적으로 비용을 낮추고, 소비자들의 수요를 자극함으로써) 기업은 경쟁사들에게 자신과 같은 실천을 하라고 재촉하고 업계 전체로 그 실천을 확산시킬 수 있다. 식품 산업에서는 이러한 과정이 잘 이루어져 전 지구적인 농경 방식을 바꿔놓기 시작했다. 에너지 분야에서도 같은 방식으로 화석연료 없는 에너지로의 전환이 추진되고 있다. 건설 산업에서도 진척이 이루어지고 있다. 일부 보고에 따르면 미국의 모든 신규 건설의 절반 이상이 에너지 효율 기준을 따르고 있다.

기업이 적합한 규모의 자원을 투자하기 위해서는 수익이 보장되어야 하며, 어떤 산업 그리고 어떤 문제인지에 따라 적용 용이성이 다르다. 현재로서는 환경 오염으로 인해 당장의 사업과 장기적인 공급원에 명백한 위험이 제기된 산업과 장소가 가장 큰 기회를 맞고 있다. 예를 들어 세계 주요 농업 생산자와 무역업자 대부분은 최소한 이러한 문제에 대해 고심해야 한다고 자각하고 있고, 생각에 그치지 않고 행동에 나선 사람도 많다. 자원의 효율적 이용도 중요한 전기를 맞고 있는 것으로 보인다. 오랫동안 에너지와 물은 워낙 저렴해서 주의를 기울이는 사람이 거의 없었다. 하지만 상황이 바뀌고 있다. 또한 직원 우대가 실적 향상으로 이어지는 것이 사실인 만큼, 기업에서는 불평등 문제를 해소하는 방안을 제시하게 될 것이다. 소비자 선호도는 극적으로 바뀔 수 있다. 음식, 소비재, 패션, 수송 등의 산업에서 지속 가능성 추구가 수익으로 가는 잠재적 경로가 될 것이다.

그러나 여전히 기업 혼자서는 해결할 수 없는 문제들이 있다. 어느 한 기업이 방안을 제시하기에는 너무 큰 문제도 있기 마련이다.

예를 들어 어획 가능한 물고기의 양이 빠르게 줄고 있다. 하지만 다른 어부들이 자제하겠다는 의지를 보이지 않는 한, 어부 한 사람 한 사람은 계속해서 고기를 잡아야 할 강한 동기에서 벗어나기 힘들다. 재생에너지 가격이 내려가는 이유는 태양열이나 풍력을 이용하는 신규 발전소가 많이 지어지고 있기 때문이다. 그러나 지구온난화가 가져올 최악의 상황을 피하기 위해서는 기존의 화석연료발전소 중 상당 부분을 멈추게 해야 한다. 그런데 이는 규칙을 바꾸지 않는다면 이익을 낳기 힘든 일이다. 후한 임금을 받으며 적극적으로 일하는 노동력의 구축은 경쟁력 우위의 원천이 될 수 있다. 하지만 경쟁사들이 출혈 경쟁을 벌이는 상태에서 직원들에게 후한 임금을 주고 잘 대우하기란 쉽지 않다. 많은 기업이 지역 교육의 품질이 개선되기를 바란다. 그러나 교육 품질 개선을 위해 기꺼이 투자하는 유일한 기업이 되고 싶어 하지는 않는다. 많은 기업이 부패가 종식되고, 지역 법률 기관이 더 공정해지길 바란다. 그러나 대부분의 기업은 둘 중 어느 목표에서도 진전을 이루지 못하고 있다.

미즈노 역시 이와 유사한 문제에 직면했다. 그는 기후 변화가 가져올 최악의 상황을 피하는 것이 후생연금펀드의 수혜자들에게 가장 큰 이익이 되리라고 믿는다. 하지만 행동을 바꾸려 노력하는 과정에서 몇 가지 무임승차 문제에 직면했다. 첫째, 개별 기업으로서는 화석연료 사용 축소가 이익이 아닐 수 있다. 그런데도 자산 관리자들을 통해 개별 기업에 화석연료 사용 축소를 요구해도 되는 걸까? 두 번째 문제는 미즈노가 일본 기업들에 환경친화적이 되라고 요구할 권력을 가지고 있지만, 세상의 모든 기업을 그렇게 바꾸기는 힘들다는 것이다. 그가 일본만 바꿀 수 있다면, 그리고 그의 노력과 상관없이 지구온난화가 계속된다면, 수혜자들을 위해 올바른 일을 했다고 할 수 있을까?

우리가 직면한 많은 문제는 공익의 문제다. 따라서 협력과 정부 정책을 통해서만 해결할 수 있다. 그러한 조치가 가능할까? 기업과 투자자가 힘을 합쳐 세계의 커다란 문제를 해결할 수 있을까? 다음 장에서는 이 전선에서 무슨 일이 일어나고 있는지를 살펴보고, 산업이나 지역 안에서의 협력이 자본주의를 바꾸는 데 도움을 줄 수 있는지, 어떤 조건에서 도움이 되는지를 질문해보려 한다.

REIMAGINING
CAPITALISM

6장

무임승차 없는
협력은 가능한가

숲의 한구석에서 다른 이들이 찾으러 올 때까지 기다려서는 안 돼.
때로는 스스로 다른 이들을 찾아 나서야 한단다.

A. A. 밀른, 《곰돌이 푸》

재무 재설계만으로는 자본주의를 바꿀 수 없다. 세상 모든 기업이 수익을 넘어 목적을 받아들이고 공유가치 전략을 추구하고 장기적인 전망을 하는 투자자의 지원을 받게 된다면 엄청난 진전이라고 볼 수 있겠지만, 기후 변화나 불평등과 같은 커다란 문제를 해결하기까지는 가야 할 길이 아직 멀다. 그중 대다수는 공익 문제다. 이러한 문제의 해결은 모든 사람에게 도움이 되지만, 어떤 기업도 혼자서는 해결할 수 없다. 예를 들어 우리가 커다란 숲들을 그냥 내버려두는 데 동의하지 않는 한, 기후 위기는 해결할 수 없다. 경쟁사가 나무 베어내기를 멈추지 않는다면, 여러분도 살아남기 위해 나무를 벨 수밖에 없다. 교육에 더 많은 투자를 하지 않는 한 불평등은 해결할 수 없다. 하지만 경쟁사가 직원 교육을 하지 않는데, 여러분이라고 직원 교육에 투자할 여유가 있을 리 없다. 우리가 마주한 긴장의 정체는 이런 것이다. 한편으로는 지속적인 삼림 파괴와 가속되는 불평등이 심각한 문제가 되리라는 것을 알지만, 다른 한편으로는 개별 기업 혼자서는 아무것도 할 수 없는 진퇴양난에 처해 있는 것이다.

업계 전반의 협력, 혹은 업계의 '자율 규제'가 해결책이 될 수 있다. 터무니없는 생각만은 아니다. 엘리너 오스트럼Elinor Ostrom은 숲과 물 같은 공유 자원을 보호하려는 지역 사회의 자발적인 노력의 성과를 연구한 공로로 2009년 노벨 경제학상을 수상했다. 그녀의 연구에 따르면 지역 차원에서의 협력은 몇 세대에 걸쳐 이어질 수 있으며, 정부의 조치보다 훨씬 효과적인 경우가 많다.

뉴욕증권거래소, 시카고상품거래소, 뉴올리언스면화거래소 등등 19세기에 등장한 미국의 많은 중앙 기관은 미국 경제가 성숙해가며 대두된 공익 문제를 해결하기 위해 자발적으로 만들어졌다. 이들은 거래를 위한 공간을 제공하고, 규칙과 요금과 기준을 만들고, 의사소통과 정보의 흐름을 개선하고, 신입 사원 교육을 제공하고, 구성원들의 전문성 유지에 힘썼다. 은행들은 힘을 합쳐 재무 위기 시 비상 대출이 가능한 비영리 어음 교환소를 만들었다. 철도 기업들은 전국에 걸쳐 시간 표기, 기계 부품, 신호 체계 표준을 개발하는 협회를 만들었다.[1] 국제 무역에서 사용되는 규칙 대부분은 1919년에 설립된 자발적 단체인 국제상공회의소에 의해 마련되어 시행되고 있다. 이러한 민간 협력을 통한 해결책들은 으레 이루어지는 규제보다 훨씬 빠르고, 비용도 적게 들고, 더 유연하다.

그러나 협력은 언제든 깨질 수 있다. 이 장에서는 지속적인 협력을 가능하게 해주는 요소와 더불어, 협력을 불가능하게 만드는 요소들을 살펴보려 한다. 협력이 실패할 때에도 그 노력이 지방 정부 및 다른 기관과 공동선을 추구하는 파트너십을 구축하는 등 좀 더 강력한 해결책을 위한 기반이 될 수도 있다. 절망 끝에 다가오는 희망, 어렴풋한 가능성 끝에 다가오는 희망에 관한 이야기다. 이러지도 저러지도 못하는 상황은 정말 힘들 수 있다. 하지만 탈출구란 있는 법이다.

건물 위의 오랑우탄

2008년 4월 21일 월요일 아침, 유니레버의 지속 가능성 최고책임자 개빈 니스Gavin Neath는 그날도 생산적인 날이 되기를 바라며 직장에 도착했다. 개빈은 오랑우탄 복장을 한 8명이 유니레버 런던 본사 입구 위 7미터 높이의 발코니에 올라가 "도브, 내가 사는 열대우림의 파괴를 중단하라"라는 커다란 현수막을 펼치고 있는 것을 보고 깜짝 놀랐다.[2] 언론사 기자들이 밀어닥쳐 누구에게든 유니레버는 어떤 계획이 있느냐고 물어댔다. 현장에 있는 최고위급 관리자로서 개빈은 힘든 하루가 되리라는 생각이 들었다.

오랑우탄 복장을 한 사람들은 그린피스 회원으로 유니레버의 팜유 이용을 반대하는 시위를 벌이고 있었다. 그린피스에 따르면 유니레버는 열대우림은 물론, 그 안에 사는 오랑우탄의 생존까지 위협했다. 값도 싸고 여러 용도로 이용 가능한 팜유는 지구상에서 가장 널리 쓰이는 기름이다.[3] 비누, 샴푸, 립스틱부터 아이스크림, 빵, 초콜릿에 이르는 모든 포장 제품의 절반 정도에 들어가고, 유니레버 제품 대부분에도 들어 있었다.[4] 1990~2015년 사이 팜유 수요는 5배 증가했고, 2050년까지 3배가 더 증가할 것으로 예상된다. 유니레버는 세계 최대 팜유 구매업체였다.

사진 1. 그린피스 활동가들이 도브에 초점을 맞추었던 이유는 당시 도브가 폭발적인 성장세를 보이는 브랜드였기 때문이다.

팜유의 무절제한 생산은 환경 재난을 가져올 수 있다. 야자 재배에 필요한 땅을 개간하기 위해 재배업자들은 천연림과 이탄지泥炭地에 불을 지르는데, 이 때문에 엄청난 규모의 탄소가 배출된다.[5] 2015년 인도네시아는 중국, 미국, 러시아 다음으로 세계 4위의 이산화탄소 배출국이 되었다.[6] 삼림 벌채 과정 역시 지역의 수원을 오염시키고, 공기의 질을 떨어뜨리며, 생태계의 생물 다양성을 파괴한다.[7] 수마트라의 오랑우탄은 멸종 직전까지 내몰렸다.[8] 인도네시아 열대림 화재를 취재한 한 기자는 이렇게 말한다. "지구의 대지가 불타고 있다. 지옥이 이러려니 상상할 수 있을 정도다. 공기는 누렇게 변해버렸다. 몇몇 도시에서는 30미터 앞도 잘 보이지 않는다. 아이들은 대피할 준비를 하고 있다. 이미 질식해 죽은 아이들도 있다. 많은 종種이 놀라운 속도로 사라진다. 명백히 21세기 최악의 환경 재앙이다. 물론 이게 끝이 아닐 것이다."[9]

유니레버 건물에 올라간 그린피스 활동가들이 도브에 초점을 맞추었던 이유는 당시 도브가 유니레버에서 폭발적인 성장세를 보이는, 가장 규모가 크고 눈에 띄는 브랜드였기 때문이다. 유니레버가 그 4년 전 팜유를 지속 가능하게 만드는 데 헌신적인 NGO들과 팜유 구매 기업들의 모임인 '지속 가능한 팜유 라운드테이블Roundtable on Sustainable Palm Oil, RSPO' 설립에 중요한 역할을 했지만, 지금까지 '단 한 방울의' 지속 가능한 팜유도 생산되지 않았다는 사실에 활동가들은 분통을 터뜨렸다. 이들은 유니레버가 대규모 '그린워싱'*만 하고 있다고 비난을 퍼부었다.[10]

그린피스는 오랑우탄 퍼포먼스에서 그치지 않고 소셜 미디어에 일련의 영상들을 올렸다. 이 영상들은 200만 뷰 이상을 기록했다. 유니레버도 마냥 모른 체할 수는 없었다. 한 달이 채 안 되어 당시 CEO였던 파트리크 세스코Patrick Cescau는 2020년에는 유니레버가 지속 가능한 팜유만 이용하게 될 것이라는 공약을 발표했다.[11]

이러한 발표를 통해 유니레버는 (최소한 잠깐은) 그린피스의 공격을 벗어날 수 있었지만, 문제는 이제 시작이었다. 소비자들이 음식이나 립스틱에 팜유 성분이 들어가 있다는 사실을 떠올리고 싶어 하지 않는 상황에서, 가장 중요한 원자잿값이 17%나 오르는 상황에 대처하기 위한 로드맵을 가지고 있지 않았기 때문이다.

---

* greenwashing, 실천 없이 녹색경영을 표방하는 것처럼 홍보만 하는 위장 환경주의.

다행히 생각지 못했던 곳에서 도움을 받을 수 있었다. 2009년 1월, 파울 폴만이 차기 CEO로 취임했다. 123년의 유니레버 역사상 최초로 외부에서 채용된 CEO였다. 파울은 네덜란드인으로, 영국과 네덜란드 양국 모두에 상장된 회사를 이끌기에 유리한 면이 있었다. 파울은 유니레버의 경쟁사인 P&G에서 26년을 일했다. 그다음에는 역시 유니레버의 경쟁사인 네슬레에서 3년간 CFO로 일했지만, 2007년 CEO 선출에서 선택받지 못했다. 그는 유니레버가 다른 기업보다 뒤처지고 있다고 널리 인식되는 상황에서 어떤 식으로든 자신의 능력을 증명해야 한다고 생각했다.

유니레버는 2000년대 초반까지 P&G나 네슬레와 비슷한 규모였다. 하지만 파울이 CEO에 임명되기 전 다섯 해에 걸쳐 P&G와 네슬레는 빠르게 성장했지만, 유니레버는 정체되었다. 2008년 유니레버의 주가는 경쟁사들과 비교하면 반도 채 되지 않았다.[12] P&G와 네슬레의 경우 (특히 기저귀나 애완동물 사료와 같은) 여러 고수익 산업에서 활발한 활동을 보이는 반면, 유니레버는 (마가린처럼) 악명 높은 저수익 상품을 다수 팔고 있기 때문이었다. 유니레버는 P&G나 네슬레처럼 하나에 집중하는 힘 혹은 추진력이 없다고 보는 투자자들도 있었다. 유니레버를 '소비재 상품 산업의 무능력자'라고 부르는 사람마저 있었다.

언론은 파울이 외부자이기 때문에 차기 CEO로 선임되었다고 추측했다. 그는 수익을 낸 경험이 있는 외부자였다.[13] 예전에 같이 일했던 동료들은 파울을 '강인하면서도 분석적'이라고 하거나 '강인하면서도 단호한' 사람이라고 평했다.

하지만 파울은 그렇게만 설명할 수 있는 사람이 아니었다. 유니레버 CEO로 취임한 첫날부터 징후가 보이기 시작했다. 파울은 〈월스트리트저널〉과의 인터뷰에서 실적 전망을 제시하는 관행을 그만둘 것이라고 선언하며, 이렇게 말했다. "전 세계 소비자와 고객의 삶을 장기적으로 개선하는 올바른 일을 하는 데 집중한다면, 충분한 사업 성과가 나올 것이라는 사실을 이미 오래전부터 알고 있었습니다."[14] 단 하루 만에 주가가 6% 하락하며 시가총액 중 20억 유로가 증발했다. 하지만 파울은 태도를 굽히지 않았다. 한참 후에 그는 "첫날이니까 해고하지 않겠지 싶어서 과감하게 내질렀죠"라고 농담했다. 개빈 니스가 지속 가능한 팜유 문제를 제기하자, 그는 즉시 다음과 같이 반응했다. "해결해야죠. 하지만 혼자 할 수 없으니, 이 문제를 사회적인 쟁점으로 만들어봅시다."

자율 규제, 무임승차 없는 협력은 가능한가

업계 자율 규제의 핵심 전제가 바로 이것이다. 같은 업계에 속한 모든 기업이 무언가를 하고 싶거나 혹은 어떤 일을 그만두고 싶은데, 혼자서는 그 문제를 해결할 수 없다면, 함께 행동하는 데 동의함으로써 그 문제를 해결해볼 수 있다. 팜유의 경우, (수천억 달러 가치의 브랜드를 가진) 주요 소비재 기업들은 열대우림을 파괴하고 있다며 NGO들로부터 공격을 받을 여지가 있었다. 예를 들어 펩시는 전 세계에서 가장 많이 팜유를 구매하는 업체 중 하나다.[15] M&M 초콜릿을 만드는 마스도 마찬가지다. 불타는 숲에서 더는 버티지 못하고 도망치다 죽은 오랑우탄의 사진과 그들 제품을 연결하는 지속적인 캠페인과 맞서서 버텨낼 수 있는 기업은 없었다.

지속 가능한 팜유를 사용하기로 결정한 기업은 지속 가능한 팜유를 찾아야 하는 힘겨운 문제는 물론, 상당한 비용 불이익을 감수해야 했다. 하지만 업계 내 모든 기업이 함께 행동하기로 동의한다면, 지속 가능한 팜유 구매는 모든 기업이 자신의 브랜드에 미칠 수 있는 피해 위험을 줄이기 위해 부담하는 '경쟁 전 협력'이나 최소한의 공동 지분이 될 터였다. 같은 업계에 속한 모든 기업이 지속 가능한 팜유를 구매하기로 동의한다면, 기업의 비용은 증가하겠지만 모든 브랜드는 보호를 받고 누구도 경쟁 불이익 상태에 놓이지 않게 될 것이었다.

물론 이러한 자발적인 협약은 근본적으로 취약하다.[16] 올바른 일을 하겠다고 약속해놓고 이행하지 않는 기업도 있을 수 있다. 약속을 어기는 기업은 단기적인 비용 우위를 갖게 되므로, 약속을 실천에 옮기는 기업으로서는 (화가 난) 얼간이가 된 기분이 들기도 한다. 언젠가 자율 규제에 관해 연구해온 한 역사학자에게 업체 전반의 협력이 세계의 큰 문제들을 해결하는 데 핵심적인 역할을 할 수 있다고 말하자, 그는 낄낄거리는 반응부터 보였다. 그의 견해에 따르면 기업가들이 자율 규제를 이용해온 이유는 근본적인 변화를 위해서라기보다는 그저 정부의 규제 위협을 피하고 소규모 기업 및 잠재적인 시장 진입자에게 불이익을 주기 위해서였고, 일반적으로 자율 규제는 정부 규제라는 후광이 없는 상태에서는 그다지 효과적이지 못하다.[17]

그러나 필사적인 상황에서는 필사적인 조치가 필요하다. 많은 곳에서 정부는 부패하고 규제가 이루어지지도 않는다. 우리의 많은 문제는 전 지구적이지만, 효과적인 전 지구적 규제 기관도 거의 없다. 하지만 산업 협력이 대단히 성공적이었던 때와 장소는 있었다. 예를 들어 시카고를 깨끗한 도시로 만들었던 노력을 생각해보기로 하자.

검은 도시의 화이트시티 프로젝트

19세기 거대 산업도시들은 믿기 힘들 정도로 오염되어 있었다. 초기의 자율 규제는 깨끗한 도시를 만들어보려는 욕망에서 비롯되었다. 노력이 효과를 보일 때도 있었고, 전혀 효과가 없을 때도 있었다. 시카고 기업계의 엘리트들이 도시 청소를 시작했을 때, 처음에는 상당히 성공적으로 보였다.[18]

1890년 2월 24일 미국 의회는 시카고를 세계 박람회 개최 도시로 선정했다.[19] 뉴욕의 부자들은 의회가 뉴욕시에 박람회를 넘겨주면 1500만 달러(오늘날로 환산하면 약 4억 달러)를 내겠다고 제안했다. 마셜 필드, 필립 아머, 구스타부스 스위프트, 사이러스 매코믹을 포함한 시카고의 엘리트들도 뒤질세라 24시간 안에 그만큼의 자금을 조성했고, 심지어 몇백만 달러를 더 모아 뉴욕을 물리쳤다.[20]

세계 박람회를 계기로 시카고를 국제적인 도시로 만들고 싶었던 주최 측은 도시 경계선에서 11킬로미터 떨어진 습지 잭슨파크에 정교한 '화이트시티' 건설 계획을 세웠다. 이들은 당대 미국에서 가장 유명한 건축가들을 고용해 회반죽으로 덮고 밝은 흰색으로 칠하는 보자르

사진 2. 시카고 세계 박람회가 열린 화이트시티. 주최 측은 아름다운 하얀색 건물들이 매연에 오염될 것을 우려해 대대적인 규제에 나섰다.

양식의 신고전주의 건물들을 설계했다.

박람회 날짜가 다가오면서 열렬한 후원자들은 이 흠 하나 없이 깨끗한 건물들이 짙고 기름기 많은 연기에 뒤덮이지 않을까 걱정했다. 당시 모든 산업도시가 그랬던 것처럼 시카고도 끔찍한 공해에 노출되어 있었다. 한 역사가의 말을 들어보자.

100년도 넘은 오늘날 1890년대 초반 도시를 오염시킨 매연이 얼마나 더럽고 시커멨는지 상상하기도 어려운 일이다. 검은 연기 기둥과 기름기 많은 그을음을 토해내는 높은 굴뚝을 보고 있노라면 화산 분출 장면이 떠오르곤 했다. 공중에 간신히 떠다니는 검은 연기도 있었다. 때로는 그 연기가 도시에 내려앉아 그 을음과 증기와 재가 뭉쳐진 덩어리가 되기도 했다.

사업가들은 검댕을 가리기 위해 색깔 있는 셔츠와 어두운 정장을 입어야 한다고 불평했다. 상점과 공장은 무더운 여름날에도 문과 창문을 꼭꼭 닫아야 했다. 검은 연기에 상품을 망치지 않기 위해서였다. 1892년 시카고의 대표적인 직물 상인이었던 J. V. 파월J. V. Farwell은 매연에 손상된 물건을 교체하는 데 연간 1만 7000달러(오늘날로 환산하면 43만 달러)가 든다고 추산했다. 나중의 한 추산에 따르면 공해로 인해 시카고는 연간 1500만 달러(오늘날 돈으로 약 4억 500만 달러) 이상의 비용을 지출하고 있었다. 물론 그 어떤 추산에도 공해가 사람의 건강에 부과하는 엄청난 비용은 포함되지 않았다.

시카고는 1881년 미국 최초로 반공해 조례를 제정했지만, 별 효력이 없었다. 시 보건당국은 인력이 턱없이 부족했고, 조례 위반 여부를 확인할 위생 검사관도 극소수에 불과했으며, 법무장관실에도 위반 사례를 다룰 인력이 부족했다. 고발한다고 해도 공해 유발 기업가들은 흔히 지역 정치인들을 통해 판사들을 압박해 풀려나고는 했다.

이런 상황이 계속되자 시카고가 세계 박람회 개최 도시로 선정된 지 2년이 지난 1892년 1월, 시카고의 유명 기업가들이 모여 매연방지협회를 설립했다. 목표는 1893년 5월로 예정된 세계 박람회 전에 '매연을 제거'하는 것이었다.[21] 협회 설립자 중 한 명을 제외하고는 모두가 세계 박람회 이사였으며, 그중 많은 사람은 박람회 자금을 조달하는 데 이용된 주식과 지방채에 상당한 돈을 투자한 상태였다.

매연방지협회가 처음 한 일은 시카고 기업들에게 '공공 정신'을 발휘해 스스로 매연을 없애달라고 촉구하는 것이었다. 매연 방지에 필요한 장비는 설치하고 작동하는 게 까다로웠기 때문에, 협회는 5명의 기술자를 자비로 고용해 매연 방지 기술을 널리 알리고, 공해 유발 기업에 직접적인 도움을 주려 했다. 7월까지 이 기술자들은 도시 전역의 기업들에 400건이 넘는 상세한 보고서를 발송했고, 공해를 없애는 구체적인 해결 방안을 제시했다. 보고서를 받은 기업 중 40% 정도는 그 제안을 실천에 옮겼고 "사실상 매연 문제를 해결했다". 20%는 제안을 따르기는 했지만 매연 문제를 해결할 수는 없었고, 나머지 40%는 제안을 따르려는 시도조차 하지 않았다.

매연방지협회는 법의 힘을 동원했다. 협회는 도시의 협조를 얻어 (이번에도 자비를 들여) 변호사 루돌프 매츠Rudolph Matz를 고용했다. 그의 업무는 협회 기술자가 제안한 방법을 시도조차 하지 않은 기업 소유주들을 법정에 세우는 것이었다. 매츠는 열심히 일해 325건의 소송을 제기했다. 이 중 약 절반은 기업 소유주들이 매연을 줄이는 데 동의함에 따라 소송이 취하되었다. 그러나 155건의 소송에서 소유주들은 매연 배출을 중단하는 데 동의하기보다는 50달러의 벌금을 내는 편을 택했다. 매츠는 이들을 다시 고발했다. 한 예인선 소유주는 매연을 발생시키지 않는 값비싼 석탄을 이용하기를 거부해 물어야 하는 벌금이 총 700달러가 넘기도 했다. 1892년 12월 말이 되자 도심의 매연은 거의 잡힌 상태였다. 대략 300개에서 325개 문제는 정도가 약해졌고, 기관차 매연은 75% 줄어들었으며, 예인선의 90~95%는 매연을 발생시키지 않는 석탄으로 전환했다.

그러나 1893년 봄, 시카고는 패닉에 휩싸였다. 경제 공황이 시작된 것이다. 미국 철도 회사의 4분의 1은 파산했다. 몇몇 도시에서 산업 노동자들의 실업률은 20~25%에 달했다. 매연방지협회는 배심재판을 요구하기 시작했고, 몇몇 세간의 주목을 받았던 재판에서 원고가 매연을 줄이려는 노력을 전혀 하지 않았음에도 배심원들은 유죄 판결을 거부했다. 기록만으로는 근거를 정확히 알 수 없지만, 회원들이 자신의 이익을 위해 시 정부를 통제하는 살찐 고양이*로 여겨졌다고 볼 수도 있다. 대중의 지지를 받지 못하는 대의는 희망이 없다고 믿은 협회는 1893년 공식적으로 해산을 선언했다.

어쨌든 간에 세계 박람회는 엄청난 성공을 거두었다. 야외 행사 참여자 수에서 세계기록을 세우며, 관람객이 무려 75만 명 이상에 달했다. 박람회의 빛나는 구조물과 더러운 시카고 도심의 대조적인 모습은 19세기 말 시민들의 도시 개선 운동을 촉발했다. 도시들이 화이트시티처럼 청결하고 건강해질 수 있다는 생각이 시민들을 자극한 것이다. 그러나 정작 시카고는 1960년대까지도 공기 오염 문제를 해결하지 못했다.

글로벌브랜드들의 지속 가능한 팜유를 위한 도전

아직은 괜찮다. 화이트시티의 사례는 고무적이다. 하지만 이 경우

---

* fat cat, 배부른 자본가.

에는 비교적 규모가 작고, 촘촘히 짜인 공동체가 협력해야 할 동기가 있었다. 전 지구적이면서 훨씬 더 광범위한 문제, 예를 들어 팜유 문제에서도 협력이 지속될 수 있을까? 해답은 복잡하다. 5년 전 (업계의 많은 사람과) 나는 팜유가 공익을 위한 성공적인 협력을 보여주는 훌륭한 사례라고 생각했었다. 지금은 누가 보더라도 섣부른 결론이었다.

유니레버는 자사의 문제를 업계 공통의 문제로 만드는 데 성공했다. 경쟁사 대부분은 지속 가능한 기름으로 전환하기로 약속했다. 유니레버는 공약보다 1년 앞선 2019년까지 100% 지속 가능한 기름으로 바꾸겠다는 목표를 설정했다. 하지만 팜유 재배는 지속적인 삼림 파괴의 주요 원인으로 남아 있다. 문제 해결을 위해서는 파트너십을 맺어야만 한다는 게 명백하다. 투자자, 지역 사회, 지방 정부와 손을 잡아야만 한다. 이들 산업의 자율 규제 노력 덕분에 이러한 파트너십의 성공 가능성이 커지기는 했지만, 상황은 여전히 유동적이다.

이제 이 역학관계가 어떻게 전개됐는지 상세하게 설명하려 한다. 지금 진행 중인 전 지구적 노력을 제약하는 위협과 기회를 통찰할 수 있게 해주기 때문이다. 그런 다음 쇠고기 및 콩 계획의 성공에 대해 논의하겠다. 지역 규제 기관들과 파트너십을 맺을 수 있는 능력은 성공의 핵심 요소였다. 해양 오염, 어류 남획, 부패, 거의 모든 산업에서 찾아볼 수 있는 가혹한 노동조건 등의 문제를 해결하려는 전 지구적 자율 규제 노력이 지금도 수백 개 넘게 진행되고 있다. 자본주의를 바꾸기 위해서는 이들의 성공을 결정하는 요소를 제대로 이해해야 한다.

파울은 소비재포럼Consumer Goods Forum 회원사들과 접촉하며 팜유 문제를 공론화하려는 노력을 시작했다. 이 포럼에는 현재 70개국의 400곳이 넘는 소비재 제조업체와 소매업체가 회원으로 있다. 회원사들의 수익만도 3조 8700억 달러 이상이고, 거의 1000만 명을 고용하고 있다.[22]

2010년 초반 동료 CEO들과 연속적인 소규모 회의를 통해서 파울은 포럼의 핵심과제를 삼림 파괴 중단으로 설정해야 한다고 주장했다. 그린피스의 네슬레 공격도 계기가 되었다. 2010년 3월 그린피스는 무료해하는 직장인이 킷캣 초콜릿을 베어 물었는데 알고 보니 오랑우탄의 피에 젖은 손가락이었다는 패러디 광고를 선보였다(유튜브에서 볼 수 있지만 권하고 싶지 않다[23]). 네슬레뿐 아니라 다른 많은 소비재 기업도 충격을 받았고, 언론도 집중적인 관심을 표했다. 이 문제를 해결하기 위해 네슬레가 고용한 전직 NGO 이사 스콧 포인턴 Scott Poynton은 본부에 도착했을 때, 그를 맞이했던 사람의 말을 아직도 기억한다. "우리는 오랑우탄을 죽이고 싶지 않아요. 우린 그런 사람이 아니에요."[24]

개빈과 파울은 소비재포럼을 세계야생동물기금 World Wildlife Fund의 제이슨 클레이 Jason Clay에게 소개했다. 제이슨은 지속 가능성을 위해서는 소수의 주요 기업들이 비경쟁적으로 협력해야 한다고 주장하는 사람이다. 그는 가장 많이 교역되는 상품의 세계 생산량 25%를 100개 기업이 구매한다고 지적했다. 이러한 기업이 지속 가능한 방식으로 재배되는 상품을 요구한다면, 산업 전체가 좀 더 지속 가능한 방향으로 움직일 수밖에 없다는 것이다. 그리고 이 100개 기업을 설득하는 편이 세계 소비자의 25%를 설득하는 것보다 쉬운 일이라고 이야기한다.

개빈이 지금도 기억하는 회의가 있다. 네슬레, 테스코, P&G, 월마트, 코카콜라, 펩시를 포함해 세계 최대 소비재 기업 15곳의 CEO가 유니레버 본사에서 만났던 작은 모임으로, '마법 같은 순간'이었다. 당시 세계 3위 소비재 기업 테스코의 CEO 테리 레이히Terry Leahy는 '탄소 렌즈를 통해' 지속 가능성에 초점을 맞춰야 한다고 말해 열렬한 환호를 받았다. 참석한 CEO 중 몇몇은 삼림 파괴 중지를 개인적인 사명으로 받아들이도록 동료들을 설득하겠다고 했다.

그 후 몇 달에 걸쳐 이 CEO들은 포럼의 다른 회원들도 동참하게 만들려고 노력했다. 상당히 힘든 과정이었다. 반독점 변호사들은 이들이 만날 때마다, 그리고 문서들을 만들어낼 때마다 반독점 위반은 아닌지 촉각을 곤두세웠다. 레이히의 아이디어를 중심으로 구체적인 제안을 취합하는 데 열심이었던 운영위원회는 드디어 합의에 도달했다. 파울은 열정적이었던 포럼에서 테스코, 코카콜라, 월마트의 CEO와 함께 이 제안을 전폭적으로 지지하면서, 포럼에 참석한 다른 CEO들에게도 동참을 촉구했다. 2010년 11월 UN 16차 기후 회의에서 코카콜라 CEO 무타 켄트Muhtar Kent는 포럼의 회원사들은 지구의 삼림 파괴를 가속화하는 네 가지 주요 상품, 즉 콩, 종이 포장재, 쇠고기, 팜유에 대해 2020년까지 순삼림벌채를 제로로 만들겠다고 선언했다.[25] 파울과 동료들은 거의 모든 서구의 주요 소비재 기업과 주요 소매업체를 설득해 지속 가능한 팜유만을 구매하고 판매하겠다는 약속을 받아내는 데 성공했다. 그들이 생각한 지속 가능한 팜유란 규칙이 잘 지켜지는 노동환경에서 삼림 파괴 없이 재배한 팜유였다.

하지만 이는 첫걸음에 불과했다. 합의 당사자 모두가 협력이 집단적 이익에 도움이 된다고 믿어야 비로소 자율 규제가 안정적으로 자리 잡는 법이다. 그러나 이 역시 필요조건일 뿐 충분조건도 아니다. 협력이 지속되기 위해서는 어떤 참여자도 무임승차를 하지 못하게 해야 한다. 예를 들자면 말로는 지속 가능한 기름을 사용하겠다고 약속하고 실제로는 그렇게 하지 않는 경우다. 이러한 무임승차를 막기 위해서 집단은 어떤 기업이 속임수를 부릴 때 바로 알아차릴 수 있어야 하고, 그런 기업을 처벌할 수도 있어야 한다.

공급사슬의 잘못된 고리를 끊어라

파울과 동료들은 소비재 기업 자체에 관심을 두기보다는 지속 가능한 공급사슬을 만들어보기로 했다. 믿을 만한 공급사슬이 있다면 어떤 기업이 그 공급사슬을 이용하는지 확인해보기는 어렵지 않기 때문이다. 우선 첫 단계로 이들은 팜유를 가장 많이 교역하는 세 기업에 초점을 맞추었다. 인도네시아에서 야자수를 가장 많이 재배하고 있는 업체이기도 한 골든아그리 – 리소스Golden Agri-Resource, GAR, 전 세계 팜유 거래량의 거의 절반을 취급하는 약 300억 달러 규모의 싱가포르 농산물 기업 윌마Wilmar, 그리고 1000억 달러 이상의 수익을 올리고 있던 세계 최대의 농산물 무역업체인 미국의 개인 소유 기업 카길Cargill이었다. 파울과 동료들은 이 세 기업을 설득해 제로 삼림 벌채를 달성할 수 있다면, 이후 다른 팜유 공급업자들에게 지속 가능성을 받아들이게 하고, 지속 가능성 인증 제도를 도입할 수 있게 되리라고 믿었다.

GAR은 1997년 제로 삼림 방화 방침을 채택했다. 그러나 허가받지 않고 숲을 개간하는 관행을 멈추지는 않았으며, 이탄지를 들쑤시고 불을 질러 엄청난 양의 탄소를 배출했다. 2009년 말 유니레버는 이러한 관행을 바꾸지 않으면 GAR로부터 구매하지 않겠다고 발표했다. 이 결정의 상업적 영향에 대해서 상당한 우려가 있었다.[26] 또 이 조치가 팜유 산업에 충격을 주면서 인도네시아 전역에서 시위와 폭동이 일어나기도 했다. 그러나 2010년이 되자 네슬레 역시 유니레버의 편을 들며 GAR 압박에 나섰고, 뒤이어 크래프트Kraft와 P&G도 합류했다. GAR은 하는 수 없이 그린피스에 손을 내밀어 한 해 동안 긴장 속에 진행된 협상의 서막을 열었다(이 협상을 목격한 사람에 따르면 협상 분위기는 '아랍과 이스라엘 사이보다도 험악했다'라고 한다). 2011년 GAR은 보존가치가 높은 삼림과 이탄지는 개간하지 않으며, 다량의 탄소를 저장하고 있는 삼림도 개간을 자제하겠다고 약속했다. 이에 네 기업은 거래를 재개했다. 어떻게 인도네시아 최초로 삼림 보존 방침을 발표하게 되었느냐는 질문에 GAR의 지속 가능성 최고책임자인 아구스 푸르노모Agus Purnomo는 이렇게 말했다.

우리의 1차 시장인 프리미엄 구매자들이 원했기 때문입니다. 천국 가고 싶어서요? 아닙니다. 물론 모든 사람이 천국 가길 원하겠지만, 우리의 공약은 그와 상관없이 구매자들이 원해서였습니다. 고객을 만족시키는 것, 그것은 모든 기업이 해야 하는 일이죠.

소비재포럼 회원들은 월마와 카길까지 설득해 소싱 방침을 바꿔보려 했다. 오랫동안 많은 NGO가 월마를 대상으로 해왔던 노력에 힘을 실어준 행동이었다. 우연하게도 2013년 6월 인도네시아에서 발생한 산불로 인해 월마 본사가 있는 싱가포르가 짙은 그을음과 연무로 뒤덮였다. 싱가포르의 대기 오염은 신기록을 세웠고, 자동차는 뿌옇게 덮였으며, 사람들은 외출을 할 수 없었다. 언론은 비상한 관심을 보였고, 이로 인해 월마의 CEO 쿠옥 쿤 홍Kuok Khoon Hong은 파울은 물론 팜유 업계 NGO의 쌍두마차라고 할 수 있는 포레스트히어로즈와 포레스트트러스트를 직접 대면해야 했다. 한 활동가는 이렇게 회상했다. "싱가포르와 중국의 연무 때문에 얼마나 화가 났는지 계속 이야기를 멈추지 않더군요. 새로운 방향으로 사업을 추진해야 할 근거가 필요했다는 느낌이었습니다." 2013년 12월 월마는 '삼림 파괴, 이탄지 개발, 노동 착취 없는 생산'에 서명했다.[27] 2014년 7월, 전 세계 3위 팜유무역업체 카길 역시 삼림을 파괴하지 않고 사회적 책임을 다하는 팜유를 생산하겠다는 방침을 발표했다.[28]

약속을 이행하게 하는 게 다음 과제였다. 첫 번째 논점은 '지속 가능한' 팜유를 정확히 어떻게 정의할 것인가였다. 예를 들어 지속 가능한 상태의 보존가치가 높은 삼림에서 재배된 팜유라고 정의하면 어렵지 않을 것 같다. 하지만 보존가치가 높은 삼림은 무엇이고, 누가 그걸 정의하는가? 이차림에서 재배한다면 삼림 파괴로 간주해야 하는가? 특정 농경이 지속 가능하려면 어떤 노동조건이 필요한가?

한 가지 해결 방안은 지속 가능한 팜유 라운드테이블RSPO에서 개발한 기준을 이용하는 것이었다. 이 단체는 이해관계자들이 지속 가능한 팜유 재배를 위한 기준을 개발하기 위해 2004년에 설립되었다.

RSPO의 CEO 대럴 웨버Darrell Webber에 따르면 "처음엔 말도 못 하게 힘들었다"라고 한다.

> 몇몇 환경 NGO와 사회 NGO를 포함한 공급사슬 쪽의 7개 이해관계자 집단이 한자리에 모였지만 기본적으로 서로를 신뢰하지 않았습니다. 열띤 논쟁과 수많은 주장이 있었죠. 기준 초안을 만드는 데만도 1년이 넘게 걸렸습니다. 아슬아슬한 순간도 많았고, 불만 표현이나 항의 표시로 퇴장하겠다고 으름장을 놓는 일은 셀 수도 없었습니다. 하지만 결국 신뢰가 쌓이더군요. 시간이 지나면서 사람들은 다른 당사자들의 처지를 이해하기 시작했습니다.

RSPO는 2005년 지속 가능한 팜유 생산을 위한 최초의 가이드라인을 발표했다. 가이드라인에는 8개 원칙과 5년마다 개정이 가능하고 각 나라마다 수정 적용할 수 있는 43개 실용적 기준이 명시되었다. 재배업자들은 감사 비용을 지불하며 5년마다 인증 평가를 받고, 인증을 받으면 해마다 추적 관찰을 받게 됐다.[29] RSPO 인증을 받은 제품의 소유권을 가진 업체는 공급사슬 인증을 받아야 하고, 그런 다음에야 RSPO 상표를 이용할 수 있었다. 인증은 전적으로 자발적으로 받는 것이지만, 원칙과 기준을 침해했을 때는 언제든지 철회될 수 있었다.

그러나 RSPO 기준이 너무 무르고 새로운 상황에 빠르게 대응하지 못한다는 비판도 제기되었다. 2015년에 나온 한 종합 보고서는 RSPO 기준 위반을 은폐한 기만적인 평가, 토착 토지권 확인 실패, 노동 착취, 인증기관과 재배 기업 사이의 담합으로 인한 이해 충돌 등 감독상의 문제점들을 지적한 바 있다.[30] 그러자 (주로 서구 구매자로부터 압력을 받는) 개별 재배업자들은 좀 더 엄격한 기준을 적용하는 데 동의했다. 서구의 구매자들은 또 계속해서 RSPO를 압박하며 기준을 강화하라고 요구했다. 이러한 과정에 대해 지속적으로 '바닥'을 올리면서(RSPO 기준이 요구하는 최소 요건은 강화하면서) 동시에 '천장'에 닿으려는(이용 가능한 최고의 지식을 바탕으로 지속 가능성의 정의를 정교하게 만들려는) 시도라고 묘사한 사람도 있다.

제3자가 지속 가능한 팜유에 대해 인증할 수 있는 기반이 만들어지면서 대규모 소비재 기업들이 약속을 지키는지를 판단하기가 상대적으로 수월해졌고, 이에 따라 관련 테크놀로지가 지속적으로 발달했다. 어떤 한 기업의 공급사슬, 다시 말해 팜유가 어느 농장에서 재배되고 어디에서 가공되는지까지 추적하는 분야에서 상당한 발전이 있었다. 예를 들어 월마는 정기적으로 드론을 띄워 농장이 실제로 지속 가능하게 관리되고 있는지를 확인한다. 지속 가능한 기업으로의 전환이 경제적으로도 도움이 되고, 많은 NGO가 올바른 일을 하지 않는 기업들을 비판하는 현실을 고려할 때, 유니레버의 지속 가능성 최고책임자 자리를 이어받은 제프 시브라이트Jeff Seabright와 나를 포함한 많은 사람은 소비재포럼의 활동이 팜유와 관련된 삼림 파괴를 극적으로 줄일 수 있으리라고 확신했다.

소비재포럼의 좌절이 의미하는 것

하지만 2001~2012년 사이 팜유 최대 생산국인 인도네시아의 삼림 벌채 비율은 2배 이상 늘어났다.[31] 2012~2015년 사이에는 다소 감소했지만, 2016년에는 상당히 늘어났다. 2018년에는 그 비율이 다시 떨어졌지만, 인도네시아에서는 여전히 해마다 어마어마한 크기의 숲이 사라지고 있다.[32] 2010~2018년 사이에 거의 1만 3000제곱킬로미터가 사라졌다. 이 중 27%는 열대우림이었고 이산화탄소 480미터톤을 방출한 것과 마찬가지였다.[33] 지속 가능한 방식으로 재배되는 팜유의 비중은 2015년 이후 변함이 없다. 소비재포럼의 회원들이 2020년까지 달성하기로 했던 약속을 지키지 못할 것이 자명하다.[34] 업계 전반의 협력이 서구 기업들을 지속 가능한 기름을 사용하겠다는 약속으로 이끌었으나 근본적인 문제는 해결하지 못했다.

이러한 결과에는 여러 원인이 있다. 첫 번째, 서구의 대형 구매업체들과 팜유 공급업자들로서는 지속 가능한 기름으로 전환해야 할 이유가 충분했지만, 팜유의 거의 40%를 재배하는 (많은 삼림 벌채와 화재에 책임이 있는) 소농들에게 숲을 베어내지 말라고 설득하는 일은 대단히 힘들다는 사실은 예상하지 못했다.[35] 열대우림을 개간해 2헥타르의 땅에 기름 야자를 심으면 아이를 대학까지 보낼 수 있을 만큼 충분한 수입이 보장되는 상황에서 말이다. 게다가 지속 가능한 방식으로 재배할 수 있도록 소농들을 지원하는 프로그램 모두가 성공적이지는 않았다.

소농들은 일반적으로 1헥타르당 2미터톤 이하의 수확을 거둔다. 관리가 잘된 농장의 1헥타르당 수확은 6~7미터톤에 이른다. 따라서 소농들의 효율성 증가가 문제를 해결하는 하나의 방안일 수 있다. 하지만 소농들의 생산성 향상은 쉽지 않다. 차 생산 방식을 바꾸는 데 큰 도움이 되었던 중간 협동 구조조차 없는 지역에서 수십만 명에 달하는 소농에게 새로운 식재 조림과 수확 방법을 가르쳐야 한다. 게다가 이들에 대한 자금 지원도 필요하다. 좋은 씨앗과 장비를 구입하기 위한 자금도 지원해야 하고, 야자가 자랄 동안 살아갈 자금도 마련해주어야 한다. 카길은 소농의 생산성 향상이 '진전을 향한 유일한 길'이라 믿고, 자신들의 예비 단계 노력이 꽤 성공적이라고 주장했다. 그러나 보르네오섬의 인도네시아령 칼리만탄에서 소농을 가르치고 자금을 지원하는 프로젝트를 운영해본 경험이 있는 GAR은 그리 낙관적이지 않았다. 파일럿 프로젝트가 진행되는 동안 계속해서 몇몇 소농은 지속 가능한 농경에 실패했으며, 성공한 소농들은 수확물을 GAR보다 높은 가격을 약속한 다른 공장에 팔아넘겼다.[36]

법률·정치 환경도 또 하나의 문제였다. 세계 90% 이상의 팜유가 인도네시아와 말레이시아에서 재배된다. 두 나라에서 팜유는 경제의 주춧돌 역할을 한다. 예를 들어 2014년 인도네시아 GDP에서 농업은 13%를 차지했다.[37] 인구의 34% 이상이 농업에 종사했으며,[38] 대략 300만 명의 농촌 가구 소득의 3분의 2를 제공했다. 팜유는 인도네시아에서 두 번째로 생산 규모가 큰 농산품이며, 가장 중요한 수출품이다.[39] 말레이시아에서 농업은 GDP의 7.7%를 차지한다.[40] 인도네시아와 말레이시아의 정치인들은 지역 경제 발전과 지속 가능성이 정면으로 충돌한다고 본다.

인도네시아 법이 토지 사용을 허가받은 사람들에게 회사의 방침을 무시하고 배정받은 모든 땅을 개발하도록 부추긴다는 것이 더 큰 문제였다. 게다가 인도네시아는 부처마다 다른 지도를 이용했다. 인도네시아 에너지광물자원부 장관이었던 쿤토로 망쿠수브로토Kuntoro Mangkusubroto는 이렇게 설명했다.

> 인도네시아에는 모든 부처마다 별도의 지도가 있습니다. 인도네시아는 무척 큰 나라이고 부처마다 해야 할 일이 다르니 저마다 다른 지도를 쓸 수 있습니다. 하지만 국가 개발이라는 문제에서는 단 하나의 통일된 지도가 있어야 합니다. 예를 들어, 삼림 범위를 이야기할 때 이 섬에 삼림이 몇백만 헥타르나 있는지, 숲의 경계는 어디까지인지에 대해 국민도, 정치인도, 정부도 받아들일 수 있는 결론을 도출하기 위해서는 그런 지도가 필요합니다.

기업과 토착민 사이에 가장 큰 분쟁 원인이었던 중복 허가 발급을 줄이기 위해서라도 하나의 공식 지도가 필요했다. 2010년 정부는 '하나의 지도' 계획을 발표하며 인도네시아의 공간 데이터 전부를 모아 하나의 데이터베이스를 구축하겠다고 선언했다. 하지만 세계은행으로부터 부분적인 지원을 받은 이 프로젝트는 아직도 끝나지 않은 상태다.[41]

또 다른 중요한 문제는 인도네시아에서 숲을 베어내면 많은 돈을 벌 수 있다는 사실이다. 인도와 중국 기업으로 수출되는 팜유의 양이 점점 늘고 있다. 그런데 인도와 중국 기업은 지속 가능한 팜유를 구매하는 데 관심이 없다. 인도네시아 몇몇 당국은 반드시 삼림 벌채를 줄이겠다고 공언하지만, 지역과 중앙 정치인들이 받는 후원금의 주요 원천은 바로 팜유 산업이다.[42] 토지 이용과 배분에 어느 정도 책임을 지고 있는 산림부는 부패로 악명이 높다. 공직자들은 은퇴하면서 '노후를 위해' 팜유 공장을 한두 곳 매입한다. 이런 사람들로 구성된 네트워크가 인도네시아 전반에 만연하며, 삼림 벌채와 불법 벌목에 기대어 정치에 기름칠을 하고 있다. 이 문제들을 어떻게 해결해야 할지 소비재포럼으로서는 막막했을 것이다. 한 경험 많은 NGO 지도자는 내게 이렇게 설명했다. "하늘에서 불법 벌목을 탐지했다고 해봅시다. 지역 공장에 전화합니다. 그런데 뭐라고 해야 하죠? 숲까지 차를 몰고 가서, 공장을 지키는 무장한 남성들을 마주한 채 우리 공장은 앞으로 6년간 여기서 생산된 팜유를 구매하지 않을 것이라고 말해야 할까요? 불법 벌목을 목격하면 어떻게 행동해야 하는지 알려드리죠. 일단 웃으세요. 잘 지내길 빌어주시고 계속 가던 길을 가세요."

인도네시아에서 벌어지는 벌목의 70% 이상이 불법이다.[43] 지속 가능한 제품이 아무런 이익이 없다고 생각하는 공급업자가 있는 한, 아무런 생각 없이 이들에게 물건을 구매하는 고객이 있는 한, 그리고 만들어놓은 법안마저 제대로 집행할 의지가 없는 정부가 있는 한, 삼림 파괴를 멈추기란 매우 힘들 것이다.

팜유에서 자율 규제는 실패했다는 이야기로 들리는가? 아직은 삼림 파괴를 멈추지 못한 것은 사실이다. 하지만 자율 규제 노력에 정부와 투자자들을 동참시킬 방법을 찾아낼 수 있다면 삼림 파괴를 멈출 가능성이 상당히 커진 것도 사실이다. 이해관계자들의 연합체는 모든 사람이 기꺼이 협력할 수 있도록 동기를 강화할 방법을 찾아야 한다. 예를 들어 소농들이 지속 가능한 팜유 재배에 경제적인 매력을 느낄 수 있도록 해주거나, 인도와 중국의 소비자들을 설득해 지속 가능한 팜유를 구매하도록 지역 업체에 압력을 행사하게 만들거나, 지방 정

부를 설득해 삼림 벌채를 금지한 법을 엄격하게 집행하도록 만들어야
한다.

기업이 나서서 이러한 행동을 해야 하는 이유는 명확하다. 수년간
의 연구를 통해 현장 문제 해결 방안에 대한 깊이 있는 지식도 축적되
었다. 하지만 협력을 이끌어나갈 누군가가 필요하다. 아마존에서 콩
과 쇠고기 생산과 관련된 삼림 벌채를 줄이기 위해 10년 동안 벌인 투
쟁은 공공 부문과의 협력이 그 비결임을 시사한다.

콩과 쇠고기 모라토리엄이 보여준 가능성

콩 이야기도 앞선 이야기와 비슷한 맥락에서 출발한다. 2006년 그
린피스는 〈아마존 먹어치우기Eating up the Amazon〉라는 보고서를 발표하
며, 세계 곡물 교역 회사들인 아처대니얼스미들랜드Archer Daniels Midland,
번기Bunge, 카길이 콩 생산에 자금을 지원하며 아마존 열대우림 파괴
에 크게 영향을 끼치고 있다고 주장했다.[44] 그린피스는 맥도날드 밖에
서 2미터 높이의 닭 복장(콩의 95%는 동물 사료로 사용된다)을 뒤집어쓴
채 시위를 벌였다. 그들은 서구 기업들이 브라질 콩을 구매하며 세계
에서 마지막 남은 대규모 열대우림을 파괴하고 지구를 펄펄 끓도록
부채질하고 있다고 비난했다.

그린피스는 4월 6일 보고서를 발표하면서(그리고 닭들을 풀어놓으면
서) 식품 산업 전체에 아마존에서 생산되는 콩을 공급사슬에서 제외
해달라고 요청했다. 3개월이 지난 7월 25일 아처대니얼스미들랜드,

사진 3. 2006년 4월, 그린피스의 활동가들은 닭 복장을 뒤집어쓴 채 맥도날드 앞에서 시위를 벌였다.

번기, 카길은 물론 맥도날드와 브라질 콩 생산의 92%를 차지하는 두 브라질 기업 연합이 '콩 모라토리엄'을 선언했다. 2006년 7월 이후에는 브라질 아마존 지역의 벌채된 땅에서 재배된 콩은 구매하지 않겠다는 협정이었다.

콩 모라토리엄 워킹그룹Soya Working Group은 콩 무역업자, 생산자, NGO, 구매자, 브라질 정부가 참여해 모라토리엄을 추적 감시하기 위해 만들어졌다. 업계에서 공동 개발한 위성/항공 추적 감시 시스템을 통해 몇몇 NGO, 브라질 정부, 콩 모라토리엄 워킹그룹은 아마존 콩 생산의 98%를 차지하는 76개 자치구를 감시하고 있다.[45] 모라토리엄을 위반한 농부는 모라토리엄에 서명한 기업에 콩을 팔 수 없으며 자금 지원을 받기도 힘들다. 협정은 2년마다 갱신되었지만, 2016년에 이르러서는 무기한 혹은 더는 필요 없어질 때까지로 연장되었다.[46] 협정 후 10년 안에 브라질 아마존 지역의 콩 생산은 거의 2배로 늘어났다.[47] 그러나 그중 2006년 이후 벌채된 땅에서 생산된 양은 1%도 안 된다.[48] 1에이커당 재배되는 콩의 양을 가리키는 콩 수확률 또한 엄청나게 늘어났다.[49]

2009년 그린피스는 〈아마존 학살Slaughtering the Amazon〉이라는 보고서에서 축산업으로 아마존의 성숙림이 개벌되고 있다고 비난했다.[50] 전세계 농지의 60% 정도가 쇠고기 생산에 이용되고 있고, 아마존 삼림 훼손의 80%는 소 축산 때문이다.[51] 브라질 파라Pará주의 연방 검찰은 불법으로 삼림을 개간한 농장주를 고발하고, 이들과 거래한 소매업자들을 고소하겠다고 경고했다. 이에 발맞춰 브라질산 쇠가죽을 이용하는 아디다스, 나이키, 팀버랜드 등의 제화업체들은 자신들이 이용하는 가죽이 아마존 파괴와 관련이 없다는 것을 확인시켜주지 않으면 계약을 취소하겠다고 선언했다. 브라질 슈퍼마켓 연합은 삼림 파괴와 관련 없는 쇠고기만을 판매하겠다고 공언했다.

그 결과 브라질 4대 정육업체의 시장 점유율은 크게 떨어졌다.[52] 이들은 '소[牛] 협약'을 체결해 아마존에서 최근 벌목된 지역에서 자란 소의 구매를 금지했다.[53] 제로 삼림 벌채 쇠고기만 구매하겠다는 2010년 소비재포럼의 공언과 더불어 지속적인 소비자의 압력으로 인해 소 모라토리엄도 자리를 잡게 되었다.

브라질 정부의 적극적 지원은 큰 도움이 되었다. 브라질 아마존 지역 대부분은 삼림법에 의해 보호된다. 이 법에 따라 토지 소유자는 소유지의 80%는 영구히 숲으로 유지해야 한다. 이 법은 1965년에 통과되었지만, 2010년 이전에는 제대로 집행되지 않았다. 그러다 2010년에 콩과 쇠고기에 대한 모라토리엄이 선언되고, 일상적으로 삼림 파괴를 추적하는 테크놀로지가 개발되면서 이 법안은 다시금 생명력을 얻었다. '소 협약'은 대단한 성공을 거두었다. 2013년 전체 도축장 거래의 96%는 브라질 농촌환경등록청에 등록된 공급업체들과 이루어졌다. 협약 이전에는 그 비율이 2%에 지나지 않았다.[54] 그 사이 세계의 다른 모든 곳에서는 삼림 벌채율이 엄청나게 증가했지만 아마존의 삼림 벌채만은 급격히 둔화되었다.[55]

두 사례 모두에서 정부의 지원이 중요한 역할을 했다. 자이르 보우소나루Jair Bolsonaro가 대통령에 당선된 이후 전직 대통령들의 정책을 거부하면서 아마존의 삼림 벌채 속도가 다시 급격히 빨라지고 있다. 행정부의 역할이 얼마나 중요한지 보여주는 대목이다.[56] 그러나 앞의 두 사례에서 민간의 행동이 없었다면 정부 지원을 촉진하고 활성화할 수도 없었다. 업계의 헌신으로 인해 정부는 법을 집행할 정치적 근거를 마련했고, 반드시 필요한 기술적 노하우와 꾸준한 지원을 제공할 수 있었다.

아마도 이러한 경험은 미래에도 자율 규제 노력의 모델이 될 수 있을 것이다. 산업 전반에 걸친 협력은 지속 가능한 방식으로 생산된 제품에 대한 수요를 창출한다. 선두 기업들이 전환에 필요한 기술적인 전문 지식을 축적하고 정교한 운영을 위한 투자를 하겠지만 한 걸음 더 나아가려면 정부의 지원이 반드시 필요하다.

의류와 전자제품 산업의 노동 문제에 관한 민간 분야의 규제 효율성을 분석했던 연구를 예로 살펴보자. 미국의 정치학자 리처드 M. 로크Richard M. Locke는 5년에 걸쳐 700건 이상의 인터뷰를 하고, 120개 공장을 방문하며 많은 자료를 축적했다.[57] 연구는 민간 분야의 자율 준수 프로그램이 할 수 있는 일이 많지만, 그것만으로는 전 지구적인 공급사슬에서 발생하는 노동 문제를 완전히 해결할 가능성이 낮다고 결론지었다. 그의 말을 들어보자.

> 전 세계적인 브랜드들과 노동권을 감시하는 NGO들이 힘을 합쳐 10년도 넘게 노력했지만, 민간 분야의 자율 준수 프로그램은 노동 기준의 지속적인 개선이라는 약속을 이행할 수 없는 것으로 보인다. 자율 준수 프로그램을 통해 노동조건을 어느 정도는 개선할 수 있었다. (하지만) 이러한 개선은 이제 한계에 도달한 것으로 보인다. (예를 들어 건강과 안전 같은) 몇몇 영역에서는 기본적인 개선이 있었지만, (결사의 자유, 과도한 노동 시간과 같은) 다른 영역에서는 그렇지 않다. 게다가 공장들이 시간이 지나면서 자율 준수 프로그램을 내팽개치는 것을 보면 이러한 개선마저 불안정해 보인다.

팜유와 섬유 분야는 포괄적인 노력과 풍부한 자금 조달을 통해 자율 규제를 추구했고 큰 진전을 이루는 데 성공했지만, 원래의 목적까지는 달성하지 못했다. 두 업계 모두 이제 지역의 규제 당국을 지속 가능한 공급사슬을 만들기 위한 파트너로 간주하기 시작했다.

팜유 분야에서, 소비재포럼 회원들은 인도네시아와 말레이시아의 NGO 및 지역 공동체, 정치인 등 다양한 이해관계자들과 주기적으로 만나서 상황을 진척시킬 방법을 모색했다. 여기서 제기된 한 가지 가능성은 지역 정치인, 지역 NGO, 지역 공동체 간 파트너십을 체결해 지역 전체를 지속 가능한 야자나무로 바꾸는 비즈니스 사례를 만드는 것으로, 이른바 '관할권jurisdictional' 접근법이다. 섬유 산업에서도 몇몇 성공 사례를 목격하며 비슷한 내용의 대화가 오가고 있다. 예를 들어 인도네시아 의류 산업에 관한 한 연구에 따르면 자율 규제 기관이 국가와 긴밀히 협력하고, 지역 노조가 적극적으로 국가에 조치를 요구할 때 자율 규제 노력으로 인한 임금 인상 가능성은 상당히 높다고 한다.[58] 브라질 설탕 산업에 관한 한 연구에 따르면 민간 감사관은 극단적인 형태의 아웃소싱을 금지하려는 지역 규제 당국자들의 노력을 보완하는 역할을 했고, 둘은 힘을 합쳐 기업들이 충분히 개선된 노동 기준을 받아들이도록 압박을 가했다.[59]

무엇이 차이를 만들어내는가

무엇이 차이를 만들어내는가? 왜 어떤 자율 규제 조직은 성공하고, 어떤 자율 규제 조직은 실패하는가? 원자력발전운전협회Institute of Nuclear Power Operations의 역사를 읽다 보면 이 질문에 대한 답이 떠오를 것이다.[60] 이 협회는 1979년 스리마일섬 원자로가 멜트다운된 직후에 만들어졌다. 이 사건은 대중에게 충격을 주었고, 원자력 업계에는 공포를 안겨주었다. 실제로 원자력발전소를 운영하는 많은 전력회사는 또 다른 사고가 일어날 경우 산업 자체가 사라지고 말 것이라고 확신했다.[61]

역사적으로 원자력 산업은 미국 정부 기관인 원자력규제위원회Nuclear Regulatory Commission의 통제를 받았다. 스리마일섬 재앙 이후, 원자력규제위원회는 업계의 안전도 향상을 도모했다. 규제위원회는 근본적으로 테크놀로지에 초점을 맞춘 기관이었는데, 사고를 조사하기 위해 설치된 독자적인 위원회는 사고의 일차적 원인이 테크놀로지의 문제라기보다는 안일함, 의사소통 오류와 같은 조직상·관리상의 문제였다고 결론지었다. 원자력발전소 노동자들은 대체로 화석연료발전소에서 경험을 축적했고, 따라서 화석연료발전소를 운영했던 방식 그대로 원자력발전소를 운영하면 된다고 생각했다. 다시 말해 그저 열심히 일하고, 문제가 생기면 유지보수 팀 혹은 기술 팀에게 맡기는 식이었다. 많은 관리자와 조작자가 핵이 가진 무시무시한 잠재력에 대해서는 전혀 모르고 있는 것으로 보였다. 개별 발전소가 좀 더 안전하게 발전소를 운영하는 법을 배웠다고 해도, 모든 기업이 공유하지 않았다. 미국에서 원자력발전소를 운영하는 55개 전력회사는 민간 자율 규제 기관인 원자력발전운전협회를 만들어 이러한 문제들을 해결해보려 했다.

이 기관은 핵을 다뤄본 경험이 있는 해군 퇴역 군인들에 의해 운영되었다. 미 해군의 핵 프로그램은 사고 기록이 전혀 없는 데다가, 안전을 최우선으로 하는 문화로 유명했다. 퇴역 군인들은 원자력발전산업 운영 기준과 절차를 개발하고, 적극적인 교육 프로그램과 더불어 현장 방문을 통해 운영 지원에 나섰다. 해마다 모든 발전소를 대상으로 종합적인 평가도 실시했다. 현장을 방문한 후 원자력발전운전협회 직원들은 일련의 중요한 성과 지표를 기준으로 발전소들을 비교한 후, 각각의 발전소에 미진한 부분을 개선하는 데 협력하겠다고 제안했다. 매년 열리는 업계 회의에서 원자력발전운전협회는 이러한 연구 결과를 참석한 CEO들 앞에서 발표함으로써, 낮은 점수를 기록한 CEO들에게 그들 발전소의 문제를 해결하라는 압박을 가했다.

CEO가 비협조적일 경우, 협회는 그 회사의 이사진과 직접 접촉하겠다고 경고할 수도 있었다.

1980~1990년 사이에 비상사태가 발생해 발전소 가동이 중단된 비율은 평균 4분의 1로 줄어들었고, 협회는 미국 원자력 산업의 안전성을 한 차원 끌어올렸다는 평가를 받았다. 협회는 지금도 운영 중이며 원자력 산업으로부터 전액 지원을 받고 있다.

앞서 언급한 엘리너 오스트럼의 선구적인 연구에는 업계 전체가 협력을 통해 성공을 거둔 사례들이 포함되어 있다. 그중 메인주 바닷가재 산업 연구가 가장 유명하다. 메인주의 바닷가재 개체 수는 1920년대부터 1930년대 사이에 급격히 줄어들었다. 이에 대응해 메인주는 포획 가능한 바닷가재의 크기와 숫자를 규제하기 시작했다. 이 지역의 바닷가재 어부들은 이 제한을 지키기 위해 조직을 결성했다. 이들은 알을 품은 암컷은 꼬리에 표시를 한 후 바다에 돌려보내기로 합의하고, 어장을 구획하고, 정해진 구역을 벗어난 어획을 방지하기 위한 집행 메커니즘을 만들었다. 20세기 후반 바닷가재의 개체 수는 지속 가능한 수준을 회복했고, 지금도 증가하고 있다.[62]

시카고 이야기와 더불어 앞의 두 사례는 자율 규제가 성공하는 데 필요한 네 가지 조건을 분명히 보여준다. 첫째는 지속적인 협력이 모든 사람의 관심사여야 한다. 또한 관련 당사자들이 모두 지속적인 협력이 필요하다고 분명히 느껴야 한다. 둘째, 협력이 당장 편익을 가져다주면서, 협력하지 않는 데서 발생하는 비용이 크다면 협력은 훨씬 쉬워질 것이다. 원자력발전소들이 스리마일섬 사고 후 적극적으로 협력했던 것도 어느 한 곳에서라도 또다시 실수를 저지른다면, 산업 전체가 사라져버릴 수도 있다는 위기감 때문이었다.[63] 즉 협력해야 하는 강력한 동기가 있었다. 바닷가재 어부들도 마찬가지였다. 지속적인 남획으로 인해 모든 사람의 일자리가 위태로운 상황에서, 어획량을 줄여야 개체 수를 회복할 수 있다는 주장은 모두에게 설득력이 있었다. 현재 전 세계 어획 절반 정도가 지속 가능한 형태로 이루어지고 있는 것은 역사적으로 볼 때 대체로 어획량이 통제된 후 비교적 빠르게 반등했기 때문이다. 어부들이 자발적으로 받아들인 규제로 인한 편익을 그리 오래 기다리지 않아도 된다는 말이다.[64] 한편 시카고의 사례를 보면, 화이트시티의 성공에 금전적 명운을 건 사람들은 매연방지협회를 설립해 매연을 줄이라는 전방위적인 요구를 했지만, 행동을 바꾼다고 해서 얻을 것은 없고 잃을 것만 많았던 예인선 소유자들이 협력하지 않았다는 것은 놀라운 사실이 아니다.

산업의 관련 당사자들이 그 산업에 장기적으로 종사하고 있을 때, 좀 더 엄밀히 말해서 산업에 진입하고 빠져나가는 것이 어려울 때, 협력은 훨씬 쉬워진다. 다시 한번, 원자력발전소와 바닷가재 사례를 보면 분명히 이해할 수 있다. 원자력발전소는 수명이 60년이나 되고 움직일 수도 없다. 바닷가재 어부들은 배와 장비를 사느라 빚더미에 올라앉는다. 어업이 무너지면 가치가 0으로 수렴하는 자산들이다.

이 두 가지 조건은 협력의 편익이 부정행위나 무임승차가 누구에게도 도움이 되지 않는다는 것을 보장해줄 때 협력이 가능하다는 사실을 보여준다. 국제상공회의소 같은 자발적 조직이 성공하는 이유 중 하나는 이들이 제시하는 편익이 구체적이고 즉각적이며, 동시에 부정행위에 대한 유혹이 매우 적기 때문이다. 이렇게 이상적인 경우를 제외하고는, 누군가가 자신의 역할을 다하지 않을 때 아주 쉽사리 적발할 수 있어야만 협력은 지속될 수 있다. 원자력발전소의 사례에서, 원자력발전운전협회는 연간 점검을 통해 모든 발전소가 최신 기법에 발맞춰 나갈 수 있도록 돕고, 최선을 다해 그 기법을 쓰게끔 했다. 바닷가재 어획량을 지키는지 확인하기는 이보다 힘들지만, 어부들의 공동체는 규모가 크지 않아 부정행위 탐지가 그리 어렵지 않았다.

네 번째이자 마지막 조건은 규칙을 위반했을 때 쉽게 처벌할 수 있어야 한다는 것이다. 원자력발전소 산업은 이 문제를 잘 처리했다. 유명한 예가 있다. 원자력발전운전협회는 필라델피아 전기의 피치보텀 발전소 이사진에 편지를 보내서, 몇 년에 걸쳐 미흡했던 성과를 지적했다. 결국 이사진은 CEO를 포함한 공장의 최고경영자들을 퇴진시켰고, 빠르게 문제를 해결했다. 또 다른 사례를 들어보자. 캘리포니아 랜초세코 원자로의 문제를 시정하려고 몇 년간 개별적으로 경영진과 접촉한 후, 원자력발전운전협회는 정부의 원자력 규제 당국에 이 원자로의 여러 가지 안전 위반 사항을 전달했다. 규제 당국은 발전소 점검에 나섰고, 이후 가동 중지를 명령했다.

바닷가재 사례를 보자. 바닷가재 덫을 다른 어부의 구역에 설치하는 밀어꾼은 일련의 점점 강도가 강해지는 제재를 받는다. 처음에는 덫에 꼬리표를 붙여 꼬리가 잡혔다는 것을 알린다. 그래도 밀어가 계속되면 다른 어부들이 부표에서 덫까지 이어지는 로프를 잘라, 덫을 회수하지 못하게 만든다. 그래도 계속된다면 보트를 파손하거나 집으로 직접 찾아가 위협하기도 한다.

시키고 매연방지협회가 결국 붕괴했던 이유가 오염을 계속 저지르는 사람을 처벌할 힘을 잃었기 때문이라는 사실에 주목하라. 여론이 협회의 편이고 법정이 오염자에게 유죄 판결을 내리는 동안에는 시카고의 사업체 대부분이 같은 목소리를 내고 있었다. 하지만 여론이 등을 돌리고 법이 유죄 판결을 내리지 않으려 들면서, 협회는 붕괴되고 말았다.

지역과의 협력

여러 기업의 집단행동이 지방 정부와 파트너십을 맺는 강력한 첫걸음이 될 수 있다는 생각은 물론 새로운 아이디어는 아니다. 최첨단 기업들이 지역의 규제 기관, 지역 공동체와 함께 일하며 공익을 창출하고 전체 공동체에 이바지해온 역사는 100년도 넘었다.

예를 들어 어떤 기준에서 보자면 미국에서 가장 성공한 도시라고 할 만한 미니애폴리스-세인트폴*의 기업계는 특히 교육 분야에서 지방 정부와 오랫동안 협력해왔다. 이곳은 대서양·태평양 모두와 수천 킬로미터 떨어져 있고, 미국 최악의 날씨로도 악명이 높지만, 유나이티드헬스 그룹, 3M, 타깃, 베스트바이, 제너럴밀스를 포함해 〈포천〉 500대 기업 중 19개 기업이 이 도시에 본사를 두고 있다. 미국 최대의 개인 기업 카길도 마찬가지다. 이 도시의 지리적 고립과 최악의 날씨를 생각해보면, 이 기업들의 CEO들이 이 도시를 일하며 살 수 있는

---

* 실제로는 두 도시이지만 하나의 대도시권으로 묶어 이야기한다.

매력적인 장소로 만들어야겠다는 공통의 관심사를 가지지 않을 수가 없었다. 이들은 또 공유 정체성은 물론 지속적인 협력을 증진하는 만남의 공간을 개발하는 데도 오랫동안 관심을 가져왔다.[65]

예를 들어 카길 재단 이사장 로빈 존슨Robin Johnson은 이렇게 말한다.

> 물리적인 기후와 위치,[66] 해안으로부터의 고립, 여기에 자리 잡고 살아가는 스칸디나비아와 독일 이민자들의 노동관 등이 우리를 위한 공동체를 만들자는 생각을 하게 했는지도 모르겠습니다. 아무도 우리를 대신해주지 않습니다. 우리가 함께해야 합니다.

제너럴밀스의 전 CEO 켄들 파월Kendall Powell은 이렇게 설명했다.

> 먼 과거로 올라가면, 카길의 카길 집안과 맥밀런 집안, 필스버리의 조지 필스버리George Pillsbury, 제너럴밀스의 캐드월래더 워시번Cadwallader Washburn, 나중에 타깃사가 된 데이턴-허드슨Dayton-Hudson의 데이턴 가문 모두가 여기 살았고, 회사를 크게 키웠죠. 미니애폴리스 클럽과 같은 단체들은 지역 사회에 문제가 생기면 대여섯 명 정도의 기업계 리더들이 모여 어떤 일을 해야 할지 결정하는 장소가 되었습니다. 그 단체장들은 지금도 여기저기에서 오죠. 공동체 참여 의식을 함양하는 관습과 전통은 여전하고, 공동체 지도자들은 그 관습과 전통을 지금도 의식적으로 추구하고 있습니다.[67]

미네소타 조기교육재단The Minnesota Early Learning Foundation은 이러한 협력을 잘 보여주는 예다. 미니애폴리스의 연방준비은행 수석연구원 아트 롤닉Art Rolnick이 미네소타 유치원생 중 정서적·인지적·사회적으로 학교에 다닐 준비가 된 아이는 절반에도 미치지 못한다는 논문을 발표하면서, 이 재단이 설립됐다.[68] 카길의 CEO 조지 스테일리George Staley가 나서서 지역 기업계에 이 문제를 해결할 기금을 요청했다. 2008년 말까지 그는 2400만 달러를 조성했고, 에코랩, 타깃, 제너럴밀스의 CEO들을 설득해 5년간 이사회 임원으로서 직접 연간 4번의 회의에 참석하게 했다.

이들은 기금을 상호보완적인 세 가지 계획을 실험하는 데 사용했다. 먼저 한정된 수의 부모들에게 매년 1만 3000달러까지 장학금을 주어 미니애폴리스-세인트폴에 있는 질 높은 조기교육 프로그램이라면 어디든 지출하게끔 했다. 그러고는 '부모 평가'라는 등급 체계를 만들어 질 높은 조기교육 프로그램을 가려냈고, 가정 방문을 통해 이 장학 프로그램에 참여하는 모든 가정을 지원했다. 이 노력은 대단히 성공적인 것으로 판명되었다. 장학금을 받은 집단은 그렇지 않은 집단에 비해 훨씬 더 나은 결과를 보여주었다. 이를 계기로 주정부와 연방정부 모두가 미네소타주 어린이 조기교육을 적극적으로 추진하게 되었다.

미네소타 비즈니스파트너십Minnesota Business Partnership의 전무 찰리 위버Charlie Weaver는 과거를 돌이켜보며, 민간 분야에서 혁신과 실험에 투자를 지원했던 방식이 정치적 행동의 기반이 되었다고 강조한다. 그는 이렇게 말했다.

가장 큰 성공은 2400만 달러를 조성했다는 점입니다. 장학금으로 사용하고, 등급 체계를 만들고, 부모들에게 수준 높은 교육 시설을 선택할 기회를 제공해준 그 기금이 없었더라면, 아이디어는 검증되지도 못했을 것이고, 질 좋은 어린이집이 동네에 자리 잡지도 못했을 것입니다. 그 돈이 없었다면, 조기교육이 중요하다고 말할 뿐 아무런 영향도 미치지 못하는 보고서로 끝났겠죠. 가장 중요한 것은, 입법부에 아이디어를 들고 가서 지지를 받으려 하기 전에 그 아이디어가 옳다고 증명할 수 있어야 한다는 것입니다.

몇몇 시장은 미니애폴리스-세인트폴에는 이러한 협력이 가능한 요소가 워낙 많았다고 말하기도 했다. 예를 들어 미니애폴리스-세인트폴은 민족적·인종적으로 다른 어느 미국 도시보다도 동질적이다. 하지만 나는 경제 성장을 통해 환경 피해 및 불평등 감소를 추구하는 민-관 협력 형태의 (도시와 지역에 기반을 둔) 수많은 노력이 이루어지고 있다고 믿는다. 이 모든 노력은 그 지역의 선도적인 기업들의 협력이 있어야만 효과적일 수 있다. 자율 규제, 특히 국가의 권력과 역할에 대한 이해와 결합한 자율 규제는 자본주의를 바꾸는 데 있어 결정적인 도구가 될 수 있다.

집행자로서의 투자자

투자자들 사이의 협력이 개혁의 또 다른 열쇠다. 전 세계 투자 자본의 3분의 1 이상, 대략 19조 달러가 세계 100대 자산 소유주들에 의해 지배되고 있다. 그중 3분의 2가 연금기금이며, 나머지 3분의 1은 국부

펀드다.[69] 그런가 하면 15대 자산운용사가 전 세계 투자 자본의 거의 절반을 맡아 관리한다. 여기에는 현재 7조 달러에 조금 못 미치는 돈을 관리하는 블랙록, 4조 5000억 달러를 관리하는 뱅가드 그룹, 2조 5000억 달러를 관리하는 스테이트스트리트가 포함된다.[70] 재무 재설계를 다룬 앞 장에서 이미 보았듯이 이 돈은 높은 비율로 수동적으로 투자되고 있다. 예를 들어 미국에서 모든 주식의 65~70%는 인덱스 혹은 유사 인덱스펀드에 투자된다.[71] 이러한 투자는 시스템 전반의 리스크에 완전히 노출되어 있다. 다시 말해 경제 전체에 내재해 있으며 점점 가속화되는 환경 파괴와 불평등 리스크를 벗어날 수 없다. 실적을 향상하는 최선의 방법도 경제 전체의 실적을 개선하는 것밖에 없다.

이러한 투자자들은 경제 전체를 좀 더 지속 가능한 방향으로 움직이게 만들 수 있는 엄청난 능력을 갖추고 있다. 협력 방법이 문제일 따름이다. 만일 15대 자산운용사 전부, 혹은 100대 자산 소유주 전체가 자신들의 포트폴리오에 있는 모든 기업에 (혹은 특정 산업에 속한 모든 업체에게) 화석연료 사용을 중단하고, 삼림 파괴를 하지 말고, 하이로드 노동 전략을 받아들이라고 요구한다면, 좀 더 공정하고 지속 가능한 사회가 순식간에 이루어질 수도 있는 일이다. 미즈노는 일본 주식 시장의 7% 정도만 가지고도 엄청난 개혁을 촉발할 수 있었다. 세계 자산 절반 이상의 소유자들이 변화를 요구한다면 어떤 일이 일어날지 상상해보라. 물론 쉬운 일은 아니다. 우선 투자자 권력을 이용해 지구 온난화를 억제하려는 지속적인 노력을 예로 살펴보기로 하자.

기후행동100+Climate Action 100+는 한 기자의 말처럼 '재앙과 관련된 재무 리스크를 줄이기 위해' 세계 100대 탄소 배출 기업을 설득할 목적으로 2017년에 설립되었다.[72] 이 단체는 300곳 이상의 투자자 연합체로서, 이들이 관리하는 돈은 전 세계 투자 자본의 거의 절반을 차지한다.[73] 이들은 세 가지 목표를 가지고 있다. 첫 번째는 이들이 투자하는 모든 기업이 기후 리스크를 감안하고 해결 계획을 감독하는 이사회 수준의 기구를 두도록 만드는 것이다. 두 번째는 각각의 기업이 분명하게 이 리스크를 밝히도록 만드는 것이다. 마지막으로는, 세계 평균 기온 상승을 섭씨 2도 이하로 제한하는 파리협약의 목표에 부응해 가치사슬 전반에 걸쳐 온실가스 배출 감축 조치를 취하도록 각각의 업체를 설득하는 것이다.[74]

기후행동100+에 참여하는 이유는 명료하다. 기후행동100+의 투자자들은 기후 변화가 장기적인 투자 가치에 당장 분명한 위험을 제기하며, 아무리 투자를 다변화한다고 해도 그 위험은 피할 수 없다고 믿는다. 미즈노와 마찬가지로 이들 투자자 중 많은 수는 수혜자들에 대한 신탁 의무 때문에라도 지구온난화를 해결하기 위해 할 수 있는 모든 일을 해야 한다고 믿는다. 물론 그렇다고 해서 이 단체를 쉽게 통합할 수 있다는 의미는 아니다.

실제 일은 공개 서한, 회사 경영진과의 공식·비공식 대화, 주주 결의안 제출 등을 통해 이루어진다. 주주 결의안이란 정기 주주 총회에서 전체 주주 기반 투표에 제출되는 기업 활동에 대한 투자자들의 제안을 말한다. 개별 투자자들은 기업 활동을 조정하는 책임을 지고, 투자자들 간의 연합을 구축해 변화를 압박하기도 한다.

예를 들어 2018년 12월 11조 달러 이상을 투자하는 투자자 집단은 〈파이낸셜타임스〉에 다음과 같은 글을 실었다.

우리는 발전업체, 송·배전업체를 포함한 전력회사들에 탄소 배출 제로 경제라는 미래를 위한 계획을 세우라고 요구하는 바이다. 특히 적합한 자본 지출 계획을 포함하여, 파리협약의 목표와 일치하는 전환 계획 수립을 요구한다. 늦어도 2030년까지는 석탄 사용을 끝마치겠다는 EU 및 OECD 국가의 전력회사들의 분명한 일정과 공약을 기대하고 있으며, 가까운 장래에 화석연료 기반 시설은 어떻게 감가상각할 것인지에 대해서도 분명히 밝히길 바란다.[75]

6개월 후 기후행동100+ 투자자들은 쉘사에 온실가스 방출 제한에 대한 단기 목표를 발표하라고 압박했고, BP에게는 자사 제품의 탄소 집약도, 새로운 투자가 기후에 미치는 영향을 평가하는 방법, 배출 목표를 설정하고 측정하는 회사의 계획의 공개를 요구하는 주주 결의안을 받아들이라고 설득했다. 이 결의안은 기업이 이러한 목표를 얼마나 성취하고 있는지에 대한 연례 보고 및 목표를 충족시키는 기업의 능력과 경영진의 급여가 얼마나 연계되어 있는지에 대한 설명도 요구했다.[76] 이러한 주주 결의안을 제출한다고 해서 세상이 당장 바뀌어야 않겠지만, 투자자들이 우선순위를 두는 가치와 신념을 전달하는 동시에, 기업에 압력을 행사하는 강력한 방법이 될 수 있다. 경영진이라면 투자자들의 연합체가 충분히 커질 경우 결국 자신이 대체될 수도 있다는 사실을 너무도 잘 알고 있기 때문이다.

하지만 이런 방식의 기업 활동 참여는 비용이 많이 들 수밖에 없다. 게다가 기후행동100+는 전형적인 무임승차 문제에 직면했다. 다시 말해 어떤 특정 투자자가 연합체의 다른 투자자들에게 힘든 모든 일을 맡겨두려는 유혹에 빠질 수 있다는 실질적인 리스크가 있다. 어떤 투자자가 자기 소임을 다하고 있는지 판단하는 일은 어렵지 않다. 하지만 그저 방관만 하는 쪽을 처벌할 수 있는 확실한 방법은 없다. 현재는 주도적인 구성원들이 도덕적인 설득과 집단 내 수치심을 이용해서 모든 구성원에게 참여하라고 설득하고 있는 듯하다. 이들이 성공한다면, 기후행동100+는 매우 중요한 빙산의 일각이었음이 증명될 것이다.

나는 블랙록 CEO 래리 핑크가 블랙록의 새로운 목적에 관해 밝힌 편지와 비즈니스 라운드테이블 발표문을 읽었다. 그는 자신의 동료들이 정확히 이러한 전략을 얼마나 바라고 있는지, 그리고 (세계 15대 자산운용사 혹은) 세계 100대 투자자 집단이 협력을 뒷받침해줄 몇 가지 조건들을 충족시켜줄 수 있는지를 알아보려 한다고 밝혔다. 이 집단은 비교적 작고, 협력으로 생기는 수익은 대단히 클 수 있다. 따라서 집단의 모든 구성원이 정말 그들이 소유한 기업에 압력을 행사하고 있는지를 쉽게 관찰할 수 있어야 한다. 만일 이 집단이 무임승차하는 투자자들을 처벌하는 방법을 찾아낼 수 있다면, 성공은 보장되어 있다. 그 방법만 찾아낸다면, 집단 내의 사회적 압력만으로도 충분히 모든 투자자의 협력을 끌어낼 수 있을 것이다. 내가 듣기로는 투자자들이 만나는 방이 하나 있다고 한다. 이들은 서로를 바라보며 이렇게 말한다고 한다. "먼저 하시죠."

제자들은 내게 이런 일이 힘들지 않으냐고 묻곤 한다. 우리는 진정 세계 최대 자산 소유자들이 이렇게 집단적인 힘을 행사해주길 바라고 있는가? 내게는 너무도 쉬운 질문이다. 이 자산 소유자들은 이미 엄청난 권력을 행사하고 있다. 그들의 포트폴리오에 있는 기업들을 치열한 출혈 경쟁으로 내몰고 있는 권력이다. 이들은 의도적으로 상생하는 경쟁을 촉발할 수 있는 결정을 해야 한다. 자본주의를 바꾸는 데 있어서 핵심적인 요소는 금융 분야의 변화다. 세상에 대한 집단적 책임을 진지하게 받아들이고, 그에 따라 행동하는 금융이 필요하다.

요컨대 자율 규제는 집단적 공유가치를 지지하는 세계적인 기업계를 구축하는 강력한 힘이 될 수 있다. 원자력발전, 섬유, 팜유, 쇠고기, 콩, 미니애폴리스-세인트폴의 사례에서 기업계는 공익을 창출하기 위해 (혹은 공익 저해를 저지하기 위해) 함께 행동하는 편이 더 낫다는 사실을 받아들이게 되었다. 이러한 종류의 협력이 결국 정부를 향하게 되는 이유 중 하나는 산업 차원의 협력 추구가 워낙 중요한 잠재력을 가지다 보니 정부 개입에 대한 요구가 생겨날 수밖에 없기 때문이다. 팜유, 콩, 쇠고기, 섬유, IT 산업에서 적극적으로 정부 규제를 추진하는 리더들이 늘어나고 있다. 올바른 행동을 하겠다고 약속한 기업들은 그렇지 않은 경쟁사를 제재하고픈 강력한 동기를 가진다.

다음 단계까지 이러한 논리를 가져갈 수 있을까? 제도가 시장의 힘과 균형을 맞추지 못하고 있는 것이 우리의 문제라면 민간 분야에서 이러한 제도를 강화하는 데 도움이 될 수 있을까? 그럴 수 있다면, 그래야 할까? 다음 장에서는 이러한 질문들을 살펴보겠다.

REIMAGINING
CAPITALISM

7장

시장과 정부를
다시 생각하다

인간이 천사라면, 어떤 정부도 필요하지 않을 것이다.
천사가 인간을 다스린다면, 정부에 대한
어떠한 내적·외적 통제도 필요하지 않을 것이다.
인간에 의해 운영될 인간의 정부를 구성하는 데서 최대의 난점은 여기에 있다.
먼저 정부가 피치자를 통제할 수 있어야 하고,
그다음으로는 정부가 자신을 스스로 통제하게 만들어야 한다.

제임스 매디슨, 《페더럴리스트》, 제10호와 제51호

결국 자본주의 대전환에서 핵심적인 문제는 기업 권력의 제약을 통해서만 해결될 수 있다. 그러나 우리가 어떤 대가를 치르고서라도 주주 가치 극대화를 받아들이는 한, 그에 따라 정부에 대한 체계적 평가절하를 받아들이는 한, 많은 나라에서 국가 제도들은 시장을 억제할 만한 힘을 갖지 못한다. 언론 매체들은 지속적으로 공격을 받고 있고, 민주주의 이념은 낡은 것으로 치부되고 있다.[1] 게다가 앞서 말했듯이, 우리가 직면한 많은 문제는 전 지구적 해결 방안을 요구하는 데 반해, 아직 우리는 전 지구적인 제도에 대해서는 막연하게 생각할 뿐이다. 국가 제도들은 압박을 받고, 전 지구적 제도는 취약한 상태에서, 민간 분야에만 엄청난 권력이 집중되어 있다. 무엇을 해야 하는가?

기업과 사회가 함께 번영하기 위해서는 자유 시장과 자유 정치는 적대 관계가 아니라 상보적인 관계라는 사실부터 이해해야 한다. 자유 시장이 살아남기 위해서는 민주적이고 투명한 정부가 필요하다. 마찬가지로 자유로운 정부도 자유 시장이 필요하다. 자유롭고 공정한 시장이 제공하는 성장과 기회가 없다면 많은 사회는 정당성을 유지하기도 힘들고, 효과적인 민주적 거버넌스의 핵심이라 할 수 있는 소수자 권리를 지켜주지도 못할 것이다.

공유가치를 창출하고, 재무를 재설계하고, 협력으로 나아가는 새로운 방법을 찾으며 자본주의를 바꾸게 되면 세상은 크게 달라질 것이다. 하지만 그것만으로는 공정하고 지속 가능한 사회를 만들 수 없다. 필요한 퍼즐 조각은 효과적인 정부의 조치다. 하지만 시장이냐 정부냐 둘 중 하나를 선택해야 하는 문제는 아니다. 진정 자유롭고 공정한 시장은 정부 없이는 생존하지 못한다. 따라서 우리는 포용과 착취 중 하나를 선택해야 한다. 다시 말해 강력한 사회와 자유 언론의 지지를 받는 투명하고 민주적이고 효과적이고 시장 친화적인 정부와, 소수의 이익을 대변하는 소수의 지배 중 하나를 선택해야 한다는 말이다. 자유 시장은 자유 정치를 필요로 한다. 민간 분야에서 이를 지지하는 적극적인 역할이 필요한 시점이다.

정부 없이는 해결 불가능한 문제들

환경 파괴와 불평등 같은 구조적인 문제는 정부의 조치 없이는 해결될 수 없다. 기후 변화를 억제하기 위해서는 세계 에너지 공급의 탈탄소화는 물론, 전 세계 건물들을 근본적으로 개선해야 하고, 도시를 짓는 방식을 바꾸고, 세계의 교통 네트워크를 다시 만들고, 농업도 완전히 바꿔야 한다. 이는 엄청난 규모의 공공재 문제들로, 그 어떤 정교한 자율 규제로도 해결할 수 없다. 정부는 기업을 행동하게 만드는 경제적 동기, 혹은 모든 이들이 올바른 일을 하도록 강제하는 규제를 제공해야 한다. 기업은 자신의 이익을 위해서라도 솔선수범해야 한다. 훌륭한 정부와 자유로운 정치 없이 자유 시장은 생존할 수 없다.

향후 50년에 걸쳐 에너지 수요는 2배 늘어날 것으로 추산된다.[2] 지구온난화를 멈추기 위해서 앞으로 지어지는 모든 발전소는 탄소를 배출하지 말아야 한다. 이에 더해서 기존의 화석연료 기반시설을 폐쇄하거나 탈탄소화해야 한다. 탄소세를 물리든지 단순히 규제의 방식을 취하든지 간에 이러한 일은 정부만이 할 수 있다. 아마존 삼림 보존 사례에서 볼 수 있었듯이 기업도 중요한 역할을 할 수는 있지만, 반드시 정부의 도움이 있어야만 한다. 현재 브라질 정부가 정책을 바꿔버리면서 삼림 파괴가 엄청난 속도로 다시 진행되고 있다.[3] 화이트시티를 건설했던 기업인들은 공해 유발업자들에게 공장 문을 닫아버리겠다는 법적 제재의 위협을 가할 수 있었던 동안만 공해를 막을 수 있었다. 이들이 정치적 지지를 잃고, 배심원단이 유죄 판결을 내리기를 거부하면서 공해는 다시 찾아왔다.[4]

불평등 역시 정부의 조치를 통하지 않고서는 해결될 수 없는, 대단히 복잡하게 얽힌 문제다. 모든 어린이에게 현대 경제에서 경쟁하는 데 필요한 교육과 의료를 제공하는 것은 미래를 위한 투자라고 할 수 있다. 이는 국가만이 효과적으로 제공할 수 있는 투자이며, 진정한 의미에서 기회의 평등을 제공하기에 아직 충분치 않다. 학생 성공의 20% 정도만이 그가 받은 교육과 직접적인 관련이 있다. 60%는 가족 환경 덕분이고, 특히 가족의 수입 덕분이다.[5] 충분한 영양을 섭취하지 못하고 자란 아이들, 제대로 보살핌을 받지 못하고 자란 아이들, 학교

생활을 뒷받침해주기 힘들 정도로 고되게 일하고 스트레스를 많이 받는 부모를 둔 아이들은 성공 가능성이 훨씬 낮다.[6] 정부만이 불평등을 낳는 구조적인 문제를 해결하고, 소득 분포의 가장 아래쪽에 있는 사람들의 소득을 끌어올릴 수 있다.

1946년에서 1980년 사이에 미국의 총세전이익은 거의 2배 증가했다. 하위 50%의 이익은 2배보다 약간 더 증가했지만, 상위 10%의 이익은 그보다 조금 모자란 증가세를 보였다.[7] 1980년에서 2014년 사이에 세전이익은 61% 증가했다.[8] 하위 50%의 이익은 겨우 1% 증가한 반면, 상위 10%의 이익은 121% 증가했다. 상위 1%의 이익은 300% 증가했다. CEO 평균 급여는 1978년에는 노동자 평균 임금보다 30배 많았지만, 2017년에는 312배 많았다.[9] 오늘날 공립학교 학생 중 절반을 웃도는 수가 가난의 지표라 할 수 있는 급식료 면제나 감면을 받고 있다.[10]

임금을 올리기 전까지는 평등한 기회를 제공할 수 없다. 많은 기업은 (사실이든 아니든) 임금을 올릴 여력이 없다고 믿고 있다. 월마트가 최저임금을 시간당 2달러 50센트 정도 올려 10달러를 지급하기 위해 30억 달러를 지출할 것이라고 발표하던 날, 월마트의 주가는 10% 떨어졌다.[11] 여기서 50%를 더 인상해 시간당 15달러를 지급하기 위해서는 수십억 달러가 더 필요할 것이다. 2018년 월마트의 영업이익은 약 200억 달러였다. 엄청난 액수로 보이지만, 매출의 4%에 불과하다. 매출이나 생산성이 오르지 않은 상태에서 인건비만 수십억 달러 더 쓰게 된다면 주식 투매로 이어질 수 있다.[12] 코스트코나 메르카도나가 그랬듯 노동자들에게 더 많은 임금을 지급할 수 있게끔 이끌어주는 노동 관행을 받아들인다면, 월마트 역시 임금을 더 인상할 수 있을 것이다. 그러나 그러한 전환에는 대대적인 파괴적 혁신이 필요하며 모든 경쟁사가 똑같이 임금을 인상하기 전까지는 노동자들에게 충분한 임금을 줄 수 없다는 기업도 많다.

게다가 교육에 대한 지출을 늘리고 일방적으로 임금을 올린다고 해서 불평등 문제가 저절로 해소되지는 않는다. 불평등을 해소하기 위해서는 통제되지 않는 세계화와 노동조합의 감소에서부터 부자들에게 유리한 세법 변경, 많은 산업에서 보이는 집중화 증가 및 인프라 투자 실패에 이르기까지 불평등을 부추기는 전반적 요소들을 해결하려는 조치가 먼저 필요하다. 이러한 문제들은 정치적 행동을 통해서만 해결할 수 있다.

왜 정부를 불신하는가

기업이 기존의 포용적인 제도를 강화하거나 새로이 만들어내는 데 핵심적인 역할을 할 수 있다는 아이디어는 처음에는 다소 황당한 이야기로 들릴 수 있다. '정부'라는 개념이 수십 년에 걸쳐 어떤 공격을 받았는지 생각해보라. 예를 들어 로널드 레이건 대통령이 취임 연설에서 했던 "현재의 위기에서 정부는 해결책이 아닙니다. 정부가 바로 문제입니다"라는 선언은 너무나 유명하다.[13] 세금 개혁을 위한 미국인Americans for Tax Reform 회장 그로버 노퀴스트Grover Norquist는 한 인터뷰에서 말장난을 했다. "저는 정부를 없애고 싶지 않습니다. 다만 화장실로 끌고 가서 욕조에 담가버릴 정도로 작게 만들고는 싶습니다."[14]

정부에 대한 신뢰는 (그리고 정부에 의지해서 사회 문제들을 해결할 수 있다는 생각은) 역사상 최저치를 기록하고 있다.[15] 그러나 이러한 인식은 정부를 불신하게 만드는 조직적인 캠페인 때문이지, 공정하고 지속 가능한 사회를 만드는 데 정부가 할 수 있는 (또는 이제껏 담당해온) 역할 때문은 아니다.

'어떤 대가를 치르더라도 자유 시장'이라는 아이디어가 1980년대와 1990년대 미국을 지배할 수 있었던 중요한 이유로 민간 부문이 지원했던 지적·문화적 운동을 들 수 있다. 프리드리히 하이에크나 밀턴 프리드먼 같은 보수 경제학자들을 비롯한 세계적인 학자들의 모임인 몽펠르랭 소사이어티Mont Pelerin Society는 수년간 정기적으로 만나며 완전한 자유를 누리는 시장에 대한 엄격한 학문적 기반을 쌓았는데, 이 협회의 기금 대부분은 기업계에서 나왔다.[16]

2차 세계대전 이후 수십 년간 기업인들은 루트비히 폰 미제스Ludwig von Mises, 프리드리히 하이에크, 그 외 신자유주의자들의 사상을 널리 알리는 라디오 프로그램이나 대중 잡지에 자금줄을 자처했다. 예를 들어 선오일Sun Oil의 사장이었던 하워드 퓨Howard Pew는 제임스 파이필드James Fifield 목사의 라디오 프로그램 〈프리덤스토리〉와 빌리 그레이엄Billy Graham 목사의 잡지 〈크리스티애니티투데이〉에 자금을 댔다. 이러한 플랫폼을 통해서 하이에크의 자유 시장 개념은 폭넓은 사회적·도덕적 주제와 결합했고, 보수주의 행동을 지지하는 네트워크가 만들어졌다. 자유 시장과 반정부적 발상을 정책 입안자들과 언론인들에게 전달하기 위해 미국기업연구소American Enterprise Institute와 같은 신자유주의 싱크탱크에도 많은 자원이 흘러 들어갔다.

자유 시장이라는 관념에 목매던 부유한 기업인들은 학계에도 영향을 미치기 위해 힘을 합쳤다. 예를 들어 기업가 존 M. 올린John M. Olin이 설립한 존 M. 올린 재단은 1960년부터 2005년까지 수억 달러를 지출해서 법학과 경제학을 정통 학문으로 개발하고 보급하며, 초기 프로그램 및 펠로십 비용 대부분을 부담했다. 올린 재단의 한 중역은 이 법학과 경제학은 중립적으로 보였지만, '자유 시장과 제한된 정부를 지향하는 철학적 방향성'을 가지고 있었으며, 따라서 대학 학장들의 반발을 사지 않으면서 보수주의적 학문을 후원할 수 있었다고 설명했다. 하버드 로스쿨이나 컬럼비아 로스쿨과 같은 주요 교육기관은 상당한 기금을 후원받았고, 다른 교육기관의 본보기가 되었다.

코크인더스트리스의 소유자이자 미국에서 손꼽히는 부자인 찰스 코크Charles Koch와 데이비드 코크David Koch는 미국 정부의 규모와 권력을 축소하는 데 앞장서온 장본인들이었다(데이비드 코크가 사망하자 이제 그 무거운 짐은 모두 찰스의 몫이 되었다). 1980년대와 1990년대에 걸쳐 코크 형제는 환경 규제, 온실가스 총량 제한 배출권 거래 법안, 의료개혁과 같은 노력에 반대하는 여러 기관을 후원했다. 2003년부터는 1년에 두 번씩 부유한 개인(대체로 기업인)들이 참석하는 기부 '세미나'를 열어, 이들이 신자유주의와 더불어 그 아이디어를 실천에 옮기는 정치 전략에 익숙해지도록 만들었다. 2010년에는 이 모임에 정기적으로 참석하는 돈 많은 기부자가 200명도 넘었다.

이 네트워크의 목적은 세금을 내리고, 기업 규제를 철폐하고, 공교육과 사회 복지 자금을 줄이고, 공공 노조와 민간 노조를 약화하고, 유권자 등록을 어렵게 만들고, 투표 시간을 단축하는 것이었다. 이 네트워크는 지금도 번창하고 있으며, 그들이 원하는 연구가 이루어지고, 고등교육을 변화시키는 데 계속해서 자금을 지원한다. 이 네트워크의 주력 사업은 무엇보다도 '다목적 단체들의 연합'인 번영을 위한 미국인들Americans for Prosperity, AFP을 만드는 것이었다. AFP 회원들은 광고, 로비, 풀뿌리 운동에 투자한다. 2015년 현재 AFP는 1억 5000만 달러의 예산을 집행하고 500명의 직원을 두고 있다. 2015년에 새롭게 만들어진 우파 정치 조직의 76%는 코크 네트워크와 관련이 있었으며, 정당 밖에서 새롭게 조성되는 기금의 82%는 코크 계열의 컨소시엄을 통한 것이었다.[17]

이렇게 정부는 무척 해롭다는 믿음, 다시 말해서 반응이 없는 관료, 높은 세금, 끊임없는 규제로 표상되는 게 바로 정부라는 믿음은 지난 50년에 걸쳐서 조금씩 만들어져왔다. 이는 우리가 사는 시대에 만들어진 신화이며, 공정하고 지속 가능한 사회를 구축할 수 있는, 또는 구축해온 정부의 역할과는 아무런 관련이 없다.

정부는 두 가지 혐의를 받고 있다. 첫째, 정부는 독재를 지향하며, 특히 자유 시장을 국가 통제 혹은 중앙 계획으로 대체하려고 한다. 둘째, 정부는 아무런 일도 하지 못하며 비효율적이다. 물론 독재적인 정부도 있고, 제 기능을 못 하는 정부도 있다. 그러나 정부가 언제나 그런 것은 아니다. 과거에는 그랬지만 지금은 아닌 정부도 있고, 한 번도 그렇지 않던 정부도 있으며, 지금 그렇다 하더라도 앞으로도 그럴 것이라고 장담할 수는 없다.

포용적 제도 vs 착취적 제도

어떤 정치체제가 경제 성장과 사회 복지를 가장 잘 뒷받침하느냐에 대해서는 논란이 많다. 1980년대와 1990년대 선진국과 개발도상국의 정치학자들은 양쪽 다 자유 시장이 과연 경제 번영과 정치적 자유를 촉진할 수 있는가에 관심을 쏟았다. 세계의 경제 발전은 성장을 견인하는 자유 시장의 능력에 초점을 맞춘 '워싱턴 컨센서스'에 의해 주도되고 있었다. 워싱턴 컨센서스는 세계은행이나 국제통화기금 같은 영향력 있는 기구들을 통해 개발도상국들에 폭넓은 규제 완화와 민영화의 틀을 만들고, 국내 시장을 세계 무역에 개방하며, 자유로운 자본 흐름을 경제 발전의 기반으로 이용하라고 압박했다. 지역의 정치·사회 제도의 건전성에는 전혀 관심이 없었다.

모두 잘못된 생각이었다는 것을 이제는 누구나 알고 있다.

워싱턴 컨센서스를 실천에 옮겼던 대다수의 나라가 기대만큼 성과를 올리지 못했다. 특히 소련이 붕괴한 후 러시아에서는 시장이 급속히 자유화되면서 정실자본주의라는 형편없는 형태의 자본주의가 자리 잡았다. 한편 대만, 싱가포르, 한국 같은 소위 아시아의 호랑이들은 강력한 정부 개입을 통해 국내 시장을 발전시키며 경제적 성공을 거두었다. 정치·사회 제도의 차이와 과거 식민지들 사이의 소득 격차가 연관성이 있다는 2000년의 한 연구는 많은 주목을 받았고, 추가적인 연구들이 쏟아져 나왔다.[18] 이 연구들은 역사가들과 정치학자들이 늘 해왔던 말이 사실이었음을 확인해주었다. 경제와 사회 복지는 자유 시장이 있어야 발전하지만, 여러 보완 제도가 반드시 필요하다는 것

말이다.

성공적인 체제라는 집을 짓는 데 없어서는 안 될 근본적인 기둥들이 어떤 것인가에 대해 놀라울 정도의 일관성 있는 합의가 도출되었다. 학자들은 이제 독일, 칠레, 한국, 미국과 같은 '포용적' 제도에 입각한 '접근이 개방된' 정부들과 러시아, 베네수엘라, 앙골라, 북한, 투르크메니스탄과 같은 '착취적' 제도에 입각한 '폐쇄적' 정부를 구별하고 있다.

대런 애쓰모글루와 제임스 로빈슨은 《국가는 왜 실패하는가Why Nations Fail》에서 포용적 제도와 착취적 제도의 차이를 강조했다. 이들은 자유시장이 효과적으로 기능할 수 있도록 지원하는 제도를 포용적인 경제제도로, 공중公衆이 정치 과정에 참여하고 정부를 감시할 수 있는 제도를 포용적인 정치제도라고 보았다. 이와는 반대로 정치적·경제적 권력이 소수 엘리트의 손에 집중된 제도가 착취적인 제도다.

착취적인 정권은 독재 정권이다. 착취 사회에서는 정치·경제 권력이 소수 엘리트에게 집중된다. 법은 그저 이따금 힘을 발휘할 뿐이고, 언론은 국가의 도구로 전락하며 소수자의 권리는 일상적으로 무시되고, 투표권이 (있다고 하더라도) 체계적으로 조작되거나 통제된다. 이러한 사회에서는 자유 시장이 번창하기 힘들다. 소수 엘리트가 법을 통제하며 자신과 주변의 이익을 위해 법을 마음대로 이용하며 사회를 정실자본주의로 향하게 만들기 때문이다. 최초의 사회는 착취적인 형태였다. 고대 이집트와 중세 유럽에서 정치권력은 군사력을 장악하고 있는 소수의 손에 쥐어졌다.[19] 이들은 모든 경제적 잉여를 전유했고, 이렇게 확보한 경제력을 통해 정치적·경제적 통제 시스템을 유지했다.[20]

	경제	정치
포용적	안정된 자산권 효과적인 교육과 직업훈련 제도 진입 비용이 낮은 공개 시장 균형 잡히고 공정한 노사관계 소비자 보호 환경 규제 반독점	민주적 다원주의 투표권 정부의 견제와 균형 자유 언론 표현의 자유 및 인권의 보장 공정한 사법부 소수자의 권리 보호
착취적	약한 자산권 정실자본주의 광범위한 반경쟁 독점 노동 강요 혹은 착취 외부 효과 무시	왕정·과두정치·단일 정당 통치 엘리트·귀족주의 표현의 자유 억압 후견주의 영향력이 있지만, 투명하지 않은 이익집단

표 2. 포용적/착취적 경제·정치 제도의 예(대런 애쓰모글루·제임스 로빈슨, 《국가는 왜 실패하는가》 참조)

　　포용적인 정권은 개방적이고 민주적이며 책임을 진다. 출신 성분과 관계없이 누구나 정치·경제에 참여할 수 있다. 포용적인 정권의 핵심은 두 제도다. 참여적인 정부와 자유 시장이 그것이다. 앞서 말한 것처럼, 이 둘은 상호보완적이고, 다른 하나 없이는 어느 쪽도 살아남을 수 없다. 둘 다 무너지기 쉽다. 정부는 계속해서 더 많은 권력, 더 많은 부, 더 많은 통제력을 원한다. 시장은 계속해서 제약을 가하는 규칙들을 약화하려 하고, 더 적은 규제와 더 낮은 세금을 원하고, 더 많은 권력을 추구한다. 둘은 서로를 필요로 한다. 또 둘이 균형을 유지하기 위해서는 자유 사회의 다른 제도들도 필요하다. 공정한 법률, 노동계의 목소리, 소수자의 권리 보호, 자유롭고 효과적인 언론, 활력 넘치고 개방적이고 효과적인 민주주의가 필요하다.

포용적 제도의 역사

이러한 포용적인 제도는 어디에서 오는가? 자유 시장과 자유 정치 제도는 유럽에서 처음 대규모로 번창하기 시작했다. 상인 계급이 사회의 주류로 등장하며 착취적인 통치자들을 압박해 권력을 공유하기도 했고, 군사적 위협에 직면한 정부들이 정치적 포용이 경제 성장을 자극하고 교역을 이끌 수 있다는 점을 이용해 더 번창하고자 권력을 공유하기도 했다.[21] 예를 들어 중세 베네치아에는 합자회사의 시초라고 할 수 있는 콜레간차collegaza라는 계약 제도가 있었다. 이 제도를 통해서 부유한 자본가들은 장거리 무역 상인들에게 투자했다. 위험한 여행에서 수익이 나면 그 수익은 공유되었다. 더불어 사회적 계급보다는 본인의 능력에 의해 선택받은 무역 상인들에게는 상당한 부를 축적할 가능성이 열렸다. 얼마 가지 않아 이러한 경제적 포용은 정치적 포용으로 이어졌다. 성장한 상인 계급이 베네치아의 통치자를 압박해 세습 통치를 없애고 의회를 만들었기 때문이다. 그 결과 베네치아는 10세기에서 13세기까지 번창할 수 있었다. 하지만 14세기 초반이 되자 부유한 상인들로 구성된 배타적인 집단이 콜레간차와 의회에 대한 접근을 제한하는 데 성공한다. 그 후 몇 개 가문이 베네치아 경제와 정치를 200년간 지배하게 되었고, 베네치아는 오랜 침체기에 접어들었다.[22]

17세기와 18세기 영국에 등장한 포용적 제도 역시 중요한 전환점이었다. 영국 내전(1642~1649)과 명예혁명(1688~1689)에서 부르주아들은 민주적 개혁을 이루는 데 중요한 역할을 했다.[23] 대부분이 무역을 통

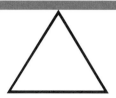

법률
자유 언론
소수자 권리 존중
진정한 민주주의
노동의 목소리

자유 정부

자유 시장

표 3. 자유 정부와 자유 시장은 상호보완적이고 다른 하나 없이는 어느 쪽도 살아남을 수 없다.

해 부를 축적한 사람들이었다. 내전 중 부르주아는 찰스 1세를 처형하고 의회 권력을 강화한다. 1660년에 왕정이 복구되었지만, 그 권력은 눈에 띄게 약해졌고, 곧 명예혁명이 이어지며 귀족 계급과 상인 계급이 연합해 왕권을 견제하고 선거와 언론의 자유를 보호하는 제도적 장치를 만들어나갔다. 미국혁명(1775~1783)과 프랑스혁명(1789~1799) 역시 성장하는 상인 계급과 전통적인 왕정 사이의 투쟁으로 해석할 수 있다. 각 정치 혁명이 끝나고 난 후에는 상업적인 혁명이 있었다. 귀족과 왕의 경제 지배를 끝장내고, (거의) 모든 사람에게 경제적 경쟁의 문을 활짝 열어젖힌 혁명이었다.

미국의 역사는 포용적 제도의 힘을 잘 보여준다. 독립전쟁 이후 미국은 정치권력에 대한 전례 없는 견제와 균형, 시민들의 기본적인 권리, 자유 선거를 확립했다. 이러한 제도적 장치가 정치와 경제에 유동성을 더하면서 모든 (백인) 남성은 경제권력을 획득할 수 있었다(18세기에는 대단히 급진적인 생각이었다). 이 유동성은 19세기 미국 경제가 엄청나게 성장하게 된 기반이기도 했다. (백인이고 남성이기만 하다면) 인간의 잠재력을 제약하는 요소란 타고난 지능과 게으름뿐이라는 믿음에 어디에나 널린 값싼 땅, 엘리트 통치 계급의 부재가 합쳐지며 미국에서는 전례 없는 규모로 사회 이동성이 커졌다.

19세기와 20세기에는 투표권 확대, 교육에 대한 공적 자금 지원, 활발한 자유 언론과 노동·사회 복지·소비자 보호·반독점을 위한 제도가 발달하며 이러한 체제가 더욱 강화되었다. 그 결과 미국은 역사적으로 대단히 혁신적이고 역동적인 경제를 만들었을 뿐 아니라, 선진국 중에서도 가장 높은 수준의 사회 복지를 누려왔다.

기업이 포용적 제도를 지지해야 하는 이유

효과적인 포용적 제도하에서 정부는 자유 시장과 자유 사회를 유지하는 소중한 파트너다. 예를 들어 미국 국방성은 컴퓨터 산업의 최초 고객이었다. 컴퓨터 산업은 연방 기금을 받아 많은 연구와 발명을 할 수 있었고 아이폰, 아이패드, 인터넷, GPS, 터치스크린 디스플레이 등 통신 테크놀로지의 혁명으로 이어졌다. 연방정부가 지원하는 농업지도학교를 통해 세계에서 가장 뛰어난 농경 기법이 널리 퍼져나갔고, 미국 농업은 세계 그 어느 나라보다 생산성이 높아졌다. 정부 기금은 경제를 지탱해주는 길, 항구, 다리도 만들었다.[24]

정부의 규제는 많은 환경 문제를 해결해왔다. 예를 들어 1973년

화학자 프랭크 셔우드 롤런드Frank Sherwood Rowland와 마리오 몰리나Mario Molina는 에어로졸이나 냉매에 사용되는 염화불화탄소CFC 분자가 지구 생명체를 태양 자외선으로부터 보호해주는 오존층을 분해한다는 사실을 발견했다. 자외선 수치가 높으면 인간에게는 피부암이 생길 수 있고, 다른 동물과 식물에도 심각한 피해를 줄 수 있다. 롤런드와 몰리나는 가능한 한 빨리 CFC 사용을 금지해야 한다고 주장했다.[25]

CFC 산업은 강하게 반발했다. 당시 CFC 산업은 80억 달러 매출을 올리고 있었고, 6억 명 이상을 고용하고 있었다. 듀폰 이사회 의장은 오존층 고갈 이론에 대해 '공상과학 소설, 쓰레기 같은 소리, 말도 안 되는 이야기'라는 반응을 보였다고 한다.[26] CFC 최대 생산 업체였던 듀폰은 미국에서만 CFC 대체 비용이 1350억 달러에 이를 것이라고 추산하며, "산업 전체가 문 닫을 수도 있다"라고 말했다.[27]

그러나 12년 후 3명의 과학자가 남극 오존층에서 생각보다 훨씬 큰 구멍을 발견했다. CFC 문제가 해결되지 않는다면, 2030년까지 피부암 사망자가 60만 명 늘어나고, 백내장 환자가 800만 명이 더 늘어날 것이라는 추산도 있었다. 식물과 동물에도 심각한 피해가 예상되었다. 업계의 완강한 저항에도 불구하고, 위협에 대처하기 위해 오존층을 파괴하는 화학물질을 규제하는 국제 협약이 1년 후 통과되었다. 바로 몬트리올 의정서다. 이 의정서는 대단한 성공을 거두었다. CFC 대체물은 비교적 빠르게 발견되었고, 남극의 오존층 구멍은 2030년까지 1980년의 수준으로 회복될 것이라고 전망하고 있다. 또 이 의정서 덕분에 세계 온실가스 배출도 대략 5.5% 줄어들었다.[28]

미국의 대기오염방지법도 유사한 결과를 낳았다. 예를 들어 산성비 억제 프로그램인 이산화황 배출권 거래 제도는 연간 20억 달러밖에 안 되는 비용으로 사망률을 현저하게 낮추어, 연간 500억~1000억 달러에 달하는 편익을 낳았다.[29]

정부 규제는 식량과 물의 공급을 안전하게 유지·관리하고, 노동자들이 착취당하지 않는지 감시하는 역할도 한다. 국민연금제도와 국가가 주도하는 건강보험 덕분에 노년에 아프거나 굶주리지 않을까 하는 걱정에서 벗어날 수 있다. 물론 완벽한 규제와 완벽한 프로그램은 없다. 하지만 제도란 원래 그런 것이다. 사익보다는 공익에 초점을 맞추는 정치 과정은 민간 분야와 비교하면 항상 덜 '효율적'으로 보일 수밖에 없다. 그렇지만 효율성이 언제나 올바른 기준은 아니다. 여기서 올바른 기준은 과연 정부가 깨끗한가, 국민의 목소리에 귀를 기울이는가, 투명한가, 민주적인가이다.

강력한 포용적 제도를 가진 사회에서 경제 성장은 좀 더 일관성 있게 이루어진다. 포용적인 사회는 착취적인 사회보다 더 번영한다. 포용적인 제도는 개인의 행복을 결정하는 강력한 요인이기도 하다. 포용적인 사회에서 사람들은 더 행복해하고 더 오래 산다. 소득 불평등은 적고, 사회경제적 유동성은 크며, 사회적 자유를 만끽할 수 있다.[30] 가난한 국가들에서는 1인당 GDP가 삶의 만족도를 결정하는 강력한 척도이지만, GDP가 연간 1만 5000달러 이상인 나라에서는 소득보다는 포용적인 정치제도의 여부가 행복과 상관관계를 보인다.

요컨대 자유 사회에서 민주 정부와 그 밖의 제도들은 경제 성장과 개인의 행복을 위해 없어서는 안 될 요소다. 지금 우리가 직면한 문제들은 세계적인 문제들인 만큼 그 해결을 위해서는 전 세계에 효과적으로 적용할 수 있는 제도를 만들어야 한다. 그러나 전 세계적으로 포용적인 제도들이 지속적인 공격을 받고 있는 것 또한 사실이다.

기업은 우리가 이미 가진 포용적인 제도를 강화하고, 우리가 필요로 하는 새로운 포용적인 제도를 만드는 데 적극적인 파트너가 되어야 한다. 이는 우리가 살아가는 사회의 기반을 지탱하는 것에 관한 문제다. 기업은 시스템 전체를 생각하는 법을 배워야 한다. 더 이상 "이 특정 정책이 우리 회사에 유리할까?"라고 묻는 대신 "우리를 부유하고 자유롭게 만들어준 제도를 어떻게 지켜야 할까?"라고 물어야 한다.

(미니애폴리스-세인트폴의 사례에서 볼 수 있었듯이) 이미 지역 사회와 긴밀한 관계를 맺고 있는 기업도 많다. 이 기업들은 지역 정부와 협력해 공익을 더하고 있다. 이러한 노력을 전국적인, 더 나아가 세계적인 수준으로 확장하되, 세 가지 중요한 문제에 초점을 맞추어야 한다. 첫 번째는 소수자 포용과 권리 수호다. 기업은 모든 사회의 모든 사람이 인종, 성별, 민족과 상관없이 사회의 완전한 성원이 될 수 있도록 최선을 다해 제 역할을 해야 한다. 두 번째, 주요 환경 외부 효과에 가격을 매기거나 규제를 가해야 한다. 모든 것에 적절한 가격이 매겨질 때만 자유 시장은 마법을 부릴 수 있다. 화석연료를 태우고, 바다를 오염시키고, 아무런 처벌도 받지 않고 폐기물을 버릴 수 있는 한, 기업은 계속 지구온난화와 생물권 파괴를 가속하는 주범으로 남게 될 것이다. 기업은 입법부를 압박해 모든 기업의 '올바른' 행동을 강제하는 법안을 만들어야 한다. 마지막이자 가장 중요한 것으로, 기업은 민주주의와 시민 사회를 지키고 강화하기 위해 할 수 있는 모든 것을 다 해야 한다.

LGBTQ 차별 법안에 반대한 애플과 월마트

소수자 권리 존중은 포용적인 사회를 떠받치는 대들보이자 건강한 제도의 존재 여부를 보여주는 지표다. 공정하고 지속 가능한 사회를 만들기 위해서는 재산권과 참정권에 더해, 시민권이 지켜져야 한다. 다시 말해 모든 사람이 법 앞에서 평등해야 한다. 정의, 안전, 교육, 건강 등과 관련한 공공재를 나누어주면서 집단 사이에 차별을 둔다면, 그 사회는 포용적인 사회라고 할 수 없다. 포용적인 사회를 만드는 데 기업은 큰 역할을 할 수 있으며, 이미 차별에 반대하는 방향으로 나아가고 있다. LGBTQ 권리를 지키기 위한 싸움은 대표적인 예라고 할 수 있다.

미국의 LGBTQ에 대한 관점은 지난 20년 사이에 엄청나게 바뀌었다. 이제는 주요 정당 대다수를 포함해 인구의 70%가 "동성애를 허용해야 한다"라고 말한다. 1994년의 46%에 비하면 놀라운 변화다.[31] 61%는 동성결혼을 찬성한다. 2002년에는 38%였다. 또한 과반을 조금 넘는 사람들이 성전환자 역시 시민권을 누릴 자격이 있다고 여긴다.[32]

이 놀라운 발전을 끌고 온 힘이 LGBTQ 당사자들의 엄청난 용기와 끈기임은 두말할 나위가 없지만, 많은 기업이 이 운동을 지지해온 사실도 간과할 수 없다. 많은 기업은 초창기부터 동성애자들의 권리를 지지해왔다. AT&T는 1975년에 성적 지향에 따른 직원 차별을 금지하는 방침을 도입했다. IBM은 1984년에 성적 지향과 관련한 조항을 포함한 비차별 규정을 전 세계적으로 적용했다.[33] 1992년 미국의 소프트웨어 개발업체 로터스디벨롭먼트Lotus Development는 상장회사 최초로 동성 부부에게 혜택을 제공했다.[34] 4년 후 IBM은 건강보험을 동성 부부에게까지 확대했다. 월마트는 2013년 자사 노동자들의 함께 사는 모든 파트너에게 건강보험 혜택을 제공하기 시작했다. 〈포천〉 500대 기업의 85%가 차별금지 규정에 성정체성 보호를 포함했다(2002년에는 3%에 불과했다).[35] 500대 기업의 62%는 성전환자에게 건강보험을 제공하고 있는데, 2002년에는 0%였다.[36] 친LGBTQ 규정을 기준으로 주요 기업들을 평가하는 기업평등지수가 2002년에 처음 도입되었을 당시에는 조사 대상인 319개 기업 중 13개 기업만이 만점을 받았다. 오늘날에는 이 지수가 여러 번 수정을 거치며 더 엄격해졌음에도 불구하고 781개 기업 중 366개 기업이 만점을 받았고, 〈포천〉 미국 상위 20대 기업 중 16개 기업이 포함되어 있다.

하지만 전쟁은 끝나지 않았다. 16세 이상 LGBTQ 노동자 810만 명 중 절반 정도가 성적 지향 및/또는 성정체성 고용 차별에 대한 법적 보호가 없는 주에 살고 있으며, LGBTQ 혐오범죄는 크게 줄어들지 않고 있다.[37] 최근 들어 많은 도시와 주가 LGBTQ 차별을 합법화하려는 것으로 보이는 법안을 통과시켜왔다. 예를 들어 2015년 3월 당시 인디애나 주지사였던 마이크 펜스Mike Pence는 종교의 자유 회복법Religious Freedom Restoration Act에 서명했다. 이 법안은 동성결혼을 공공연히 반대해 온 몇몇 단체가 참석한 비공개 의식에서 서명되었다. 이에 해당 법안이 종교를 이용해 개인의 성적 지향에 근거한 차별을 합법적으로 정당화할 수 있다는 비판이 일었다.

인디애나 및 여러 다른 주의 많은 CEO는 이 법안을 저지하기 위해 공개적으로 손을 잡았다. 법안이 통과되기 직전 클리어소프트웨어, 세일즈포스, 클라우드원, 세일즈뷰를 포함해서 인디애나주에 본사를 둔 테크놀로지 기업의 CEO들은 펜스 주지사에게 편지를 보내 법안에 대해 거부권을 행사하라고 압박했다. 편지 내용은 다음과 같다.

> 우리는 개인적으로도 법안에 동의하지 않을 뿐만 아니라, 테크놀로지 기업의 리더로서 종교의 자유 회복법이 테크놀로지 분야에서 가장 우수하고 영민한 인재를 고용하고 보유하는 우리의 능력에 부정적인 영향을 미치리라 생각합니다. 테크놀로지 전문가들은 진보적 성향을 가졌고, 종교의 자유 회복법과 같은 퇴행적인 법으로 인해 인디애나주는 그들이 살고 일하기에 매력이 없는 곳이 될 것입니다.[38]

이 법안이 서명된 후, (〈포천〉 500대 기업 CEO 중 최초로 커밍아웃한) 애플 CEO 팀 쿡Tim Cook은 트위터에 '깊이 실망했다'고 썼다. 옐프의 CEO 제러미 스토플먼Jeremy Stoppelman은 이렇게 말했다.

> 옐프가 우리 직원 혹은 소비자 모두에게 차별을 조장하는 어떤 주에서 입지를 다지거나 확장할 것이라고 상상만 해도 끔찍하다. 이 법은 이 법을 시행하는 주, 그 주에서 사업을 운영하는 기업, 무엇보다도 이러한 법에 피해를 입을 수 있는 소비자들 모두의 경제적 건강을 해칠 끔찍한 선례가 되었다.[39]

인디애나를 주요 거점으로 삼아 사업을 펼치는 앤섬, 일라이릴리, 커민스, 에미스커뮤니케이션스, 로슈 진단, 다우아그로사이언스 등의 CEO들은 지역 공화당 지도부에 '성적 지향이나 성정체성에 입각한 차별'을 막는 법안을 통과시키라고 요구했다. 인디애나에서 사업을 확장하겠다고 발표했던 홈서비스 웹사이트 기업 앤지스리스트의 CEO 빌 오스터를Bill Osterle은 4000만 달러 규모의 확장 계획을 연기할 것이라고 발표해, 1000개나 되는 새로운 일자리가 증발할 위기에 처하기도 했다.

일주일 후 입법부는 이 법안에 대한 수정안을 통과시켰다. 수정안에는 법안을 LGBTQ 차별을 옹호하는 데 사용할 수 없다고 명시했다.[40] 한 달 후 아칸소 주지사 역시 수정된 '종교의 자유' 법안에 서명했다. 이번에는 월마트의 CEO가 압박을 가했다. 그는 법안의 원안이 LGBTQ 차별을 합법화하고 있다는 이유로 주지사에게 거부권을 행사하라고 공개적으로 요구했다.

공공시설 사생활 및 보안법Public Facilities Privacy and Security Act을 통과시켰던 노스캐롤라이나주 입법부도 유사한 반응에 부딪혀야 했다. 2016년 3월에 통과된 이 법안은 'HB2' 혹은 '화장실 법안'이라고 더 많이 알려져 있다. 이 법안은 기업이 LGBTQ 개인들에게 서비스를 거부하는 것을 불법화하고 성전환자들이 자신의 성정체성에 맞춰 화장실을 이용할 수 있게끔 한 시 조례들을 없앴다.

법안이 통과되던 날 아메리칸 항공사, 레드햇, 페이스북, 애플, 구글을 포함한 많은 기업이 HB2 반대 성명을 발표했다. 며칠 후에는 100명이 넘는 CEO와 비즈니스 리더가 이 법안에 우려를 표하는 서한에 서명했다. 이전 해 CNN에 인디애나주의 법에 반대하는 것은 '기본적인 인간 존엄성'을 지키려는 것이라고 말했던 페이팔의 공동창업자

맥스 레브친Max Levchin은 노스캐롤라이나에서 가장 큰 도시 샬럿에 새로운 본부를 세우겠다는 계획을 취소했다. 노스캐롤라이나주로서는 400개의 일자리를 날린 셈이었다. 일주일 후 도이체방크는 노스캐롤라이나주 케리에서 250개의 일자리를 만들 계획을 취소한다고 발표했다. 1년 후 노스캐롤라이나는 HB2를 부분적으로 폐지하는 법안을 통과시킬 수밖에 없었다.

이렇게 적극적으로 공익을 위하는 태도를 보이는 것은 쉬운 일도 아니고 비용이 안 드는 일도 아니다. 월마트의 직원들과 고객들은 LGBTQ 권리에 대해서 의견이 확실하게 나뉜다. 앤지스리스트의 CEO 오스터를은 여러 단체들로부터 공격을 받았다. 한 지역 보수단체의 대표는 이렇게 말했다. "그가 한 일은 경제적 테러와 다름없습니다." 100만 명의 엄마들One Million Moms이라는 보수단체는 자신들의 블로그에서 앤지스리스트에 대해 '대놓고 깡패'라고 하며 보이콧을 요구했다. 페이팔의 CEO 댄 슐먼Dan Schulman은 이렇게 회고했다. "우리는 다양한 사람들로부터 (공개적으로 목소리를 냈다고) 찬사를 받았습니다만, 그러한 결정에 동의하지 않는 사람도 많았습니다. 저는 협박도 많이 받았습니다. 개인적인 협박이었죠."

세계적인 대기업에서 차별은 매우 중요한 이슈다. 밀레니얼 세대 직원들은 이 문제에 열성적이며, 고용주들에게 분명한 반대 입장을 취하라고 요구한다. 하지만 성별, 인종, 민족, 어떤 것에 기반을 두었든 간에 차별에 반대하는 것은 많은 기업 지도자에게 요구되는 매우 중요한 도덕적 가치이기도 하다.

예를 들어 2017년 8월 14일 미국의 거대 제약회사 머크의 CEO 켄

프레이저Ken Frazier는 트럼프 대통령의 전미제조자위원회에서 물러나 겠다고 발표했다. 버지니아 샬러츠빌에서 열린 백인 우월주의자들의 집회로 인해 한 젊은 여성이 사망하는 등 격렬한 충돌이 벌어졌는데, 이에 트럼프 대통령이 "양측 다 책임이 있다"라고 반응한 것에 대해 반발한 것이다. 프레이저는 다음과 같은 성명을 발표했다.

> 우리 나라의 힘은 다양성에서 나오는 것이다. 다양한 종교, 인종, 성적 지향과 정치적 믿음을 가진 남성과 여성이 이 나라에 힘을 보태고 있다. 미국의 지도자 라면 응당 증오, 편협성, 집단우월주의 등의 표현을 분명히 거부함으로써 우리 의 근본적인 가치들에 대한 존중을 보여주어야 한다. 이러한 표현들은 모든 사 람이 평등하게 창조되었다는 미국의 이상과 배치된다. 머크의 CEO로서, 그리 고 양심을 가진 개인으로서 나는 이러한 불관용과 극단주의에 분명히 반대하는 태도를 보여야 할 책임을 느낀다.

1년이 지난 후 언론과 이 일에 관해 이야기하면서, 아프리카계 미국 인이자, 한때 노예였던 할아버지를 둔 프레이저는 이렇게 회상했다. "이런 일에 분명한 태도를 보이지 않는다는 것은 일어난 일과 사람들 이 하는 말에 암묵적으로 동의하는 것이나 다름없다고 생각했습니다. 말에는 결과가 따르고 행위에도 결과가 따릅니다. 개인적인 양심상 가만히 있을 수 없었어요."[41]

프레이저가 주요 제약회사의 CEO였음을 생각하면 그의 결정에 리 스크가 없지는 않았다. 의약품 가격 인하 캠페인에 적극적이었던 트 럼프 대통령은, 프레이저의 성명이 나온 지 한 시간도 안 되어 트위터에 다음과 같이 썼다. "머크 제약의 켄 프레이저가 대통령 직속 제조자위원회를 그만두었으니, 이제 바가지 약품 가격을 내릴 시간이 많겠군!" 하지만 일주일도 안 돼서 이 위원회의 모든 CEO가 사임했다. 물론 이들 모두가 개인적으로 트럼프 대통령의 공격을 받아야 했다.

보기에 따라서는 대단치 않은 행동처럼 보일 수도 있다. 하지만 이런 예들은 어떤 중요한 가치를 위해서라면 기업 지도자들이 강력한 정치인에게 도전할 의지가 있음을 시사한다. 미국 정치가 인종, 성별, 민족과 같은 문제를 좀 더 포용하는 방향으로 가기 위해서는 민간의 참여가 중요하다.

더 강한 기후 정책을 위해 앞장서는 기업들

기업은 모든 정부에 기후 변화에 대처하도록 압박해야 한다. 재난을 피할 수 있도록 현재의 과학을 토대로 한 정책의 도입을 요구하고 시장 친화적 정책을 적극적으로 옹호해야 한다. 탄소세나 탄소 배출권 거래제 같은 적절한 규제는 최소 비용으로 전 세계 경제가 탈탄소화하는 데 도움이 될 뿐 아니라, 수십억 달러 규모의 새로운 시장 기회를 열어줄 것이다. 탈탄소화에는 비용이 많이 든다. 하지만 기후 변화를 이대로 방치할 경우 그보다 몇십억 달러가 더 소요될 것이다. 현재의 추산에 따르면 기후 변화로 인해 21세기 말까지 미국 경제에 GDP 10% 정도의 비용이 필요하고, 세계 식량 공급이 불안정해질 것으로 보인다.[42] 기후 변화에 관한 정부 간 패널Ingergovernmental Panel on Climate

Change, IPCC은 온실가스 배출로 인해 평균 온도가 섭씨 2도 이상 오르지 않을 확률을 66% 정도로 유지하는 데만도 2100년까지 세계 GDP의 3~11%가 필요하다고 예측했다.[43] 하지만 지구온난화를 이대로 방치하면 2100년까지 농업 생산 감소, 건강 위험, 도시 침수, 기타 심각한 파괴로 인해 세계 GDP의 23~74%가 소요될 수 있다.[44] 기후 변화 방치는 다음 세대에 돌이킬 수 없는 피해를 주게 될 것이다. 전 세계 기업계가 반드시 우리의 아이들에게 건강한 지구를 물려주겠다는 결의를 다져야 할 때다.

민간 영역에서 이미 이러한 방향으로 움직이고 있는 사례는 많다. 캐나다 태평양 연안의 브리티시컬럼비아에서 기후세가 자리 잡게 된 데는 민간의 지원이 결정적이었다. 미국 북동부와 동부 연안에서 탄소 거래제인 지역 온실가스 구상Regional Greenhouse Gas Initiative이 채택되고 캘리포니아주가 2045년까지 무탄소 발전으로 거듭나겠다는 공약을 발표하는 데도 민간의 노력이 결정적인 역할을 했다.

2019년 4월 유타주의 공화당 주지사 게리 허버트Gary Herbert는 지역 재생에너지법Community Renewable Energy Act에 서명했다. 이 법안에 따라 유타주의 전력 공급사 로키마운틴전력Rocky Mountain Power은 재생에너지를 원하는 지역에는 100% 재생에너지를 공급해야 한다. 유타주의 도시와 마을이 재생 전력으로 전환할 수 있는 길이 마련된 것이다. 이 법은 기업들과 재생에너지를 원하는 도시들과 전력회사가 무려 3년에 걸쳐 조용히 협상한 결실이었다.

브린 케리Bryn Carey는 이러한 운동이 정치적 지원을 받을 수 있도록 돕는 기업인이다. 2004년에 그는 유타주 파크시티의 한 차고에서 스키 장비 배달 및 대여업체인 스키버틀러스Ski Butlers를 설립했다. 그는 곧 기후 변화가 자신의 사업뿐 아니라 자신이 사랑하는 주와 스포츠를 심각하게 위협할 수 있다는 사실을 깨달았다. 유타는 현재 미국에서 온난화가 가장 빠르게 진행되고 있는 5개 주 중 하나다. 지난 48년간 평균 온도가 약 1.6도 상승했고, 설원이 크게 줄어들어서 스키 산업은 물론 주의 수자원에도 큰 위협이 되고 있다.[45] 2012년 케리는 파크시티의 기업들에 건물 지붕마다 태양 전지판을 설치하자는 구상을 지지해달라고 설득하며 몇 달을 보냈지만 성공하지 못했다. 결국 그는 정치만이 도움이 될 수 있다는 결론에 도달했다. 2015년에 그는 자신의 직원, 지역 활동가, 주민 수십 명을 모아 시의회 회의 때 모습을 드러냈다. 다음 해 시의회는 2032년까지 도시 에너지 공급에서 재생에너지 비율을 100%까지 올리겠다는 결의안을 통과시켰다.[46] 2016년 7월 솔트레이크시티도 유사한 결의안을 통과시켰고, 2017년에는 유타주의 다른 지역들도 뒤를 이었다.

그런데 유타주에서 재생에너지 사용을 원하는 도시는 선택지가 둘뿐이었다. 전력 시설을 자체적으로 만들거나, 석탄 연소로 악명이 높고 주정부의 규제를 받고 있는 독점기업 로키마운틴전력을 이용해야 했던 것이다. 2015년 솔트레이크시티는 10년도 넘게 연방 대기 기준을 위반하고 있었다. 주로 화력발전을 통한 전기를 사용해왔기 때문이다. 당시 새로 선출된 재키 비스컵스키Jackie Biskupski 시장은 솔트레이크시티의 재생에너지 사용이 실현 가능해질 수 있게끔 로키마운틴전력이 함께 투자할 것임을 시사했다.

그 후 2년에 걸쳐 재키 시장은 환경 단체들, 기업들, 재생에너지 사용에 노력을 기울이고 있는 다른 도시 시장들의 지원을 받으며 로키마운틴전력과 협상을 통해 법안을 마련했다. 재생에너지의 경제성이 빠르게 변화하고 있다는 사실도 힘이 되었다. 2018년 12월 로키마운틴전력을 소유한 퍼시픽코프PacificCorp는 22개 석탄발전소 중 13개가 적용 가능한 대안보다 운영 비용이 더 많이 들기 때문에 이 발전소들을 폐쇄하면 수백만 달러를 절약할 수 있다는 보고서를 발표했다.[47] 그러나 유타주에 있는 발전소들은 거기에 포함되지 않았다. 유타주 발전소들은 건설 시 발생한 부채를 아직 상환하지 못한 상태였고, 조기 폐쇄에 따른 보상을 요구했기 때문이다. 최종 법안은 재생에너지로 전환한 다음에도 석탄 발전소의 부채를 계속 상환하게끔 했다. 이러한 타결을 이룬 복잡한 협상을 회상하며 비스컵스키는 이렇게 말했다. "사람들이 두 손 들고 싶어 한 적이 없었느냐고요? 당연히 있었죠. 하지만 그럴 때마다 그들에게 다시 상기시켜주었습니다. '금방 끝날 일이 아니다, 그러나 반드시 해야 하는 일이다, 사람들은 깨끗한 공기를 원한다'라고요."[48]

200개 이상의 미국 기업, 여러 도시와 카운티가 100% 깨끗한 재생에너지를 사용하는 데 노력을 기울이고 있다.[49] 각 지역이 얼마나 약속을 잘 실천하고 있는지를 추적하는 비영리단체 '미국의 약속America's Pledge'에 따르면 이러한 헌신 덕분에 2025년까지 온실가스 배출을 2005년 수준에서 17% 감축할 수 있을 것이라고 한다. 더 나아가 '단기에 효과가 나고 지역 경제 행위자들이 쉽게 이용할 수 있는' 전략을 채택하면 21%까지 기대해볼 수 있다고 시사했다.[50] 이 정도가 되면 미국은 파리기후변화협약과 그리 멀지 않은 거리에 있게 될 것이다.

미국의 약속이 내놓은 보고서는 "탈탄소화는 경제 행위자들의 아래로부터의 노력을 통해 추진될 수 있지만 깊은 협력과 참여가 있어야만 한다"라는 말로 끝난다.

2017년 트럼프 대통령이 파리협약에서 탈퇴 선언[51]을 한 후(미국은 시리아, 니카라과와 함께 기후 변화에 대해 아무런 조치도 취하지 않겠다고 선언한 나라가 되었다) 애플, 갭, 구글, HP, 리바이스트라우스를 포함한 미국 30개 기업의 CEO들은 트럼프에게 결정 재고를 요구하는 공개 서한을 보냈다. 또한 테슬라의 CEO 일론 머스크Elon Musk와 디즈니의 CEO 밥 아이거Bob Iger는 항의의 표시로 대통령 자문위원회에서 물러났다.[52]

여전히 파리협약과 뜻을 같이한다는 뜻으로 '위아스틸인We Are Still In'이라는 이름을 내세운 야심 찬 협력 단체는 현재 50개 주 모두에 걸쳐 대기업과 중소기업 대표, 시장과 주지사, 대학 총장, 종교 지도자 등 3500명을 포함하고 있다. 이 단체는 미국이 파리협약을 이행할 수 있도록 지역 수준에서 최선을 다해 노력하고 있다.[53] 이 글을 쓰는 지금 2000개 이상의 기업이 이 단체의 협약에 서명했고, 중앙 정부 및 지역 사회와 협력해 온실가스 배출량을 줄이겠다고 공언했다. 이 단체는 2018년 12월에 개최된 제24차 UN 기후변화협약 당사국총회COP24에도 참석했다. 이들은 '그림자 대표단' 역할을 하며, 회의에 참석한 각국 정부 대표단과 만나 파리협약을 준수하기 위해서는 좀 더 강력한 제재가 필요하다고 주장했다.

나의 동료들에 따르면 민간의 이러한 지지 표시는 국제 기후 협상이 지속되는 데 매우 중요한 역할을 한다. 하지만 이들은 상황이 절박하다는 말도 덧붙인다. 따라서 민간 부문은 기회가 있을 때마다 정부에 기후 변화 대처를 가장 우선적으로 요구해야 한다.

파타고니아는 왜 투표 참여 캠페인을 시작했을까

포용적 제도를 지지하고 적절한 환경 정책을 채택하도록 압박하는 것은 중요한 일이다. 하지만 기업은 무엇보다도 우리 제도가 더는 파괴되지 않도록 막아야 한다. 우리의 정치제도는 거의 모든 곳에서 위협받고 있다. 게리맨더링*으로 인해 입법부는 점점 양극화되고 격렬한 당파 싸움이 벌어진다. 정치인들은 투표 참여를 제약하고 언론의 자유를 침해하는 법률을 만들려고 한다. 사법부 독립성은 계속해서 훼손되고 있다. 더 많은 돈이 정치로 흘러들며 돈으로 정치인을 살 수 있다는 생각이 팽배하다. 우리의 정치제도가 진정 자유롭고 공정하기 위해서는 모든 사람의 목소리에 귀 기울여야 하지만, 잠재적 유권자들은 늘 분노 상태이거나 혹은 냉소적이다.

기업에게는 위험한 현상이다. 앞서 말했듯이 건강하고 민주적인 정부의 반대말은 자유 시장의 승리가 아니다. 그 대척점에는 착취, 다시 말해 극소수를 위한 극소수의 지배가 있다. 착취 엘리트들은 자유 시장을 좋아하지 않는다. 이들은 자신에게 유리하게 규칙을 만들고, 혁신을 차단하고, 반대편을 억압한다. 이들은 사회 기간시설을 방치하

---

* gerrymandering, 불공평한 선거구 획정을 뜻하는 용어.

고, 연구·개발, 병원, 학교에 최소한으로 투자한다. 민주주의가 죽으면 결국 자유도, 자유 시장도, 자유 시장이 가져다주는 번영도 모두 죽고 말 것이다.

기업은 게임의 규칙이 민주적으로 결정되도록 요구해야 한다. 그러기 위해서 기업은 투표를 쉽게 할 수 있게 해주는 조치를 적극 지지해야 한다. 예를 들어 미국 투표율은 세계 최저 수준이다. 2014년 중간선거에서는 유권자의 33%만이 투표했다. 1945년 이후 안도라를 제외하면 선진 민주주의 국가들 중에서 가장 낮은 투표율이다.[54] 기업은 또 투표권을 억압하려는 모든 시도에 저항해야 한다. 예를 들어 2018년 11월에 중범죄자의 투표권을 회복시켜주자는 플로리다주의 국민 발의안은 65% 찬성으로 통과되었다. 하지만 2019년 플로리다 입법부는 중범죄자가 법정에서 선고한 벌금을 모두 납부한 경우에만 투표할수 있다는 법안을 통과시켰다. 사실상 국민 발의의 취지를 뭉개버린 법안이었다. 기업은 이러한 종류의 조치에 큰 소리를 내며 적극적으로 저항해야 한다.

그러기 위해서 기업은 정치 비용을 줄이려 애쓰는 사람들과 협력해야 한다. 2000~2010년 사이에 미국 로비 자금은 (15억 7000만 달러에서 35억 2000만 달러로) 2배가량 늘었고, 이후 연간 32억 5000만 달러 수준을 쓰고 있다.[55] 2010년 대법원의 판결로 기업이나 개인의 정치 자금 기부 제한이 상당 부분 사라진 이후, 대통령 선거에 대한 외부 지출은 2008년 3억 3800만 달러에서 2016년 14억 달러로 급증했다.[56] 미국 기업의 비과세 자선 재단들이 정치적 동기를 가지고 기부한 금액은 이 통계에서 제외되었는데, 최근 연구에 따르면 그 금액은 2014년

한 해만 해도 16억 달러였다.[57] 이렇게 증가한 금액은 주로 매우 부유한 개인에게서 나온 것으로 보이지만, 기업의 돈이 전보다 많이 정치판에 들어와 있다는 사실은 의심할 여지가 없다.[58] 이러한 지출의 홍수는 개별 기업에는 도움이 될 수도 있겠지만, 민간 부문은 부패했다는 혐의에서 자유로울 수 없고, 민주주의 절차에 대한 신뢰도 크게 훼손되고 있다. 기업은 이러한 상황에 맞서 싸워야 한다.

이러한 저항은 아직 드물다. 투표 독려 캠페인인 '타임투보트Time to Vote'는 월마트, 타이슨푸드, 페이팔을 포함한 전국 300개 기업의 지지를 받았다. 이 기업들은 투표 시간을 근무 시간에 포함하거나 선거일에 회의를 잡지 않거나 이메일 투표와 사전투표를 지원하는 프로그램들을 통해 투표 참여를 독려했다.[59] 이 캠페인에 동참했던 기업 중 하나인 파타고니아의 글로벌 커뮤니케이션 및 홍보 담당 이사인 콜리 케나Corley Kenna는 CNBC와의 인터뷰에서 "이 캠페인은 비당파적이고 비정치적입니다. 우리는 민주주의를 지지합니다. 어떤 후보자나 특정한 이슈를 지지하는 게 아닙니다"라고 말했다.[60] 페이팔의 초기 직원이자 링크트인의 창업자 중 한 사람인 리드 호프먼Reid Hoffman이 주도하는 일단의 기업인들은 투표율을 높이고 새로운 후보자들을 당선시키기 위해 수억 달러를 쓰고 있다.[61]

고무적인 일이지만, 현재의 포용적인 제도를 지원하고 우리가 바라는 새로운 제도를 만드는 데 필요한 집단적인 행동은 아니다. 기업인들과 함께 일할 때마다, 거의 모든 사람이 조바심을 보이는 게 바로 이 지점이다. 이들은 이전에도 그런 일이 있었는지 알고 싶어 한다. 기업이 정치제도를 좀 더 포용적인 방향으로 이끌고 갈 수 있었던 적이 있었는가? 물론이다.

기업이 어떻게 세상을 바꿔왔는가

기업은 포용적인 사회를 만드는 데 결정적인 역할을 여러 번 수행해왔다. 간단하게 세 번의 사례를 살펴보겠다. 1·2차 세계대전 직후 독일, 19세기 후반 덴마크, 1960년대 모리셔스의 사례다. 독일은 기업들이 과연 재기할 수 있을지 의심스러울 정도로 시스템이 망가진 상태였다. 그러나 기업들은 직원들과 더불어 일하는 새로운 시스템을 구축하며 독일을 부유하고 성공적인 사회로 만들어놓았다. 덴마크에서 궁지에 몰린 지배 엘리트들은 노동계, 기업계, 정부가 협력하는 시스템을 만들어 작고 가난한 나라를 부유하고 평등하며 시장 친화적인 나라로 바꾸어놓았다. 독일과 덴마크의 성공을 유럽의 유산, 혹은 근본적으로 동질적인 사회 덕분으로 치부하지 않도록 모리셔스에 관해서도 이야기해보려 한다. 모리셔스는 심한 인종 분쟁을 겪었지만 번창하는 다문화 사회와 강력한 자유 시장을 만들어, 현재 아프리카에서 가장 성공한 나라 중 하나가 되었다. 각각의 경우에서 선견지명이 있는 기업 지도자들은 새로운 일을 마다하지 않는 담대함과 상상력을 보여주었다. 그 일은 바로 모든 사람을 위한 사회를 건설하기 위한 협력이었다. 그들의 결단은 당연하고도 쉬워 보인다. 하지만 당시에는 절대 그렇지 않았다.

노사협력으로 다시 일어선 독일

1차 세계대전에서 패배한 독일은 정치적·경제적 혼란에 휩싸였고, 그 여파로 빌헬름 2세가 퇴위하며 독일제국은 붕괴했다. 소련을 본뜬 '위원회'들이 정치권력을 획득하며, 많은 사회주의 정당들이 두각을 나타냈다. 대규모 착취와 경제적 재난이라는 위협에 직면하자 한 무리의 저명한 기업가 집단은 안정을 회복하려는 방편으로 노조에 손을 내밀었다.

당시 독일 최고의 부자 후고 스티네스Hugo Stinnes는 특히 중요한 역할을 담당했다. 그는 석탄, 철, 강철, 해운, 신문, 은행에 막대한 지분을 가지고 있었다. 그를 당대의 워런 버핏이라고 부르는 경제 분석가도 있다.[62] 스티네스는 다른 민간 분야의 지도자들과 더불어 새로운 경제 질서에 대한 제안을 가지고 온건한 노조 지도자들에게 다가갔다. 1918년 11월 두 집단은 스티네스-레기엔 협약Stinnes-Legien Agreement을 체결했다. 이 협약을 통해 8시간 노동시간, 노동조합 인정, 노동위원회 설립, 부문별 단체 교섭이 가능해졌다.[63] 스티네스는 또 전국적인 사용자 연맹의 기반을 다졌다. 주요 기업들 사이의 대화는 1918년에 시작되었고, 1919년 독일산업제국결사체Reichsverband der Deutschen Industrie, RdI를 통해 사용자들이 한목소리를 냈다. RdI는 대기업에 유리할 수밖에 없는 지역적인 구분을 피하고, 산업적인 구분을 따라 조직되었다. RdI를 통해 스티네스와 동료들은 스티네스-레기엔 협약을 광범위하게 확대 적용할 수 있었다.[64]

1933~1945년 사이에 파시즘, 경제적·정치적 혼란, 2차 세계대전

등과 더불어 나치가 사용자 단체와 노조를 해산함에 따라, 이 협약은 붕괴했다. 주요 독일 기업인들은 나치를 경멸하면서도 이 새로운 정권과 협력하는 쪽을 택했다. 그 결과 단기적으로는 많은 이익을 낼 수 있었지만, 궁극적으로는 자신들이 가진 모든 부와 더불어 국가 전체의 파괴에 일조하고 말았다. 2차 세계대전으로 독일과 독일 기업은 잿더미로 변했다. 700만 명이 넘는 독일인이 죽었다. 인구의 8%를 넘는 숫자였다. 주택 20%가 파괴되었다. 산업과 농업 생산은 전쟁 이전 3분의 1 수준으로 떨어졌다.[65]

급진적인 움직임으로 사회가 불안해질까 두려워했던 주요 사용자들은 다시 한번 노동계와 힘을 합쳤다. 경제를 보호하는 데 초점을 맞춘 독일산업연방결사체Bundesverband der Deutschen Industrie, BDI는 가장 규모가 큰 사용자 협의체였고, 독일사용자연맹연방결사체Bundesvereinigung der Deutschen Arbeitgeberverbände, BDA는 노동계와의 원활한 관계를 목적으로 설립되었다. 독일노동조합총연맹Deutscher Gewerkschaftsbund, DGB은 노동조합들을 대표하는 상부 단체로 설립되었다. 세 조직은 협력하여 1차 세계대전과 2차 세계대전 사이에 확립되었던 노사관계 및 단체 교섭 전통을 부활시켰다. 세 조직은 오늘날까지도 건재하다.[66]

독일 전후 재건에서 가장 중요한 과제 중 하나는 수습 제도를 되살리고 표준화하는 것이었다. 2차 세계대전 이전에는 이 제도가 표준화되어 있는 지역도, 업계도 없었다. 다양한 기술마다 다양한 인증 시스템이 있었고, 교육 유형과 품질에도 상당한 편차가 있었다. 전쟁 이후 몇몇 대기업이 주도하고 BDI와 BDA가 후원하는 국가 조정 기구가 숙련 노동을 분류하고, 교육 자료를 만들고 보급하며, 인증 시험 시행에 앞장섰다. 같은 직업군에 속한 모든 수습생은 동일한 기본 교육과 인증을 받았고, 새로운 기술 발달에 맞추어 새로운 교육이 가능한 메커니즘이 개발되었다. 수습 프로그램은 상당히 늘어났고, 1950년대 통과된 법에서 수습 제도는 공식적으로 인정받았다.[67]

기업 연합들과 노조들은 해마다 임금과 노동조건을 협상하기로 합의했다. 이러한 연간 합의는 법적 구속력이 있으며, 현재 독일 노동자의 57% 정도가 영향을 받고 있다. 대부분의 사용자는 직원 교육에 투자하고, 직원 육아를 지원하며, 직원들이 운영하는 노동위원회를 위한 공간·자료·시간을 제공하고 있다. 어느 정도 규모를 갖춘 독일 상장 기업이라면 이사회에 노동자 대표를 반드시 포함해야 한다. 이것을 '공동결정제도'라고 부른다.

독일은 현재 가장 강력하면서도 가장 평등한 경제 국가 중 하나다. 2017년 1인당 GDP는 세계 최고 수준이었으며, 아일랜드, 노르웨이, 스웨덴, 미국 정도만이 독일보다 높았다.[68] 가난한 부모에게서 태어난 사람이 부자 부모에게서 태어난 사람들만큼 돈을 벌 가능성이 어느 정도인가를 따지는 소득 유동성 지표에서도 스칸디나비아 국가들보다는 낮았으나 미국, 영국, 프랑스, 일본, 중국보다는 높았다. 평균 임금은 세계 최고 수준이며, 실업률은 (이 글을 쓰는 현재 5%에 조금 못 미치는 수준으로) 전 세계 최저치를 기록하고 있다.

높은 임금에도 불구하고 독일에는 대단히 성공한 수출 기업들이 많다. 2017년 독일은 1조 3000억 달러를 수출했다. 전체 경제 생산 가치의 거의 절반이었다(같은 해 미국은 1조 4000억 달러를 수출했는데 차지하는 비중은 12%에 불과했고, 중국은 2조 3000억 달러를 수출했지만 그 비중은

19.76%였다).[69] 몇몇 지표로 봤을 때, 독일의 경제는 전 세계에서 가장 혁신적이다.[70] 독일 GDP의 거의 25%는 제조업이 차지한다(미국에서는 제조업이 생산에서 15%만을 차지한다). 세계은행은 2016년 물류성과 지수에서 독일의 물류 성과와 인프라를 세계 최고라고 평가했다.[71]

세계 100대 기업 중 8개를 가지고 있는 독일에는 세계적으로 명성이 높은 미텔슈탄트Mittelstand, 즉 중소기업도 많다. 업계에서 3위 안에 들고, 각 대륙에서는 1위를 차지하고, 매출액 50억 유로 이하의 숨은 강자 2700개 기업 중 거의 절반이 독일 기업이다. 한 추산에 따르면 이 기업들은 매년 10% 정도 성장하며 150만 개의 새로운 일자리를 만들고, 대기업과 비교하면 직원 한 명당 5배는 더 많은 특허를 출원한다고 한다. 이들 대부분은 2008~2009년 대침체를 잘 견디고 살아 남았다.[72]

이러한 성공의 이면에는 수습 제도가 자리 잡고 있다. 독일은 현재 전 세계에서 가장 정교한 수습 훈련 제도를 갖춘 나라다. 수습생은 수백 가지 직업 중 아무 일이나 선택해 2년에서 4년간 수습 교육을 받을 수 있으며, 이 기간에는 강의실 교육과 더불어 현장 실습을 받는다. 모든 기업에서 교육은 연방정부가 사용자, 교육자, 노조 대표자와 협력하여 개발한 표준화된 커리큘럼에 따라 이루어지며, 이 커리큘럼은 직원들이 이직해도 괜찮을 정도로 표준화되어 있다.[73]

독일 이야기는 지금 곤경에 처한 우리에게 두 가지 중요한 점을 시사해준다. 첫 번째, 기업은 어디에서 가장 큰 이익이 나올지 항상 알 수는 없다. 두 번의 세계대전이라는 재앙으로 인해 독일 기업 엘리트들은 현대 미국의 경영자라면 전력을 다해 거부하려고 할, 노동자와의 타협을 구축했다. 그 타협이 만든 제도들을 통해 독일은 세계에서 가장 성공적이고 가장 평등한 사회 중 하나를 건설할 수 있었다. 이는 목적 지향적인 기업이 새로운 일의 방식을 발견하는 촉매제 역할을 어떻게 할 수 있는지 보여준다. 1990년대 나이키가 공급사슬과의 관계 개선이 얼마나 중요한지 간과했던 것처럼 많은 기업이 사회·정치 시스템이 그들의 성공에서 얼마나 중요한 역할을 하는지 모르고 있다. 두 번째 시사점은 민간 부문이 제도를 재정립하는 데 진정 중요한 역할을 하길 바란다면, 국가적인 대화에서 적극적이고 정치적인 역할을 수행하는 강력한 노동자 조직도 있어야 한다는 것이다.

다행스럽게도 당시 독일의 BDI나 BDA가 국내외 대화에서 담당했던 역할을 할 수 있는 여러 단체들이 있다. 영국에서는 영국산업연합이 19만 개가 넘는 기업을 대표한다. 미국 상공회의소는 300만 개가 넘는 기업을 대표하며, 2017년에는 단일 조직으로는 미국 의회에 가장 많은 로비 자금을 쏟아부었다.[74] 비즈니스 라운드테이블 역시 중요한 역할을 한다.

역사적으로 볼 때 미국 상공회의소나 비즈니스 라운드테이블이 회원들의 직접적인 이해관계를 넘어서는 정치적 견해를 밝힌 사례는 없다(비즈니스 라운드테이블의 새로운 성명은 미국 민주주의 건강에 대한 어떠한 책임도 언급하고 있지 않다). 그러나 라운드테이블은 기후 변화가 제기하는 위협을 최초로 인정한 광범위한 조직이고, 상공회의소는 최근에 기후 변화에 대한 공식 견해를 밝혔다. 기후 변화의 현실을 인정하고, 미국 정부에 이를 해결하기 위해 기술과 혁신을 받아들이고 기업의 힘을 활용할 것을 주문한 것이다.[75]

기업 지도자들은 지구온난화 해결을 외쳐야 한다. 이를 위해서는 이 과학적 진실을 지지해주어야 한다. 70% 이상의 미국인들은 지구온난화가 "개인적으로도 중요하다"라고 말하지만, 나머지 30%는 지금도 지구온난화 자체를 부정하거나 인간이 지구온난화의 주범이라는 사실을 인정하지 않고 있다. 그런데 이 소수의 사람이 정치적으로 강력한 힘을 가진다.[76] 또 이 문제를 해결하기 위해서는 현명하게 설계되고 기업 친화적인 전 세계적 통제를 강력하게 추진해야 한다. 비즈니스 라운드테이블이나 상공회의소가 앞장설 수 없다면, 고삐를 잡고 강력하게 지구온난화 해결을 추진할 수 있는 대안 단체를 만들어야 한다.

세계경제포럼은 '전 세계 주요 1000개 기업'을 포함하고, 스스로 '민관 협력을 위한 전 지구적 플랫폼'이라 부르는 기구다. 세계경제포럼은 공유가치를 창출하려는 프로젝트들에 깊이 관여하며, 다양한 협력적·공적·사적 개혁을 주도하는 역할도 담당한다. 예를 들어 세계경제포럼의 세계배터리동맹Global Battery Alliance은 '사회적 책임을 지고 환경적으로 지속 가능하며 혁신적인 배터리 가치사슬을 지향하는 조치를 촉진하고 가속화하려는' 목적을 공유하는 전 지구적 협력 플랫폼이다.[77] 전 세계 식품 시스템을 강화하는 프로젝트는 다양한 이해관계자들 간의 대화를 촉진하고 있다. 혁신적 리더 네트워크Transformational Leaders Network는 150명 이상의 행동하는 리더들과 전문가들이 지역과 전문 분야를 넘나들며 지식과 최고의 노하우와 경험을 나누도록 도움을 주고 있다.[78] 세계경제포럼은 정치적 행동으로 해석될 수 있는 어떤 것도 가까이하지 않는다. 실제로 작금의 문제들을 낳은 구조적 원인에 모르쇠로 일관하는 태도 때문에 심한 비판을 받고 있기도 하다.[79] 그러나 세계경제포럼은 만일 오늘날의 경영 지도자들이 어떤 일이 중요하다고 결정하면 그 방향으로 나아갈 수 있는 회원들과 능력을 갖추고 있다.

국제상공회의소는 앞선 기관들만큼은 눈에 띄지 않지만, 훨씬 더 중요한 역할을 할 잠재력을 가진 기관이다. 국제상공회의소는 세계 최대 규모의 비즈니스 단체로, 100여 개국의 4500만 개 이상의 기업이 가입해 있다. 국제상공회의소의 가장 중요한 임무는 국제 비즈니스를 위한 무역 규칙을 만들고 시행하는 것이다. 또 세계무역기구, UN, G20과 같은 국제기구와의 협상에서 기업의 이익을 대변하기도 한다. 국제상공회의소는 공급사슬 추적 가능성을 개선하는 흥미로운 노력을 후원하고, 지속가능개발목표를 실현하는 데 기업이 참여할 것을 강조하고 있다.[80] 국제상공회의소 역시 명백히 정치적으로 보일 수 있는 모든 행동을 (적어도 공개적으로는) 피하고 있다. 국제상공회의소가 그 네트워크와 영향력을 이용해 전 세계적으로 좀 더 지속 가능한 체제를 만드는 데 중요한 역할을 해야 할 것이다.

체계적인 변화를 주도하는 민간 영역의 잠재력에 대해서는 냉소적인 입장을 보이기 쉽다. 세계대전과 같은 사건이 있었기 때문에 기업이 태도를 바꿀 수 있었다는 식으로 독일의 사례를 해석하기도 한다. 다행스럽게도 덴마크의 사례는 그러한 해석이 틀렸다는 사실을 시사해준다.

덴마크, 복지와 유연한 규제의 절묘한 조합

민주적 사회주의를 표방하는 버니 샌더스Bernie Sanders가 덴마크를 모범 사례로 꼽았을 때, 기업 지도자들은 어안이 벙벙했다. 덴마크는 사회주의 국가가 아니기 때문이다. 사회주의를 국가가 생산수단을 소유하는 형태로 정의했을 때는 말이다. 덴마크 경제는 강력한 기업 친화적 시스템으로, 기업, 노동계, 정부가 긴밀히 협력하며 경제 성장을 유지하고 있다. 민간 분야가 지지하는 구조 내에서 말이다.

19세기 후반 덴마크는 충격에서 헤어나지 못하고 있었다. 1864년 덴마크는 2차 슐레스비히 전쟁에서 프로이센과 오스트리아에 패해 12세기 이래 덴마크의 영토였던 슐레스비히 공국과 홀슈타인 공국을 잃었다. 덴마크는 이후에도 패배를 거듭하며 강대국의 면모라고는 찾아볼 수 없는 작고 가난한 나라로 전락했다.

1890년대 덴마크 입법부는 대규모 농경업자와 주요 기업가들 사이의 불안한 동맹이었던 보수 특권 세력 호이레Højre당과 노동자 계급 정당인 벤스트레Venstre당으로 나뉘어 있었다. 덴마크 왕은 호이레당원들을 내각에 임명하며 보수주의자들에게 힘을 실어주었다. 1890년, 벤스트레당이 상당한 의석을 확보했다. 소수당으로 전락할 수도 있다고 (올바르게 판단하고) 두려워한 호이레당은 자신들의 영향력을 계속 유지할 수 있는 메커니즘을 찾기 시작했다.

이 위기의 순간은 한 기업인의 창의력을 통해 성공적으로 시스템을 변화시키는 계기가 되었다. 1896년, 합의 도출에 탁월한 재능을 지닌 국회의원이자 철도 기업인 닐스 아네르센Niels Andersen은 앞장서서 덴마크 고용주협회를 결성했다. 그는 의회 과반석을 얻지 못한다면 고용주협회를 통해서라도 공공 정책에 영향을 미쳐야 한다고 동료들을 설득했다(그가 예견한 대로 1901년 벤스트레당이 선거를 휩쓸었다). 고용주협회는 기업의 목소리를 하나로 통일시킴으로써 업계의 평화를 유지하는 수단이기도 했다. 닐스는 두 가지 목표 모두를 이루는 데 성공했다.

고용주협회는 조세를 재원으로 보편적인 노동자 재해 보험을 만들자는 벤스트레당의 제안을 물리치고 정부, 사용자, 노조 간부로 구성된 위원회를 제안했다. 재해 보험은 세금으로 충당하지 않고 고용주들이 민영 보험을 선택할 수 있도록 만들었다.[81] 이 성공으로 인해 덴마크 정부와 기업들은 고용주협회가 기업 친화적인 정책 개혁을 위한 중요한 수단이 될 수 있다는 사실을 깨달았다.

하지만 아네르센의 가장 중요한 성공은 고용주협회가 노동쟁의를 차단할 수 있음을 입증했다는 점이다. 그것도 노동운동을 강화함으로써 말이다! 1897년 연이은 파업이 금속 산업을 강타했다. 고용주협회 회원사들은 이미 파업이나 공장 폐쇄 기간에 다른 고용주협회 회원사의 노동자들을 고용하지 않기로 약속한 상태였다. 한마디로 고용주협회는 노조를 상대로 공동전선을 펴는 한편, 덴마크 기업들에 고용주협회에 가입하라고 설득한 것이다. 그런 다음 고용주협회는 직접 노사 간 중재에 나서서, 노동계가 좀 더 탄탄한 조직을 갖추도록 도와주면서, 노조 측에 고용주협회에 가입하지 않은 기업에서는 노동을 거부해달라고 요청했다. 고용주협회는 파업 철회 협상을 할 수 있었고, 1898년 고용주협회의 적극적인 지원과 도움을 받아 덴마크노동조합총연맹이 설립되었다.

2년 후 철강업계에서 '전편 폐쇄'라 알려진 3개월에 걸친 대규모 노사 갈등이 불거졌다. 고용주협회는 노동조합총연맹과 '9월 타협'에 나섰고, 이를 통해 단체 교섭이라는 시스템이 확립되었다. 1907년 덴마크 정부는 고용주협회 측에 산업별 분쟁에도 개입할 수 있는 권한을 부여했다. 그로 인해 고용주협회는 최고경영자들의 단체로서 역할이 강화되었음은 물론, 노사 협상에서 중심적인 역할을 담당하는 기관이 되었다.

그 후 50년에 걸쳐 노동, 기업, 정부 간의 협력은 점차 일상화되었다. 1960년대에 덴마크의 보수주의자들은 자신들이 '복지국가 확장에 결정적인 한 걸음'을 담당했다고 으스댈 정도였다. 1970년대와 1980년대에 경기 침체와 높은 실업률로 인해 복지국가 덴마크는 재정 압박에 시달렸고, 복지 혜택을 줄이고 임금을 소비자물가지수와 연동하는 것을 중단할 수밖에 없었다. 이러한 상황에서 사용자와 노동계는 사용자가 노동 교육에 투자를 늘리기로 약속하는 일련의 쌍무협정을 맺었다. 1990년대 고용주협회는 일자리를 잃은 청년들에게 교육 프로그램을 제공하고 일자리를 찾아주기 위해 마련된 '적극적 노동 시장 정책'을 설계하는 데 중심적인 역할을 했다. 고용주협회는 이 정책에 대한 노동자들의 지지를 구축하기 위해 노동조합총연맹과 긴밀히 협력했고, 회원 기업들이 참여하도록 설득했다. 또한 적극적 노동 시장 정책이 제대로 진행될 수 있도록 정부와 개별 기업 간의 원활한 의사소통을 도모했다.

오늘날 덴마크는 세계에서 가장 성공적인 사회 중 하나다. 어떤 법률 조항에도 최저임금이 명시되어 있지는 않지만 (2015년 16달러 35센트라는) 매우 높은 수준을 유지하고 있다.[82] 1인당 GDP는 캐나다, 영국, 프랑스보다 높다. 또 OECD 국가 중 소득불평등지수가 가장 낮아서 상위 10%가 버는 돈은 하위 10%에 비해 겨우 5.2배 많은 정도다.[83] 덴마크인들은 1년에 5~6주 정도 휴가를 즐기며, 육아휴직은 1년까지 쓸 수 있다.[84]

덴마크의 정책 입안은 협력을 통해 이루어진다. 정부, 사용자, 노조가 모여 논의하는 것은 100년도 넘는 전통이다. 그 결과 (기업에 유리한) 덜 엄격한 노동 규제와 (노동자에 유리한) 강력한 복지국가라는 독특한 조합이 탄생했다. 이 시스템에서 기업은 노동자를 쉽게 해고할 수 있다. 그러나 국가가 복지와 교육 프로그램을 통해 광범위한 재취업 기회를 제공한다. 노동력의 80% 정도는 단체 교섭 협정에 의해 보호받는다. 실업보험은 노동자가 받았던 임금의 90%를 2년간 지급한다. 정부, 노조, 기업이 정교하게 합을 맞춰 만든 정책을 통해 거의 모든 노동자가 돈을 받으며 교육 프로그램에 참여해 새로운 기술을 습득할 수 있다. 따라서 덴마크 경제는 대단히 유연하면서도 평등하며, 기업들은 기꺼이 이러한 상황을 받아들이고 있다.

예를 들어 2017년 정부는 혁신위원회를 소집했다. 디지털 테크놀로지가 경제에 미치는 영향에 어떻게 대처해야 할지를 논의하기 위해서였다. 위원회 의장은 총리였고, 8명의 장관에 더해 CEO, 전문가, 기업가를 망라한 30명의 위원이 있었다. 위원회는 네 분야에서 광범위한 조언을 했다. 교육과 직업 훈련, 새로운 노동 시장 제도, 세계화, '생산적이며 책임 있는 기업'이라는 네 분야였다. 마지막 분야에는 디지털 플랫폼과 직원 간의 공식 계약안도 포함되었다. 이 계약은 무엇보다도 연금과 휴일 수당을 받을 권리를 보장했다.

우리는 덴마크의 경험에서 최소한 세 가지 교훈을 배울 수 있다. 첫째, 포용적인 제도는 번영을 촉진한다는 사실을 다시 한번 상기할 수 있다. 덴마크는 주요 천연자원이 없는 아주 작은 나라이지만 사회·정치 제도를 통해 세계에서 가장 부유한 나라 중 하나로 성장할 수 있었다. 둘째, 시장과 국가는 서로 상보적이어야 한다. 덴마크는 자유 시장의 힘을 적극적으로 지지하는 동시에 경제적 기회와 사회 복지를 보장하는 정부의 역할에 대해서도 그만큼 신뢰한다. 국가 보건 서비스와 광범위한 정부 지원 직업 재교육이 결합하며 자유 시장의 힘과 유연성은 더욱 증가하고 있다. 일자리를 잃더라도 리스크가 크지 않고, 직업을 바꾸거나 새로운 사업을 시작하기가 쉽기 때문이다.

세 번째 교훈이 가장 중요하다. 덴마크 사례는 기업이 민주주의 절차를 훼손하지 않으면서도 정책을 만드는 데 중요한 역할을 담당하는 법을 보여준다. 기업은 대화에서 중요하고 적극적인 목소리를 내지만, 과정이나 결과를 마음대로 하려 들지 않는다. 기업의 우선순위는 국가의 건강이지, 눈앞에 있는 재무 수익이 아니다. 100년도 넘게 덴마크의 기업이 성공을 거듭한 근본적인 이유가 바로 이러한 국가에 대한 헌신이었다.

불가능에 가까웠던 모리셔스의 성공담

무인도였던 모리셔스에 처음 정착한 사람들은 네덜란드인이었다.

이들은 노예를 수입했고, 흑단 나무를 베어냈고, 도도새를 멸종시켰다. 1721년에는 프랑스인들이 도착했다. 이들은 노예를 더 많이 수입하고, 대규모 사탕수수 재배를 시작했다. 1814년에는 영국이 이 땅을 장악했다. 하지만 이 섬을 인도로 가는 중간 기착지로만 썼고, 프랑스 엘리트에게 이 섬의 통치를 맡겼다. 1835년에 노예제가 철폐되며, 지역 지주들은 계약 노동자를 수입하는 데 눈을 돌렸다. 1834년부터 1910년까지 45만 명 이상의 힌두교와 이슬람교를 믿는 인도인들이 이 섬에 도착했다. 1911년에는 대략 인구 36만 9000명 가운데 거의 70%가 인도계였다.

이들에게는 정치적인 대표권이 없었다. 영국은 소수의 선출직 위원과 총독이 임명한 사람들로 구성된 입법부를 통해 이 섬을 통치했다. 투표권은 인구 2%에 불과한 부유한 자산가에게 국한되었다. 1926년에야 비로소 인도계 모리셔스인이 입법부에 들어갈 수 있었다.

1937년에는 설탕 가격이 떨어지며 광범위한 폭동이 일어났다. 이때 4명의 시위자가 살해되었다. 다음 해에 일어난 총파업은 영국에 의해 강제 해산되었다. 사탕수수 농장을 소유한 프랑스계 모리셔스인들과 이들의 노동자로 일하는 인도계 모리셔스인들 사이의 갈등은 언제 폭발할지 모르는 팽팽한 상황이었고, 갈등이 완화될 가능성은 거의 없었다. 1962년에 노벨 경제학상을 수상한 제임스 미드James Meade[85]는 〈모리셔스: 맬서스 경제학의 사례 연구Mauritius: A Case Study in Malthusian Economics〉라는 논문을 발표했다. 이 논문에서 미드는 '효과적인 산아 제한을 즉각 도입하지 않으면 궁극적인 재앙'에 직면할 것이라고 말했다.

1967년 8월 위기가 닥쳤다. 영국은 독립에 대한 대가로 공개 선거를 고집했다. 모리셔스노동당Mauritius Labor Party과 모리셔스사회민주당Parti Mauricien Social Démocrate 간에 치열한 싸움이 벌어졌다. 노동당은 인도계 모리셔스인들이 주축이 된 정당이었고 사회민주당은 설탕을 장악하고 있는 부유한 프랑스계 모리셔스인들과 더불어 상당수의 크리올인으로 구성되었는데, 크리올인은 사탕수수 농장에서 일했던 노예들의 후손으로 대체로 프랑스어를 말하는 사람들이었다.[86]

선거에서 노동당 연합은 55%를 얻어 62석 중 39석을 차지했다. 나이 든 엘리트 계급은 대단히 실망했다. 한 유명한 프랑스계 기업인은 나중에 이렇게 말했다. "1967년 선거일 저녁, 사회민주당 지도자 가에탕 뒤발Gaëtan Duval은 울부짖었습니다. 저는 두려웠어요. 이제 누가 모리셔스 사람들을 도와줄까 싶었습니다." 다섯 달 후 독립이 공식적으로 선포되기 불과 6주 전, 수도 포트루이스에서 격렬한 폭동이 일어났다. 크리올인과 이슬람교도가 충돌한 이 폭동에서 29명이 사망하고 수백 명이 다쳤다. 질서를 회복하기 위해서 영국 군대가 진주했다. 방화로 불에 탄 집만 거의 600채에 달했고, 2000명 이상이 체포되었다.[87]

노동당의 지도자 시우사구르 람굴람Seewoosagur Ramgoolam은 독립국 모리셔스 최초의 총리로 임명되었다. 그러나 이 나라는 언제 무너지더라도 이상하지 않을 지경이었다. 비슷한 상황을 마주했던 케냐의 새로운 정부는 단일 정당 국가로 전락했다. 탄자니아는 소수자들이 소유한 기업을 국영화했다. 우간다는 소수자들을 국외추방했다. 그러나 람굴람은 완전히 다른 방향을 선택했다. 그는 사회민주당에 손을 내

밀어 연정을 제안했다.

위험한 결정이었다. 나라는 둘로 나뉘어 있었고, 허약한 경제가 의지하고 있는 자본가들은 람굴람의 제안에 의심의 눈길을 던졌다. 많은 인도계 지식인들을 포함한 모리셔스 좌파들은 대농장 국영화를 선호했다. 정부와 자본가가 협력한 전례도 없었다. 자신을 마르크스주의자라고 공언하는 노동당 당원 대다수는 경제를 지배하는 자본가들과 어떠한 형태로든 화해하는 것을 마뜩잖아했다. 람굴람이 가장 신뢰하던 농산부장관 사트캄 부렐Satcam Boolell은 한 기자에게 연정에 찬성한다는 취지로 이야기하면서 한 가지 조건을 덧붙였다.

> 저는 사회주의자입니다. 자본가와 노동자 사이의 계급투쟁은 끝나지 않았습니다. 그러나 저뿐 아니라 다른 사람들을 위해서라도 국가의 이익이 최우선이 되어야 합니다. 오늘날 그 이익이란 실업, 굶주림, 가난을 없애는 것입니다. 제 조건은 대규모 사탕수수 농장 고용주들로 구성된 모리셔스설탕생산연합이 임금위원회가 설치된 이후 해고된 사람들을 고용하고, 그 외 다른 프로젝트들도 마련할 것을 공식적으로 보장해달라는 것입니다. 연정이 모든 사람에게 일자리를 줄 수 있다면 저는 연정을 지지합니다.

설탕 부호들은 협력하기로 했다. 2년에 걸친 협상 끝에 사회민주당은 노동당과 힘을 합쳤다. 사회민주당 핵심 인사들이 정부의 가장 중요한 몇몇 부서를 맡는, 진정한 권력 공유 협정이었다. 람굴람은 설탕부호들에게 모리셔스의 경제를 다양화하고 발전으로 생기는 이익을 널리 공유하는 데 도움을 준다면, 그들을 건드리지 않겠다고 약속했다. 부호들은 높은 임금을 포함해서 모리셔스의 발전을 위해서라면 기꺼이 협력하겠다고 약속했다.

설탕 부호들이 무엇 때문에 노동당과 협력하기로 마음을 먹었는지는 확실치 않다. 하지만 몇 가지 단서는 찾을 수 있다. 모리셔스가 작은 섬이다 보니 (그리고 이 섬의 엘리트들이 교육과 사회적 교류를 통해 워낙 가까운 관계를 유지하다 보니) 프랑스계 모리셔스인들이 모리셔스 전체의 이익을 우선시해야겠다고 생각했을지도 모른다. 람굴람은 런던 대학교 의대를 졸업한 엘리트였다. 그는 또 노련한 정치가였다. 소문에 따르면 프랑스계 모리셔스인으로 노동당과 사회민주당의 최초 협상을 이끌었던 성공한 기업가 클로드 노엘Claude Noel과도 개인적인 친분이 있었다고 한다. 어쩌면 프랑스계 모리셔스인들이 대단히 선견지명이 있었을 수도 있다. 모리셔스 사람들은 대화와 타협을 '모리셔스적인 행동 방식'의 본질적인 측면으로 이야기하는데, 이는 덴마크인들과 비슷한 점이기도 하다.

원인이 무엇이든 간에 협정은 큰 성공을 거두었다. 프랑스계 모리셔스인들은 국제 관광 산업에 적극적으로 투자하기 시작했다. 또한 이들은 수출가공구역 개발에 앞장섰다. 개발위원회에서 실행 불가능하다고 거부했던 아이디어였다.[88] 수출가공구역의 수출은 1971~1975년 사이 해마다 30% 이상 증가했으며, 모리셔스 경제가 설탕 일변도에서 벗어나는 데 매우 중요한 역할을 했다.

엘리트와 가난한 사람, 프랑스계와 인도계 사이의 갈등은 오늘날까지도 지속되고 있다. 하지만 그 갈등은 근본적으로 잘 작동하는 제도 안에서 국지적으로만 일어난다. 선거는 자유롭고 공정하게 치러지며,

권력 이양도 순조롭게 이루어진다. 심지어 1982년에는 마르크스주의 정당인 모리셔스군사운동이 정권을 잡기도 했다. 사법부는 독립적이며, 언론의 자유도 보장되고 있다. 오늘날 이 섬에서는 최소 9개 일간지가 발행된다. 〈인디아타임스〉, 〈차이니즈데일리뉴스〉, 〈인디펜던트데일리〉, 〈르데피코티디앙〉, 〈르모리시앙〉, 〈르소시알리스트〉 등이다.

이러한 제도들을 통해 (그리고 그 기반이 되는 긴밀한 협력을 통해) 모리셔스는 경제와 사회를 독특한 형태로 강력하게 조합할 수 있었다. 모리셔스는 세계은행의 기업환경지수 25위에 올랐고, '세계에서 가장 자유로운 경제' 8위를 차지했다.[89] 실질 GDP는 1970년부터 2009년까지 매년 5% 이상 성장하여, 2018년 1인당 GDP는 9697달러로[90] 폴란드, 터키, 코스타리카 바로 다음이다. 1962년에서 2008년 사이에 지니계수는 0.50에서 0.38로 떨어졌다(2013년 미국은 0.41, 독일은 0.314, 덴마크는 0.285였다).[91] 성평등지수도 개선되었고, 빈곤율도 40%에서 11%로 떨어졌다. 얼마 전 모리셔스는 OECD 사회제도와 성평등지수에서 102개 국가 중 11위를 기록했고, 인간개발지수는 65위로 멕시코, 브라질, 중국을 앞질렀다.[92]

모리셔스의 경험에서 무엇을 배워야 할까? 앞서 말했듯이 유럽이 아닌 곳에서도, 심지어 인종이 동질적이지 않은 사회에서도 기업은 포용적인 제도를 만드는 데 도움을 줄 수 있었다. 모리셔스는 경제적 이익과 사회 정의 사이의 절묘한 상호작용을 보여준다. 독일, 덴마크, 모리셔스에서 자기보존의 욕망에 이끌린 지배 엘리트들은 좋아하지도 않고, 할 수만 있었다면 온 힘을 다해 저항했을 것이 분명한, 제도적 개선에 동의했다. 하지만 이 모든 개선은 대단히 성공적인 것으로 판명되었다. 그리고 운명 공동체라는 의식을 공유하게 되면서 이 개선이 더욱 올바른 길이자 유일한 길이자, 명백히 가야 하는 길로 보이게 되었다.

이익 추구와 정의라는 공유된 의식의 결합은 많은 기업이 자본주의를 바꾸는 데 필요한 네 가지를 탐구하게 만드는 원동력이다. 이미 말했듯이 그 네 가지는 공유가치, 목적 지향성, 재무 재설계, 자율 규제다. 이에 더해 다섯 번째 요소인 포용 사회 건설에도 큰 도움이 된다. 공유가치를 추구하는 목적 지향 기업들은 돈을 벌면서도 동시에 대기오염과 불평등을 줄이는 새로운 비즈니스 모델을 발견한다. 이들은 올바른 일을 하는 데 전력을 다하는 기업을 만들며, 세상과 직원들 앞에서 세상을 바꾸는 데 헌신하겠다고 공약한다. 이들은 그 공약을 실현하기 위해서는 정부가 필요하다는 사실을 깨닫는다. 세상을 바꾸는 데 헌신적인 기업들은 공유가치만으로는 충분치 않고, 자율 규제는 불안정하며, 투자자들은 생각만큼 빨리 움직여주지 않는다는 것을 안다. 이들은 제대로 기능하고 투명하며 국가의 안녕과 국민 복지를 걱정하는 정부의 협력 없이는 많은 환경 문제들을 해결할 수 없고, 불평등을 줄이는 데도 최소한의 진전밖에 이룰 수 없다는 것을 안다. 변화를 일으키려는 목적 지향 기업들의 노력이 불쏘시개가 되어 전 세계적인 정치 개혁의 불꽃이 타오를 수 있다. 우리가 처한 상황은 독일이 1945년에, 덴마크가 1895년에, 모리셔스가 1967년에 처했던 상황만큼이나 절박하다.

"지금은 행동해야 할 때"

1971년, 나중에 대법원 판사가 된 루이스 파월Lewis Powell은 '파월 메모'라는 이름으로 널리 알려지게 되는 글에서 미국의 경제 체제가 광범위한 공격을 받고 있다고 주장했다. 이러한 주장이 설득력 있게 받아들여지던 시대였다. 정부는 대중의 지지를 받는 강력한 정부였고, 젊은 세대는 적극적으로 자본주의에 도전하고 있었다. 파월은 이러한 공격에 정치적 투쟁으로 대응해야 한다고 주장했다. "기업은 정치권력이 필요하다는 교훈을 배워야 합니다. 정치권력을 열심히 추구해야 합니다. 필요할 때면, 적극적으로 단호하게 이용해야 합니다. 미국 기업이 이제껏 그래왔던 것처럼 당황하거나 망설여서는 안 됩니다." 또 파월은 성공의 핵심 요소는 조직성이라고 강조했다. "그 힘은 조직성에서 나옵니다. 주도면밀한 장기 계획과 실행에서, 오랜 기간에 걸쳐 행동의 일관성을 유지하는 데서, 공동의 노력을 통해 조달하는 풍부한 자금에서, 통일된 행동과 전국적 조직을 기반으로 하는 정치권력에서 나옵니다."

파월의 주장에 응답한 기업 지도자들이 정부를 등지고 자유 시장 지지를 밀어붙인 결과 불평등은 폭발적으로 증가했고, 오늘날 세계를 휘젓고 돌아다니는 포퓰리즘이라는 괴물이 등장하게 되었다. 이제는 새로운 접근이 필요하다. 파월이 말했던 대로 조직성과 장기적인 계획이 필요하지만, 우리는 완전히 다른 목표에 헌신해야 한다.

내가 정기적으로 대화를 나누는 CEO 혹은 전직 CEO 중에는 공화당원, 보수주의자도 있고, 민주당원도 있다. 이들 대부분은 대의를 중시하고, 세상에 대해 걱정한다. 이들 모두는 현재 시스템이 위기에 처해 있다는 사실을 안다. 하지만 대부분이 자기 일은 아니라고 생각한다. 틀렸다. 우리의 제도를 바꾸는 일은 장기적인 재난을 피하고, 기업이 번창할 수 있는 세계를 만드는 데 없어서는 안 되는 요소다. 공정하고 지속 가능한 사회를 만드는 데도 마찬가지로 중요한 요소다. 지금은 행동해야 할 때다. 이미 설득력 있는 시범을 보이는 단체도 있다. 리더십나우Leadership Now라는 이 단체는 다니엘라 발루아레스Daniella Ballou-Aares가 진두지휘하고 있다.

2016년 대선 이후 다니엘라 발루아레스는 자신이 속한 전문적·사회적 네트워크로부터 시달림을 당했다.[93] 그녀는 엔지니어링과 전략 컨설팅을 전공하고, 하버드 MBA를 거친 다음, 직원 7명으로 시작한 달버그Dalberg라는 전략 자문 스타트업을 전 세계 25곳에 지부를 둔 기업으로 성장시키며 기업가로서도 찬탄할 만한 기록을 세웠다. 하지만 선거 이후 사람들이 그녀를 찾았던 이유는 바로 그녀가 5년간 정부에서 일했던 경험 때문이다. 그녀는 미국 국무부 자문으로 일하며, 미국의 해외 원조 정책을 바꾸고, UN의 지속가능개발목표에 대한 동의를 얻어내려고 노력했다. 때로는 뿌듯했지만 미국 정치제도에 대단히 불안을 느낀 계기가 된 일이기도 했다. 자신이 아는 기업인 중에 이 문제에 관심을 가진 사람이 거의 없다는 것도 걱정거리였다. 그녀의 말을 들어보자.

정부에 들어간 지 몇 달도 되지 않아, 저는 우리 정치제도가 제대로 작동하지 않는다는 사실을 알아차렸습니다. 백악관과 국무부의 번쩍이는 회의실에서 중요한 정책과 아이디어를 토론했지만, 토론하면 할수록 우리가 이야기하는 대부분은 실제로 옮길 방법이 없다는 사실이 명확해졌습니다. 아이디어 대부분은 의회를 통과하지 못할 테고, 통과해봤자 관료 조직을 통과하지 못합니다. 우리 체제는 이미 낡을 대로 낡아서 어떻게 해도 바뀌지 않기 때문입니다. 게다가 게리맨더링은 심해지고, 선거 기부금을 받은 대가로 꼭두각시 노릇이나 하는 의회는 어떤 일을 해야겠다는 동기가 전혀 없습니다. 오바마 정부 때 의회가 통과시킨 중요한 법안이라고는 의료보장 제도에 관한 단 하나의 법안뿐입니다.

하지만 2016년 대선을 지켜보면서 정신이 번쩍 들었다. 그녀는 하버드 MBA 친구들과 더불어 무엇을 해야 할지 논의했다.

트럼프가 승리를 거두면서, 불현듯 정부에 대한 관심이 커졌습니다. 정부가 제대로 작동하지 않는 이유와 그로 인한 리스크가 무엇인지 궁금해했습니다. 우리는 사람들의 두려움과 관심을 포착해서, 실제로 작동하지 않는 부분을 고치는 데 사람들이 직접 참여하게 할 순간이 왔다는 것을 깨달았습니다. 우리는 이건 단순히 트럼프나, 민주당 대 공화당의 문제가 아니라고 생각했습니다. 사람들은 자문하고 있었습니다. "그저 여러 단체에 돈만 기부하면 되나? 어떤 후보자를 지지하면 되나? 행진이라도 하면 되나? 어떻게 하면 진정 영향을 미칠 수 있을까?"

2017년 트럼프의 여성 혐오 발언에 반대하는 워싱턴 여성 행진이 있었던 다음 날 다니엘라는 비슷한 생각을 품고 있던 MBA 시절 친구들과 하루 동안 회의를 열어 정치 지도자 및 비영리단체 지도자의 의

견을 들었다. 다니엘라와 친구들은 이후 6개월에 걸쳐 민주주의 전문가들을 끌어들이고, 분석을 하고, 새로운 정치 아이디어를 검증해보았다. 2017년 중반 이들은 '우리 정치제도를 바로잡는 장기 프로젝트에 관여하는 가장 영향력 있는 방법을 모색하는 데' 전념하는 회원 기구를 설립했다. 회원 모두는 리더십나우라는 새로운 조직을 순조롭게 출발시키기 위해 약간의 돈을 투자했다. 조직이 어느 정도 자리를 잡자 다니엘라는 달버그를 그만두고 리더십나우 CEO 역할에 전념하기로 했다.

리더십나우의 목표는 미국 민주주의에 대한 새로운 약속을 끌어내고, 주로 기업인으로 구성된 회원들이 그 약속을 이행하는 데 도움을 주는 것이다. 회원들에게는 정치 개혁에 대해 배우고, 참여하며, 시간과 자원을 투자할 기회가 주어진다. 이 단체는 강연이나 만찬 행사는 물론, 새로운 정치적 재능 계발과 같은 다양한 주제들에 대한 브리핑까지 제공한다. 또한 정치 지출에 대한 최신 자료도 내놓는다. 리더십나우는 돈과 민주주의에 영향을 미치는 주체들을 보여주는 '민주주의 시장 지도'를 개발했고, 회원들이 지원하고 싶어 할 만한 개혁을 위해 싸우는 조직들의 목록인 '민주주의 투자 포트폴리오'도 만들었다. 또 같은 가치를 공유하는 정치 후보자들을 확인하고, 회원들에게 이들을 추천했다. 2018년 중간선거에서 리더십나우가 추천한 19명의 후보자 중 13명이 의회에 입성했다. 그중 반 이상은 여성이었고, 기업인 출신이 많았는데, 모든 의원은 정치 개혁에 헌신하겠다고 약속했다. 리더십나우는 매년 정기 총회를 개최해 전략을 토론하고, 정치인 및 정치 전문가의 견해를 듣거나 서로 낯을 익히는 자리를 마련한다.

체제 개선에 앞장서는 조직과 후보에 대한 리더십나우 회원들의 재정적인 지지는 이미 상당한 증가세를 보이고 있다. 이 단체의 모든 것은 장기적으로 함께 일할 의지가 있고 정치 개혁을 옹호하는 데 긴밀한 유대감을 갖는 공동체를 구축하는 데 맞춰져 있다. 다니엘라의 말을 들어보자.

> 모두가 책임감을 느끼고 헌신적입니다. 우리는 아무나 뽑지 않습니다. 우리는 망가진 민주주의를 고치는 역할에 헌신할 수 있는 사람을, 그런 일이 10년 혹은 그 이상 걸릴 수도 있음을 아는 사람을 선택합니다.

리더십나우는 현재 150명의 정규 회원이 활동하고 있으며 보스턴, 휴스턴, 뉴욕, 로스앤젤레스, 샌프란시스코, 워싱턴 DC 6개 도시에 지부를 두고 있다. 이 조직은 초당적이다. 회원들은 정치 개혁에 참여하겠다고 진지하게 약속하고, (게리맨더링을 종식하고, 유권자 접근성을 높이고, 선거 자금을 개혁함으로써 민주주의를 수호하고 새롭게 만들겠다는) 리더십나우의 목표에 동의하며, "사실과 과학은 중요하다"와 "다양성은 자산이다"라는 믿음과 미국이라는 국가와 지구라는 행성의 장기적인 건강에 초점을 맞추는 데 동의한다.

민간 분야에서는 여러 방법을 통해 전 세계에 걸쳐 포용 사회를 만들려는 노력을 지원할 수 있다. 실제로 내 메일함은 이러한 방법을 제시하는 수없이 많은 예비 계획들과 사려 깊은 실험들로 매일 가득 찬다. 리더십나우와 같은 단체가 여러 노력 중 하나에 지나지 않는 때가 곧 오기를 바랄 뿐이다.

REIMAGINING
CAPITALISM

8장

세상을 바꾸는
작은 힘

힘든 시대에 희망을 품는다는 것이 어리석은 낭만은 아니다. 인간의 역사는 잔인함의 역사이기도 하지만, 동시에 공감, 희생, 용기, 친절의 역사이기도 하다. 이 복잡한 역사에서 무엇을 강조하기로 선택하느냐에 따라 우리의 삶은 달라질 수 있다. 우리가 최악만 본다면, 무언가 할 수 있는 우리의 능력이 사그라질 것이다. 사람들이 당당하게 행동했던 장소와 시간을(그런 시간과 장소는 많다) 기억한다면, 우리에게는 행동할 힘이 생기고, 최소한 세상을 다른 방향으로 움직일 가능성이 생길 것이다. 아무리 사소하더라도 행동을 한다면, 우리는 어떤 대단한 유토피아적 미래를 기다릴 필요가 없어진다. 미래란 현재의 무한정한 연속이다. 우리 주변의 모든 나쁜 것들에 저항하며 인간이 마땅히 살아야 하는 대로 현재를 살아간다면, 그것 자체로 엄청난 승리다.

하워드 진, 《달리는 기차 위에 중립은 없다》

한 인간의 작은 발걸음에 불과하지만, 인류 전체에는 커다란 도약입니다.

닐 암스트롱

2040 자본주의

새로운 자본주의는 어떤 모습일까? 물론 알 수 없다. 지나치게 이상적으로 들릴지 모르겠지만, 지금으로부터 20년 후 세상은 어떨지 한번 그려보기로 하겠다.

새로운 자본주의의 세상에서 여러분이 회사에 다니고 있다면, 그 회사는 공유가치에 깊이 뿌리를 내리고, 좋은 일자리를 제공하고, 수익을 추구하지만 어떤 대가를 치르고서라도 돈을 벌기보다는 가치 창출을 우선시하는 고몰입 기업일 것이다. 모든 직원은 단기적인 이익이 공익과 기업의 장기적 잠재력과 균형을 맞춰야 할 필요를 이해한다. 기후 변화라는 현실을 부정하고, 직원을 박하게 대우하고, 부패하거나 억압적인 정권을 적극적으로 지지하는 기업들은 다른 기업의 기피 대상이거나 이미 투자자들로부터 처벌을 받고 있을 것이다.

업계 전반에 걸친 유연한 협약으로 인해 모든 기업이 공통 기준을 가지며, 따라서 모든 사람이 상향식 경쟁을 할 강력한 동기를 부여받는다. 소비자들은 원칙을 무시하는 기업의 제품을 사지 않는다. 구직자들은 입사를 희망하는 기업의 환경적·사회적 순위를 일상적으로 점검하며, 세상의 문제들을 해결하는 데 중요한 역할을 하는 기업은 인재를 자석처럼 끌어당긴다. 여러분과 동료 노동자들은 회사 내에서뿐 아니라, 산업 전체에 강하고 집단적인 목소리를 내는 새로운 메커니즘을 개발할 수 있다. 이 목소리는 사회와 자유 시장의 장기적인 건강을 위한 중요한 요소로 환영받을 것이다.

여러분이 다니는 기업은 정부와 긴밀히 협력하고 있을 것이다. 경제 성장을 극대화하는 동시에 대기 오염을 억제하고, 사회와 사회제도의 건강을 강화하는 유연한 정책을 설계하기 위해 공적 포럼에서 기업과 정부가 머리를 맞댈 것이다. 여러분의 기업은 좀 더 높은 세금과 부패 억제, 언제 어디서나 완전한 민주적 접근을 지지하는 등 제도적 개혁을 뒷받침하는 역할을 해왔을 것이다.

민주적 참여가 되살아났을 것이다. 모든 학교에서는 '공민학'을 중요한 과목으로 가르치며, 투표 참여율은 하늘을 찌르고, 공적 대화는 서로를 존중하고 사실에 기반을 두면서도 대단히 활발한 특징을 보인다. 모든 정부는 시장 기반 정책을 펼 수 있는 곳에서는 시장 기반 정책으로, 그렇지 않은 곳에서는 직접적인 규제를 통해 환경 파괴를 억제하며, 사회를 강하게 유지하고 시장을 진정 자유롭고 공정한 상태로 만드는 공공재에 투자한다. 점점 많은 기업이 이러한 방향으로 동기 부여되어 비즈니스 모델을 바꾸어 좋은 일자리를 만들고, 환경 파괴를 최소화하고, 지속 가능하면서도 공정한 세계를 만드는 데 필요한 제품과 서비스를 창출함으로써 기후 변화는 완화될 것이고, 불평등은 줄어들며, 경제 성장은 계속 유지될 것이다.

기업계가 탈탄소에너지로 전환하겠다고 공약한 이후, 예상보다 훨씬 더 빠른 진전이 이루어져 있을 것이다. OECD 국가들은 2050년까지 전력망 전체를 탈탄소화하는 계획을 실천에 옮기고 있고, 아프리카, 중국, 인도, 브라질에서 건설되는 새로운 시설에서는 탄소가 배출되지 않는다. 농업 관행도 바뀐다. 이러한 변화 비용은 공정하게 분담되어야 한다는 강력한 의지가 관철되어 변화로 인해 가장 큰 피해를 입은 사람들의 재교육과 재배치에 상당한 투자가 이루어진다. 이러한 투자는 번영을 확산하는 동시에 독재 포퓰리즘의 매력을 무디게 만드는 데 도움을 줄 것이다.

세계의 평화와 안정이 모든 사람이 자유 시장에 참여할 능력을 확보하는 데 달려 있다는 사실을 모두가 받아들이게 되면서 교육과 건강에 대한 투자가 늘어날 뿐 아니라, 강력한 사회적 지지를 받으며 기업가 정신을 북돋고 새로운 사업을 개발하려는 목적을 지닌 공적·사적 영역의 파트너십이 엄청나게 확장될 것이다. 공공 투자와 민간 투자 모두 하루 8달러도 안 되는 돈으로 먹고살아야 하는 85%의 사람들에게 초점을 맞추고,[1] 또 생물권을 해치지 않으면서 이들의 생활 수준을 끌어올리는 만만치 않은 (그러면서도 흥미롭고 유익한) 일에 집중될 것이다.

이제껏 글을 읽은 여러분은 내가 목적 지향이란 아이디어에 지나치게 심취해 있다는 생각도 들 것이다. 하지만 자본주의를 바꾸기로 결심한다면, 가능한 일이다. 현재의 시스템에서 가장 많은 혜택을 누리는 사람들이 얼마나 빠르게 변화가 일어날지 짐작하기에 가장 불리한 위치에 있다. 예를 들어 1960년대 초반으로 돌아가보자. 한 심리학자가 남아프리카공화국의 정치가 어떻게 전개될지에 대해 학생들에게 질문을 던졌다. 흑인 학생의 약 65% 정도와 인도계 학생의 80%는 아파르트헤이트가 철폐되리라 예측했다. 하지만 아파르트헤이트의 종말을 예측한 백인은 4%에 지나지 않았다.[2]

물론 우리가 파멸을 자초할 수도 있다. 하지만 서문을 읽었다면 기억하겠지만, 나는 대단히 낙관적이다. 우리는 상황을 충분히 개선할 수 있다. 우리는 공정하고 지속 가능한 세상을 만들 수 있는, 그러면서도 엄청난 경제 성장을 이룰 수 있는 두뇌와 테크놀로지와 자원을 가지고 있기 때문이다.

인간이라는 종은 이미 훨씬 더 힘든 일도 해낸 경험이 있다. 1800년 인류의 85%는 극단적인 가난 속에서 살았다. 2018년에는 9%만이 그 정도의 가난을 경험했다.[3] 1800년에는 40% 이상의 아이들이 다섯 살이 되기 전에 사망했다. 지금은 26명 중 1명만이 그 나이에 사망한다.[4] 내 아버지는 1935년생이시다. 아버지가 살아 계시는 동안 세계 인구는 3배 늘었다. 23억이었던 인구는 이제 77억에 육박한다. 같은 기간 세계 GDP는 15배 넘게 증가했다. 1인당 GDP는 3000달러 정도에서 거의 1만 5000달러까지 증가했다.[5] 이 정도면 지구상의 모든 남성과 여성, 아이가 충분히 먹고, 그럴듯한 거주지에서 육체적인 안정을 누리며 행복을 위한 핵심적인 요건을 충족시키기에 충분한 돈이다.

선조들이 보았다면 믿기 힘들 정도로 우리는 평화롭고 포용적인 세상에서 살고 있다. 1800년에 노예제는 거의 모든 곳에서 합법이었고, 여성에겐 투표권이 없었다. 현재 강제노동이 합법인 나라는 전 세계에 세 나라뿐이고, 투표를 행하는 모든 곳에서 여성들은 투표할 수 있다. 1800년에는 거의 모두가 민주주의를 경험하지 못했다. 지금은 인류의 50% 이상이 민주주의 세상에서 산다. 거의 모든 아이가 초등교육을 받고 있으며, 세계 인구의 86%는 글을 읽고 쓸 수 있다. 젊은이들은 기후 변화가 즉각적인 위협이라고 믿고, 다른 인종 간의 결혼, 동성결혼, 여성의 권리를 지지하며, 부모보다 포퓰리즘적 지도자를 덜 지지하는 성향을 보인다.[6] 냉전 시대에도 우리는 핵을 터뜨려 모두가 공멸하는 길을 택하지 않고 잘 살아남았다. 우리는 천연두를 박멸하고, 달에 발을 내딛고, 인터넷과 인공지능과 휴대전화를 발명했다. 우리는 배양 접시 위에서 심장을 만들었고, 태양광 모듈의 평균 가격을 100분의 1로 낮추었다.[7]

12조 달러의 기회

무엇보다 세상을 구하는 강력한 비즈니스 사례들이 실재한다. UN의 지속가능개발목표는 12조 달러 가치의 시장 기회를 창출할 것으로 보인다.[8] 재생에너지는 현재 규모로도 1조 5000억 달러 이상의 산업이며,[9] 2017년 세계 전기의 26.5%를 생산했고, 모든 신규 발전 용량의 70%를 차지했다.[10] 이러한 수치만 보더라도 재생에너지가 얼마나 많은 일자리를 만들 수 있을지 가늠된다. 지금 청정에너지 부문에서 일하는 미국인만도 300만 명이 넘으며 이는 화석연료 산업에서 찾을 수 있는 일자리보다 3배는 많은 수치다.[11] 에너지 소비 효율이 높아지면서 수천 개의 새로운 기업과 수백만 개의 새로운 일자리가 생겨났고, 세계 에너지 수요를 50%씩이나 줄일 수 있었다.[12]

쇠고기에서 돼지고기나 닭고기 같은 '흰 고기'로 식단을 바꾸면 건강 비용은 연간 1조 달러 감축되고, 온실가스 배출은 상당히 감소하고, 새로운 농지를 찾아야 하는 압박도 크게 줄어든다.[13] 식물성 식품 산업은 현재 45억 달러 규모이며,[14] 2030년까지 850억 달러 규모로 성장할 것으로 예측된다.[15] 네덜란드, 독일, 영국의 밀 재배 농가는 러시아, 스페인, 루마니아의 같은 면적의 경작지에서보다 4배 더 많은 수확을 하고 있다.[16] 아프리카에서 많은 곳의 수확량은 더 형편없다. 식량 생산을 4배 늘리는 게 비현실적인 목표처럼 보일 수도 있지만, 여러 시범 프로젝트를 통해서 (심지어 기후 변화에 직면해서도) 2배 정도의 증산은 충분히 가능하다는 게 입증되었다.[17] 전 세계에서 생산되는 식량의 3분의 1 정도는 그냥 사라져버린다. 해충이 먹어치우고, 공급사슬 속에서 썩어버리고, 소비자들이 음식물 쓰레기로 버리기도 한다. 이러한 손실 중 4분의 1만 막아도 연간 10억 명은 먹일 수 있고, 거의 2500억 달러를 절약하고, 전 세계의 온실가스 배출을 상당히 줄일 수 있다.[18]

엄청난 수치이고, 엄청난 경제적 기회다. 수백 개의 노력으로 수백만 개의 새로운 일자리를 만들어낼 수 있다. 자본주의를 바꾸기만 한다면 말이다. 여러분의 도움이 필요하다.

개인으로서 우리가 할 수 있는 일들

"그래서 제가 무엇을 할 수 있을까요?"는 내가 가장 자주 받는 질문이자, 가장 중요한 질문이다. 우리는 영웅만이 세상을 바꿀 수 있다고 생각하기 쉽다. 시민권 운동을 생각해보라. 마틴 루서 킹과 로자 파크스Rosa Parks가 떠오른다. 뉴딜 정책 하면 프랭클린 D. 루스벨트가 떠오른다. 지금으로부터 50년이 지난 후 인류가 지구온난화를 극복하고 불평등을 줄이고 제도를 혁신한 역사에 대해 누군가 글을 써보겠다고 마음먹는다면, 일단 몇 가지 핵심적인 사건들에 주목할 것이다. 3개의 초대형 허리케인이 미국 동해안을 강타하며 지구온난화가 정파를 초월한 최우선 의제로 떠올랐던 겨울, 혹은 아프리카 전역에서 농경의 실패로 수백만 명의 사람들이 유럽으로 건너가며 지구상의 모든 사람이 스스로를 먹이는 데 필요한 도구들을 가질 수 있어야 한다는 사실을 일깨워준 여름일 수도 있다. 아마도 역사가들은 전 세계적인 노동 협약에 기여한 단체를 이끈 CEO, 전 세계 부유세 실현을 위해 마주 앉았던 미국과 중국의 지도자들, 혹은 정치권이 기후 변화 문제를 해결하지 않으면 안 되는 상황을 만든 사회운동 지도자들의 이야기를 들려줄 수도 있다.

그러나 이런 이야기 방식이 실제로 변화가 어떻게 일어났는지를 보여주지는 않는다. 우리에게 이야기가 필요한 이유는 잡음이 많고 엉망진창이고 복잡한 현실을 이해하기 위해서이며, 그러한 이야기에는 우리가 동일시하고 응원하는 중심인물이 등장하기 마련일 뿐이다.

실제 세계가 작동하는 방식은 다르다. 훌륭한 지도자 개인은 주변에서 일렁이는 변화의 파도에 올라타는 사람들이다. 시민권 운동은 마틴 루서 킹이 만든 게 아니다. 그 운동은 수천 명의 아프리카계 미국인들과 조력자들의 힘들고 위험을 무릅쓰는 수십 년간의 노력을 통해 이루어졌다. 버스에서 백인에게 자리 양보를 거부한 로사 파크스는 외로운 영웅이 아니다. 그녀는 이미 시민권 운동에 열정적으로 참여하고 있었고, 그날 밤의 결정은 노련한 활동가 네트워크와 긴밀한 협력을 통해서 이루어진 것이었다. 넬슨 만델라는 혼자 힘으로 남아프리카공화국의 아파르트헤이트를 종식했던 것이 아니다. 50년에 걸친 그의 투쟁에 수천 명이 동참했고, 그중 수백 명이 사망했다.

에리크 오스문센을 기억하는가? 부패한 폐기물 관리 회사를 맡아서 재활용 분야 최고 기업으로 키워낸 CEO 말이다. 내 강의에 초빙 강연을 올 때마다, 그는 자신이 그리 중요한 사람이 아니라는 투로 이야기를 시작하고는 한다. 자신과 함께 일하고 있는 사람들, (흔히 지루하고 반복되는) 폐기물 산업의 현장에서 일하는 이들이야말로 중요한 사람들이라는 것이다. 언론에서는 변화는 개인에 의해 순식간에 극적으로 성취된다고 이야기하고 싶어 한다. 그러나 진정한 변화란 점진적으로 일어난다. 립톤의 미힐 레인서를 기억하는가? 그는 비교적 낮은 직급이었고, 따라서 그의 이름이 언론에 오르내리는 일은 그다지 많지 않았다. 하지만 그는 립톤에서 지속 가능한 차를 만드는 일이 가능할뿐더러 수익도 낼 수 있다는 사실을 앞장서 보여주었고, 이를 통해 판매를 끌어올리면서도 유니레버가 환경에 미치는 해로운 영향을 반으로 줄일 수 있다는 사실을 CEO에게 설득력 있게 증명했다.

소피아 멘덜슨이 제트블루로 옮겼을 때, 그녀의 업무는 자원 효율성 프로그램 설계만으로 충분했다. 하지만 그녀는 사람들을 일일이 찾아다니며, 지속 가능성에 초점을 맞추는 길이 회사 전반에 어떻게 도움이 되는지 알아내고자 했고, 자신이 하는 모든 일이 동료들의 문제를 해결해줄 수 있기를 바랐다. 몇 년도 되지 않아 그녀는 기업을 평가하고 관리하는 법에서 큰 변화를 주도했다. 그레타 툰베리Greta Thunberg가 스웨덴 의회 앞에서 기후 변화 저지를 위한 시위를 시작했을 때 그녀는 불과 열다섯 살이었다. 그녀는 '지금이 진정한 기후 위기 상황이라면, 왜 우리는 아무런 대응도 하지 않고 있는가?'라고 일갈했다. 1년 안에 전 세계 125개국 160만 명 정도의 학생들이 학교 밖에서 기후 시위에 동참했다. 한 다국적 기업은 직원들이 자녀들 앞에서 회사의 행동을 옹호하는 것을 너무나 창피해한다는 이유로 지속 가능성 전략을 전면적으로 수정했다.

여러분은 없어서는 안 될 존재다. 여러분이 할 수 있는 일은 너무도 많다. 구체적으로 이야기해보자.

세상을 바꾸는 6단계[19]

자신의 목적을 발견하라. 당신에게 소중한 것은 무엇인가? 무엇을 위해서라면 기꺼이 싸우겠는가? 가장 가치를 두는 것은 무엇인가? 무엇을 선택하든 간에 그것이 자신의 가장 깊은 부분과 일치하도록 하라.

목적 지향적인 지도자 중 많은 사람이 신앙의 전통이나 영적 수행에 깊이 뿌리를 두고 있다. 목적으로 가는 또 다른 길이 있다면 우리 시대의 문제들이 여러분의 삶에 어떤 영향을 미치는지 돌이켜보는 것이다. 여러분이 사랑했지만 사라졌거나 파괴된 장소가 있을 수 있다. 가난 때문에 친구가 다치거나 죽는 현장을 목격한 적이 있을 수도 있다. 혹은 여러분의 가족이 심각하게 아프거나 차별을 경험하고 분노를 맛봤을 수 있다. 우리 중 많은 사람이 망가져 있고, 세상도 우리의 상처와 상실을 반영이라도 하듯 심하게 망가져 있다. 우리는 우리 자신의 상처와 더불어 다른 사람의 상처도 치료해야 한다.

자녀를 위해 싸우는 사람도 있다. 올바른 일에 대한 열의만으로 동기 부여된 사람도 있다. 여러분이 무엇을 왜 추구하는지 아직 분명히 파악하지 못했다면, 천천히 시간을 들여 (혼자서 혹은 다른 사람들과 더불어) 충분히 연구해보길 바란다. 변화를 이끌어나가는 것은 힘들다. 새하얗게 불태우고 쓰러지지 않기 위해서는, 여러분 내부에서 타오르는 불꽃과 늘 연결되어 있어야 한다.

당장 의미 있는 일을 하라. 비행기를 덜 타고 자동차 운행을 줄이겠다고 결심하거나, 직원을 잘 대우하는 기업의 제품만을 구매하려고 노력하라. 집에 단열재를 설치하고, 가능하면 지붕에도 태양 전지판을 설치하고, 녹색 에너지 공급자의 전력을 이용하라. 여러분의 탄소 발자국을 계산해보고, 얼마나 큰 피해를 주고 있는지를 가늠해보고, 그 피해를 상쇄할 수 있도록 노력하라. 첫걸음이 힘들지, 그다음은 쉬운 법이다. 편안함을 느끼는 영역에서 조금이라도 벗어나는 일을 하다 보면, 스스로에 대해 생각하는 방식 자체가 바뀔 수 있다. 나의 작은 희생이 세상을 바꿀 수 있고 내 목소리가 중요하다는 자각으로 이어질 것이다. 예를 들어 고기를 덜 먹는 간단한 실천이 좀 더 적극적으로 친환경적으로 행동해야겠다고 결심하는 계기가 될 수 있다. 그러면 또 공개적인 항의나 청원서 서명 등으로 이어질 수 있다.[20]

우리는 사회적 동물이므로, 여러분의 행동은 다른 사람의 행동을 바꾸는 계기가 될 수 있다. 예를 들어 한 설문 조사에서 기후 변화 때문에 비행기를 타지 않는 사람을 알고 있다고 대답한 이의 절반 정도는 자신도 비행기 타는 횟수를 줄였다고 응답했다.[21] '30%의 미국인이 최근 고기를 덜 먹기로 결심했다'는 이야기를 들은 사람은 그렇지 않은 사람보다 고기가 들어가지 않은 음식을 주문할 확률이 2배였다.[22] 이미 이웃 사람이 태양 전지판을 설치한 경우 자신도 태양 전지판을 구매할 확률이 올라간다.[23]

목적을 공유하는 사람들을 찾고, 함께 어울려라. 혼자서 세상을 구할 수는 없다. 나는 남편이 방을 나가며 불을 끄게 만들지도 못했다(조금씩 나아지고는 있다). 아무리 가까운 사람이라도 동맹은 아닐 수 있다. 우리는 동맹이 필요하다. 수가 많을수록 그만큼 힘이 커지기 때문이기도 하고, 다른 사람과 함께 변화를 추진하는 것보다 더 나은 절망의 해독제는 없기 때문이기도 하다. 웨이트워처스Weight Watchers나 알코올릭어나니머스Alcoholics Anonymous 같은 지지집단에 가입한 후 살이 빠지고 술을 끊을 수 있는 것은 우연이 아니다.[24] 북클럽을 시작해보라. 저녁 식사 모임도 좋다. 여러분이 중요하게 생각하는 목표를 찾고, 여러분이 적극적으로 지지하는 일을 하는 비영리단체에 가입하라. 모든 주요 정치·사회 운동은 변화를 요구하며 함께 모여 서로를 지지해주는 힘든 일을 기꺼이 하는 사람들이 불을 지폈다.

자신의 일에 가치를 부여하라. 남들과 다른 전망을 가진 기업을 만들어보라. 나는 자본금은 적지만 열정이 가득한 스타트업들로 인해 큰 기업들이 변화를 받아들일 수밖에 없었던 사례들을 보았다. 로빈 체이스의 소규모 스타트업 집카는 차량 소유에 대한 우리의 생각을 바꾸어놓았다. 퍼스트솔라First Solar와 블룸에너지Bloom Energy 같은 스타트업들은 재생에너지와 에너지 보존을 통해 돈을 벌 수 있다는 사실을 가르쳐주었고, 완전히 새로운 산업을 시작하는 데에도 도움을 주었다.

CEO만이 변화를 주도할 수 있는 것은 아니다. 혹시 여러분이 대기업에 다니고 있다면, 가치 지향적인 '사내기업가'가 될 수 있다. 사내기업가란 기업 내에서 변화의 기회를 탐색하고 변화를 위한 팀을 꾸리는 사람이다. 문제가 무엇인지 파악하자. 전구를 바꾸어야 하는가? 공급사슬의 리스크를 줄여야 하는가? 업무 재편을 통해 생산성을 제고하고 회사의 목표를 더욱 명확하게 설정해야 하는가? 그런 다음엔 동지를 찾아 그 일에 착수하라. 모든 성공적인 변화는 시범사업으로 시작하기 마련이다. 본보기가 되어라. 얼마 가지 않아 어떤 사람이 여러분 사무실에 들어와 공급사슬을 지속 가능한 형태로 재편해야 하지 않느냐, 직원들에게 더 많은 임금을 지급해야 하지 않느냐, 혹은 모든 직원에게 투표 휴가를 주어야 하지 않느냐 하는 질문을 던질 것이다. 회사가 올바른 방향으로 나아갈 수 있도록 질문을 던지고 분석을 수행하라. 어떤 일을 해야 하는지는 전망 좋은 방에 앉아 있는 높은 분들이 아니라 현장 직원들이 가장 잘 아는 법이다.

여러분이 컨설턴트라면 고객에게 커다란 문제들이 제기하는 리스크와 위험에 대해 생각해보도록 만들어라. 그들이 세상을 생각하는 방식을 바꿔보려 노력하라. 여러분이 회계사라도 마찬가지다.

자본시장을 재설계하는 일에 앞장서자. 패밀리오피스*, 벤처 투자자, 사모펀드 기업에 세상을 구하면서도 많은 돈을 벌 수 있다는 사실을 깨우쳐주자. 벤록벤처스Venrock Ventures에서 일하는 나의 오랜 친구 레이 로스록은 상업적으로 경쟁력 있는 기저부하** 공급이 가능한 핵융합 기반 테크놀로지를 개발하는 트라이알파에너지Tri Alpha Energy라는 기업을 위해 수억 달러를 조성한 적이 있다.[25]

NGO를 위해 일하고, 그린피스처럼 기업에 수치심을 느끼게 해 바꾸게 만들자. 혹은 프로포리스트Proforest나 리더스퀘스트Leaders Quest처럼 기업이 스스로 변화에 나설 수 있도록 깨우쳐주자.[26] 마이클 펙은 원위커원보트를 만들어 전국의 노동자 협동조합을 지원했다. 세라 호로위츠Sara Horowitz는 프리랜서유니언Freelancers Union을 설립해 40만 명이 넘는 회원의 보험 프로그램을 위해 1700만 달러를 조성하고, 더 나은 보수와 노동조건을 위해 싸웠다. 나이절 토핑Nigel Topping은 위민비즈니스We Mean Business를 만들었다. 기후 변화를 막기 위해 기업이 행동에 나서야 한다고 믿는, 전 세계적인 7개의 비영리단체가 뜻을 모은 동맹이다.

정부에서 일하라. 정부의 모든 수준에서 신뢰를 쌓지 않고서는 많은 일을 할 수 없다. 우리가 원하는 일을 위해서는 절대적으로 필요한

---

* family office, 고액 자산가 대상의 투자 자문 회사.

** baseload, 시기와 관계없이 늘 필요한 최소한의 전력량.

사람들이 있다. 기업이 문제 해결에 나서야 하고, 외부 효과에 적절한 가격을 부여해야 하고, 사회 전체가 번영하기 위해서는 기업과 민주주의가 적절한 힘의 균형을 유지해야 한다는 것을 이해하는 똑똑하고 유능한 사람들 말이다.

정치적으로 행동하라. 쉽지 않다는 걸 나도 안다. 하지만 절대적으로 필요한 일이다. 다른 사람들의 예를 보며 용기를 얻도록 하자. 리더십나우의 다니엘라 발루아레스가 몇 년도 안 되는 사이에 얼마나 엄청난 일을 성취했는지 기억하라. 언젠가 나는 지구온난화에 열렬한 관심이 있는 오랜 친구 켈시 워스와 차를 마셨다. 우리는 정치인들이 이 문제 해결에 얼마나 늑장을 부리고 있는지 불평을 터뜨렸고, 시민들의 압력을 증가시킬 방법을 찾아야 한다는 데 동의했다. 켈시는 어머니들을 동원하는 방법이 좋겠다고 했다. 어머니는 자식을 위해서라면 어떤 일이라도 마다하지 않고 나서니 말이다. 나는 친구와 즐겁게 차를 마시며 실컷 불평을 늘어놓은 데 만족하고 자리를 떠났다. 하지만 켈시는 그렇지 않았다. 그녀는 몇 명의 어머니들과 함께 마더스아웃프론트Mothers Out Front를 결성했다. 지금은 1만 9000명이 넘는 어머니들이 속해 있고, 9개 주에 지부를 두고 있다. 이 단체는 개별 회의, 하우스 파티, 지역 사회 모임 등을 통해 어머니들의 참여를 독려하며, 효과적으로 정치적인 활동을 할 수 있도록 지원을 아끼지 않는다.

예를 들어 매사추세츠에서는 지금도 한 해 2만 3000건 이상의 가스 누출이 발생한다.[27] 천연가스의 주성분은 메탄으로, 이산화탄소보다 86배 더 많은 열을 가두는 온실가스다. 매사추세츠의 온실가스 배출 중에서 10%는 메탄이 차지하고 있다. 설상가상으로 가스 누출로 소비자들은 적어도 연간 9000만 달러의 비용을 부담한다. 마더스아웃 프론트의 한 어머니 집단은 이러한 누출 문제를 해결해보기로 했다. 회원들은 운동가, 시의원, 주의원을 만나 이 문제를 해결할 법안을 마련하려 했다. 이들은 보스턴시의 핵심 의원들을 설득해 시의회의 조처 여부를 결정하는 청문회를 잡았다. 청문회장은 변화를 요구하는 어머니들로 가득 찼다. 이들은 소셜 미디어를 통해 주의 주요 전력회사에 따끔한 맛을 보여주겠다고 으름장을 놓았다. 2016년이 끝나기 전에 매사추세츠 37개 도시와 마을은 새로운 법안을 지지하는 결의안을 통과시켰다. 매사추세츠주 입법부는 최근 마더스아웃프론트가 오랫동안 지지해온 핵심 조항을 상당 부분 포함한 에너지 법안을 통과시켰다.

정치인들은 켈시에게 유권자의 목소리를 직접 듣지 못했다고 말한다. 이들은 20여 명의 헌신적이고 자기 목소리가 분명한 사람들이 청문회에 빠지지 않고 출석해 설득하자 마음을 열지 않을 재간이 없었다고 말한다. 내가 만난 여성들은 이 단체에서 하는 일이 자신의 삶에서 가장 즐거운 일 중 하나라고 말한다. 다른 어머니들과 알게 되는 것도 즐겁고, 세상을 바꾼다는 느낌도 좋다고. 그중에서도 가장 즐거운 일은 아이들에게 지속 가능한 세상을 물려주기 위해 무언가를 하고 있다는 사실이다.

여러분이 납득할 수 있는 방식으로 정치에 적극적으로 참여하는 집단을 찾아 가입하라. 유권자 등록, 기후세, 최저 생활 임금을 위해 싸우라. 공동체에서 일하는 경험을 통해 모든 사회 변화의 출발점이 조직이라는 사실을 배울 수 있다. 우리는 목표를 세우고, 그 목표를 성취 가능한 부분들로 나누고, 각각의 부분들을 올바른 사람에게 분배하고, 결실을 볼 때까지 싸우는 법을 배울 필요가 있다. 사람들은 너무 늦었다고 말할 것이다. 혹은 여러분의 노력이 아무 의미 없다거나, 상황은 절대 변하지 않을 것이라고 말할 것이다. 하지만 너무 늦지 않았다. 상황은 더 나빠질 뿐이다. 2도가 아닌 6도가 오른 세상이 훨씬 위험하다. 산사태도 처음에는 자갈 몇 개가 움직이는 것으로밖에 보이지 않는다. 그러나 이윽고 산 전체가 으르렁거린다.

자신을 돌보고, 기쁨을 찾아라. 세상을 구했는지를 지표로 성공을 판단하지 마라. 지구상에는 거의 80억 명에 달하는 근사하고 훌륭하지만 때때로 이상한 사람들이 있다. 우리는 각자 할 수 있는 일을 할 수 있을 따름이다.

한 젊은 여성의 이야기가 있다. 이 여성은 해변이 수천 마리의 길 잃은 불가사리로 뒤덮여 있는 것을 보고, 하나씩 집어 들어 바다로 던지기 시작했다. 그녀의 친구는 웃으며 말했다. "뭐 하는 거니? 이 해변을 봐. 그런다고 모든 불가사리를 구할 수는 없잖아. 네가 그래봐야 아무런 차이도 없을걸!" 젊은 여성은 잠시 멈추고 생각에 빠졌다가 다시 몸을 숙여 불가사리를 주워 들었다. 그녀는 말했다. "모르겠어. 하지만 적어도 이 녀석에게는 차이가 있겠지."[28]

혼자서 현대 기업 구조를 바꿀 수는 없다. 하지만 여러분이 한 회사의 작은 부분이라도 좀 더 나은 장소로 만들 수 있다면, 많은 사람의 삶을 바꿔놓는 셈이다.[29]

힘든 일인 줄 안다. 다 그만두고픈 유혹도 느낄 수 있다. 나 역시 안 좋은 소식을 읽노라면 침대에서 몸을 일으키기도 힘들 때가 있다. 하지만 나에게 이 일은 대체로 기쁨을 채워준다. 나는 사랑하는 사람과 결혼했고 큰 도움을 받고 있지만 그저 다 그만두고 드러누워 있고 싶은 유혹에 빠질 때마다 세상에서 내가 해야 할 역할을 생각하며 버티게 하는 다른 힘도 있다.

나의 첫 남편은 존 후크라John Huchra라는 사람이었다. 남편은 뉴저지주의 가난한 집안에서 태어났다. 아버지는 철도 승무원이었고, 어머니는 가정주부였다. 타고난 머리와 맹렬한 노력으로 그는 하버드 천문학과 교수가 되었다. 1년에 200일은 세계에서 가장 큰 망원경을 들여다보며 밤을 보냈다. 훌륭한 학자였다. 그의 이름을 딴 '후크라 렌즈'라 불리는 은하도 있다. 두 공동 연구자와 함께 그는 근거리 우주의 지도를 그렸는데, 그 지도에는 길이 6억 광년, 너비 2억 5000광년에 달하는 은하의 '만리장성'이 등장했다. 이 거대한 벽은 그때까지 발견된 것 중 가장 큰 우주 구조물에 속했으며, 천문학을 완전히 바꾸어 놓았다. 그전까지 천문학자들은 은하수 바깥에 은하들이 어느 정도는 고르고 균등하게 퍼져 있으리라 가정했다. 하지만 존이 그린 지도는 수백만 광년에 달하는 엄청난 크기의 텅 비어 있는 공간 주변에 나타나는 호弧 모양의 커다란 지역에만 은하가 국한되어 있다는 사실을 보여주었다. 이 발견은 〈뉴욕타임스〉 1면을 장식했고, 지금처럼 암흑 물질을 중심으로 우주를 바라보는 견해의 기반이 되었다.[30] 존은 가장 많이 인용되는 20세기 천문학자 중 한 명이다.

1991년, 우리가 처음 데이트하던 날, 나는 이 모든 사실을 까맣게 모르고 있었다. 존은 그저 내가 소개받은 남자에 지나지 않았다. 우리 둘 다 학계에 있었으니, 나로서는 이제껏 몇 편의 논문을 발표했냐고 묻는 것도 당연했다. 그는 잠시 주저하더니 대략 300편이 넘을 것 같다고 말했다. 당시 겨우 여섯 편을 발표했던 나로서는 자리를 박차고 뛰어나가고 싶었다. 하지만 우리는 1년 후 결혼했다. 당시 그는 마흔 네 살이었다. 그는 자연을 사랑했다. 특히 하이킹과 카약 타기를 좋아했다. 결혼한 지 3년 후 아들 해리가 태어났다. 결혼도 생각하지 않았건만 아들까지 보게 된 존은 해리를 끔찍이 사랑했다. 우리는 매주 금요일 밤마다 함께 영화를 보았다. 레고 피규어를 사 주겠다고 해리를 꼬드겨 뉴햄프셔의 산에 같이 올랐다. 함께 초콜릿쿠키와 치즈케이크를 만들었고, 함께 웃었고, 아무것도 하지 않으며 그저 함께 앉아 있기도 했다.

존은 미국천문학회 회장이 되었고, 2006년에는 미국대표단을 이끌고 명왕성을 공식적으로 행성의 지위에서 축출한 프라하 회의에 참석했다. 해리도 그 회의실에 있었다. 2009년 존은 로마에서 교황을 접견했다(가톨릭은 갈릴레오를 박대한 이후 천문학을 열성적으로 지지하고 있다). 폴란드계 가톨릭 신자로 태어난 존은 교황을 접견할 기회를 맞자 흥분해 어쩔 줄 몰라 했다. 2010년 10월 우리는 나의 하버드 비즈니스스쿨 25회 동창회에 참석했다. 그날 밤 얼마나 행복했는지 아직도 기억이 난다. 나는 MIT에서 하버드로 막 옮긴 참이었고, 그 사실이 너무도 좋았다. 아들은 막 고등학교에 들어가서 학교생활을 즐기고 있었다. 게다가 나는 사랑하고 있었다. 내가 어떤 생각을 했는지 또렷이 기억한다. 그래. 그래 바로 이거야. 우리 둘이 그렇게 열심히, 그렇게 오랫동안 열심히 노력한 것은 바로 이런 순간을 위해서였어. 나는 우리가 인생의 모든 걸 이룬 줄 알았다.

5일 후 일이었다. 50번째 생일을 3주 남겨놓고 있었다. 업무상 여행을 마치고 집에 돌아와 보니 존이 바닥에 누워 있었다. 처음에는 고양이와 놀고 있는 줄 알았다. 하지만 존은 움직이지 않았다. 911에 전화를 걸어, 당장 구급차를 보내달라고 절규했다. 그를 고칠 수 있게, 그를 깨울 수 있게, 무언가라도 할 수 있게. 직접 차를 몰고 가는 그 끔찍한 악몽 끝에 병원에 도착해 그를 찾았을 때, 그는 이미 죽어 있었다. 나는 그의 손을 잡았다. 사흘 후 그를 묻었다. 해리는 겨우 14세였다.

존을 잃은 일은 세상에서 가장 힘든 일 중 하나였다. 정상적인 생활은 마치 그에 대한 배신처럼 느껴졌다. 존이 죽었는데 어떻게 식료품점에 갈 수 있단 말인가? 우리 가족을 따뜻하게 꼭 안아주던 손은 사라져버렸다. 가족과 친구들로 가득한 아름다운 집에서 살다가 비가 쏟아지는 가운데 허허벌판에 겨우 세워놓은 피난처로 쫓겨난 기분이었다. 커다란 슬픔의 파도가 밀려왔다. 1년 정도는 단 하루도 울지 않은 날이 없었다. 남편이 있는 사람, 온전한 가족이 있는 사람들이 부러웠다.

하지만 알게 된 것도 있었다. 나는 내가 이제껏 응당 관심을 가져야 했던 일들에 충분히 관심을 갖지 않았다는 사실을 알게 되었다. 열정이 넘치고 재미있고 친절한 사람이 나와 삶을 나누었는데, 정작 나는 이 남자가 쓰레기통을 비울까 안 비울까 걱정하느라 너무 많은 시간을 낭비했다. 이제 모든 웃음과 사랑은 가버리고 없고, 나는 단 한순간도 소중히 여기지 못했다. 나는 사람들이 내가 생각했던 것보다 훨씬 더 사랑이 많고, 다른 사람을 위한다는 사실도 알게 되었다. 내가 슬픔에 겨워 말도 제대로 못할 때, 잘 알지도 못하는 사람들이 멀리서부터 라자냐를 만들어 달려왔다. 마치 세상이 무너졌는데 수백 개가 넘는 손이 나를 잡아주려는 것 같았다.

나는 더 나쁜 일도 일어날 수 있다는 사실을 알게 되었다. (해리의 학교 친구 엄마였던) 한 여성은 남편의 장례가 끝난 후 몇 주 후 주차장에서 만나자 조의를 표했다. 그러곤 5년도 넘게 자신을 구타해온 남편을 떠나려 한다고 말했다. 한 동료는 여섯 살에 아버지를 여읜 이야기를 해주었다. 아이를 잃은 동료도 있었다.

나는 죽음은 비극이 아니라는 사실을 알게 되었다. 살지 못하는 것이 비극이다. 모든 사람은 죽기 마련이다. 하지만 모든 사람이 제대로 살지는 않는다. 존은 열정적으로 살았다. 한번은 고등학교에서 과학 수업을 늘려야 한다고 설득하기 위해 캘리포니아까지 날아간 적이 있었다. 또 한번은 크리스마스 직전 대학원 학생이 논문을 끝내는 데 도움을 주기 위해 멕시코까지 날아가기도 했다. 많은 사람이 자기 것만 챙기는 세상에서, 존은 원하는 모든 사람에게 자신의 자료와 시간을 기꺼이 나누어주었다. 아들에 대한 사랑은 열렬해서 지금도 해리는 아버지를 특별한 존재로 기억하고 있다. 그는 세계적인 과학자였지만 자신이 어떤 사람인지, 자신이 어떤 업적을 이루었는지 내세우는 법이 없었다. 존은 세상의 아름다움에 빠져 있었다. 어디든 가고 싶어 했고, 그러기 위해서 무엇이든 마다하지 않았다. 빗속에서 20킬로그램이 넘는 장비를 산 위로 끌어올리는 일 같은 건 당연히 자기 몫이라고 생각했다. 내가 아는 한 그는 돈이나 지위에 전혀 관심이 없었다. 그는 위대한 과학자가 되기를 원했고, 학생들을 (혹은 도움이 필요한 모든 사람을) 돕고 싶어 했고, 자연과 가족을 사랑했다. 그는 자신을 주고, 또

주었다. 장례식 전날 나는 그를 보았다(꿈이었는지 아니면 헛것을 본 것이었는지 지금도 잘 모르겠다). 그는 멀리 보이는 산을 향해 걸어가고 있었다. 그러다 고개를 돌려 나를 보더니 웃으며 말했다. "비 오는 날 숲에서 만나요." 그러고는 지평선으로 사라졌다.

사람들이 어떻게 그렇게 꾸준할 수 있느냐고 물으면, 나는 불교 신자이기 때문이라고 대답한다. 불교의 가르침에는 좋은 소식과 나쁜 소식이 다 있다. 좋은 소식은 우리는 죽지 않는다는 것이다. 나쁜 소식은 우리가 존재하지 않기 때문에 죽을 수도 없다는 것이다(이 이야기를 형이상학적인 믿음으로 해석해도 좋다. 하지만 내게는 물리적인 사실이다). 나는 우리가 생각하는 방식으로 '실재'하지 않는다고 믿는다. 우리는 소용돌이치는 에너지 구조로, 일시적으로 형태를 갖춘 아주 작은 입자 뭉치에 지나지 않는다. 우리는 우리가 서로 떨어져 있으며, 우리가 존재한다고 생각한다. 하지만 우리는 우주가 부르는 (성스러운) 노래에 불과하고, 그 노래에는 끝이 있기 마련이다. 할 수 있는 한 최선을 다해 노래 부르는 것이 그저 우리가 할 수 있는 전부다.

우리가 처한 문제의 근원은 두려움과 혼자 떨어져 있다는 느낌이다. 우리는 아무리 가져도 충분하지 못할까 두려워한다. 우리는 남들과 떨어져 외롭다고 느낀다. 하지만 그렇지 않다. 우리 시대의 커다란 문제들을 해결하려 노력한다고 해서 여러분이 부자가 된다거나 유명해지지는 않을 것이다(물론 그렇게 될 수도 있다). 하지만 여러분은 그 여정에서 좋은 친구들을 만나고, 여러분이 생각했던 것보다 훨씬 더 큰 희망과 절망을 느끼고, 결국에는 내가 충만한 삶을 살았다고 생각하며 눈을 감을 수 있게 될 것이다.

헨리 데이비드 소로는 이렇게 말했다고 한다. "대부분의 사람은 부르고 싶은 노래를 조용히 억누르고 살아가며, 무덤에 간 이후마저 그 노래를 마음에 묻어둔다." 여러분은 그럴 필요 없다. 진심이다.

감사의 말

이 책을 쓰는 데 10년도 넘는 시간이 걸렸다. 많은 사람에게 감사하고 싶다. 우선 MIT에 있는 고마운 사람들로부터 시작하자. 존 스터먼은 기업이 세상을 바꿀 수 있다고 내 생각을 바꾸어주었다. 밥 기번스는 기업이 어떤 행동을 하는 이유에 대해 명료하게 생각할 수 있게 도와주었다. 넬슨 리페닝은 선택이 중요하다는 사실을 알려주었다. 하버드 비즈니스스쿨의 카틱 라마나와 클레이턴 로즈는 이 책의 핵심적인 아이디어를 구상하는 데 큰 도움을 주었다.

조 라시터, 마이크 토펠, 포리스트 라인하트, 제니퍼 내시, 존 매컴버, 딕 비터는 기후 변화와 기업의 현실을 있는 그대로 볼 수 있게 해주었다. 폴 힐리와 녠-헤 셰이는 리더십과 윤리의 교차점에 대해 생각하는 데 도움을 주었다. 마이크 비어와 러스 아이젠하트는 목적 지향 기업이 현실에 존재한다는 것을 보여주었다. 제인 넬슨과 존 러기는 민관 협력과 전 세계적 기관의 역할이 얼마나 중요한지 설명해주었다.

하버드 비즈니스스쿨 밖으로 나가보기로 하자. 데이비드 모스, 리처드 로크, 루이지 친갈레스는 학자들의 실천은 어떤 형태를 가져야 하는지에 대해 끊임없는 영감을 주었다. 브루스 코겟은 컬럼비아 비즈니스스쿨에 나를 초대해주었다. 정말 소중한 방문이었다. 마셜 간츠는 이야기를 구축하고 체계적으로 정리하는 방법을 알려주었고, 정부를 바꾸는 것이 기업을 바꾸는 것만큼이나 중요하다는 사실을 계속 상기시켜주었다. 이오아니스 이오아누는 목적과 재무 성과에 대해 체계적으로 생각할 수 있도록 도와주었다. 세라 캐플런은 내 생각을 말할 수 있는 용기를 북돋아주었다. 조슈아 간스는 아키텍처 혁신이야말로 중요하다는 생각을 굽힌 적이 없다. 라젠드라 시소디아, 캐럴 샌퍼드, 카트린 카우퍼, 오토 샤머는 머리만큼이나 가슴도 중요하다는 사실을 계속해서 일깨워주었다.

마리아나 오스케라 로드리게스와 토니 히의 연구 지원은 큰 도움이 되었다. 토니 덕분에 내가 생각했던 것보다 훨씬 많은 분야를 다룰 수 있었다. 마리아나는 성인聖人에 필적하는 인내심과 토머스 에디슨 같은 근면함을 보여주었다. 제시카 고버, 케이트 아이작스, 카린 크눕, 암람 미그달, 알도 세시아, 짐 웨버, 한슈인 유는 여러 사례를 수집해주었다. 엘리엇 스톨러와 크리스 이글린은 밀레니얼 세대의 시각으로 세상을 볼 수 있게 도움을 주었다.

학생들은 내게 모든 것이 가능하다는 것을 보여주었다. 특히 라이언 앨리스, 첼시 뱅크스, 루즈와나 바시르, 루카스 바움가르트너, 오리엘 커루, 하워드 피셔, 디오고 프레이리, 케이시 제럴드, 패트릭 이달고, 아만 쿠마르, 샘 라자루스, 크레이그 매슈스, 앤 프랫, 프렘 라마스

와미, 카마이클 로버츠, 애덤 시걸, 도르지 선, 헨리 차이, 브라이언 톰린슨에게 감사하는 바이다.

이 책은 자본주의를 바꾸는 것이 가능하다는 사실을 보여준 모든 기업인 덕분에 가능했다. 여기서 그들의 이름을 모두 밝힐 수 없어 유감이다. 내가 든 사례의 주인공들은 정말 많은 도움이 되었고 엄청난 용기를 불어넣어주었다. 페터르 블룸, 캐런 콜버그, 랠프 칼턴, 수잰 맥다월, 마크 버톨리니, 스탠 버그먼, 에리크 오스문센, 레위니르 인할, 미힐 레인서, 페이커 세이베스마, 미즈노 히로미치에게 변치 않을 감사를 표하고 싶다.

파울 폴만은 세상의 문제를 해결하는 데 열과 성을 다하면서도, 대단히 성공적이고 디테일 하나도 놓치지 않는 수십억 달러 규모 기업을 이끌 수 있다는 것을 보여주었다. 더그 맥밀런과 캐슬린 매크로플린 역시 희망을 안겨주었다. 존 에이어스는 주주 가치를 열렬히 옹호하는 사람도 공유가치의 중요성을 인정할 수 있다는 사실을 보여주었다. 로런 부커앨런, 밥 채프먼, 캐서린 코널리, 수 개러드, 조너선 로즈, 아서 시걸, 카터 윌리엄스, 앤드루 윈스턴, 휴 웰시는 열정적인 헌신이 현장을 어떻게 바꾸어놓을 수 있는지를 알려주었다. 나와 같은 의제를 공유하는 비영리단체의 친구들에게도 이루 말로 다 할 수 없는 도움을 받았다. 크레이그 알트모스, 헤더 부셰이, 민디 러버, 린지 레빈, 마이클 펙, 빌 샤프, 마크 터첵, 나이절 토핑, 주디 새뮤얼슨에게 특히 고맙다.

나의 에이전트 대니얼 스턴은 엄청난 노력을 통해 이 책에 꼭 맞는 출판사를 구해주었다. 그리고 그 출판사의 놀라운 팀이 이 책을 이토록 잘 만들어주었다. 멜 블레이크, 앤드루 드시오, 테리사 디더리치, 린지 프래드코프, 마크 포티어, 제이미 레이퍼, 댄 마시, 클레어 스트리트, 브린 워리너에게 감사한다. 샤지아 아민의 원고 정리와 교열은 환상적이었다.

가장 감사하고 싶은 두 사람은 이제 내 곁에 없다. 아버지 뭉고 헨더슨은 이 책이 끝나기 1년 전에 돌아가셨다. 존 맥아서 학장님은 그 몇 달 뒤에 돌아가셨다. 아버지와 학장님은 처음 내가 이 책을 쓰겠다는 구상을 밝혔을 때 다소 당황한 듯 보였지만, 그 후에는 책에 대한 지원과 사랑을 아끼지 않으셨다. 두 분이 정말 그립고, 이 책을 볼 때까지만 사셨더라도 얼마나 좋았을까 하는 생각도 한다.

이 책을 쓰는 동안은 가족과 친구에게 쏟아야 할 에너지와 노력을 모두 이 책에 쏟아부었다. 그 모든 걸 참아준 가족과 친구들이 고맙다. 스테퍼니 코너는 재미없는 책을 썼다가는 독자들이 언제라도 책을 내려놓고 넷플릭스를 켤 수도 있다고 상기시켜주었다. 세라 슬로터, 린다 우글로, 엔드레 요바기, 세라 롭슨, 탐린 날, 그리고 나의 어머니 마리나 헨더슨, 내 동생 캐스퍼 헨더슨, 나의 아들 해리 후크라에게도 감사한다. 스티븐 홀츠먼과 앤드루 슐러트는 원고를 읽고 대단히 유용한 논평을 해주었다. 짐 스톤은 필요할 때마다 적절한 압박을 가해주었다.

세 사람의 도움이 없었더라면 이 책은 빛을 볼 수 없었을 것이다. 책을 편집한 존 마하니는 처음부터 이 책의 가치를 믿어주었고, 수많은 시간을 쏟아 헌신적으로 나를 도와 지금처럼 형태를 갖춘 책을 만들어주었다. 조지 세라핌은 지난 5년 동안 자본주의 다시 상상하기 강의를 같이 이끌며 그 누구보다 더 많은 재촉을 하고 더 생산적인 사고를 하게 해주었다. 그래서 이 책의 아이디어 중 많은 부분은 나만의 것이라 할 수 없다. 조지, 혼자서도 세상을 바꿀 수 있는 사람이 있다면, 바로 당신이다. 마지막으로 할 수 있다는 용기를 북돋아주고 불가능하다고 느낄 때마다 옆에서 힘을 불어넣어주었으며, 세상의 순수한 아름다움과 살아 있다는 즐거움에 기뻐하라고 언제나 상기시켜준 나의 남편 짐 모론에게 고맙다.

미주

서문

1 Gordon Kelly, "Finland and Nokia: An Affair to Remember," *WIRED*, Oct. 4, 2017, www.
   wired.co.uk/article/finland-and-nokia; "Nokia Smartphone Market Share History," *Statista*,
   www.statista.com/statistics/263438/market-share-held-by-nokia-smartphones-since-2007/.

1장 주주자본주의는 이미 시효가 끝났다

1 WHO (World Health Organization), "Health Benefits Far Outweigh the Costs of Meeting
   Climate Change Goals," www.who.int/news-room/detail/05-12-2018-health-benefits-far-
   outweigh-the-costs-of-meeting-climate-change-goals; Intergovernmental Panel on Climate
   Change (IPCC), *Climate Change 2014: Impacts, Adaptation, and Vulnerability. Part A:
   Global and Sectoral Aspects. Contribution of Working Group II to the Fifth Assessment Report
   of the Intergovernmental Panel on Climate Change*, edited by C. B. Field, V. R. Barros, D. J.
   Dokken, K. J. Mach, M. D. Mastrandrea, T. E. Bilir, M. Chatterjee, K. L. Ebi, Y. O. Estrada,
   R. C. Genova, B. Girma, E. S. Kissel, A. N. Levy, S. MacCracken, P. R. Mastrandrea, and L.
   L.White (Cambridge, UK, and New York: Cambridge University Press, 2014).

2 IPCC, *Climate Change 2014*; WWAP (UNESCO World Water Assessment Programme), *The
   United Nations World Water Development Report 2019: Leaving No One Behind* (Paris: UNESCO,
   2019), www.unenvironment.org/news-and-stories/press -release/half-world-face-severe-water-
   stress-2030-unless-water-use-decoupled.

3 K. K. Rigaud, A. de Sherbinin, B. Jones, J. Bergmann, V. Clement, K. Ober, J. Schewe, S.
   Adamo, B. McCusker, S. Heuser, and A. Midgley, *Groundswell: Preparing for Internal Climate
   Migration* (Washington, DC: World Bank, 2018).

4   Brooke Jarvis, "The Insect Apocalypse Is Here," *New York Times*, Nov. 27, 2018, www.nytimes.com/2018/11/27/magazine/insect-apocalypse.html.

5   S. Díaz, J. Settele, E. S. Brondizio, H. T. Ngo, M. Guèze, J. Agard, A. Arneth, et al., eds., "Summary for Policymakers of the Global Assessment Report on Biodiversity and Ecosystem Services of the Intergovernmental Science-Policy Platform on Biodiversity and Ecosystem Services" (Bonn, Germany: IPBES Secretariat, 2019).

6   Hans Rosling, Ola Rosling, and Anna Rosling Rönnlund, *Factfulness: Ten Reasons We're Wrong About the World—and Why Things Are Better Than You Think*, 1st ed. (New York, Flatiron Books, 2018).

7   WHO, "World Bank and WHO: Half the World Lacks Access to Essential Health Services, 100 Million Still Pushed into Extreme Poverty Because of Health Expenses," Dec. 13, 2017, www.who.int/news-room/detail/13-12-2017-world-bank-and-who-half-the -world-lacks-access-to-essential-health-services-100-million-still-pushed-into-extreme-poverty-because-of-health-expenses; Kate Hodal, "Hundreds of Millions of Children in School but Not Learning," *Guardian*, Feb. 2, 2018, www.theguardian.com/global -development/2018/feb/02/hundreds-of-millions-of-children-in-school-but-not-learning-world-bank; United Nations, "Lack of Quality Opportunities Stalling Young People's Quest for Decent Work—UN Report / UN News," Nov. 21, 2017, https://news.un.org/en/story/2017/11/636812-lack-quality-opportunities-stalling-young-peoples-quest-decent-work-un-report; James Manyika et al., "Jobs Lost, Jobs Gained: Workforce Transitions in a Time of Automation," McKinsey Global Institute (2017).

8   Steven Levitsky and Daniel Ziblatt, *How Democracies Die*, 1st ed. (New York: Crown Publishing, 2018); Yascha Mounk, *The People vs. Democracy: Why Our Freedom Is in Danger and How to Save It* (Cambridge, MA: Harvard University Press, 2018).

9   "GDP per capita (Current US$)," World Bank Data, https://data.worldbank.org/indicator/NY.GDP.MKTP.CD; "Population, Total," World Bank Data, https://data.worldbank.org/indicator/SP.POP.TOTL; "GDP per Capita (Current US$)," World Bank Data, https://data.worldbank.org/indicator/NY.GDP.PCAP.CD.

10   Larry Fink, "A Sense of Purpose," BlackRock, www.blackrock.com/hk/en/insights/larry-fink-ceo-letter.

11   세계에서 가장 큰 은행은 중국공상은행이다.

12   이 이야기는 거의 신화에 가깝다고 알려져 있다. Billy Perrigo, "Did Martin Luther Nail His

95 Theses to the Church Door?" *Time*, Oct. 31, 2017, https://time.com/4997128/martin-luther-95-theses-controversy/.

13 "Business Roundtable Redefines the Purpose of a Corporation to Promote 'An Economy That Serves All Americans,'" *Business Roundtable*, Aug. 19, 2019, www.businessroundtable.org/business-roundtable-redefines-the-purpose-of-a-corporation-to-promote-an-economy-that-serves-all-americans.

14 "Council of Institutional Investors Responds to Business Roundtable Statement on Corporate Purpose," Council of Institutional Investors, Aug. 19, 2019, www.cii.org/aug19_brt_response.

15 Andrew Pollack, "Drug Goes from $13.50 a Tablet to $750, Overnight," *New York Times*, Sept. 20, 2015, www.nytimes.com/2015/09/21/business/a-huge-overnight-increase -in-a-drugs-price-raises-protests.html.

16 Kate Gibson, "Martin Shkreli: I Should've 'Raised Prices Higher,'" CBS News, CBS Interactive, Dec. 4, 2015, www.cbsnews.com/news/martin-shkreli-i-shouldve-raised-prices-higher/.

17 Stephanie Clifford, "Martin Shkreli Sentenced to 7 Years in Prison for Fraud," *New York Times*, Mar. 9, 2018, www.nytimes.com/2018/03/09/business/martin-shkreli-sentenced.html.

18 Gretchen Morgenson, "Defiant, Generic Drug Maker Continues to Raise Prices," *New York Times*, Apr. 14, 2017, www.nytimes.com/2017/04/14/business/lannett-drug-price-hike-bedrosian.html.

19 Joyce Geoffrey et al., "Generic Drug Price Hikes and Out-of-Pocket Spending for Medicare Beneficiaries," *Health Affairs* 37, no. 10 (2018): 1578-1586.

20 Danny Hakim, Roni Caryn Rabin, and William K. Rashbaum, "Lawsuits Lay Bare Sackler Family's Role in Opioid Crisis," *New York Times*, Apr. 1, 2019, www.nytimes.com/2019/04/01/health/sacklers-oxycontin-lawsuits.html.

21 "Big Oil's Real Agenda on Climate Change," Influence Map, 2019, https://influencemap.org/report/How-Big-Oil-Continues-to-Oppose-the-Paris-Agreement-38212275958aa211 96dae3b76220bddc.

22 Anne Elizabeth Moore, "Milton Friedman's Pencil," *The New Inquiry*, Apr. 18, 2017, https://thenewinquiry.com/milton-friedmans-pencil/.

23 Sam Costello, "Where Is the IPhone Made? (Hint: Not Just China)," *Lifewire*, Apr. 8, 2019, www.lifewire.com/where-is-the-iphone-made-1999503.

24 G. Stigler, *The Theory of Price* (London: Macmillan, 1952).

25 Christina D. Romer and Richard H. Pells, "Great Depression," *Encyclopoedia Britannica*, Oct. 16, 2019, www.britannica.com/event/Great-Depression; "Unemployment Rate for United States," *FRED*, Aug. 17, 2012, https://fred.stlouisfed.org/series/M0892AUSM156SNBR.

26 주주 가치에 집중하는 것이 이 같은 폭발적 성장을 낳았는지에 관해서는 활발한 논쟁이 이루어지고 있다. 세계화와 테크놀로지 발전, 자유 시장의 보편화 역시 그 원인으로 꼽힌다.

27 F. Alvaredo, L. Chancel, T. Piketty, E. Saez, and G. Zucman, *World Inequality Report 2018* (Cambridge, MA: The Belknap Press of Harvard University Press, 2018).

28 Alvaredo et al., *World Inequality Report 2018.*

29 Paul R. Epstein, Jonathan J. Buonocore, Kevin Eckerle, Michael Hendryx, Benjamin M. Stout III, Richard Heinberg, Richard W. Clapp, et al., "Full Cost Accounting for the Life Cycle of Coal," *Annals of the New York Academy of Sciences* 1219 (1): 73.98, via Wiley Online Library, accessed February 2017.

30 WHO, "COP24 Special Report: Health and Climate Change" (2018); Irene C. Dedoussi, et al., "The Co-Pollutant Cost of Carbon Emissions: An Analysis of the US Electric Power Generation Sector," *Environmental Research Letters* 14.9 (2019): 094003; and see, for example, J. Lelieveld, K. Klingmuller, A. Pozzer, R. T. Burnett, A. Haines, and V. Ramanathan, "Effects of Fossil Fuel and Total Anthropogenic Emission Removal on Public Health and Climate," PNAS 116, no. 15 (April 9, 2019): 7192-7197.

31 Peabody Energy, 2018 *Annual Report*, www.peabodyenergy.com/Peabody/media/MediaLibrary/Investor%20Info/Annual%20Reports/2018-Peabody-Annual-Report-02.pdf?ext=.pdf.

32 "The Carbon Footprint of a Cheeseburger," *SixDegrees*, Sept. 26, 2017, www.sixdegreesnews.org/archives/10261/the-carbon-footprint-of-a-cheeseburger; "GLEAM 2.0—Assessment of Greenhouse Gas Emissions and Mitigation Potential," *Results / Global Livestock Environmental Assessment Model (GLEAM) / Food and Agriculture Organization of the United Nations*, FAO, www.fao.org/gleam/results/en/.

33 *CEMEX Carbon Disclosure Project Annual Report*, 2018.

34 46m tonnes CO2e*$80/ton*1.1 tonnes/ton.

35 *CEMEX Annual Report*, 2018, www.cemex.com/investors/reports/hom#navigate.

36 *Climate Change*, Marks and Spencer, https://corporate.marksandspencer.com/sustainability/business-wide/climate-change.

37 *Key Facts*, Marks and Spencer, https://corporate.marksandspencer.com/investors/key-facts.

38 Hans Rosling et al., *Factfulness*.

39 Alvaredo et al., *World Inequality Report* 2018.

40 Raj Chetty, "Improving Opportunities for Economic Mobility: New Evidence and Policy Lessons," *Bridges* (Fall 2016).

41 Raj Chetty et al., *Mobility Report Cards: The Role of Colleges in Intergenerational Mobility*, NBER Working Paper no. w23618 (Cambridge, MA: National Bureau of Economic Research, 2017).

42 "Disparities in Life Expectancy in Massachusetts Driven by Societal Factors," Harvard T. H. Chan School of Public Health News, Dec. 19, 2018, www.hsph.harvard.edu/news/ hsph-in-the-news/life-expectancy-disparities-massachusetts-societal-factors/; https://data. worldbank.org/indicator/sp.dyn.le00.in.

43 "Too Much of a Good Thing," *Economist*, Mar. 26, 2016, www.economist.com/briefing/ 2016/03/26/too-much-of-a-good-thing.

44 Ben Casselman, "A Start-up Slump Is a Drag on the Economy. Big Business May Be to Blame," *New York Times*, Sept. 20, 2017, www.nytimes.com/2017/09/20/business/economy/ startup-business.html?module=inline.

45 Alan B. Krueger, "Reflections on Dwindling Worker Bargaining Power and Monetary Policy," *Luncheon Address at the Jackson Hole Economic Symposium* 24 (2018); Jan De Loecker and Jan Eeckhout, *The Rise of Market Power and the Macroeconomic Implications*, NBER Working Paper no. w23687 (Cambridge, MA: National Bureau of Economic Research, 2017).

46 Martin Gilens and Benjamin I. Page, "Testing Theories of American Politics: Elites, Interest Groups, and Average Citizens," *Perspectives on Politics* 12, no. 3 (2014): 564-581.

47 Jacob Hartmann, "Disney's Fight to Keep Mickey," Chicago Stigler Center Case no. 3 (November 2017).

48 "Lobbying Spending Database—Walt Disney Co, 1998," OpenSecrets.org.

49 1997년 디즈니의 '창작물'을 통한 순수익은 8억 7800만 달러에 달했다. *Walt Disney Company 1997 Annual Report*, https://ddd.uab.cat/pub/decmed/46860/iaDISNEY a1997ieng.pdf. 법안이 통과되지 않았다면 2023년부터 이 수익의 50%가 소실될 것이라 고 가정하고, 법안이 통과되어 이 수익은 유지되겠지만 미래의 소득 흐름이 6% 감소할 것이라고 가정했다.

50 Tim Lee, "15 Years Ago, Congress Kept Mickey Mouse out of the Public Domain. Will

They Do It Again?" *Washington Post*, Apr. 23, 2019, www.washingtonpost.com/news/the-switch/wp/2013/10/25/15-years-ago-congress-kept-mickey-mouse-out-of-the-public-domain-will-they-do-it-again/.

51 Brief of George A. Akerlof et al. as Amici Curiae in Support of Petitioners, Eric Eldred et al. v. John D. Ashcroft, Attorney General, 537 U.S. 186 (2003).

52 "Fossil Fuel Interests Have Outspent Environmental Advocates 10:1 on Climate Lobbying," *Yale E360*, July 18, 2018, https://e360.yale.edu/digest/fossil-fuel-interests-have-outspent-environmental-advocates-101-on-climate-lobbying; https://influencemap.org/index.html.

53 Hiroko Tabuchi, "The Oil Industry's Covert Campaign to Rewrite American Car Emissions Rules," *New York Times*, Dec. 13, 2018, www.nytimes.com/2018/12/13/climate/cafe-emissions-rollback-oil-industry.html.

54 앞의 주석에 따라 탄소의 사회적 비용을 톤당 80달러로 가정하면 이 정도 값이 나온다.

55 Nichola Groom, "Washington State Carbon Tax Poised to Fail after Big Oil Campaign," *Reuters*, Nov. 7, 2018, www.reuters.com/article/us-usa-election-carbon/washington-state-carbon-tax-poised-to-fail-after-big-oil-campaign-idUSKCN1NC1A9.

56 Jonas Hesse, Mozaffar Khan, and Karthik Ramanna, "Political Standards: Corporate Interest, Ideology, and Leadership in the Shaping of Accounting Rules for the Market Economy," *Journal of Accounting & Economics* 64, no. 20 (2015): 2-3.

57 "U.S. and World Population Clock," *Population Clock*, www.census.gov/popclock/; "Gross Domestic Product," *FRED*, Oct. 30, 2019, https://fred.stlouisfed.org/series/GDP.

58 "Gross Domestic Product for Russian Federation," *FRED*, July 1, 2019, https://fred.stlouisfed.org/series/MKTGDPRUA646NWDB; "Russian Federation," World Bank Data, https://data.worldbank.org/country/russian-federation.

59 United Nations, "About the Sustainable Development Goals—United Nations Sustainable Development," www.un.org/sustainabledevelopment/sustainable-development-goals/.

60 Coral Davenport and Kendra Pierre-Louis, "U.S. Climate Report Warns of Damaged Environment and Shrinking Economy," *New York Times*, Nov. 23, 2018, www.nytimes.com/2018/11/23/climate/us-climate-report.html?module=inline.

61 "Migration, Environment and Climate Change (MECC) Division," International Organization for Migration, Feb. 15, 2019, www.iom.int/complex-nexus#estimates.

2장 자본주의 대전환의 다섯 가지 요소

1   이어지는 글의 많은 부분은 "Turnaround at Norsk Gjenvinning," by G. Serafeim and S. Gombas, Harvard Business School Case no. 9-116-012(January 2017)에서 가져온 것이다.

2   나는 피터 센게(Peter Senge)로부터 이 말을 처음 들었다. 감사합니다. 피터!

3   Rebecca Henderson and Tony L. He, "Shareholder Value Maximization, Fiduciary Duties, and the Business Judgement Rule: What Does the Law Say?" Harvard Business School Background Note 318-097 (January 2018).

4   Global Reporting Initiative, "Sustainability and Reporting Trends in 2025," Global Reporting. org (2015), www.globalreporting.org/resourcelibrary/Sustainability-and-Reporting-Trends-in-2025-2.pdf.

5   Richard Locke, *The Promise and Limits of Private Power: Promoting Labor Standards in a Global Economy* (Cambridge, UK, and New York: Cambridge University Press, 2013).

6   "Trending: Cocoa Giants Embrace Sustainability, but Consumers Remain Key to Lasting Progress," *Sustainable Brands*, Dec. 12, 2017, https://sustainablebrands.com/read/supply-chain/trending-cocoa-giants-embrace-sustainability-but-consumers-remain-key-to-lasting-progress.

7   Rebecca Henderson and Nien-he Hsieh, "Putting the Guiding Principles into Action: Human Rights at Barrick Gold (A)," Harvard Business School Case no. 315-108, March 2015 (Revised December 2017).

8   Yuval N. Harari, *Sapiens, A Brief History of Humankind* (London: Harvill Secker, 2014)는 이러한 관점을 제시하고 있는 특히 흥미로운 책이다.

9   가금산업(家禽産業) 노동자들의 열악한 상황을 그린 한 보고서에 따르면, 노동자들은 20초마다 똑같은 일을 반복하며, 하루에 1만 4000마리 이상의 닭을 처리한다. 평균 임금은 시간당 11달러이고, 이직률은 해마다 100%에 달한다. 업무상 상해를 입을 가능성이 다른 산업보다 5배는 더 크지만, 건강보험에도 가입하지 못한다. 화장실에 갈 시간도 부족해서 억지로 기저귀를 차는 경우도 많다. "Lives on the Line: The High Human Cost of Chicken," Oxfam America, May 23, 2018, www.oxfamamerica .org/livesontheline/.

10 John Miller, *The Glorious Revolution*, 2nd ed. (Harlow, UK: Longman, 1997).

11 *Encyclopedia Britannica*, Massachusetts Bay Colony / Facts, Map, & Significance [online], accessed Oct. 22, 2019, www.britannica.com/place/Massachusetts-Bay-Colony.

3장 그들은 어떻게 변화에 성공했을까

1   Brian Eckhouse, "Solar Beats Coal on U.S. Jobs," Bloomberg.com, May 16, 2018, www. bloomberg.com/news/articles/2018-05-16/solar-beats-coal-on-u-s-jobs.

2   Richard Vietor, "Clean Energy for the Future," Harvard Business School (HBS) Technical Note (August 2019).

3   Ian Johnston, "India Just Cancelled 14 Huge Coal-Fired Power Stations as Solar Energy Prices Hit Record Low," *Independent*, May 24, 2017, www.independent.co.uk/environment/ india-solar-power-electricity-cancels-coal-fired-power-stations-record-low-a7751916.html.

4   Mark Kane, "Global Sales December & 2018: 2 Million Plug-in Electric Cars Sold," *InsideEVs*, Jan. 31, 2019, https://insideevs.com/news/342547/global-sales-december-2018-2-million-plug-in-electric-cars-sold/.

5   Kate Taylor, "3 Factors Are Driving the Plant-Based 'Meat' Revolution as Analysts Predict Companies Like Beyond Meat and Impossible Foods Could Explode into a $140 Billion Industry," *Business Insider*, May 24, 2019, www.businessinsider.com/meat-substitutes-impossible-foods-beyond-meat-sales-skyrocket-2019-5. 2019년 5월 고기 없이 식물 기반으로 실제 쇠고기의 맛과 식감에 가까운 버거를 만드는 비욘드미트(Beyond Meat)는 최근 10년 동안 가장 성공적인 기업공개를 경험했다. 상장된 첫날 주식은 163% 올라, 주가총액이 38억 3000만 달러에 달했다. Bailey Lipschultz and Drew Singer, "Beyond Meat Makes History with the Biggest IPO Pop Since 2008 Crisis," Bloomberg.com, May 2, 2019, www.bloomberg.com/news/articles/2019-05-02/beyond-meat-makes-history-with-biggest-ipo-pop-since-08-crisis.

6   유니레버와 유니레버의 차 산업 이야기는 나의 사례 연구에서 가져왔다. Rebecca Henderson and Frederik Nelleman, "Sustainable Tea at Unilever," HBS Case no. 9-712-438, November 2012.

7   "Tea Consumption by Country," *Statista*, www.statista.com/statistics/940102/global-tea-consumption/.

8   "Tea Market: Forecast Value Worldwide 2017.2024," *Statista*, www.statista.com/statistics/ 326384/global-tea-beverage-market-size/; Jasan Potts, et al., *The State of Sustainability Initiatives Review 2014: Standards and the Green Economy* (Winnipeg, Canada: International Institute for Sustainable Development, 2014), www.iisd.org/pdf/2014/ssi_2014.pdf; and "Unilever's Tea Beverages Market Share Worldwide 2012.2021," *Statista*, www.statista.com/ statistics/254626/unilevers-tea-beverages-market-share-worldwide/.

9 www.walmart.com/ip/Lipton-100-Natural-Tea-Black-Tea-Bags-100-ct/10307788.

10 Jason Clay, *World Agriculture and the Environment* (Washington, DC: Island Press), 102-103.

11 Rachel Arthur, "Tea Production Rises: But FAO Warns of Climate Change Threat," Beveragedaily.com, William Reed Business Media Ltd., May 30, 2018, www.beveragedaily. com/Article/2018/05/30/Tea-production-rises-but-FAO-warns-of-climate-change-threat.

12 Alan Kroeger et al., "Eliminating Deforestation from the Cocoa Supply Chain" (Washington, DC: World Bank, 2017).

13 Columbia Law School Human Rights Institute, *The More Things Change*, Jan. 2014, https:// web.law.columbia.edu/sites/default/files/microsites/human-rights-institute/files/tea_ report_final_draft-smallpdf.pdf; "Study Report on Tea Plantation Workers-2016-Ilo.org" (2016), www.ilo.org/wcmsp5/groups/public/~asia/~ro-bangkok/~ilo-dhaka/documents/ publication/wcms_563692.pdf.

14 케리초도 완벽한 곳은 아니다. See Verita Largo and Andrew Wasley, "PG Tips and Lipton Tea Hit by 'Sexual Harassment and Poor Conditions' Claims," *Ecologist*, Nov. 17, 2017, https://theecologist.org/2011/apr/13/pg-tips-and-lipton-tea-hit-sexual-harassment-and-poor-conditions-claims.

15 "Unpacking the Sustainability Landscape," *Nielsen*, Sept. 11, 2018, www.nielsen.com/us/ en/insights/reports/2018/unpacking-the-sustainability-landscape.html.

16 "Unpacking the Sustainability Landscape," *Nielsen*.

17 "Global Consumers Seek Companies That Care About Environmental Issues," *Nielsen*, Sept. 11, 2018, www.nielsen.com/us/en/insights/news/2018/global-consumers-seek-companies-that-care-about-environmental-issues.html.

18 의류 제조업체 갭과 함께 한 두 번의 대규모 현장 실험에서 수질 오염을 줄이는 프로그램을 따른다는 정보를 부착한 옷은 여성 쇼핑객들 사이에서 8% 정도 많이 팔렸다. 그러나 아울렛 매장이나 남성 쇼핑객들에서는 유의미한 차이가 발견되지 않았다. J. Hainmueller and M. J. Hiscox, "The Socially Conscious Consumer," *Field Experimental Test of Consumer Support for Fair Labor Standard* (Massachusetts Institute of Technology Political Science Department Working Paper 2012-15, 2012). 한 주요 미국 식품 판매 체인에서는 가장 많이 팔리는 두 개의 커피에 공정 무역 상표를 붙이자 매출이 거의 10% 올랐다. Jens Hainmueller, Michael J. Hiscox, and Sandra Sequeira, "Consumer Demand for the Fair Trade Label: Evidence from a Field Experiment," *SSRN Electronic Journal 97*, no. 2 (2011). 이베이를 대상으로 한 연구에 따르면 공정 무역 상표가 붙은 커피에 사람들은 23% 정

도는 더 높은 가격을 기꺼이 지급하려 했다. M. J. Hiscox, M. Broukhim, and C. Litwin, "Consumer Demand for Fair Trade: New Evidence from a Field Experiment Using eBay Auctions of Fresh Roasted Coffee," *SSRN Electronic Journal*, (2011). See also Maya Singer, "Is There Really Such a Thing as 'Ethical Consumerism'?" *Vogue*, Feb. 5, 2019, www.vogue. com/article/ethical-consumer-rentrayage-batsheva-lidia-may.

19 Tania Braga, Aileen Ionescu-Somers, and Ralf W. Seifert, "Unilever Sustainable Tea Part II: Reaching out to Smallholders in Kenya and Argentina," accessed November 2011, www. idhsustainabletrade.com/idh-publications.

20 "Britain Backs Kenya Tea Farmers," SOS Children's Village, March 14, 2011, www. soschildrensvillages.org.uk/charity-news/archive/2011/03/britain-backs-kenya-tea-farmers.

21 루트캐피털은 개발도상국 농촌 사업에 자금을 지원하는 비영리 사회투자기금이다. 마이크로크레디트와 상업대출 중간 정도의 자본에 투자했다. Tensie Whelan, Rainforest Alliance, interview by author, Cambridge, MA, October 24, 2011.

22 Rebecca M. Henderson and Frederik Nellemann, "Sustainable Tea at Unilever," HBS Case no. 712-438, December 2011 (Revised November 2012).

23 Idem.

24 그렇다고 해서 유니레버가 완벽했다거나 문제가 발생하지 않았다는 이야기는 아니다. 예를 들어 2011년 한 네덜란드 NGO는 케리초의 여성 노동자들이 성희롱을 당하고 있다는 주장의 보고서를 발간했다.

25 "Tea in the United Kingdom," *Euromonitor International*, January 2011, www.euromonitor. com.

26 내가 보기엔 최고다.

27 2011년 12월 2일 현재 1유로=1.31오스트레일리아 달러라는 환율을 적용했을 때이다.

28 "Tea in Italy," February 2011, *Euromonitor International*, accessed November 2011, www. euromonitor.com.

29 "Unilever's Purpose-Led Brands Outperform," Unilever Global Company website, www. unilever.com/news/press-releases/2019/unilevers-purpose-led-brands-outperform.html.

30 Susan Rosegrant, "Wal-Mart's Response to Hurricane Katrina: Striving for a Public-Private Partnership," Kennedy School of Government Case Program C16-07-1876.0, Case Studies in Public Policy and Management (Cambridge, MA: Kennedy School of Government, 2007).

31 Suzanne Kapner, "Changing of the Guard at Wal-Mart," *CNNMoney*, Cable News Network, Feb. 18, 2009, https://money.cnn.com/2009/02/17/news/companies/kapner_scott.fortune/.

이 이야기의 많은 부분은 나의 사례 연구에서 가져왔다. Rebecca Henderson and James Weber, "Greening Walmart: Progress and Controversy," HBS Case no. 9-316-042, February 2016.

32 Kapner, "Changing of the Guard at Wal-Mart" (2009).

33 "Our History," *Corporate*, https://corporate.walmart.com/our-story/our-history.

34 Business Planning Solutions, "The Economic Impact of Wal-Mart" (Washington, DC, 2005).

35 Henderson and Weber, "Greening Walmart: Progress and Controversy" (Revised February 2017).

36 Joel Makower, "Walmart Sustainability at 10: The Birth of a Notion," *GreenBiz*, November 16, 2015, www.greenbiz.com/article/walmart-sustainability-10-birth-notion.

37 Alison Plyer, "Facts for Features: Katrina Impact" (The Data Center, August 28, 2015), www.datacenterresearch.org/data-resources/katrina/facts-for-impact/.

38 Edward Humes, *Force of Nature: The Unlikely Story of Wal-Mart's Green Revolution* (New York: Harper Business, 2011), 97.99; Michael Barbaro and Justin Gillis, "Wal-Mart at Forefront of Hurricane Relief," *Washington Post*, Sept. 6, 2005, www.washingtonpost.com/archive/business/2005/09/06/wal-mart-at-forefront-of-hurricane-relief/6cc3a4d2-d4f7-4da4-861f-933eee4d288a/.

39 "Former Laggard Wal-Mart Turns into Ethical Leader—Covalence Retail Industry Report 2008," *Covalence* SA, Dec. 11, 2008, www.covalence.ch/index.php/2008/12/11/former-laggard-wal-mart-turns-into-ethical-leader-covalence-retail-industry-report-2008/.

40 G. I. McKinsey, "Pathways to a Low-Carbon Economy. Version 2 of the Global Greenhouse Gas Abatement Cost Curve," *McKinsey & Company, Stockholm* (2009).

41 By Editor, "Commissioning HVAC Systems," *FM Media*, Jan. 22, 2015, www.fmmedia.com.au/sectors/commissioning-hvac-systems/.

42 Robert G. Eccles, George Serafeim, and Tiffany A. Clay, "KKR: Leveraging Sustainability," HBS Case no. 112-032, September 2011 (Revised March 2012).

43 "Global Industrial Energy-Efficiency Services Market Predicted to Exceed USD 10 Billion by 2020: Technavio," *Business Wire*, Dec. 26, 2016; "Europe's Energy Efficiency Services Market to Reach €50 Billion by 2025," Consultancy.eu, Apr. 2, 2019; "A $300 Billion Energy Efficiency Market," CNBC, Mar. 19, 2019, www.cnbc.com/advertorial/2017/09/19/a-300-billion-energy-efficiency-market.html; *Energy Efficiency Market Report 2018* (Paris: International Energy Agency [IEA], 2018), https://webstore.iea.org/download/

direct/2369?fileName=Market_Report_Series_Energy_Efficiency_2018.pdf.

44 Adam Tooze, "Why Central Banks Need to Step Up on Global Warming," *Foreign Policy*, Aug. 6, 2019, https://foreignpolicy.com/2019/07/20/why-central-banks-need-to-step-up-on-global-warming/.

45 Tooze (2019).

46 "Florida's Sea Level Is Rising," *Sea Level Rise*, https://sealevelrise.org/states/florida/.

47 Akhilesh Ganti, "What Is a Minsky Moment?" *Investopedia*, July 30, 2019, www.investopedia.com/terms/m/minskymoment.asp; John Cassidy. "The Minsky Moment," *New Yorker*, January 27, 2008, www.newyorker.com/magazine/2008/02/04 /the-minsky-moment.

48 Christopher Flavelle, "Bank Regulators Present a Dire Warning of Financial Risks from Climate Change," *New York Times*, Oct. 17, 2019, www.nytimes.com/2019/10/17/climate/federal-reserve-climate-financial-risk.html

49 이 이야기는 상당 부분 나의 사례 연구에서 가져왔다. "CLP: Powering Asia," George Serafeim, Rebecca Henderson, and Dawn Lau, 9-115-038, February 2015.

50 "The First Mobile Phone Call Was Placed 40 Years Ago Today," Fox News, Dec. 20, 2014, www.foxnews.com/tech/2013/04/03/first-mobile-phone-call-was-placed-40-years-ago-today.html.

51 International Renewable Energy Agency, "Renewable Power Generation Costs in 2018" (Abu Dhabi: IRENA, 2019).

52 IRENA, "Renewable Power Generation Costs in 2018"; IRENA, "Future of Wind: Deployment, Investment, Technology, Grid Integration and Socio-economic Aspects" (A Global Energy Transformation paper, Abu Dhabi: IRENA).

53 See, for example, "New Energy Outlook 2019: Bloomberg NEF," and McKinsey Energy Insights, Global Energy Perspective, January 2019.

54 "China Pushes Regions to Maximize Renewable Energy Usage," *Reuters*, Aug. 30, 2019, www.reuters.com/article/us-china-renewables/china-pushes-regions-to-maximize-renewable-energy-usage-idUSKCN1VK087.

55 "World Energy Outlook 2017 China: Key Findings," International Energy Agency, www.iea.org/weo/china/.

56 "New Energy Outlook 2019: Bloomberg NEF."

57 AutoGrid, *CLP Holdings Signs Multi-Year Strategic Commercial Agreement with AutoGrid to Deploy New Energy Solutions Across Asia-Pacific Region*, Dec. 12, 2018, www.prnewswire.

com/in/news-releases/clp-holdings-signs-multi-year-strategic-commercial-agreement-with-autogrid-to-deploy-new-energy-solutions-across-asia-pacific-region-702571991.html.

58 Nico Pitney, "A Revolutionary Entrepreneur on Happiness, Money, and Raising a Supermodel," *Huffington Post*, Dec. 7, 2017, www.huffingtonpost.com/2015/01/30/robin-chase-life-lessons_ n_6566944.html.

59 "Avis Budget Group to Acquire Zipcar for $12.25 Per Share in Cash," *Zipcar*, Jan. 2, 2013, www.zipcar.com/press/releases/avis-budget-group-acquires-zipcar.

60 Jackie Krentzman, "The Force Behind the Nike Empire," *Stanford Magazine*, Jan. 1997, https://alumni.stanford.edu/get/page/magazine/article/?article_id=43087.

61 *Nike Annual Report* 1992, NIKE, https://s1.q4cdn.com/806093406/files/doc_financials/ 1992/Annual_Report_92.pdf.

62 연간 평균 PE로 측정한 P/E 비율.

63 Edward Yardeni et al., "Stock Market Briefing: S&P 500 Sectors & Industries Forward P/ Es," Yardeni.com, Aug. 26, 2019, www.yardeni.com/pub/mktbriefsppe secind.pdf.

64 성공적인 기업가 정신에 관심이 있다면, 그리고 진실로 성공적인 전 세계적 기업을 만드는 데 무엇이 필요한지 알고 싶다면, 나이키 웹사이트를 강력하게 추천하는 바이다. https://investors.nike.com/investors/news-events-and-reports/default.aspx.

65 Jeffrey Ballinger, "The New Free-Trade Heel," *Harper's Magazine*, Aug. 1992, http://archive. harpers.org/1992/08/pdf/HarpersMagazine-1992-08-0000971.pdf?AWSAccessKeyId=AKI AJXATU3VRJAAA66RA&Expires=1466354923&Signature=GuzAGJL99jmQtdjxkHswI 0WLZJA%3D.

66 Mark Clifford, "Spring in Their Step," *Far Eastern Economic Review* 5 (1992): 56-57.

67 Adam Schwarz, "Running a Business," *Far Eastern Economic Review* (June 20, 1991).

68 그는 "연간 정기 총회 보고서 부록에서 해외 문제에 대해 답하도록 하겠습니다"라고 했지만 나로서는 그 부분을 찾을 수 없었다.

69 Richard Locke, *The promise and perils of globalization, the Case of Nike*, MIT Working Paper July 2002, IPC 02-007.

70 John H. Cushman, Jr., "International Business; Nike Pledges to End Child Labor and Apply U.S. Rules Abroad," *New York Times*, May 13, 1998, www.nytimes.com/1998/05/13/business/ international-business-nike-pledges-to-end-child-labor-and-apply-us-rules-abroad.html.

71 Amir Ismael, "Making Green: Nike Is the Biggest and Most Sustainable Clothing and Sneaker Brand," *Complex*, June 1, 2018, www.complex.com/sneakers/2015/08/nike-is-the-

most-sustainable-clothing-company.

72 Tim Harford, "Why Big Companies Squander Good Ideas," *Financial Times*, Sept. 6, 2018, www.ft.com/content/3c1ab748-b09b-11e8-8d14-6f049d06439c.

4장 우리 기업의 목적은 무엇입니까

1 David Gelles, "He Ran an Empire of Soap and Mayonnaise. Now He Wants to Reinvent Capitalism," *New York Times*, Aug. 29, 2019, www.nytimes.com/2019/08/29/business/paul-polman-unilever-corner-office.html.

2 다음에 나오는 이야기는 나의 사례 연구에서 가져온 것이다. Rebecca M. Henderson, Russell Eisenstat, and Matthew Preble, HBS Case no. 318-048, February 2018.

3 Knowledge@Wharton, "Aetna CEO Mark Bertolini on Leadership, Yoga, and Fair Wages."

4 James Surowiecki, "A Fair Day's Wage," *New Yorker*, February 2, 2015, www.newyorker.com/magazine/2015/02/09/fair-days-wage.

5 Lisa Rapaport, "U.S. Health Spending Twice Other Countries' with Worse Results," *Reuters*, Mar. 13, 2018, www.reuters.com/article/us-health-spending/u-s-health-spending-twice-other-countries-with-worse-results-idUSKCN1GP2YN.

6 Ajay Tandon et al., "Measuring Overall Health System Performance for 191 Countries" (Geneva: World Health Organization, 2000).

7 Mark Bertolini, *Mission Driven Leadership: My Journey as a Radical Capitalist* (New York: Currency, Penguin Random House, 2019).

8 Jesse Migneault, *Top 5 Largest Health Insurance Payers in the United States*, HealthPayerIntelligence, Apr. 13, 2017, https://healthpayerintelligence.com/news/top-5-largest-health-insurance-payers-in-the-united-states.

9 MarquiMapp, "Aetna CEO Takes Health Care Personally," CNBC, Aug. 3, 2014, www.cnbc.com/2014/08/01/aetna-ceo-takes-health-care-personally.html.

10 Jayne O'Donnell, "Aetna CEO Got Summer's First Merger Agreement, Raised Minimum Wage and More," *USA Today*, Gannett Satellite Information Network, Sept. 8, 2015, www.usatoday.com/story/money/2015/09/07/aetna-ceo-bertolini-yoga-meditation-motorcycles-minimum-wage/29782741/.

11 David Gelles, "Mark Bertolini of Aetna on Yoga, Meditation and Darth Vader," *New York Times*, Sept. 21, 2018, www.nytimes.com/2018/09/21/business/mark-bertolini-aetna-corner-office.html.

12 Meera Viswanathan et al., "Interventions to Improve Adherence to Self-Administered Medications for Chronic Diseases in the United States: A Systematic Review," *Annals of Internal Medicine* 157, no. 11 (2012): 785-795.

13 Idem.

14 Aurel O. Iuga and Maura J. McGuire, "Adherence and Health Care Costs," Risk *Management and Healthcare Policy* 7 (2014): 35.

15 Rebecca M. Henderson, Russell Eisenstat, and Matthew Preble, "Aetna and the Transformation of Health Care," HBS Case no. 318-048, February 2018.

16 Idem.

17 Idem.

18 Rebecca Henderson, "Tackling the Big Problems: Management Science, Innovation and Purpose" (Working paper prepared for Management Science's 65th Anniversary, October 2019).

19 Gelles, "Mark Bertolini of Aetna on Yoga, Meditation and Darth Vader" (2018).

20 Surowiecki, "A Fair Day's Wage" (2015).

21 2014년 CVS는 연간 약 20억 달러의 매출 손실을 감수하며, 담배를 팔지 않을 것이라고 발표했다. Elizabeth Landau, "CVS Stores to Stop Selling Tobacco," CNN, Cable News Network, Feb. 5, 2014, www.cnn.com/2014/02/05/health/cvs-cigarettes/index.html.

22 Jan-Emmanuel De NeveGeorge Ward, "Does Work Make You Happy? Evidence from the World Happiness Report," *Harvard Business Review* (Sept. 20, 2017), https://hbr.org/2017/03/does-work-make-you-happy-evidence-from-the-world-happiness-report.

23 Rebecca Henderson, "Tackling the Big Problems" (October 2019).

24 다음에 나오는 설명은 하버드 비즈니스스쿨 사례 연구와 더불어 개인적으로 킹아서 플라워 경영진과 대화를 통해 알게 된 내용이다. Thomas DeLong, James Holian, and Joshua Weiss, "King Arthur Flour," HBS Case no. 9-407-012 (May 2007).

25 www.instagram.com/kingarthurflour/?hl=en.

26 www.facebook.com/GeneralMills/; www.instagram.com/generalmills/; Christian Kreznar, "How King Arthur Flour's Unusual Leadership Structure Is Key to Its Success." *Forbes*, Feb. 5, 2019, www.forbes.com/sites/christiankreznar/2019/01/30/how-king-arthur-flours-unusual-leadership-structure-set-it-up-for-success/#48e0e2045c95.

27 "Mission & Impact," King Arthur Flour, www.kingarthurflour.com/about/mission-impact.

28 Alana Semuels, "A New Business Strategy: Treating Employees Well," *Atlantic*, May 7, 2018.

29 "Baker's Hotline," King Arthur Flour, www.kingarthurflour.com/bakers-hotline.

30 www.nationmaster.com/country-info/stats/Economy/GDP-per-capita-in-1950.

31 토요타와 GM에 대한 설명으로는 Susan Helper and Rebecca Henderson, "Management Practices, Relational Contracts, and the Decline of General Motors," *Journal of Economic Perspectives* 28, no. 1 (2014): 49–72를 보라.

32 토요타에서 채택한 노동력 관리 기법에 대해서는 노동경제학자들과 노사관계전문가 등이 폭넓게 연구해왔다. 이들은 이 기법을 '고성과 작업 시스템(high-performance work systems)'이라고 부른다. 고성과 작업 시스템에 대해서는 여러 정의가 있지만, 여러 문헌에서 공통으로 찾아볼 수 있는 중요한 요소는 세 가지다. 일반적으로 고성과 작업 시스템을 가진 기업들은 (1) 효과적인 인센티브 체제를 실천하고 (2) 기술개발에 상당한 관심을 기울이며 (3) 팀을 활용하고, 광범위한 의사소통과 문제 해결을 위한 다양한 기회를 만든다. 예를 들어 다음의 자료들을 보라. T. A. Kochan, H. C. Katz, and R. B. McKersie, *The Transformation of American Industrial Relations* (New York: Basic Books, 1986); John Paul Macduffie, "Human Resource Bundles and Manufacturing Performance: Organizational Logic and Flexible Production Systems in the World Auto Industry," *Industrial & Labor Relations Review* 48, no. 2 (1995): 197–221; Brian E. Becker et al., "High Performance Work Systems and Firm Performance: A Synthesis of Research and Managerial Implications" (Research in personnel and human resource management, 1998); C. Ichniowski, K. Shaw, and G. Prennushi, "The Effects of Human Resources Management Practices on Productivity: A Study of Steel Finishing Lines," *American Economic Review* 87, no. 3 (1997): 291–314; J. Pfeffer, *The Human Equation* (Boston: Harvard Business School Press, 1998); Eileen Appelbaum et al., *Manufacturing Advantage: Why High-Performance Work Systems Pay Off* (Ithaca, NY: Cornell University Press, 2000); and S. Black and L. Lynch, "How to Compete: The Impact of Workplace Practices and Information Technology on Productivity," *Review of Economics and Statistics* 83, no. 3 (2001): 434–445.

33 Susan Helper and Rebecca Henderson, "Management Practices, Relational Contracts, and the Decline of General Motors," *Journal of Economic Perspectives* 28.1 (2014): 49-72.

34 Benjamin Elisha Sawe, "The World's Biggest Automobile Companies," *World Atlas*, Dec. 13, 2016, www.worldatlas.com/articles/which-are-the-world-s-biggest-automobile-companies.html.

35 Chad Syverson, "What Determines Productivity?" *Journal of Economic Literature* 49, no. 2 (2011): 326-365.

36 Nicholas Bloom and John Van Reenen, "Measuring and Explaining Management Practices

Across Firms and Countries," *Quarterly Journal of Economics* 122 (2007): 1351-1408; Bloom and Van Reenen, "Why Do Management Practices Differ Across Firms and Countries?" *Journal of Economic Perspectives* 24, no. 1 (2010): 203-224; Bloom and Van Reenen, "Human Resource Management and Productivity," in *Handbook of Labor Economics*, vol. 4, ed., Orley Ashenfelter and David Card (Amsterdam: Elsevier and North-Holland, 2011), 1697-1767; Nicholas Bloom et al., "The Impact of Competition on Management Quality: Evidence from Public Hospitals," *The Review of Economic Studies* 82, no. 2 (2015): 457-489; Nicholas Bloom et al. "Does Management Matter? Evidence from India," *Quarterly Journal of Economics* 128, no. 1 (2013): 1-51; Nicholas Bloom, with Erik Brynjolfsson, Lucia Foster, Ron Jarmin, Megha Patnaik, Itay Saporta-Eksten, and John Van Reenen, "What Drives Differences in Management Practices," *American Economic Review* (May 2019).

37 Jim Harter, "Employee Engagement on the Rise in the U.S.," Gallup.com, Aug. 19, 2019, https://news.gallup.com/poll/241649/employee-engagement-rise.aspx.

38 Frederick W. Taylor, "The Principles of Scientific Management" (New York: Harper & Bros., 1911).

39 Charles D. Wrege and Richard M. Hodgetts, "Frederick W. Taylor's 1899 Pig Iron Observations: Examining Fact, Fiction, and Lessons for the New Millennium," *Academy of Management Journal* 43, no. 6 (Dec. 2000): 1283-1291.

40 "NUMMI," *This American Life*, Dec. 14, 2017, www.thisamericanlife.org/403/transcript.

41 J. Patrick Wright, *On a Clear Day You Can See General Motors: John Z. DeLorean's Look Inside the Automotive* (New York: Avon, 1979)에서 극단적인 예를 찾아볼 수 있다. 라이트에 따르면 1970년대 GM에서 초급 임원에게 이사회 슬라이드 프리젠테이션은 엄청난 영광이었지만 프로젝터에 슬라이드를 잘못 넣기라도 하면 그 임원은 바로 해고될 수도 있었다고 한다.

42 Ashley Lutz, "Nordstrom's Employee Handbook Has Only One Rule," *Business Insider*, Oct. 13, 2014, www.businessinsider.com/nordstroms-employee-handbook-2014-10.

43 Robert Spector and Patrick D. McCarthy, *The Nordstrom Way to Customer Service Excellence for Becoming the "Nordstrom" of Your Industry*, 2nd ed. (Hoboken, NJ: John Wiley & Amp Sons, 2012); Christian Conte, "Nordstrom Customer Service Tales Not Just Legend," Bizjournals. com, Sept. 7, 2012, www.bizjournals.com/jacksonville/blog/retail_radar/2012/09/nordstrom-tales-of-legendary-customer.html; Doug Crandall, and Leader to Leader Institute, *Leadership Lessons from West Point*, 1st ed. (San Francisco: Jossey-Bass, 2007).

44 이 이야기는 주로 Christopher Smith, John Child, Michael Rowlinson, and Sir Adrian Cadbury, *Reshaping Work: The Cadbury Experience* (Cambridge, UK: Cambridge University Press, 2009)에서 가져왔다.

45 "Purchase Power of the Pound," Measuring Worth, www.measuringworth.com/calculators/ukcompare/relativevalue.php?use[]=NOMINALEARN&year_early=1861 £71&shilling71=&pence71=&amount=8000&year_source=1861&year_result=2018dea.

46 트리스트의 작업과 이후 미국에서의 발전에 대해서는 Art Kleiner의 책을 참조하였다. *The Age of Heretics: A History of the Radical Thinkers Who Reinvented Corporate Management*, 2nd ed. (San Francisco: Jossey-Bass, 2008).

47 이후의 역사에 대해서는 Kleiner의 *The Age of Heretics: A History of the Radical Thinkers Who Reinvented Corporate Management*를 참조했다.

48 "About i3 Index," Covestro in North America, www.covestro.us/csr-and-sustainability/i3/covestro-i3-index.

49 개인적으로 직접 들었던 말이다.

50 "Purpose with the Power to Transform Your Organization," *BCG*, www.bcg.com/publications/2017/transformation-behavior-culture-purpose-power-transform-organization.aspx; Alex Edmans, "28 Years of Stock Market Data Shows a Link Between Employee Satisfaction and Long-Term Value," *Harvard Business Review* 24 (Mar. 2016), https://hbr.org/2016/03/28-years-of-stock-market-data-shows-a-link-between-employee-satisfaction-and-long-term-value; Robert G. Eccles, Ioannis Ioannou, and George Serafeim, "The Impact of Corporate Sustainability on Organizational Processes and Performance," *Management Science* 60, no. 11 (November 2014): 2835-2857; Claudine Gartenberg, Andrea Prat, and George Serafeim, "Corporate Purpose and Financial Performance," *Organization Science* 30, no. 1 (January. February 2019): 1-18.

51 "Edelman Trust Barometer Global Report" (2019), https://news.gallup.com/reports/199961/7.aspx.

52 "State of the American Workplace," Gallup.com, May 16, 2019; "Edelman Trust Barometer Global Report" (2019), https://news.gallup.com/reports/199961/7.aspx; "Edelman Trust Barometer, 2019," Edelman, www.edelman.com/sites/g/files/aatuss191/files/2019-02/2019_Edelman_Trust_Barometer_Global_Report.pdf.

53 "The Business Case for Purpose," *Harvard Business Review* (2019), www.ey.com/Publication/vwLUAssets/ey-the-business-case-for-purpose/$FILE/ey-the-business-case-for-purpose.pdf.

5장 ESG 지표부터 임팩트 투자까지, 재무를 재설계하는 길

1   Peter J. Drucker, *Managing for the Future: The 1990s and Beyond* (New York: Penguin, 1992).

2   John R. Graham, Campbell R. Harvey, and Shivaram Rajgopal, "The Economic Implications of Corporate Financial Reporting," *Journal of Accounting and Economics* 40, no. 3 (2005): 32-35, fig. 5; John R. Graham, Campbell R. Harvey, and Shivaram Rajgopal, "Value Destruction and Financial Reporting Decisions," *Financial Analysts Journal* 62, no. 6 (Nov. 6, 2006).

3   Board of Governors of the Federal Reserve System 2016, p. 130.

4   Lucian Bebchuk, Alma Cohen, and Scott Hirst, "The Agency Problems of Institutional Investors," *Journal of Economic Perspectives* 31, no. 3 (Summer 2017): 89-112.

5   17년 동안 이렇게 크게 떨어진 적이 없었다. 선언이 있던 날 맥밀런이 장기적인 성공을 위해서는 때로 단기적인 타격도 감수해야 한다고 매드 머니(Mad Money)의 짐 크래머(Jim Crammer)에게 설명하는 내용을 www.youtube.com/watch?v=4adIq7iJHtc에서 볼 수 있다.

6   Dominic Barton, "Capitalism for the Long Term," *Harvard Business Review* (March 2011): 85.

7   David Burgstahelr and Ilia Dichev, "Earnings Management to Avoid Earnings Decreases and Losses," *Journal of Accounting and Economics* 24 (1997): 99; John R. Graham, Campbell R. Harvey, and Shiva Rajgopal, "The Economic Implications of Corporate Financial Reporting," *Journal of Accounting and Economics* 40, nos. 1-3 (2005): 3-73.

8   Katherine Gunny, "The Relation Between Earnings Management Using Real Activities Manipulation and Future Performance: Evidence from Meeting Earnings Benchmarks," 2009, http://ssrn.com/abstract=816025 or http://dx.doi.org/10.2139/ssrn.816025; Paul M. Healy, "The Effect of Bonus Schemes on Accounting Decisions," *Journal of Accounting and Economics* 7 (1985): 85.

9   Joe Nocera, "Wall Street Wants the Best Patents, Not the Best Drugs," Bloomberg.com, Nov. 27, 2018, www.bloomberg.com/opinion/articles/2018-11-27/gilead-s-cures-for-hepatitis-c-were-not-a-great-business-model.

10   Data from Capital IQ.

11   Data from FactSet.

12   www.sec.gov/Article/whatwedo.html#create; 증권거래위원회는 투자자를 보호하고 시장이 공정하고 효율적으로 유지될 수 있게 돕는다. 또 투자자, 뮤추얼펀드, 증권 거래, 브로커와 딜러를 포함한 핵심 참가자들을 감독한다. 증권거래위원회는 증권법을 위반하는 기업과 개인에 대해 민사집행조치를 취할 권한이 있다.

13 Eugene Soltes, *Why They Do It: Inside the Mind of the White-Collar Criminal* (New York: PublicAffairs, 2016).

14 "ESG Sustainable Impact Metrics—MSCI," Msci.Com, 2019, www.msci.com/esg-sustainable-impact-metrics.

15 Alan Taylor, "Bhopal: The World's Worst Industrial Disaster, 30 Years Later," *Atlantic*, December 2014; Adrien Lopez. "20 Years on from Exxon Valdez: What Progress for Corporate Responsibility?" Mar. 29, 2009, www.ethicalcorp.com/communications-reporting/20-years-exxon-valdez-what-progress-corporate-responsibility.

16 Mindy S. Lubber, "30 Years Later, Investors Still Lead the Way on Sustainability," *Ceres*, Mar. 23, 2019, www.ceres.org/news-center/blog/30-years-later-investors-still-lead-way-sustainability. 나는 2017년부터 CERES의 이사회 일원으로 참여하고 있다.

17 "GRI at a Glance," Global Reporting Initiative (GRI), www.globalreporting.org information/news-and-press-center/press-resources/Pages/default.aspx.

18 "Sustainability and Reporting Trends in 2025," Global Reporting.org (2015), www.globalreporting.org/resourcelibrary/Sustainability-and-Reporting-Trends-in-2025-2.pdf.

19 "2018 Global Sustainable Investment Review," Global Sustainable Investment Alliance (2018), www.gsi-alliance.org/wp-content/uploads/2019/03/GSIR_Review2018.3.28.pdf; Renaud Fages et al. "Global Asset Management 2018: The Digital Metamorphosis," www.bcg.com; BCG, www.bcg.com/publications/2018/global-asset-management-2018-digital-metamorphosis.aspx.

20 "2018 Global Sustainable Investment Review"; Fages et al., "Global Asset Management 2018."

21 See, for example, Christophe Revelli and Jean-Laurent Viviani, "Financial Performance of Socially Responsible Investing (SRI): What Have We Learned? A Meta-analysis," *Business Ethics: A European Review* 24, no. 2 (April 2015).

22 Mozaffar Khan, George Serafeim, and Aaron Yoon, "Corporate Sustainability: First Evidence on Materiality," *Accounting Review* 91, no. 6 (November 2016).

23 "Materiality," *Business Literacy Institute Financial Intelligence*, Sept. 23, 2016.

24 Khan et al., "Corporate Sustainability (2016): 1697-1724; Eccles et al., "The Impact of Corporate Sustainability on Organizational Processes and Performance" (2014): 2835-2857.

25 다음에 이어지는 내용은 Julie Battilana and Michael Norris, "The Sustainability Accounting Standards Board (Abridged)," HBS Case no. 419-058, March 2019를 상당 부분 참조했다.

26 진은 여러 주요 사상가들과 함께 일했다. 그중에는 로버트 마시(Robert Massie), 밥 에클스(Bob Eccles), 데이비드 우드(David Wood)도 있었다. 그녀는 SASB를 설립하기로 한 자신의 결정이 일종의 목적 지향적 결정이었다고 말한다. 그녀는 이렇게 회상한다. "꼬박꼬박 들어오는 수입을 마다한다는 것은 두려운 일이었죠. 하지만 저는 제 아이디어를 진척시켜야 한다는 도덕적 책임을 느끼고 있었어요. 그 아이디어야말로 미국은 물론 전 세계에 커다란 영향을 미칠 수도 있는 것이었기 때문이죠."

27 증권거래위원회 규정에 따르면 모든 상장 기업은 투자자들에게 '중요한' 정보를 알려야 할 의무가 있다. 누락된 사실의 공시가 합리적인 투자자들이 보았을 때 이용할 수 있는 정보의 전체적인 맥락을 크게 변화시킬 실질적 개연성이 있을 때, 그 정보는 중요하다고 간주된다.

28 Khan et al., "Corporate Sustainability."

29 George Serafeim and David Freiberg, "JetBlue: Relevant Sustainability Leadership (A)," HBS Case no. 118-030, October 2018.

30 "Bio," Sophia Mendelsohn, www.sophiamendelsohn.com/bio.

31 JetBlue, "2016 Sustainability Accounting Standards Board Report" (2017), http://responsibilityreport.jetblue.com/2016/JetBlue_SASB_2016.pdf.

32 Serafeim and Freiberg, "JetBlue."

33 투자 관리 부서의 업무는 투자자들과의 관계를 다루는 일이었다.

34 Serafeim and Freiberg, "JetBlue."

35 다음에 나오는 이야기는 주로 Rebecca Henderson, George Serafeim, Josh Lerner, and Naoko Jinjo, "Should a Pension Fund Try to Change the World? Inside GPIF's Embrace of ESG," HBS Case no. 319-067, January 2019 (Revised March 2019)에서 가져왔다.

36 Eric Schleien, "Investing: Buy What You Know," *Guru*, Apr. 9, 2007, www.gurufocus.com/news/5281/investing-buy-what-you-know.

37 "Peter Lynch," *AJCU*, https://web.archive.org/web/20141226131715/www.ajcunet.edu/story?TN=PROJECT-20121206050322; Peter Lynch, "Betting on the Market-Pros," PBS, www.pbs.org/wgbh/pages/frontline/shows/betting/pros/lynch.html.

38 Steven Perlberg, "Mutual Fund Legend Peter Lynch Identifies His 'Three C's' of Investing in a Rare Interview," *Business Insider*, Dec. 6, 2013, www.businessinsider.com/peter-lynch-charlie-rose-investing-2013-12.

39 Kenneth R. French, "Presidential Address: The Cost of Active Investing," *Journal of Finance* 63, no. 4 (2008): 1537-1573.

40 실제로 후생연금펀드의 일본 자산의 90%, 해외 자산의 86%는 수동적으로 투자되고 있다.

41 Sean Fleming, "Japan's Workforce Will Be 20% Smaller by 2040," *World Economic Forum*, Feb. 12, 2019, www.weforum.org/agenda/2019/02/japan-s-workforce-will-shrink-20-by-2040/.

42 "The Global Gender Gap Report 2013," *World Economic Forum*, 236, http://www3.weforum.org/docs/WEF_GenderGap_Report_2013.pdf; "The Global Gender Gap Report 2017," *World Economic Forum*, 90, http://www3.weforum.org/docs/WEF_GGGR_2017.pdf.

43 후생연금펀드는 채권이나 뮤추얼펀드에 직접 투자할 수 있었다. 후생연금펀드의 고정 수익자산의 15%는 내부적으로 관리되었다.

44 "The Benefits and Risks of Passive Investing," Barclays, www.barclays.co.uk/smart-investor/investments-explained/funds-etfs-and-investment-trusts/the-benefits-and-risks-of-passive-investing/.

45 See GPIF's 2018 *Annual Report*.

46 The Nikkei Telecon Database, accessed December 2018.

47 규모는 시가총액을 기반으로 나눈다.

48 "2018 Global Sustainable Investment Review," Global Sustainable Investment Alliance (2018), www.gsi-alliance.org/wp-content/uploads/2017/03/GSIR_Review2016.F.pdf.

49 가족기업이 상장 기업보다 더 성과가 높으냐에 대한 논란은 수그러들지 않고 있다. 아마도 가족기업의 종합적인 재무 정보를 수집하기가 더 어렵다는 이유도 있을 것이다. 몇몇 사람들은 가족기업에서 단기적인 수익과 장기적인 회복력을 트레이드오프하는 경향성이 더 많이 목격되므로, 평균적으로 더 성과가 높을 수 있다고 믿고 있다. 예를 들어 Kate Rodriguez, "Why Family Businesses Outperform Others," Economist, https://execed.economist.com/blog/industry-trends/why-family-businesses-outperform-others를 보라. 반대로 성과가 오히려 못하다는 논문도 있다. 예를 들어 Andrea Prat, "Are Family Firms Damaging Europe's Growth?" *World Economic Forum*, Feb. 12, 2015, www.weforum.org/agenda/2015/02/are-family-firms-damaging-europes-growth와 앞에 언급한 Nicholas Bloom의 책을 보라. 가족기업의 지배구조와 경제 전반에서 담당하는 역할에 대해서는 Randall K. Morck, ed., *A History of Corporate Governance Around the World* (Chicago and London: University of Chicago Press, 2005) and Richard F. Doner and Ben Ross Schneiderm "The Middle-Income Trap: More Politics Than Economics," *World Politics* 68, no. 4 (2016): 608–644을 보라.

50 Robert S. Harris, Tim Jenkinson, and Steven N. Kaplan, "How Do Private Equity Investments Perform Compared to Public Equity?" *Journal of Investment Management* 14 no. 3 (2016): 1-24; Robert S. Harris, Tim Jenkinson, and Steven N. Kaplan. "Private Equity Performance: What Do We Know?" *Journal of Finance* 69, no. 5 (2014): 1851-1882.

51 이어지는 이야기는 주로 하버드 사례 연구를 참조했다. Rebecca Henderson, Kate Isaacs, and Katrin Kaufer, "Triodos Bank: Conscious Money in Action," HBS Case no. 313-109, March 2013 (Revised June 2013).

52 "About Triodos Bank," Triodos, www.triodos.com/about-us.

53 Triodos Bank, *Annual Report* 2018, www.triodos-im.com/press-releases/2019/triodos-investment-management-in-2018.

54 내가 알고 있기로, 트리오도스는 이 업체에 대출을 해주지 않았다.

55 Triodos Bank, *Annual Report* 2018.

56 Lorie Konish, "The Big Wealth Transfer Is Coming. Here's How to Make Sure Younger Generations Are Ready," CNBC, Aug. 12, 2019, www.cnbc.com/2019/08/12/a-big-wealth-transfer-is-coming-how-to-get-younger-generations-ready.html.

57 이 이야기와 다음에 이어지는 이야기는 나의 사례 연구를 많은 부분 참조했다. Rebecca Henderson and Michael Norris, "1Worker1Vote: MONDRAGON in the U.S.," Harvard Business School Teaching Plan 316–176, April 2016.

58 "The Development and Significance of Agricultural Cooperatives in the American Economy," *Indiana Law Journal 27*, no. 3, Article 2 (1952), www.repository.law.indiana.edu/cgi/viewcontent.cgi?article=2352&context=ilj.

59 "The Development and Significance of Agricultural Cooperatives in the American Economy," *Indiana Law Journal.*

60 Leon Stein, *The Triangle Fire*, 1st ed. (Philadelphia: Lippincott, 1962).

61 Steven Deller, Ann Hoyt, Brent Hueth, and Reka Sundaram-Stukel, "Research on the Economic Impact of Cooperatives," University of Wisconsin Center for Cooperatives, June 19, 2009, http://reic.uwcc.wisc.edu/sites/all/REIC_FINAL.pdf.

62 Tony Sekulich, "Top Ten Agribusiness Companies in the World," *Tharawat Magazine* 12 (June 2019), www.tharawat-magazine.com/facts/top-ten-agribusiness-companies/#gs.001anx.

63 "Leading U.S. Commercial Banks by Revenue 2018," *Statista*, www.statista.com/statistics/185488/leading-us-commercial-banks-by-revenue/.

64 Douglas L. Kruse, ed., "Shared Capitalism at Work: Employee Ownership, Profit and

Gain Sharing, and Broad-Based Stock Options," National Bureau of Economic Research Conference Report (University of Chicago Press, May 2010).

65 Douglas L. Kruse, Joseph R. Blasi, and Rhokeun Park, "Shared Capitalism in the U.S. Economy," NBER Working paper no. 14225 (Cambridge, MA: NBER, August 2008).

66 Kruse et al., "Shared Capitalism in the U.S. Economy" (2008).

67 Kruse et al., "Shared Capitalism in the U.S. Economy" (2008).

68 Hazel Sheffield, "The Preston Model: UK Takes Lessons in Recovery from Rust Belt Cleveland," *Guardian*, April 11, 2017, www.theguardian.com/cities/2017/apr/11/preston-cleveland-model-lessons-recovery-rust-belt. See also https://thenextsystem.org/learn/stories/infographic-preston-model.

69 Publix, "About Publix," accessed January 2014, www.publix.com/about/CompanyOverview.do.

70 John Lewis Partnership, "About Us," accessed January 2014, www.johnlewispartnership.co.uk/about.html.

71 "About Us," Mondragon Corporation, www.mondragon-corporation.com/en/about-us/.

72 Mondragon Corporation, *Annual Report* 2018 (2018), www.mondragon-corporation.com/en/about-us/economic-and-financial-indicators/annual-report/.

73 "Mondragon Corporation, Winner at the Boldness in Business Awards Organized by the Financial Times," MAPA Group, Mar. 27, 2013, www.mapagroup.net/2013/03/mondragon-corporation-winner-at-the-boldness-in-business-awards-organized-by-the-financial-times/.

74 이에 대해 비판적인 사람들은 종업원-소유자들이 너무나 많은 부를 기업에 쌓아두는 리스크를 자초한다고 지적한다. 하지만 추가적인 보상이 이러한 효과를 상쇄해주고도 남는 것으로 보인다. 예를 들어 Peter Kardas, Adria L. Scharf, and Jim Keogh, "Wealth and Income Consequences of ESOPs and Employee Ownership: A Comparative Study from Washington State," *Journal of Employee Ownership Law and Finance* 10, no. 4 (1998)를 보라.

75 ESOP Association data. Analyzed by NCEO, accessed February 2015, www.esopassociation.org/explore/employee-ownership-news/resources-for-reporters.

76 Kruse et al., "Shared Capitalism in the U.S. Economy?" (2008).

77 Colin Mayer, *Prosperity: Better Business Makes the Greater Good* (Oxford, UK: Oxford University Press, 2019); Lynn Stout, *The Shareholder Value Myth: How Putting Shareholders First Harms Investors, Corporations, and the Public*, 1st ed. (San Francisco: Berrett-Koehler Publishers, 2012); Thomas Donaldson and Lee Preston, "The Stakeholder Theory of the Corporation: Concepts,

Evidence, and Implications," *Academy of Management Review* 20, no. 1 (1995): 65-91.

78 See, for example, Stout, *The Shareholder Value Myth;* Mayer, *Prosperity;* Leo Strine, *Towards Fair and Sustainable Capitalism* (Research Paper no. 19-39, University of Pennsylvania Law School, Institute for Law and Economics, September 2019), https://ssrn.com/abstract=3461924.

79 See https://benefitcorp.net/. 베니핏 기업과 비콥 인증 기업(certified B corporation)에는 차이가 있다. See https://bcorporation.net/.

80 "Benefit Corporation Reporting Requirements," Benefit Corporation, https://benefitcorp.net/businesses/benefit-corporation-reporting-requirements.

81 "State by State Status of Legislation," Benefit Corporation, https://benefitcorp.net/policymakers/state-by-state-status.

82 "Benefit Corporations & Certified B Corps," Benefit Corporation, https://benefitcorp.net/businesses/benefit-corporations-and-certified-b-corps.

83 이를 보통 레블론 의무(Revlon Duty)라고 칭한다. See Leo E. Strine, Jr., "Making It Easier for Directors to Do the Right Thing," *Harv. Bus. L. Rev.* 4 (2014): 235.

84 Stout, T*he Shareholder Value Myth.*

85 See FAQ, Benefit Corporation, https://benefitcorp.net/faq.

86 "The Rise and Decline of the Japanese Economic 'Miracle,'" *Understanding Australia's Neighbours: An Introduction to East and Southeast Asia* (Cambridge, UK: Cambridge University Press, 2004): 132-148.

87 주식 교차 보유는 기업들 사이에 장기적인 관계를 개발하려는 욕망의 발현으로 이해되었다. 1990년대까지는 생명보험사들이 일본의 가장 중요한 주주 집단이었다. 일본 은행들도 채무자에 대해 상당한 지분을 소유했다.

88 Nishiyama Kengo, "Proxy Voting Trends in 2014 and Outlook in 2015," presentation, Financial Services Agency, Tokyo, July 9, 2013, www.fsa.go.jp/frtc/kenkyu/gijiroku/20140709/01.pdf.

89 "GDP Growth (Annual %)—Japan," World Bank Data, https://data.worldbank.org/indicator/NY.GDP.MKTP.KD.ZG?locations=JP; "United Kingdom," World Bank Data, https://data.worldbank.org/country/united-kingdom.

90 "GDP Growth (Annual %)—Japan," World Bank Data, https://data.worldbank.org/indicator/NY.GDP.MKTP.KD.ZG?locations=JP; "United Kingdom," World Bank Data, https://data.worldbank.org/country/united-kingdom.

91 Jim Rickards, "Japan's in the Middle of Its 3rd 'Lost Decade' and a Recovery Is Nowhere in

Sight," *Business Insider*, Mar. 23, 2016, www.businessinsider.com/japans-3rd-lost-decade-recovery-nowhere-in-sight-2016-3.

92 Ito Kunio, "Ito Review of Competitiveness and Incentives for Sustainable Growth: Building Favorable Relationships Between Companies and Investors," Ministry of Economy, Trade and Industry (METI), August 2014, accessed June 2018, www.meti.go.jp/english/press/2014/pdf/0806_04b.pdf, p. 52.

93 Jake Kanter, "Facebook Shareholder Revolt Gets Bloody: Powerless Investors Vote Overwhelmingly to Oust Zuckerberg as Chairman," *Business Insider*, June 4, 2019, www.busi nessinsider.com/facebook-investors-vote-to-fire-mark-zuckerberg-as-chairman-2019-6.

94 Guest, CIO Central, "Sorry CalPERS, Dual Class Shares Are a Founder's Best Friend," *Forbes*, May 14, 2013, www.forbes.com/sites/ciocentral/2013/05/14/sorry-calpers-dual-class-shares-are-a-founders-best-friend/#aa06d5012d9b.

95 "Supplier Inclusion," https://corporate.walmart.com/suppliers/supplier-inclusion.

96 Adele Peters, "Tesla Has Installed a Truly Huge Amount of Energy Storage," *Fast Company* June 5, 2018.

97 "The Future of Agriculture," *Economist*, May 11, 2016; "Jain Irrigation Saves Water, Increases Efficiency for Smallholder Farmers," *Shared Value Initiative*, www.sharedvalue.org/examples/drip-irrigation-practices-smallholder-farmers.

98 Brad Plumer, "What's Driving the US Solar Boom? A Bit of Creative Financing," *Vox*, Oct. 8, 2014, www.vox.com/2014/10/8/6947939/solar-power-solarcity-loans-leasing-growth-rooftop.

6장 무임승차 없는 협력은 가능한가

1 Edward Balleisen, "Rights of Way, Red Flags, and Safety Valves: Business Self-Regulation and State-Building in the United States, 1850.1940," *Journal of Sociology* 113 (2007): 297-351.

2 David Batty, "Unilever Targeted in Orangutan Protest," *Guardian*, Apr. 21, 2008, www.theguardian.com/environment/2008/apr/21/wildlife.

3 Rainforest Rescue, "Facts about Palm Oil and Rainforest," accessed February 2015, www.rainforest-rescue.org/topics/palm-oil; Roundtable on Sustainable Palm Oil (RSPO), "Impact Report 2014," accessed February 2015, www.rspo.org/about/impacts.

4 World Wildlife Fund (WWF), "Which Everyday Products Contain Palm Oil?" accessed

February 2016, www.worldwildlife.org/pages/which-everyday-products-contain-palm-oil.

5   Mark L. Clifford, *The Greening of Asia* (New York: Columbia University Press, 2015).

6   World Resources Institute (WRI), "With Latest Fires Crisis, Indonesia Surpasses Russia as World's Fourth-Largest Emitter," Oct. 29, 2015, accessed February 2016, www.wri.org/ blog/2015/10/latest-fires-crisis-indonesia-surpasses-russia-world%E2%80%99s-fourth-largest-emitter.

7   Raquel Moren-Penaranda et al., "Sustainable Production and Consumption of Palm Oil in Indonesia: What Can Stakeholder Perceptions Offer to the Debate?" *Sustainable Production and Consumption*, 2015, accessed November 2015, http://ac.els-cdn.com/S2352550915000378/1-s2.0-S2352550915000378-main.pdf?_tid=e5ebb192-8e24-11e5-803f. 00000aacb35d&acdna t=1447872663_63b9570718954aefb715def91b9e8331.

8   Ruysschaert Denis and Denis Salles, "Towards Global Voluntary Standard: Questioning the Effectiveness in Attaining Conservation Goals. The Case of the Roundtable on Sustainable Palm Oil (RSPO)," *Ecological Economics* 107 (2014): 438-446.

9   George Monbiot, "Indonesia Is Burning. So Why Is the World Looking Away?" *Guardian*, Oct. 30, 2015, www.theguardian.com/commentisfree/2015/oct/30/indonesia-fires-disaster-21st-century-world-media.

10 Avril Ormsby, "Palm Oil Protests Target Unilever Sites," *Reuters*, Apr. 21, 2008, https:// uk.reuters.com/article/uk-britain-unilever/palm-oil-protests-target-unilever-sites-idUKL2153984120080421.

11 Unilever, "Sustainable Palm Oil: Unilever Takes the Lead," 2008, accessed March 2016, www.unilever.com/Images/sustainable -palm-oil-unilever-takes-the-lead-2008_tcm244 -424242_en.pdf.

12 "Unilever PLC Common Stock," Nasdaq, www.nasdaq.com/symbol/ul/stock-comparison.

13 Aaron O. Patrick, "Unilever Taps Paul Polman of Nestlé as New CEO," *Wall Street Journal*, Sept. 5, 2008, www.wsj.com/articles/SB122051169481298737.

14 Indrajit Gupta and Samar Srivastava, "A Person of the Year: Paul Polman," *Forbes*, Feb. 28, 2011, www.forbes.com/2011/01/06/forbes-india-person-of-the-year-paul-polman-unilever. html#141d73761053.

15 도리토스 토르티야칩 같은 제품의 주성분이다.

16 반독점법과 관련된 문제가 될 수도 있다. 대부분의 관할권에서는 공익을 위해 서로 협력 하는 형태를 허용하지만, 모든 업계의 자율 규제 노력은 반독점법을 위반하지 않는 데

많은 주의를 기울인다.

17 Edward J. Balleisen, "Private Cops on the Fraud Beat: The Limits of American Business Self-Regulation, 1895.1932," *Business History Review* 83 (Spring 2009): 119-120, via Academic Search Premier (EBSCOhost), accessed January 2015.

18 다음에 나오는 내용은 Christine Meisner Rosen, "Businessmen Against Pollution in Late Nineteenth Century Chicago," *Business History Review* 69, no. 3 (1995): 351–397을 상당 부분 참조했다.

19 "The House of Representatives' Selection of the Location for the 1893 World's Fair," US House of Representatives: History, Art & Archives, http://history.house.gov/HistoricalHighlight/Detail/36662?ret=True.

20 "Worlds Columbian Exposition," *Encyclopedia of Chicago*, http://encyclopedia.chicagohistory.org/pages/1386.html.

21 다음에 나오는 내용은 Rosen's wonderful article "Businessmen Against Pollution in Late Nineteenth Century Chicago"를 상당 부분 참조했다.

22 "Overview," The Consumer Goods Forum, www.theconsumergoodsforum.com/who-we-are/overview/.

23 Ask Nestle CEO to stop buying palm oil from destroyed rainforest, Greenpeace, www.youtube.com/watch?v=1BCA8dQfGi0.

24 Greenpeace, "2010—Nestlé Stops Purchasing Rainforest-Destroying Palm Oil," 2010, accessed March 2016, www.greenpeace.org/international/en/about/history/Victories-timeline/Nestle/.

25 Gavin Neath and Jeff Seabright, Interview by author, June 28, 2015.

26 Greenpeace, "How Palm Oil Companies Are Cooking the Climate," 2007, accessed March 2016, www.greenpeace.org/international/Global/international/planet-2/report/2007/11/palm-oil-cooking-the-climate.pdf.

27 "No Deforestation, No Peat, No Exploitation Policy," Wilmar, accessed February 2016, www.wilmar-international.com/wp-content/uploads/2012/11/No-Deforestation-No-Peat-No-Exploitation-Policy.pdf.

28 "Cargill Marks Anniversary of No-Deforestation Pledge with New Forest Policy," Cargill, September 17, 2015, www.cargill.com/news/releases/2015/NA31891862.jsp.

29 Roundtable on Sustainable Palm Oil (RSPO), "How RSPO Certification Works," accessed February 2016, www.rspo.org/certification/how-rspo-certification-works.

30 Environmental Investigation Agency (EIA), "Who Watches the Watchmen," November 2015, https://eia-international.org/wp-content/uploads/EIA-Who-Watches-the-Watchmen-FINAL.pdf.

31 Rhett Butler, "Despite Moratorium, Indonesia Now Has World's Highest Deforestation Rate," *Mongabay Environmental News*, Nov. 29, 2015, https://news.mongabay.com/2014/06/despite-moratorium-indonesia-now-has-worlds-highest-deforestation-rate/.

32 Mikaela Weisse and Elizabeth Dow Goldman, "The World Lost a Belgium-Sized Area of Primary Rainforests Last Year," World Resources Institute, Apr. 26, 2019, www.wri.org/blog/2019/04/world-lost-belgium-sized-area-primary-rainforests-last-year.

33 "Indonesia, Global Forest Watch," Global Forest Watch.

34 Terry Slavin, "Deadline 2020: 'We Won't End Deforestation Through Certification Schemes,' Brands Admit," http://ethicalcorp.com/deadline-2020-we-wont-end-deforestation-through-certification-schemes-brands-admit.

35 Shofia Saleh et al., "Intensification by Smallholder Farmers Is Key to Achieving Indonesia's Palm Oil Targets," World Resources Institute, Sept. 26, 2018, www.wri.org/blog/2018/04/intensification-smallholder-farmers-key-achieving-indonesia-s-palm-oil-targets; Thontowi Suhada et al., "Smallholder Farmers Are Key to Making the Palm Oil Industry Sustainable," World Resources Institute, Sept. 26, 2018, www.wri.org/blog/2018/03/smallholder-farmers-are-key-making-palm-oil-industry-sustainable.

36 Philip Jacobson, "Golden Agri's Wings Clipped by RSPO in West Kalimantan," *Forest People Programme*, May 8, 2015, www.forestpeoples.org/topics/palm-oil-rspo/news/2015/05/golden-agri-s-wings-clipped-rspo-west-kalimantan; Annisa Rahmawati, "The Challenges of High Carbon Stock (HCS) Identification Approach to Support No Deforestation Policy of Palm Oil Company in Indonesia: Lesson Learned from Golden-Agri Resources (GAR) Pilot Project," *IMRE Journal* 7 (3), http://tu-freiberg.de/sites/default/files/media/imre-2221/IMREJOURNAL/imre_journal_annisa_final.pdf, accessed March 2016.

37 "Agriculture, Forestry, and Fishing, Value Added (% of GDP)," World Bank Data, https://data.worldbank.org/indicator/NV.AGR.TOTL.ZS?view=chart.

38 "Employment in Agriculture (% of Total Employment) (Modeled ILO Estimate)," World Bank Data, https://data.worldbank.org/indicator/SL.AGR.EMPL.ZS?view=chart.

39 "What Did Indonesia Export in 2017?" *The Atlas of Economic Complexity*, http://atlas.cid.harvard.edu/explore/?country=103&partner=undefined&product=undefined&productCla

ss=HS&startYear=undefined&target=Product&year=2017.

40 "Agriculture, Forestry, and Fishing, Value Added (% of GDP)," World Bank Data, https://
data.worldbank.org/indicator/NV.AGR.TOTL.ZS?view=chart; "What Did Malaysia
Export in 2017?" The Atlas of Economic Complexity.

41 World Bank, "Program to Accelerate Agrarian Reform (One Map Project)," https://projects.
worldbank.org/en/projects-operations/project-detail/P160661?lang=en.

42 Edward Aspinall and Mada Sukmajati, editors, *Electoral Dynamics in Indonesia: Money
Politics, Patronage and Clientelism at the Grassroots* (National University of Singapore Press, 2016).

43 Jake Schmidt, "Illegal Logging in Indonesia: Environmental, Economic & Social Costs
Outlined in a New Report," *NRDC*, Dec. 15, 2016, www.nrdc.org/experts/jake-schmidt/
illegal-logging-indonesia-environmental-economic-social-costs-outlined-new.

44 Greenpeace, "Eating Up the Amazon," 2006, www.greenpeace.org/usa/wp-content/
uploads/legacy/Global/usa/report/2010/2/eating-up-the-amazon.pdf.

45 Greenpeace, "10 Years Ago the Amazon Was Being Bulldozed for Soy—Then Everything
Changed," 2016, www.greenpeace.org/usa/victories/amazon-rainforest-deforestation-soy-
moratorium-success/, accessed June 2018.

46 Greenpeace, "The Amazon Soy Moratorium," accessed May 2018, www.greenpeace.org/
archive-international/Global/international/code/2014/amazon/index.html.

47 Greenpeace, "The Amazon Soy Moratorium."

48 Kelli Barrett, "Soy Sheds Its Deforestation Rap," *GreenBiz*, June 6, 2016, www.greenbiz.
com/article/soy-sheds-its-deforestation-rap.

49 Matthew McFall, Carolyn Rodehau, and David Wofford, "Oxfam's Behind the Brands
Campaign" (Case study, Washington, DC: Population Council, The Evidence Project, 2017).

50 Greenpeace, "Slaughtering the Amazon," 2009, www.greenpeace.org/usa/wp-content/uploads/
legacy/Global/usa/planet3/PDFs/slaughtering-the-amazon-part-1.pdf.

51 "Agriculture at a Crossroads," *Global Agriculture*, www.globalagriculture.org/report-topics/
meat-and-animal-feed.html.

52 Hau Lee and Sonali Rammohan, "Beef in Brazil: Shrinking Deforestation While Growing
the Industry," Stanford Graduate School of Business Case no. GS88, 2017.

53 Alexei Barrionuevo, "Giants in Cattle Industry Agree to Help Fight Deforestation," *New York
Times*, October 6, 2018, www.nytimes.com/2009/10/07/world/americas/07deforest.html.

54 Holly K. Gibbs et al., "Did Ranchers and Slaughterhouses Respond to Zero-Deforestation

Agreements in the Amazon?" *Conservation Letters: A Journal of the Society for Conservation Biology*, April 21, 2015, https://onlinelibrary.wiley.com/doi/full/10.1111/conl.12175.

55   Gibbs et al., "Did Ranchers and Slaughterhouses Respond to Zero-Deforestation Agreements in the Amazon?"

56   Tom Phillips, "Bolsonaro Rejects 'Captain Chainsaw' Label as Data Shows Deforestation 'Exploded,'" *Guardian*, Aug. 7, 2019, www.theguardian.com/world/2019/aug/07/bolsonaro-amazon-deforestation-exploded-july-data.

57   Richard M. Locke, *The Promise and Limits of Private Power: Promoting Labor Standards in a Global Economy* (Cambridge, UK: Cambridge University Press, 2013).

58   Matthew Amengual and Laura Chirot, "Reinforcing the State: Transnational and State Labor Regulation in Indonesia," *ILR Review* 69, no. 5 (2016): 1056-1080.

59   Salo V. Coslovsky and Richard Locke, "Parallel Paths to Enforcement: Private Compliance, Public Regulation, and Labor Standards in the Brazilian Sugar Sector," *Politics & Society* 41, no. 4 (2013): 497-526.

60   Joseph V. Rees, *Hostages of Each Other: The Transformation of Nuclear Safety Since Three Mile Island* (University of Chicago Press, 1994).

61   John G. Kemeny, *Report of the President's Commission on the Accident at Three Mile Island: The Need for Change: The Legacy of TMI*, [the Commission]: For Sale by the Supt. of Docs., U.S. G.P.O., 1979.

62   Jennifer F. Brewer, "Revisiting Maine's Lobster Commons: Rescaling Political Subjects," *International Journal of the Commons* 6, no. 2 (2012): 319-343.

63   일본과 독일이 2011년 쓰나미 이후 근본적으로는 원자력 산업을 폐쇄했다는 점을 감안하면 이 두려움에는 충분한 근거가 있다. Thomas Feldhoff, "Post-Fukushima Energy Paths: Japan and Germany Compared." *Bulletin of the Atomic Scientists* 70, no. 6 (2014): 87–96.

64   Bruce Barcott, "In Novel Approach to Fisheries, Fishermen Manage the Catch," *Yale E360*, Jan. 2011, https://e360.yale.edu/features/in_novel_approach_to_fisheries_fishermen_manage_the_catch.

65   다음에 나오는 세부적인 내용은 Clayton S. Rose and David Lane, "MELF and Business Culture in the Twin Cities A," Harvard Business School Case no. 315-078, March 2015에서 가져왔다.

66   미니애폴리스의 겨울은 춥고 긴 것으로 유명하다.

67 Harvard Business School MELF Case C.

68 Art Rolnick and Rob Grunewald, "Early Childhood Development: Economic Development with a High Public Return," *The Region* 17, no. 4 (2003): 6–12. 여러 사회과학 문헌을 참조한 결과 그는 이 문제를 해결하려는 노력이 16% 정도의 사회적 수익률을 낳을 수 있다고 시사했다.

69 Charles McGrath, "Pension Funds Dominate Largest Asset Owners," *Pensions & Investments*, Nov. 12, 2018, www.pionline.com/article/20181112/INTERACTIVE/181119971/pension-funds-dominate-largest-asset-owners.

70 "World's Top Asset Managers 2019," *ADV Ratings*, www.advratings.com/top-asset-management-firms.

71 George Serafeim, "Investors as Stewards of the Commons?" Harvard Business School Working Paper no. 18-013, August 2017.

72 Kelly Gilblom, Bloomberg.com, Apr. 11, 2019, www.bloomberg.com/news/features/ 2019-04-11/climate-group-with-32-trillion-pushes-companies-for-transparency.

73 기후행동100+의 '+'란 기후 변화의 영향을 크게 받거나, 기후 변화를 완화하는 데 특히 중요한 역할을 한다는 이유로 6개월 후 목록에 추가된 61개의 기업을 가리킨다.

74 https://climateaction100.wordpress.com/.

75 "Power Companies Must Accelerate Decarbonisation and Support Ambitious Climate Policy," FT.com, Dec. 20, 2018.

76 "Proposal: Strategy Consistent with the Goals of the Paris Agreement," *Ceres*, https://ceres.my.salesforce.com/sfc/p/#A0000000ZqYY/a/1H000000bxTX/VMk1IZrSUtwbmXzkJ_DVFFsrtiQBpMuOiZMnzu7V7Y8.

7장 시장과 정부를 다시 생각하다

1 Yascha Mounk, *The People vs. Democracy: Why Our Freedom Is in Danger and How to Save It* (Cambridge, MA: Harvard University Press, 2018).

2 "Unlocking the Inclusive Growth Story of the 21st Century: Accelerating Climate Action in Urgent Times" (Washington, DC: New Climate Economy, 2018), https://newclimateeconomy.report/2018/wp-content/uploads/sites/6/2018/09/NCE_2018_FULL-REPORT.pdf.

3 Manuela Andreoni and Christine Hauser, "Fires in Amazon Rain Forest Have Surged This Year," *New York Times*, Aug. 21, 2019, www.nytimes.com/2019/08/21/world/americas/amazon-rainforest.html.

4   Christine Meisner Rosen, "Businessmen Against Pollution in Late Nineteenth Century Chicago," *Business History Review* 69, no. 3 (1995): 351-397.

5   Pablo A. Mitnik and David B. Grusky, "Economic Mobility in the United States" The Pew Charitable Trusts and the Russel Sage Foundation, 2015); John Jerrim and Lindsey Macmillan, "Income Inequality, Intergenerational Mobility, and the Great Gatsby Curve: Is Education the Key?" *Social Forces* 94, no. 2 (December 2015): 505-533; OECD, "A Family Affair: Intergenerational Social Mobility Across OECD Countries," *Economic Policy Reforms* (2010): 166-183.

6   World Bank, *World Development Report 2018: Learning to Realize Education's Promise* (Washington, DC: World Bank, 2018), doi:10.1596/978-1-4648-1096-1. License: Creative Commons Attribution CC BY 3.0 IGO. Children who don't receive an adequate supply of basic nutrients in their first few days of life suffer cognitive and emotional damage that cannot later be repaired. World Bank, *World Development Report 2018.*

7   F. Alvaredo, L. Chancel, T. Piketty, E. Saez, and G. Zucman, *World Inequality Report 2018* (Cambridge, MA: The Belknap Press of Harvard University Press, 2018).

8   "Total Factor Productivity at Constant National Prices for United States," *FRED*, June 11, 2019, https://fred.stlouisfed.org/series/RTFPNAUSA632NRUG.

9   Lawrence Mishel and Jessica Schieder, "CEO Compensation Surged in 2017," *Economic Policy Institute* 16 (2018).

10   Lyndsey Layton, "Majority of U.S. Public School Students Are in Poverty," *Washington Post*, Jan. 16, 2015, www.washingtonpost.com/local/education/majority-of-us-public-school-students-are-in-poverty/2015/01/15/df7171d0-9ce9-11e4-a7ee-526210d665b4_story.html.

11   Bryce Covert, "Walmart's Wage Increase Is Hurting Its Stock Price and That's OK," *Nation*, Oct. 23, 2015, www.thenation.com/article/walmarts-wage-increase-is-hurting-its-stock-price-and-thats-ok/.

12   Walmart, 2018 *Annual Report*, https://s2.q4cdn.com/056532643/files/doc_financials/2018/annual/WMT-2018_Annual-Report.pdf.

13   "Inaugural Addresses of the Presidents of the United States: Ronald Reagan," Avalon Project—Documents in Law, History and Diplomacy, https://avalon.law.yale.edu/20th_century/reagan1.asp.

14   A. Winston, "Where the GOP's Tax Extremism Comes From," [online] 2017, accessed Oct.

18, 2019, https://medium.com/@AndrewWinston/where-the-gops-tax-extremism-comes-from-90eb10e38b1c.

15 "Edelman Trust Barometer Global Report" (2019), https://news.gallup.com/reports/199961/7. aspx.

16 Philip Mirowski and Deiter Piehwe, *The Road from Mont Pelerin: The Making of the Neoliberal Thought Collective* (Cambridge, MA: Harvard University Press, 2009).

17 Theda Skocpol and Alexander Hertel-Fernandez, "The Koch Network and Republican Party Extremism," *Perspectives on Politics* 14, no. 3 (2016): 681-699.

18 Daron Acemoglu, Simon Johnson, and James A. Robinson, "The Colonial Origins of Comparative Development: An Empirical Investigation," *American Economic Review* 91, no. 5 (2001): 1369-1401.

19 아테네와 같은 고대 그리스의 도시 국가들이 주목할 만하면서도 희귀한 예이다.

20 Samuel Edward Finer, *The History of Government from the Earliest Times: Ancient Monarchies and Empires*, vol. 1 (Oxford, UK: Oxford University Press, 1997).

21 Brian M. Downing, "Medieval Origins of Constitutional Government in the West," *Theory and Society* 18, no. 2 (1989): 213.247; Daron Acemoglu and James A. Robinson, *Economic Origins of Dictatorship and Democracy* (Cambridge, UK: Cambridge University Press, 2005).

22 Diego Puga and Daniel Trefler, "International Trade and Institutional Change: Medieval Venice's Response to Globalization," *Quarterly Journal of Economics* 129, no. 2 (2014): 753-821.

23 Barrington Moore, *Social Origins of Dictatorship and Democracy: Lord and Peasant in the Making of the Modern World* (Boston: Beacon Press, 1993).

24 Marina Mazzucato, *The Entrepreneurial State: Debunking Public vs. Private Myths* (London: Anthem Press, 2013).

25 Jeffrey Masters, "The Skeptics vs. the Ozone Hole," *Weather Underground*, 10.226.246.28 (1974), www.wunderground.com/resources/climate/ozone_skeptics.asp.

26 *Chemical Week* (New York: McGraw-Hill, July 16, 1975), print.

27 J. P. Glas, "Protecting the Ozone Layer: A Perspective from Industry," in *Technology and Environment*, ed. J. H. Ausubel and H. E. Sladovich (National Academy Press: Washington, DC, 1989), www.wunderground.com/resources/climate/ozone_skeptics.asp.

28 염화불화탄소는 강력한 온실가스다.

29 R. Schmalensee and R. N. Stavins, "The SO2 Allowance Trading System: The Ironic History

of a Grand Policy Experiment, *Journal of Economic Perspectives* 27. no. 1 (2013): 103-122.

30 Sanjeev Gupta, Hamid Davoodi, and Rosa Alonso-Terme, "Does Corruption Affect Income Inequality and Poverty?" *Economics of Governance* 3, no. 1 (2002): 23-45.

31 "Views on Homosexuality, Gender and Religion," Pew Research Center for the People and the Press, Sept. 18, 2018, www.people-press.org/2017/10/05/5-homosexuality-gender-and-religion/.

32 "Views on Homosexuality, Gender and Religion." Pew Research Center for the People and the Press, www.people-press.org/2017/10/05/5-homosexuality-gender-and-religion; "Global Attitudes Toward Transgender People," *Ipsos*, www.ipsos.com/en-us/news -polls/ global-attitudes-toward-transgender-people.

33 "Business Success and Growth Through LGBT.Inclusive Culture," US Chamber Foundation, Apr. 9, 2019, www.uschamberfoundation.org/sites/default/files/Business-Success-Growth-LGBT-Inclusive-Culture-FINAL-WEB.pdf.

34 "Frequently Asked Questions about Domestic Partner Benefits," Human Rights Campaign, www.hrc.org/resources/frequently-asked-questions-about-domestic-partner-benefits.

35 "Corporate Equality Index 2019," Human Rights Campaign Foundation, Mar. 28, 2019, https://assets2.hrc.org/files/assets/resources/CEI-2019-FullReport.pdf?_ga=2.70189529. 856883140.1563932191-499015526.1563932191.

36 "Corporate Equality Index 2019," Human Rights Campaign Foundation.

37 "LGBT People in the United States Not Protected by State Nondiscrimination Statutes" (Los Angeles: The Williams Institute, UCLA, March 2019); "Hate Crimes," FBI, May 3, 2016, www. fbi.gov/investigate/civil-rights/hate-crimes.

38 Kent Bernhard Jr., "Salesforce CEO Marc Benioff Fights Back Against Indiana 'Religious Freedom' Law," *Business Journals*, Mar. 26, 2015, www.bizjournals.com/bizjournals/ news/2015/03/26/benioff-salesforce-fights-indiana-religious-law.html.

39 Jim Gardner, "Other Tech Giants Join Salesforce CEO in Slamming New Indiana Law," Bizjournals.com, www.bizjournals.com/sanfrancisco/blog/2015/03/indiana-gays-discrimination-salesforce-apple-yelp.html.

40 수정안 공식 요약본에 따르면, 이 법은 "주 혹은 지방 법령, 혹은 그 밖의 어떠한 조치가 한 사람의 종교와 관련된 행위에 상당한 부담을 주고 있다는 주장 혹은 옹호와 관련된 판결 을 하는 것과 관련이 있으며, (1) 이 법은 일반 대중 그 누구에게든 서비스, 시설, 공공 숙 박 시설 이용과 물품, 고용, 주택 제공을 거부할 수 있는 권한을 제공하지 않는다. (2) 이 법

은 일반 대중 그 누구에게든 서비스, 시설, 공공 숙박 시설 이용과 물품, 고용, 주택 제공을 거부한 것에 대한 민사 소송이나 형사 소송에 대해 보호해주지 않는다. (3) 이 법은 인디 애나주 법에 따라 이용 가능한 어떠한 권리도 부정하지 않는다". www.documentcloud.org/ documents/1699997-read-the-updated-indiana-religious-freedom.html#document/p1.

41 David Gelles, "The C.E.O. Who Stood Up to President Trump: Ken Frazier Speaks Out," *New York Times*, Feb. 19, 2018, www.nytimes.com/2018/02/19/business/merck-ceo-ken-frazier-trump.html.

42 Matthew E. Kahn et al., "Long-term Macroeconomic Effects of Climate Change: A Cross-Country Analysis," NBER Working Paper no. w26167 (Cambridge, MA: National Bureau of Economic Research, 2019).

43 IPCC, "Summary for Policymakers," in *Climate Change 2014: Mitigation of Climate Change. Contribution of Working Group III to the Fifth Assessment Report of the IPCC*, edited by O. Edenhofer, R. Pichs-Madruga, Y. Sokona, E. Farahani, S. Kadner, K. Seyboth, A. Adler, I. Baum, S. Brunner, P. Eickemeier, B. Kriemann, J. Savolainen, S. Schlomer, C. von Stechow, T. Zwickel, and J. C. Minx (Cambridge, UK, and New York: Cambridge University Press, 2014).

44 Dimitri Zenghelis, "How Much Will It Cost to Cut Global Greenhouse Gas Emissions?" The London School of Economics and Political Science Grantham Research Institute on Climate Change and the Environment website, October 27, 2014, eprints .lse.ac.uk/69605; accessed April 2016; Marshall Burke, Solomon M. Hsiang, and Edward Miguel, "Global Non-Linear Effect of Temperature on Economic Production," *Nature* 527 (November 12, 2015): 235-239, www.nature.com/nature/journal/v527 /n7577/full/nature15725.html, accessed June 2016.

45 "What Climate Change Means for Utah," EPA, Aug. 2016, https://19january2017snapshot. epa.gov/sites/production/files/2016-09/documents/climate-change-ut.pdf.

46 "The Utah Way to Achieving 100 Percent Clean Energy," *Sierra Club*, July 1, 2019, www. sierraclub.org/sierra/2019-4-july-august/feature/utah-way-achieving-100-percent-clean-energy.

47 Iulia Gheorghiu, "PacifiCorp Shows 60% of Its Coal Units Are Uneconomic," *Utility Dive*, Dec. 5, 2018, www.utilitydive.com/news/pacificorp-shows-60-of-its-coal-units-are-uneconomic/543566/.

48 "The Utah Way to Achieving 100 Percent Clean Energy," *Sierra Club*.

49 https://thesolutionsproject.org.

50 Helen Clarkson, "One Year on: U.S. Business Is Still Committed to the Paris Agreement,"

GreenBiz, June 1, 2018, www.greenbiz.com/article/one-year-us-business-still-committed-paris-agreement.

51 Michael, "Trump Will Withdraw U.S. from Paris Climate Agreement," *New York Times*, June 1, 2017, www.nytimes.com/2017/06/01/climate/trump-paris-climate-agreement.html.

52 Andrew Winston, "U.S. Business Leaders Want to Stay in the Paris Climate Accord," *Harvard Business Review* (Feb. 27, 2018), https://hbr.org/2017/05/u-s-business-leaders-want-to-stay-in-the-paris-climate-accord.

53 www.wearestillin.com/.

54 Adam Bonica and Michael McFaul, "Opinion / Want Americans to Vote? Give Them the Day off," *Washington Post*, Oct. 11, 2018, www.washingtonpost.com/opinions/want-americans-to-vote-give-them-the-day-off/2018/10/10/5bde4b1a-ccae-11e8-920f-dd52e1ae4570_story.html?utm_term=.1bec742b2247.

55 opensecrets.org.

56 opensecrets.org.

57 Marianne Bertrand, Matilde Bombardini, Raymond Fisman, and Francesco Trebbi, "Tax-Exempt Lobbying: Corporate Philanthropy as a Tool for Political Influence," NBER Working Paper no. 24451 (Cambridge, MA: NBER, 2018).

58 See, e.g., Nicholas Confessore and Megan Thee-Brenan, "Poll Shows Americans Favor an Overhaul of Campaign Financing," *New York Times*, June 2, 2015, www.nytimes.com/2015/06/03/us/politics/poll-shows-americans-favor-overhaul-of-campaign-financing.html.

59 www.maketimetovote.org/.

60 Abigail J. Hess, "A Record 44% of US Employers Will Give Their Workers Paid Time off to Vote This Year," CNBC, Oct. 31, 2018, www.cnbc.com/2018/10/31/just-44percent-of-us-employers-give-their-workers-paid-time-off-to-vote.html.

61 Tina Nguyen, "Reid Hoffman's Hundred-Million-Dollar Plan to Growth-Hack Democracy," *Vanity Fair*, July 15, 2019, www.vanityfair.com/news/2019/04/linkedin-founder-reid-hoffman-spends-millions-to-grow-democracy.

62 James Rickards, "Rickards: Warren Buffett and Hugo Stinnes," *Darien Times*, January 5, 2015, www.darientimes.com/38651/rickards-warren-buffett-and-hugo-stinnes/.

63 Sanjeev Gupta, Hamid Davoodi, and Rosa Alonso-Terme, "Does Corruption Affect Income Inequality and Poverty?" *Economics of Governance* 3, no. 1 (2002): 23-45.

64 Gerald D. Feldman, "The Social and Economic Policies of German Big Business, 1918-1929,"

American Historical Review 75, no. 1 (1969): 47-55.

65 David R. Henderson, "German Economic Miracle," *Library of Economics and Liberty*, www. econlib.org/library/Enc/GermanEconomicMiracle.html; Wolfgang F. Stolper and Karl W. Roskamp, "Planning a Free Economy: Germany 1945.1960." *Zeitschrift fur die gesamte Staatswissenschaft* 135, no. 3 (1979): 374-404.

66 Michael R. Hayse, *Recasting West German Elites: Higher Civil Servants, Business Leaders, and Physicians in Hesse Between Nazism and Democracy*, 1945-1955, vol. 11 (New York: Berghahn Books, 2003): 119-120.

67 Kathleen Thelen, *How Institutions Evolve: The Political Economy of Skills in Germany, Britain, the United States and Japan* (Cambridge, UK: Cambridge University Press, 2012).

68 이 순위에서 부유한 도시국가들은 제외되었다. "Country Comparison: GDP—PER CAPITA (PPP)," Central Intelligence Agency, www.cia.gov/library/publications/the-world-factbook/rankorder/ 2004rank.html.

69 World Bank, *World Trade Indicators*, 2017, https://wits.worldbank.org/CountryProfile/en/ Country/WLD/Year/2017; "U.S. Exports, as a Percentage of GDP," Statista, www.statista. com/statistics/258779/us-exports-as-a-percentage-of-gdp/.

70 Klaus Schwab, "The Global Competitiveness Report 2018," *World Economic Forum*, 2018.

71 "Infrastructure," Germany Trade and Invest GmbH (GTAI), www.gtai.de/GTAI/Navigation/ EN/Invest/Business-location-germany/Business-climate/infrastructure.html.

72 Hermann Simon, "Why Germany Still Has So Many Middle-Class Manufacturing Jobs," *Harvard Business Review* (July 13, 2017), https://hbr.org/2017/05/why-germany-still-has-so-many-middle-class-manufacturing-jobs?referral=03759&cm_vc=rr_item_page.bottom.

73 Tamar Jacoby, "Why Germany Is So Much Better at Training Its Workers," *Atlantic*, Oct. 20, 2014, www.theatlantic.com/business/archive/2014/10/why-germany-is-so-much-better-at-training-its-workers/381550/.

74 www.uschamber.com/about-us-chamber-commerce.

75 "Climate Change: The Path Forward," U.S. Chamber of Commerce, Sept. 27, 2019, www. uschamber.com/addressing-climate-change.

76 R. Meyer, "The Unprecedented Surge in Fear About Climate Change" [online], *Atlantic*, accessed Oct. 19, 2019, www.theatlantic.com/science/archive/2019/01/do-most-americans-believe-climate-change-polls-say-yes/580957/.

77 "Global Battery Alliance," *World Economic Forum*, www.weforum.org/projects/global-

battery-alliance.

78 "Strengthening Global Food Systems," *World Economic Forum*, www.weforum.org/projects/ strengthening-global-food-systems.

79 Anand Giridharadas, *Winners Take All: The Elite Charade of Changing the World* (New York: Alfred A. Knopf, 2018).

80 "ICC Launches New Tool to Promote Business Sustainability—ICC—International Chamber of Commerce," ICC, Jan. 19, 2017, https://iccwbo.org/media-wall/news-speeches/ icc-launches-new-tool-to-promote-business-sustainability/.

81 Asbjørn Sonne Nørgaard, "Party Politics and the Organization of the Danish Welfare State, 1890.1920: The Bourgeois Roots of the Modern Welfare State," *Scandinavian Political Studies* 23, no. 3 (2000): 183-215.

82 Tim Worstall, "Denmark Does Not Have A $20 Minimum Wage, Try $11.70 Instead," *Forbes*, Aug. 13, 2015, www.forbes.com/sites/timworstall/2015/08/12/denmark-does-not-have-a-20-minimum-wage-try-11-70-instead/#17694b477814.

83 "Denmark Has OECD's Lowest Inequality," *Local*, May 21, 2015, www.thelocal.dk/ 20150521/denmark-has-lowest-inequality-among-oecd-nations. 미국의 경우 상위 10%가 버는 돈은 하위 10%에 비해 18.8배 많다.

84 Marc Sabatier Hvidkj, "How Does a Danish McDonald's Worker Make 20$/Hour, Without a Minimum Wage Law?" *Medium*, Jan. 30, 2019, https://medium.com/@marcsabatierhvidkjr/ how-does-a-danish-mcdonalds-worker-make-20-hour-without-a-minimum-wage-law-ea8bcbaa870f.

85 James Edward Meade, "Mauritius: A Case Study in Malthusian Economics," *Economic Journal* 71, 283 (1961): 521-534.

86 모리셔스노동당은 무슬림 정당이었던 CAM, 노골적인 힌두교 정당 IFB와 연합하여 독립운동을 전개했다.

87 Deborah Brautigam and Tania Diolle, "Coalitions, Capitalists and Credibility: Overcoming the Crisis of Confidence at Independence in Mauritius" (DLP Research Paper 4, 2009).

88 수출가공구역은 국내 제조업자들에게 여러 지방세와 규제를 면제해줌으로써 세계적인 경쟁을 가능하게 만들 목적으로 조성된 지역이다. 1962년 모리셔스에서 무언가를 세울 가능성을 타진하기 위해 방문했던 세계은행은 다음과 같은 결론을 내렸다. "국내 수요를 충당하기 위한 제한적인 산업 확장이 일어날 수 있다. [하지만] 국내 원자재와 전력 공급이 부족하고, 지역 시장은 부족하고 거리가 멀며, 비교적 높은 노동비용으로 인해 산업

발전에는 분명한 한계가 있다. 명백히, 홍콩이나 푸에르토리코가 지금 현재 위치로 부상할 수 있게 만들어준 조건이 모리셔스에는 존재하지 않는다.”

89 Doing Business, “Training for Reform. Economy Profile Mauritius” (Washington, DC: World Bank Group, 2019), www.doingbusiness.org/content/dam/doingBusiness/country/m/mauritius/MUS.pdf.

90 “Mauritius,” World Bank Data, https://data.worldbank.org/country/mauritius.

91 지니계수의 숫자가 낮으면 낮을수록 불평등이 적다. 지니계수가 0인 사회는 완벽하게 평등한 사회이다. 반면 100이라면 모든 소득이 한 사람에게만 간다는 뜻이다. “Countries Ranked by GINI Index (World Bank Estimate),” Index Mundi, www.indexmundi.com/facts/indicators/SI.POV.GINI/rankings.

92 *Human Development Indices and Indicators: 2018 Statistical Update* (Mauritius: UNDP, 2018), http://hdr.undp.org/sites/all/themes/hdr_theme/country-notes/MUS.pdf.

93 다음에 나오는 이야기는 2018년 8월 다니엘라와 개인적으로 했던 인터뷰, 내 개인적 경험, 그리고 리더십나우의 웹사이트를 참조했다. 나는 현재 리더십나우의 고문으로 일하고 있다.

8장 세상을 바꾸는 작은 힘

1 Hans Rosling, Ola Rosling, and Anna Rosling Rönnlund, *Factfulness: Ten Reasons We're Wrong About the World—and Why Things Are Better Than You Think*, 1st ed. (New York: Flatiron Books, 2018), 33.

2 K. Danziger, “Ideology and Utopia in South Africa: A Methodological Contribution to the Sociology of Knowledge,” *British Journal of Sociology* 14, no. 1 (1963): 59-76.

3 Rosling et al. *Factfulness*, 53.

4 “Global Child Mortality: It Is Hard to Overestimate Both the Immensity of the Tragedy, and the Progress the World Has Made,” *Our World in Data*, https://ourworldindata.org/child-mortality-globally.

5 Max Roser, “Economic Growth,” *Our World in Data*, Nov. 24, 2013, https://ourworldindata.org/economic-growth; Max Roser et al., “World Population Growth,” *Our World in Data*, May 9, 2013, https://ourworldindata.org/world-population-growth; “World Population by Year,” *Worldometers*, www.worldometers.info/world-population/world-population-by-year/.

6 R. J. Reinhart, “Global Warming Age Gap: Younger Americans Most Worried,” Gallup.com, Sept. 4, 2019, https://news.gallup.com/poll/234314/global-warming-age-gap-younger-

americans-worried.aspx; Steven Pinker, *Enlightenment Now: The Case for Reason, Science, Humanism, and Progress* (New York: Viking, 2018).

7   Rosling et al., *Factfulness*, 60. More formally, per Wp is a "Watt-Peak" or a watt's worth of capacity under optimal conditions.

8   *Better Business Better World* (London: Business and Sustainable Development Commission, Jan. 2017), http://report.businesscommission.org/uploads/BetterBiz-BetterWorld_170215_012417.pdf.

9   "Renewable Energy Market Global Industry Analysis, Size, Share, Growth, Trends and Forecast 2019.2025," *Reuters*, Feb. 22, 2019, www.reuters.com/brandfeatures/venture-capital/article?id=85223.

10   "Renewables 2018 Global Status Report" (Paris: REN21 Secretariat).

11   Silvio Marcacci, "Renewable Energy Job Boom Creates Economic Opportunity as Coal Industry Slumps," *Forbes*, Apr. 22, 2019, www.forbes.com/sites/energyinnovation/2019/04/22/renewable-energy-job-boom-creating-economic-opportunity-as-coal-industry-slumps/#747b8f823665.

12   *Energy Efficiency Market Report* 2018 (Paris: International Energy Agency [IEA], 2018), https://webstore.iea.org/download/direct/2369?fileName=Market_Report_Series Energy Efficiency_2018.pdf; OECD Publishing, *World Energy Outlook 2017* (Paris: Organization for Economic Cooperation and Development, 2017).

13   "Agriculture at a Crossroads," *Global Agriculture*, www.globalagriculture.org/report-topics/meat-and-animal-feed.html.

14   Deena Shanker, "Plant Based Foods Are Finding an Omnivorous Customer Base," Bloomberg.com, July 30, 2018, www.bloomberg.com/news/articles/2018-07-30/plant-based-foods-are-finding-an-omnivorous-customer-base; Jesse Nichols and Eve Andrews, "How the Word 'Meat' Could Shape the Future of Protein," *Grist*, Jan. 18, 2019, https://grist.org/article/how-the-word-meat-could-shape-the-future-of-protein/; Janet Forgrieve, "Plant-Based Food Sales Continue to Grow by Double Digits, Fueled by Shift in Grocery Store Placement," *Forbes*, July 16, 2019, www.forbes.com/sites/janetforgrieve/2019/07/16/plant-based-food-sales-pick-up-the-pace-as-product-placement-shifts/#484fe50d4f75.

15   David Yaffe-Bellany, "The New Makers of Plant-Based Meat? Big Meat Companies," *New York Times*, Oct. 14, 2019, www.nytimes.com/2019/10/14/business/the-new-makers-of-plant-based-meat-big-meat-companies.html.

16 Hannah Ritchie and Max Roserm "Crop Yields," *Our World in Data*, Oct. 17, 2013, https://ourworldindata.org/yields-and-land-use-in-agriculture.

17 International Panel of Experts on Sustainable Food Systems (IPES-Food), "Breaking Away from Industrial Food and Farming Systems: Seven Case Studies of Agroecological Transition" (Oct. 2018); "Unlocking the Inclusive Growth Story of the 21st Century: Accelerating Climate Action in Urgent Times" (Washington, DC: New Climate Economy, 2018), https:// newclimateeconomy.report/2018/wp-content/uploads/sites/6/2018/09/NCE_2018_FULL-REPORT.pdf.; Technoserve, *Eyes in the Sky for African Agriculture, Water Resources, and Urban Planning*, Apr. 2018, www.technoserve.org/files/downloads/case-study_eyes-in-the-sky-for-african-agriculture-water-resources-and-urban-planning.pdf.

18 Food and Agriculture Organization (FAO), *The 10 Elements of Agroecology: Guiding the Transition to Sustainable Food and Agricultural Systems*, www.fao.org/3/i9037en/I9037EN.pdf; New Climate Economy, *Unlocking the Inclusive Growth Story* (2018).

19 여러분의 삶은 어떻게 바꿀 수 있을지, 그리고 이 책의 다른 독자들과 어떻게 연대할 수 있을지에 대해서는 ReimaginingCapitalism.org를 참조하라.

20 Leor Hackel and Gregg Sparkman, "Actually, Your Personal Choices Do Make a Difference in Climate Change," *Slate Magazine*, Oct. 26, 2018, https://slate.com/technology/2018/10/carbon-footprint-climate-change-personal-action-collective-action.html.

21 Steve Westlake, "A Counter-Narrative to Carbon Supremacy: Do Leaders Who Give Up Flying Because of Climate Change Influence the Attitudes and Behaviour of Others?" SSRN 3283157 (2017).

22 Gregg Sparkman and Gregory M. Walton, "Dynamic Norms Promote Sustainable Behavior, Even If It Is Counternormative," *Psychological Science* 28, no. 11 (2017): 1663-1674.

23 Hackel and Sparkman, "Actually, Your Personal Choices Do Make a Difference."

24 Karen Asp, "WW Freestyle: Review for New Weight Watchers Plan," WebMD, Jan. 10, 2018, www.webmd.com/diet/a-z/weight-watchers-diet; John F. Kelly and Julie D. Yeterian, "The Role of Mutual-Help Groups in Extending the Framework of Treatment," *Alcohol Research & Health* 33, no. 4 (2011): 350, National Institute on Alcohol Abuse and Alcoholism; Dan Wagener, "What Is the Success Rate of AA?" *American Addiction Centers*, Oct. 28, 2019, https://americanaddictioncenters.org/rehab-guide/12-step/whats-the-success-rate-of-aa.

25 Ray Rothrick, "Rockefeller Family VC Funds Risky Fusion Energy Project," *Fusion 4 Freedom*, May 22, 2016, https://fusion4freedom.com/rockefeller-vc-funds-risky-fusion-project/.

26 프로포리스트는 대기업에게 책임감 있는 농업 소싱으로 전환할 수 있도록 도움을 주고 있는 NGO이다. www.proforest.net/en.

27 다음에 이어지는 이야기는 www.mothersoutfront.org/에서 가져온 정보에 기반을 두고 있다.

28 "The Starfish Story," *City Year*, www.cityyear.org/about-us/culture-values/founding-stories/starfish-story, inspired by "The Star Thrower" a 16-page essay by Loren Eiseley, published in 1969 in *The Unexpected Universe*.

29 "Organizing Toolkit," Mothers Out Front, https://d3n8a8pro7vhmx.cloudfront.net/mothersoutfront/pages/1218/attachments/original/1494268006/MothersOutFront_toolkit-Section_1.pdf?1494268006.

30 Dennis Overbye, "John Huchra Dies at 61; Maps Altered Ideas on Universe," *New York Times*, Oct. 14, 2010, www.nytimes.com/2010/10/14/us/14huchra.html.

REIMAGINING CAPITALISM

자본주의 대전환

초판 1쇄 발행 2021년 3월 10일
초판 9쇄 발행 2024년 3월 29일

지은이 리베카 헨더슨
옮긴이 임상훈
발행인 김형보
편집 최윤경, 강태영, 임재희, 홍민기, 박찬재, 강민영
마케팅 이연실, 이다영, 송신아   **디자인** 송은비   **경영지원** 최윤영

발행처 어크로스출판그룹(주)
출판신고 2018년 12월 20일 제 2018-000339호
주소 서울시 마포구 양화로10길 50 마이빌딩 3층
전화 070-5038-3533(편집) 070-8724-5877(영업)   **팩스** 02-6085-7676
이메일 across@acrossbook.com   **홈페이지** www.acrossbook.com

한국어판 출판권 ⓒ 어크로스출판그룹(주) 2021

ISBN 979-11-90030-88-5 03320

만든 사람들
편집 이경란   **교정** 오효순   **표지디자인** 양진규   **본문디자인** 박은진